国家社会科学基金重大项目

"技术标准与知识产权协同推进数字产业创新的机理与路径研究"（19ZDA078）

"新时代加强中国中小微企业国际竞争力的模式与路径研究"（18ZDA056）

国家自然科学基金重点项目

"中国企业的转型升级战略及其竞争优势研究"（71332007）

国家社会科学基金一般项目

"数字经济与中小微企业深度融合的内在机制和实现路径研究"（18BJL040）

教育部人文社会科学研究项目

"创新生态系统视角下的企业技术追赶机制研究"（17YJC630011）

浙江省科技计划（软科学研究）重点项目

"中小企业数字创新的模式和政策研究"（2020C25017）

浙江省科技计划（软科学研究）一般项目

"双元性学习视角下企业技术获取型跨国并购的组织学习机制研究"（2020C35026）

浙江工业大学数字经济研究文库

数字时代的中小企业创新战略研究

Research on Innovation Strategy of Small and Medium-sized Enterprises in Digital Age

程宣梅　等著

中国社会科学出版社

图书在版编目（CIP）数据

数字时代的中小企业创新战略研究/程宣梅等著.—北京：中国社会科学出版社，2020.12
（浙江工业大学数字经济研究文库）
ISBN 978-7-5203-7436-1

Ⅰ.①数⋯　Ⅱ.①程⋯　Ⅲ.①中小企业—企业创新—研究—中国　Ⅳ.①F279.243

中国版本图书馆 CIP 数据核字（2020）第 210078 号

出 版 人	赵剑英
责任编辑	刘晓红
责任校对	周晓东
责任印制	戴　宽
出　　版	中国社会科学出版社
社　　址	北京鼓楼西大街甲 158 号
邮　　编	100720
网　　址	http：//www.csspw.cn
发 行 部	010-84083685
门 市 部	010-84029450
经　　销	新华书店及其他书店
印刷装订	北京君升印刷有限公司
版　　次	2020 年 12 月第 1 版
印　　次	2020 年 12 月第 1 次印刷
开　　本	710×1000　1/16
印　　张	31.5
字　　数	489 千字
定　　价	188.00 元

凡购买中国社会科学出版社图书，如有质量问题请与本社营销中心联系调换
电话：010-84083683
版权所有　侵权必究

序 言

随着新一轮科技革命和产业变革兴起，以数字技术驱动的新的生产方式蓬勃发展，中国社会正快速步入数字经济时代。习近平总书记强调，要"积极发展新一代信息技术产业和数字经济，推动互联网、物联网、大数据、卫星导航、人工智能同实体经济深度融合"，并多次强调要"做大做强数字经济"，建设"数字中国"。党的十九届五中全会审议通过的《中共中央关于制定国民经济和社会发展第十四个五年规划和二〇三五年远景目标的建议》提出，要加快数字化发展，要"发展数字经济，推进数字产业化和产业数字化，推动数字经济和实体经济深度融合，打造具有国际竞争力的数字产业集群。"积极推动数字经济的发展，是新时代推动经济高质量发展的现实路径。

浙江是数字经济发展先发地。2003年，时任浙江省委书记的习近平同志指出："数字浙江是全面推进我省国民经济和社会信息化、以信息化带动工业化的基础性工程。""数字浙江"建设成为"八八战略"的重要内容。党的十八大以来，省委、省政府把发展信息经济作为浙江实现"两个高水平"的重要抓手。2017年年底，省委经济工作会议提出实施数字经济"一号工程"，全面推进经济数字化转型，积极争创国家数字经济示范省。数字经济成为浙江高质量发展的新动能。2020年，习近平总书记在浙江考察时指出，"要抓住产业数字化、数字产业化赋予的机遇，加快5G网络、数据中心等新型基础设施建设，抓紧布局数字经济、生命健康、新材料等战略性新兴产业、未来产业，大力推进科技创新，着力壮大新增长点、形成发展新动能"。目前，浙江正加快推进国家数字经济创新发展试验区建设，着力打造全国领先的数字政府先行区、数字经济体制机制创新先导区、数字社会发展样板区、数字产业化发展引领区和产业数字化转型标杆区，积极抢占数字经济竞争制高点，不断激发高质量发展新动能，为建设"重要窗口"增添澎湃动力。

近年来，浙江工业大学坚持"立足浙江、服务区域，走向全国、对接国际"的办学宗旨，着力彰显"以浙江精神办学，与区域发展互动"的办学特色，努力为区域经济发展、社会进步和国家富强、民族复兴作出应有贡献。广大教师和科研团队坚持把学问做在经济建设主战场上，围绕数字经济相关重点研究方向，聚集大团队、构建大平台、承担大项目、催生大成果，服务区域发展和国家战略，产出了一批具有中国气派和浙江辨识度的人文社科研究成果。比如，我校中小企业团队"技术标准与知识产权协同推进数字产业创新的机理与路径研究"成功获得国家社会科学基金重大招标项目立项。又比如，我校经济学院、全球浙商发展研究院、中国中小企业研究院围绕数字经济强省、数字经济创新发展、数字化人才培养等问题撰写研究报告，多篇获得省委省政府主要领导批示。近期，我校即将与浙江省商务厅合作共建中国数字经济与全球贸易规则研究院，在数字经济发展趋势研判、中国数字经济与全球经贸规则发展新趋势等方面开展研究，为浙江省委、省政府加快数字经济发展，对标全球最高经贸规则、深化改革开放提供系列高质量咨政成果。

基于此，我们挑选了近年来广大教师在数字经济研究方面的代表性成果，策划了"数字经济研究"系列文库。这些成果扎根于中国在数字经济建设中的丰硕经验，尤其是浙江省在数字经济发展中的领先成就，围绕数字经济的发展规律与内在逻辑、数字经济的治理模式等方面展开，期望为构建具有中国特色、浙江风格的数字经济理论做出应有的贡献。由于时间和水平的原因，疏漏在所难免，敬请批评指正。

最后，谨向长期以来关心和支持浙江工业大学人文社会科学研究工作的各级领导和社会各界人士表示衷心的感谢！

浙江工业大学党委书记 蔡袁强

2020 年 11 月

前　言

在大数据、人工智能、工业互联网为代表的第四次工业革命浪潮下，我国已全面进入了数字时代。随着数字时代的来临，技术浪潮汹涌而至，快速发展的数字化、网络化、智能化等当代信息科技技术孕育了"数字时代"这一特定的社会建构及社会文化形态，也让企业置身于前所未有的创新风口：持续变革、破除定式、挑战常规，已成为商业领域乃至整个社会的新常态。VUAC正是数字时代面临的四大情境的生动写照：Volatillity（易变性）、Uncertainty（不确定性）、Complexity（复杂性）、Ambiguity（模糊性），四大情境高度概括了数字时代技术创新和信息技术飞速迭代所引致的重大变化。

中小企业是我国实体经济创业创新的生力军，截至2019年年底，我国中小企业数量已超过3000多万家，是我国实体经济的重要基础，也是促进经济发展、推动科技创新、缓解就业压力、优化经济结构、增进城乡市场繁荣的重要力量。中小企业创造的核心产品和价值，已占到国内生产总值的60%，完成了70%的发明专利，提供了80%以上的城镇就业岗位。当前，我国数字经济蓬勃发展，已成为驱动经济增长的关键力量。在数字经济条件下如何驱动广大中小企业高质量发展，实施创新发展战略？党的十九届五中全会提出建设数字中国，加快数字化发展，为今后五年乃至更长时间的中小企业创新发展指明了方向。全会提出，加快发展现代产业体系，推动经济体系优化升级。坚持把发展经济着力点放在实体经济上，坚定不移建设制造强国、质量强国、网络强国、数字中国，推进产业基础高级化、产业链现代化，提高经济质量效益和核心竞争力。要提升产业链供应链现代化水平，发展战略性新兴产业，加快发展现代服务业，统筹推进基础设施建设，加快建设数字强国，推进数字经济高水平发展。

数字时代是一个易变性、不确定性、复杂性、模糊性都高度凸显的时代。中小企业面临国际竞争加剧、资源环境约束加大、低端产能过剩的挑战，又存在创新能力亟待增强、新发展动能亟待培育、供给侧结构性矛盾亟待解决等突出难题。2017年以来，亚太经合组织（APEC）领导人会议多次聚焦"加强中小微企业在数字时代的竞争力和创新"这个核心议题，凸显了数字时代中小企业创新的战略性作用。创新是实现经济高速增长和催生发展新动能的必然选择，是解决人民日益增长的美好生活需要和不平衡不充分发展之间社会主要矛盾的重要突破口。笔者所著的《数字时代的中小企业创新战略》正是基于上述重大背景，主动对接国家重大战略需求，对数字时代中小企业创新范式转变的内在机理、发展模式、国际经验及对策建议开展了全方位研究。本书基于数字经济新情境下中小企业创新所呈现的系统性、开放性、协同共生性及自组织演进性等特征，从"数字时代的中小企业创新战略的理论基础""数字时代的中小企业数字创新战略""数字时代的中小企业国际化创新战略""数字时代的中小企业技术创新战略""数字时代的中小企业人力资源创新战略"等方面，进行了理论建构、实证分析、范式演化和政策供给等的研究，发展了中小企业创新战略领域的前沿理论。

数字时代的快速变革和高度复杂的外部情境对中小企业创新提出了巨大的挑战，也为中小企业创新理论提出新的课题。本书通过深入研究数字时代背景下中小企业创新的内在机制和公共政策供给，探索广大中小企业数字融合的创新战略与路径选择，构建全方位加强中小企业数字创业创新生态系统，推动中小企业从传统的要素驱动型经济向更具活力的数字驱动型创新经济转型，对我国数字经济情境下的中小企业创新具有深刻的理论发展和实践指导价值。

一方面，本书的学术价值主要体现在提出了数字时代中小企业在面对高易变性、高不确定性、高复杂性、高模糊性实施创新战略的整体理论和研究框架，从数字时代的中小企业创新战略的理论基础、数字时代的中小企业数字创新战略、数字时代的中小企业国际化创新战略、数字时代的中小企业技术创新战略、数字时代的中小企业人力资源创新战略等理论视角剖析数字经济新情境下中小企业创新的理论逻辑基础，并进行了理论发展、范式演化等的研究。本书的前期主要成果，以二十余篇论文形式发表于 International Journal of Hospitality Management、International Journal of Contemporary Hospitality Management、《管理世界》、《管理科学学报》、《南开管理评论》等国内外高水平学术期刊。上述成果支撑了数字经济背景下中小企业创新战略理论前沿研究。

另一方面，本书的实践价值主要体现在应用价值和社会效益方面。笔者通过深入长三角地区对中小企业数字化实践开展大量求真务实的调查研究，聚焦和服务于数字经济与中小企业创新深度融合的对策研究等方面的重大社会需求，完成了一批具有前瞻性、针对性与可操作性的决策参考、政策咨询等研究报告。其中，《我省高质量发展数据要素市场的若干问题与建议》《以数据要素市场深化数字经济创新发展的国内经验及启示》《加快构筑"浙江智造生态系统"》《对标美国日本德国韩国全力打造全球新材料产业高地》《创业生态系统构建的国内外经验启示》《后疫情时期中小企业抢救式扶持若干政策建议》《关于培育数字经济"独角兽"和"超级独角兽"的建议》等20余篇调研报告得到时任浙江省省长李强、时任浙江省委书记夏宝龙、时任浙江省委书记车俊、时任浙江省省长袁家军，浙江省省长郑栅洁、副省长高兴夫等省部级领导批示，并被相关政府部门采纳，为数字时代下引导和激励中小企业创新提供了较强的智库支撑。

本书得到国家社科基金重大项目（19ZDA078、18ZDA056）、国家自然基金重点项目（71332007）、国家社科基金年度项目（18BJL040）、教育部人文社科项目（17YJC630011）、浙江省软科学项目（2020C25017，2020C35026）资助。本书研究撰写过程得到了国家社科规划办、国家自然基金委、教育部社科司、浙江省委办公厅、浙江省政府办公厅、浙江省经信委、浙江省科技厅、浙江省社科联、浙江省大数据局等政府部门及机构的大力支持。前述相关单位为作者开展实地调研、资料收集、政策实践等方面提供了大量的支持。此外，研究过程中得到了浙江工业大学社会科学研究院、浙江工业大学管理学院、浙江省信息化发展研究院、浙江工业大学经济学院、浙江工业大学中国中小企业研究院、浙江工业大学之江学院等单位的支持。在此一并表示诚挚的谢意。

本书由程宣梅负责出版策划、组织和统撰工作。参加本书创作的主要团队成员有（以姓氏笔画为序）：王菁、叶一娇、朱述全、刘淑春、池仁勇、杨洋、吴隆增、张润、陈侃翔、陈耀、林汉川、程聪、程宣梅等，感谢陈侃翔、张润等对初稿进行的编撰和校对工作。中国社会科学出版社编辑刘晓红及其专业团队为本书的出版付出了诸多心血，他们严谨的态度和专业的工作保证了本书的顺利出版。

最后，尽管本书的内容是笔者和研究团队十余年来聚焦中小企业创新战略领域潜心研究的成果，尤其是数字化背景下中小企业创新战略的重要成果，但由于数字化情境的高易变性、高不确定性、高复杂性凸显，中小企业数字创新研究目前尚处于理论探索和发展期，并未形成完整的研究体系，加上笔者的能力局限，很多理论和实践问题还有待深入研究探索，笔者抛砖引玉，期待能和理论学术界、实务界专家有更多的交流学习。本书如有不足或不妥之处，敬请广大读者朋友批评指正。

程宣梅
2020 年 12 月

研究框架和内容安排

数字时代，在互联网、大数据、人工智能为代表的第四次工业革命浪潮下，中小企业创新面临前所未有的巨大挑战。Volatillity（易变性）、Uncertainty（不确定性）、Complexity（复杂性）、Ambiguity（模糊性），VUAC 这四大情境高度概括了数字时代技术创新和信息技术飞速迭代所引致的重大变化。本书从数字时代中小企业创新战略面临的 VUAC 情境的理论基础和中小企业创新战略选择两部分展开了系统研究。

一 数字时代 VUCA 情境下中小企业创新战略的理论框架

本书第一篇构建了数字时代中小企业创新战略的理论分析框架，具体分析了数字时代中小企业创新的四大情境：高不确定性的互联网和数字化转型背景、高复杂性的市场制度转型和加速国际化进程、高易变性的技术变革发展趋势、高模糊性的组织和人力资源变革进程，对中小企业创新发展的重要影响。同时，笔者还系统总结梳理了数字时代的关键核心技术互联网、大数据、人工智能等在企业管理等领域的前瞻性研究的相关成果。梳理了互联网赋能、数字创业生态系统等重要构念的理论基础，包括研究热点及趋势、研究视角及主要内容，并阐述了理论之间的内在逻辑，从数字经济助推中小企业创新发展的理论基础、互联网赋能中小企业发展的内在机制、数字创业生态系统驱动中小企业创新发展的内在机制等方面开展研究，深入分析数字时代中小企业创新战略的内在理论逻辑。

二 数字时代中小企业应对 VUCA 挑战的四大创新战略研究

基于第一篇章的理论分析框架，针对数字时代中小企业创新面临的四大情境,本书第二篇至第五篇共 22 章内容,从四个方面深入探究中小企业创新战略选择,即"应对高不确定性的中小企业数字创新战略""应对高复杂性的中小企业国际化创新战略""应对高易变性的中小企业技术创新战略""应对高模糊性的中小企业人力资源创新战略",在理论研究和对策研究两方面展开详细分析。

1. 应对高不确定性的中小企业数字创新战略

本书第二篇系统分析了应对高不确定性的中小企业数字创新战略,搭建了中小企业应对高复杂性情境开展数字创新的理论模型,提出构建数据要素市场助推中小企业数字创新、培育数字经济隐形冠军、打造全球网谷等前瞻性政策建议。该篇通过数字化新业态案例的集体行动视角下制度逻辑演化机制、共享经济视角下企业市场进入的内在机制等方面的理论和实证研究,深入分析数字经济与中小企业深度融合的内在机制和路径。本篇还从对策研究角度,创新性地开展了数据要素市场构建的制度体系和路径研究、培育数字经济隐形冠军的对策建议、数字众创平台建设的国际化经验及对策等方面的研究,深入分析如何在高不确定性情境下促进数字经济与中小企业深度融合,并相应提出了助推中小企业创新发展的政策启示及建议。

2. 应对高复杂性的中小企业国际化创新战略

本书第三篇系统分析了应对高复杂性的中小企业国际化创新战略,深入剖析了中小企业应对高复杂性和开放式创新情境,整合国际国内资源加速创新的理论机制。笔者率先提出加快实施全球数字创新战略、推进浙江制造标准国际化等前瞻性政策建议。该篇通过案例研究分析新兴经济体企业跨国并购的价值创造过程,通过影响逆向学习绩效前因条件构型的定性比较,揭示了技术获取型跨国并购促进中小企业创新的微观机制,基于案例研究剖析了中小企业通过跨国并购等国际化方式整合提升价值链的过程,基于元分析揭示了空间、产业、资源情境差异的国际市场进入方式选择的内在机制。聚焦于开放式创新和竞争全球化背景下创新资源全球流动的背景,建议中小企业在全球整合创新资源;率先提出推进制造标准国际化,助推制造业走出去和提升国际竞争力等系列对策建议。

3. 应对高易变性的中小企业技术创新战略

本书第四篇系统分析了应对高易变性的中小企业技术创新战略，全方位架构中小企业应对高易变性的技术创新模式，笔者率先提出对中小企业创新创业应转向生态化扶持，要着力构建共生的创业创新生态系统。该篇深入探讨了政府、企业、科研机构和用户的"产学研用"融合创新机制，探索提出了"区域核心链"式的创业创新生态系统理论，详细分析了期望绩效反馈效果对企业研发行为的影响机制。提出工业互联网背景下智能制造产业应构建全价值链集成、全产业链重塑的生态系统，打造全球产业创新高地，以及后疫情时期中小企业创新扶持的政策等系列对策建议。

4. 应对高模糊性的中小企业人力资源创新战略

本书第五篇系统分析了应对高模糊性的中小企业人力资源创新战略，系统构建了中小企业应对高模糊性的人力资源创新战略，提出构建中小企业创新的人才政策扶持体系，加强人才支撑推动中小企业创新发展。该篇深刻剖析了新技术、新产业、新业态和新模式下企业中领导特质对员工服务创新的影响机制，基于人力资源创新视角深刻揭示了破解技术创新驱动力的学习机制，剖析了柔性人力资源对中小企业创新的影响和作用机制研究，并提出加强职业教育助推中小企业创新发展的对策建议。

综上，本书的理论逻辑和章节内容安排如图 0-1 所示。

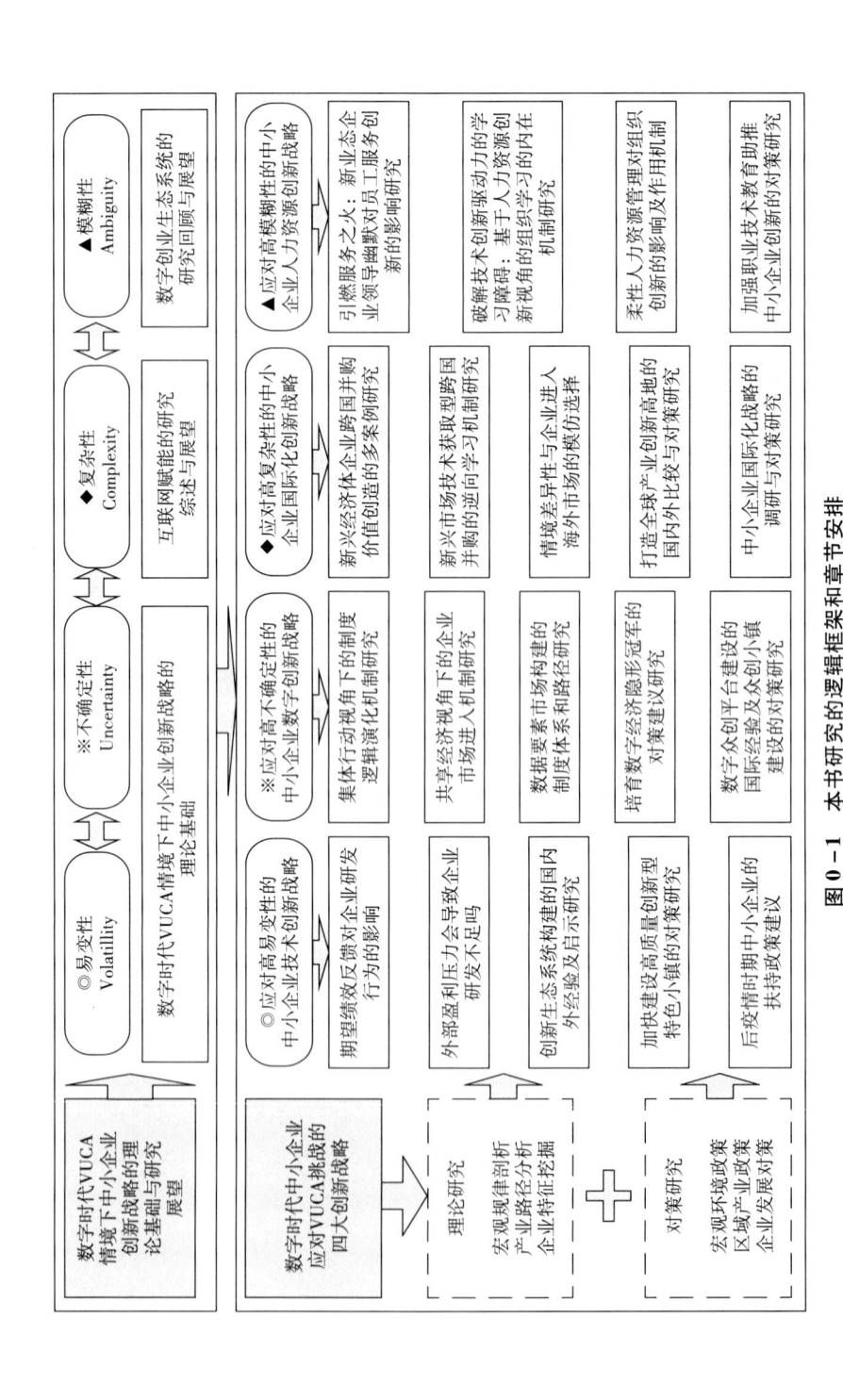

图 0-1 本书研究的逻辑框架和章节安排

数字时代VUCA情境下中小企业创新战略的理论基础与展望

○易变性 Volatility	※不确定性 Uncertainty	◆复杂性 Complexity	▲模糊性 Ambiguity
数字时代VUCA情境下中小企业创新战略的理论基础		互联网赋能的研究综述与展望	数字创业研究回顾与展望

数字时代中小企业应对VUCA挑战的四大创新战略

理论研究（宏观规律剖析、产业路径分析、企业特征挖掘）：

- ○应对高易变性的中小企业技术创新战略
  - 期望绩效反馈对企业研发行为的影响
  - 外部盈利压力会导致企业研发不足吗
  - 创新生态系统构建的国外经验及启示研究
  - 加快建设高质量创新型特色小镇的对策研究
  - 后疫情时中小企业的扶持政策建议

- ※应对高不确定性的中小企业数字创新战略
  - 集体行动视角下的制度逻辑演变机制研究
  - 共享经济视角下的企业市场进入机制研究
  - 数据要素市场构建的制度体系和路径研究
  - 培育数字经济隐形冠军的对策建议研究
  - 数字众创平台建设及众创小镇建设的对策建议

- ◆应对高复杂性的中小企业国际化创新战略
  - 新兴经济体企业跨国并购的多案例研究
  - 新兴市场技术获取型跨国并购的逆向学习机制研究
  - 情境差异性与企业进入海外市场的模仿选择
  - 打造全球产业创新高地的国内外比较与对策研究
  - 中小企业国际化战略的调研与对策

- ▲应对高模糊性的中小企业人力资源创新战略
  - 引燃服务之火：新业态创业引领员工幽默对员工服务创新的影响研究
  - 破解技术创新驱动力的学习障碍：基于人力资源创新视角的组织学习内在机制研究
  - 柔性人力资源管理对组织创新的影响及作用机制
  - 加强职业技术教育助推中小企业创新的对策研究

对策研究（宏观环境政策、区域产业政策、企业发展对策）

目 录

第一篇 数字时代 VUCA 情境下中小企业创新战略的理论基础与研究展望

第一章 数字时代 VUCA 情境下中小企业创新战略的理论基础 …… 3

第一节 数字时代中小企业创新面临的 VUCA 情境 …………… 3
第二节 数字时代 VUCA 情境下中小企业创新战略的转变 …………………………………………………… 10
第三节 数字时代中小企业创新战略未来研究展望 …………… 15

第二章 互联网赋能的研究综述与展望 …………………………… 19

第一节 互联网赋能的概念界定 ………………………………… 19
第二节 互联网赋能的理论基础 ………………………………… 28
第三节 互联网赋能的价值创新与创造研究 …………………… 35
第四节 互联网赋能的未来研究展望 …………………………… 49

第三章 数字创业生态系统的研究回顾与展望 …………………… 52

第一节 数字创业生态系统内涵 ………………………………… 52
第二节 数字创业生态系统的基本要素 ………………………… 56
第三节 数字创业生态系统驱动企业数字创业的内在机制 …… 62
第四节 未来研究展望 …………………………………………… 68

第二篇 应对高不确定性的中小企业数字创新战略研究

第四章 集体行动视角下的制度逻辑演化机制研究：基于数字业态的案例分析 …… 71

- 第一节 制度逻辑演化与集体行动理论与文献回顾 …… 73
- 第二节 研究方法与数据编码 …… 77
- 第三节 基于互联网专车案例的研究发现 …… 85
- 第四节 研究结论与启示 …… 105

第五章 共享经济视角下企业市场进入的内在机制研究 …… 111

- 第一节 共享经济视角下企业市场进入研究分析框架 …… 114
- 第二节 研究方法与数据来源 …… 119
- 第三节 共享经济市场进入前因条件构型分析 …… 124
- 第四节 共享经济市场进入机制的研究结论与讨论 …… 128

第六章 数据要素市场构建的制度体系和路径研究 …… 132

- 第一节 数据要素市场的战略作用 …… 132
- 第二节 欧美数据要素市场的建设经验 …… 133
- 第三节 构建数据要素市场的国内经验 …… 142
- 第四节 构建数据要素市场的发展路径 …… 145
- 第五节 构建数据要素市场的五大产业高地的政策建议 …… 148

第七章 培育数字经济"隐形冠军"的对策建议研究 …… 152

- 第一节 "隐形冠军"的内涵和特征 …… 152
- 第二节 德国经验的比较研究 …… 154
- 第三节 培育数字经济领域"隐形冠军"和"独角兽"的对策建议 …… 157

目 录

第八章　数字众创平台建设的国际经验及众创小镇
　　　　建设的对策研究 …………………………………………… 162

　　第一节　众创空间的内涵与构成要素 …………………………… 162
　　第二节　国外数字众创平台发展模式的案例分析 ……………… 164
　　第三节　"众创小镇"建设的对策建议 ………………………… 167

第三篇　应对高复杂性的中小企业国际化创新战略研究

第九章　新兴经济体企业跨国并购价值创造的多案例研究 ………… 175

　　第一节　理论分析与文献回顾 …………………………………… 176
　　第二节　研究方法与案例编码 …………………………………… 178
　　第三节　新兴经济体跨国并购价值创造机制 …………………… 184
　　第四节　研究结论与讨论 ………………………………………… 204

第十章　新兴市场技术获取型跨国并购的逆向学习机制研究 ……… 208

　　第一节　理论分析与文献回顾 …………………………………… 209
　　第二节　研究方法与研究样本 …………………………………… 214
　　第三节　新兴市场跨国并购逆向学习机制的研究发现 ………… 215
　　第四节　研究结论与讨论 ………………………………………… 223

第十一章　情境差异性与中小企业进入海外市场的
　　　　　模仿方式研究 ……………………………………………… 226

　　第一节　理论分析与研究假设 …………………………………… 227
　　第二节　研究方法 ………………………………………………… 233
　　第三节　模型检验与结果分析 …………………………………… 237
　　第四节　研究结论与讨论 ………………………………………… 240

第十二章　打造全球产业创新高地的国内外比较与对策研究………… 244

　　第一节　国外中小企业创业创新扶持政策的比较……………… 244
　　第二节　深圳创新发展的经验及启示…………………………… 249
　　第三节　发达国家打造新材料产业高地的国际经验及启示…… 253

第十三章　中小企业国际化与创新战略的调研与对策研究………… 262

　　第一节　中小企业跨国并购的战略机遇与风险应对
　　　　　　调查研究………………………………………………… 262
　　第二节　中小企业制造标准国际化的调研及对策研究………… 269
　　第三节　加快商品市场转型升级推动中小企业国际化和
　　　　　　创新发展的调研与对策研究…………………………… 273
　　第四节　以国内国际双循环为契机，加快打造
　　　　　　"数字贸易枢纽港"的建议…………………………… 280

第四篇　应对高易变性的中小企业技术创新战略研究

第十四章　期望绩效反馈效果对中小企业研发行为的影响………… 287

　　第一节　研究背景………………………………………………… 287
　　第二节　理论分析与研究假设…………………………………… 290
　　第三节　研究方法………………………………………………… 294
　　第四节　研究结果与分析………………………………………… 299
　　第五节　研究结论与讨论………………………………………… 308

第十五章　外部盈利压力会导致中小企业研发投资不足吗………… 310

　　第一节　研究背景………………………………………………… 310
　　第二节　理论分析与研究假设…………………………………… 312
　　第三节　研究方法………………………………………………… 316
　　第四节　研究结果与分析………………………………………… 320

第五节　研究结论与讨论…………………………………… 326

第十六章　创新生态系统构建的国内外经验及启示研究……… 327

　　第一节　创新生态系统的构成要素及国内外经验…………… 328
　　第二节　构建区域创新生态系统面临的挑战………………… 330
　　第三节　创新生态系统构建的对策建议……………………… 332
　　第四节　加快构筑中小企业"智造生态系统"的
　　　　　　政策建议……………………………………………… 335

第十七章　加快建设高质量创新型特色小镇的对策研究……… 341

　　第一节　高质量创新型特色小镇的建设目标………………… 341
　　第二节　国外创新平台的基本情况和建设经验……………… 343
　　第三节　高质量创新型特色小镇建设的对策建议…………… 349

**第十八章　新冠肺炎疫情对中小企业的影响及扶持政策建议：
　　　　　　基于浙江省的调研分析**……………………………… 353

　　第一节　新冠肺炎疫情对中小企业影响的综合分析………… 354
　　第二节　浙江省中小企业新冠肺炎疫情影响的调研分析…… 355
　　第三节　疫情影响下中小企业生存的"六难三无"困境…… 360
　　第四节　后疫情时期中小企业抢救式扶持的政策建议……… 362

第五篇　应对高模糊性的中小企业人力资源创新战略研究

**第十九章　引燃服务之火：新业态行业领导幽默对员工
　　　　　　服务创新的影响**………………………………………… 367

　　第一节　理论基础与研究假设………………………………… 369
　　第二节　研究方法……………………………………………… 375
　　第三节　研究结果与分析……………………………………… 379
　　第四节　研究结论与讨论……………………………………… 384

第二十章　破解技术创新驱动力的学习障碍：基于人力资源
　　　　　创新视角的组织学习机制研究……………………… 389
　　第一节　理论分析与理论假设……………………………… 392
　　第二节　研究方法…………………………………………… 400
　　第三节　研究结果与分析…………………………………… 402
　　第四节　研究结论与讨论…………………………………… 410

第二十一章　柔性人力资源管理对中小企业创新的影响及
　　　　　　作用机制研究…………………………………… 414
　　第一节　理论基础与研究假设……………………………… 417
　　第二节　研究方法…………………………………………… 426
　　第三节　研究结果与分析…………………………………… 429
　　第四节　研究结论与讨论…………………………………… 435

第二十二章　加强职业技术教育助推中小企业创新的对策研究…… 441
　　第一节　发达国家开展职业技术教育的主要经验………… 441
　　第二节　加强职业技术教育的制度机制…………………… 443
　　第三节　加强职业技术教育的对策建议…………………… 444

参考文献………………………………………………………… 446

第一篇

数字时代 VUCA 情境下中小企业创新战略的理论基础与研究展望

数字时代，中小企业创新面临前所未有的巨大挑战。Volatillity（易变性）、Uncertainty（不确定性）、Complexity（复杂性）、Ambiguity（模糊性），这四大情境高度概括了数字时代技术创新和信息技术飞速迭代所引致的重大变化。本篇构建了数字时代中小企业创新战略的理论分析框架，具体分析了数字时代中小企业创新的 VUCA 情境，即高不确定性的互联网和数字化转型背景、高复杂性的市场制度转型和加速国际化进程、高易变性的技术变革发展趋势、高模糊性的组织和人力资源变革进程，对中小企业创新发展的重要影响。本篇梳理了互联网赋能、数字创业生态系统等重要构念的理论基础，包括研究热点及趋势、研究视角及主要内容，并阐述了理论之间的内在逻辑，从数字经济助推中小企业创新发展的理论基础、互联网赋能中小企业发展的内在机制、数字创业生态系统驱动中小企业创新发展的内在机制等方面开展研究，深入分析数字时代中小企业创新战略的内在理论逻辑。

第一章

数字时代 VUCA 情境下中小企业创新战略的理论基础

本章提出了数字时代中小企业创新面临的四大情境，分析了现有文献对新情境下的中小企业创新特征、内在机制和政策环境。研究提出应对数字时代四大情境，即当前高不确定性的互联网和数字化转型背景、高复杂性的市场制度转型和加速国际化进程、高易变性的技术变革发展趋势、高模糊性的组织和人力资源变革进程，对中小企业创新发展的重要影响，提出中小企业创新应高度关注数字时代四大新情境下呈现出的开放性、协同共生性及自组织演进性等特征，并指出后续研究的主要方向。

第一节 数字时代中小企业创新面临的 VUCA 情境

一 数字时代的 VUCA 情境

数字化、网络化、大数据、人工智能等当代信息科技的快速发展和广泛应用，孕育了"数字时代"这一特定的技术与社会建构及社会文化形态。数字技术进步和数字社会发展，成为当代人类社会变迁发展的显著特征。数字时代快速发展的数字化、网络化、智能化等诸多因素使它显现出不同于既往实体社会的情境和特征。陈春花、廖建文提出[1]，数字时代的特征主要体现在 VUAC 四个方面：即 Volatillity（易变性）、

---

[1] 陈春花、廖建文：《打造数字战略的认知框架》，《销售与管理》2018 年第 10 期。

Uncertainty（不确定性）、Complexity（复杂性）、Ambiguity（模糊性）。事实上，"VUCA"一词 20 世纪 90 年代起源于美国军方，随后又被用于描述数字时代冲击下的各种企业组织所面临的情境特征。VUAC 高度概括了数字时代技术创新和互联网技术飞速迭代的特征。

（一）高易变性

由于信息技术的高度发展，以迭代为基础形成的规模经济边界被不断突破，造成竞争格局的突变。我们通常习惯于在静态条件下做规划，对未来判断是基于过去经验的延伸。在静态环境下这是对的，但在数字时代就不成立。雷军有个著名的"风口"理论，所谓"风口"特指变化不再是线性，而是指数的，甚至是突变，表现为渐变和突变不断交织的过程。

（二）高不确定性

数字时代的高不确定性表现为尽管缺乏额外信息，事件的基本因果关系已知，具备变革的可能性，但不一定成功。数字时代与工业化时代拥有完全不同的底层逻辑，如果仍然沿着旧地图，寻找新大陆，结局一定是毁灭性的。数字时代商业逻辑的彻底转变，造成现在和未来世界运行的底层逻辑出现了巨大鸿沟。显而易见，现在和未来的商业范式不可避免地存在断点、突变和不连续。

（三）高复杂性

数字时代的高复杂性表现为许多互相连通的变量，有些信息是现成的，或者能预测到，但更多的信息无法预测，想清晰地梳理其复杂程度与本质并非易事。资讯发达让人们获取信息的渠道越来越多，行业和行业之间的竞争和信息也越来越透明。因为变化太快，让很多事情的预见性越发减少，对于未来越发难以把控。

（四）高模糊性

数字时代，没有先例可供参考，旧价值瞬间清零，面对新事物时缺乏认知。互联网行业的崛起，对传统的人力资源管理造成了巨大的挑战。互联网行业让码农、程序员、软件等相关职位成为职场新贵。成为创业公司炙手可热的抢手"萝卜"。

二 中小企业创新的内涵、特征及影响因素

国内外学者基于产业生命周期理论，结合技术、知识、产业理论，从创新职能活动、产业制造流程、创新主体以及产业创新系统整体优化等角度研究了中小企业创新的起源、内涵及其构成要素。

(一) 中小企业创新的内涵

创新的思想源自技术推动、市场拉动，通过反馈环实现研发和营销的耦合，包含基础研究、技术开发、应用和部署等一系列过程，可以分为研发、示范、扩散三个阶段。就宏观层面而言，创新是连接从知识到创新，从创新到财富、从经济发展最终到国家繁荣的环环相扣的过程。

从创新职能视角分析，创新过程包括了从新思想到技术扩散的一系列职能活动的序列集合；[1] 从产业制造流程分析，各个环节的创新过程整体，涵盖了需求创新、设计技术创新、材料创新、制造技术创新、检查技术创新等环节；[2] 从产业创新系统整体优化的角度来看，产业技术创新是指以满足市场需求为导向，以创新性知识供给、技术供给和产品供给为核心，通过技术创新、组织创新和管理创新将相关的创新主体联结起来，以实现技术产业化和市场化过程的功能链接模式，即创新是一条从创新理念的产生—科技研发—科研成果的转化—成果商品化—产业化的链式结构，完整的创新应该包括从理念到进入产业化的生产、转化为实际的生产能力，才能体现这条创新的价值所在；从创新的主体来看，创新就是指企业、科研院所、高等院校、政府以及其他社会组织（如中介组织、金融机构等），为了追求一个共同的目标而组合在一起，通过合理的分工与协作，实现知识、技术、政策、资金、信息等创新资源的优势互补，最终形成集创新理念、研发活动、成果转化、批量生产到市场销售为一体的链型结构，主要揭示知识、技术从创意的产生到商业化生产销售整个过程中的流动、转化和增值效应的链状衔接结构，在整个过程中反映出各创新主体的衔接、合作和价值传递关系。在技术创新上，创新的来源主要来自顾客的需求，各个创新主体之间存在创新知识、创新技术或创新产品的供给和需求关系，它是技术创新链存在的核心，创新活动内容包括技术创新、组织创新和管理创新，技术创新的功

---

[1] 吴晓波、吴东：《论创新链的系统演化及其政策含义》，《自然辩证法研究》2008年第12期。

[2] 屠建飞、冯志敏：《基于创新链的模具产业集群技术创新平台》，《中国软科学》2009年第5期。

能就在于整合和优化现有的资源,围绕一个有限的目标共同做出贡献。

中小企业作为创新的重要主体,在转化过程中起着关键作用,需要与高校等科研机构以及大企业主动对接,建立长期稳定的合作关系,整合创新资源,建设高水平研发中心,把握创新机会,选择创新方向和技术路线,组织技术研发、产品创新、利用,形成技术资源储备和关键技术突破,增强科技成果转化的积极性和主动性。[①]

(二) 中小企业创新的特征及构成要素

从商业视角出发,中小企业创新由试探研究、工艺开发、试制、市场启动、建立生产和销售五个阶段构成。

从技术创新循环角度分析,创新循环的构成要素分为主体要素、客体要素和支撑要素三种类型,不同创新链的同类环节构成创新链的子系统集,不同子系统集之间以及同类子系统集中不同要素之间也存在相互影响、相互作用,即创新具有系统性特征。

从创新的结构分析,创新的构成要素包括创新活动和参与主体;从创新过程分析,其要素为创新理念、研发活动、成果转化、批量生产活动以及产品销售活动;从创新的主体分析,创新要素包括企业、高等院校、科研院所、金融机构以及其他的一些社会组织,中小企业是整个创新链的核心主体之一。随着知识经济及网络的发展,技术的创造、开发与应用遵循的不是线性模式,而是体现各类主体之间交互作用的非线性网状链接模式,即创新具有非线性与网络性特征,且创新是开放的,其开放性是由创新自身性质决定的。

对于中小企业来说,资金的有限与巨额的实验设备投资制约中小企业 R&D 效率;加之,政府支持不足导致企业重复引进技术,重引进、轻消化。在高科技行业,大量高科技中小企业聚集在创新链前端,各方彼此之间交流合作频繁,有利于开展技术复杂程度较高的项目研发。但在传统产业,中小企业较难得到更多技术支援和帮助,受到自身技术层次和水平的限制,只能进行适应性改进,缺乏生存能力,创新不能发挥

---

① 刘家树等:《创新链集成的科技成果转化模式探析》,《科学管理研究》2012 年第 5 期。

其应有的作用。①

另外,中小企业具有组织效率相对高、决策和内部信息沟通快以及信息失真小、在竞争压力下容易接受创新的特点,所以能较快适应市场及用户需求变化,以较高的效率根据市场需求进行研发,并提供产品或服务从而使科技型中小企业总是呈现出研发及自主创新效率相对较高的特点。② 中小企业与大型企业相比,在创新投入上力量基本相当,而在创新产出上贡献较高,在创新强度和创新效率上表现更佳,中小企业已经成为区域创新的重要力量和新兴产业发展的重要源头。科技型中小企业是科技成果转换为生产力最有效的实验产地,承担了科技成果转换的中试基地功能,相比大型企业,中小企业将创新引入市场能节约大量时间。

(三) 中小企业创新的影响因素

与中小企业创新关联的相关影响因素包括创新环境、创新网络③等。

1. 中小企业创新环境

创新环境是指中小企业在进行创新活动过程中必须面对的各种外部因素及其所组成的有机整体。创新环境一般包括宏观经济环境、税收、规则结构和社会政治环境等,创新环境由资源的可获得性、周边的大学及科研机构、政府干预及人们的创业态度等因素构成,创业环境分为创业者培育、企业孵化、企业培育、风险管理、成功报酬和创业网络六大子系统。④ GEM (Globe Entrepreneurship Monitor) 则将创业环境分为金融支持、政府政策、政府项目、教育和培训、研究开发转移、商业环境和专业基础设施、国内市场开放程度、实体基础设施的可得性、文化及社会规范 9 个方面。由此可知,创新环境既包括宏观层次的文化与社会规范、教育和培训、政府项目和政府政策,也包括中观层次的国内市场

---

① 许强、应翔君:《核心企业主导下传统产业集群和高技术产业集群协同创新网络比较——基于多案例研究》,《软科学》2012 年第 6 期。

② 张丽玮等:《科技型中小企业在技术创新中的作用和对策研究》,《科技管理研究》2008 年第 11 期。

③ Macpherson, A., Holt, R., "Knowledge, Learning and Small Firm Growth: A Systematic Review of the Evidence", Research Policy, Vol. 36, No. 2, 2006.

④ 池仁勇:《美日创业环境比较研究》,《外国经济与管理》2002 年第 9 期。

开放程度、研究开发转移以及微观层次的金融支持、实体基础设施的可获得性等。

创新环境对中小企业的创新行为和绩效具有很强的影响力[1],创新环境与行为活跃程度呈很强的相关关系,创新活跃程度受到环境的制约。实证研究表明,地区金融支持、政府政策、基础设施、服务环境、文化氛围等对该地区中小企业的创新绩效具有显著影响;创新环境与绩效存在正相关关系,但环境的不同维度对不同维度创新绩效的影响也各不相同,完善和提高创新企业激励体系和支持体系是影响中小企业创新绩效的关键因素;地区的经济发展规划、融资渠道的可获性、政府税收政策、高等教育、孵化器等对中小企业的创新活动和绩效具有重要影响。巴迪克(Bartik)认为,人口密度、行业集中度、政府税收、金融市场投资等创新因素的不同表现决定着区域中小企业创新活跃程度的差异性。[2]

2. 中小企业创新网络

创新网络是指特定的个人之间的一组独特的联结。在创新研究领域,社会网络之所以越来越受到学界的关注,是因为社会网络与资源获取和中小企业成长密切相关。中小企业由于资源拥有量少,因此,其发展更加依赖社会网络获得外部资源。当中小企业能够通过社会网络得到充足而及时的资源时,就容易取得成功。衡量和评价社会网络的主要指标包括网络节点、联结属性以及网络结构等。网络节点是指企业社会网络的组成成员(个人或组织),主要包括上下游厂商、服务机构、政府机构、研发机构等,一般认为,对于一个企业来说,节点成分差异性越大、网络节点数量越多,社会网络的积极作用越明显。联结属性指网络节点之间的联结强度,它是指节点间关系的稳定性与密切性。大多研究认为,节点之间的关联性越强,则网络的稳定性以及适应性更强,也有部分学者认为过强的联结会导致网络黏滞性产生,而那些相对较弱的联

---

[1] Bamford, C. E., Dean, T. J. and McDougall, P. P., "An Examination of the Impact of Initial Founding Conditions and Decisions upon the Performance of New Bank Start-ups", *Journal of Business Venturing*, Vol. 15, No. 3, 2000.

[2] Bartik, T., *Jobs for the Poor: Can Labor Demand Policies Help*, New York: Russell Sage Foundation, 2001.

结更有利于企业的发展。网络结构则主要指网络中心度、网络结构洞及网络密度等情况,韦塞尔(Wessel)研究认为,自我网络的中心度越高、处于结构洞位置的企业更容易从社会网络中获得丰富的社会资本,因而有利于其绩效的提升。

由于创新环境是中小企业所面对的各种外部因素的集合,社会网络则是企业建立的各种外部联系,由此可见,创新环境是构建中小企业社会网络的源泉,它会对中小企业社会网络的形成和演化产生直接的影响,并进而进一步影响中小企业的成长。普费弗(Pfeffer)指出,环境动态变化时,企业会建立网络联结以获得特别资源来应对环境变化。[1] 兰(Lang)认为,改变跨组织之间的联系是企业对环境变化冲击作出的反应。[2] 艾森哈特发现,市场竞争水平、市场规模和增长速度会影响中小企业的社会网络构建行为。[3] 唐靖等认为,随着新创企业面临的环境不确定性程度逐渐变低,伴随着市场的竞争程度更为激烈,中小企业需要建立各种弱关系社会网络以提升企业能力和资源。[4] 马达范发现,技术环境的变动为周边企业重构社会网络以获得较优位置创造了机会。[5] 佐京(Zukin)认为,文化因素会对合作活动和网络联结关系产生影响。[6] 此外拉文迪亚斯[7],以及佐京[6]还指出,法律制度的调整会引起联盟行动和企业网络的变化。环境不确定性(Uncertainty)的变化和环境支撑度(Munificence)的变化会对企业社会网络的演变产生影响。

---

[1] Pfeffer, J. and Salancik, G. R., *The External Control of Organizations: A Resource Dependence Perspective*, New York: Harper and Row Press, 1978.

[2] Lang, J. R. and Lockhart, D. E., "Increased Environmental Uncertainty and Changes in Board Linkage Patterns", *Academy of Management Journal*, Vol. 33, No. 1, 1990.

[3] Kathleen, M. E. and Claudia, B. S., "Resource-based View of Strategic Alliance Formation: Strategic and Social Effects in Entrepreneurial Firms", *Organization Science*, Vol. 7, No. 2, 1996.

[4] 唐靖等:《不同创业环境下的机会认知和创业决策研究》,《科学学研究》2007年第2期。

[5] Ravindranath, M., Balaji, R. K. and John, E. P., "Networks in Transition: How Industry Events Reshape Interfirm Relationships", *Strategic Management Journal*, Vol. 19, No. 5, 1998.

[6] Zukin, S. and Dimaggio, P., *Structures of Capital: The Social Organization of the Economy*, New York: Cambridge University Press, 1990.

[7] Ravindranath, M., Balaji, R. K. and John, E. P., "Networks in Transition: How Industry Events Reshape Interfirm Relationships", *Strategic Management Journal*, Vol. 19, No. 5, 1998.

第二节 数字时代VUCA情境下中小企业创新战略的转变

数字时代是技术创新的时代，互联网技术迭代一浪接一浪。从20世纪90年代末的互联网到2010年前后的移动互联网，又到了近年来的智慧互连。相应地，竞争已经不仅是企业之间的竞争，而且开始上升为地区之间、集群之间、国家之间的竞争。同时，以信息技术和网络技术为核心的第三次科技革命，已经并正在颠覆性地改变着工业革命所形成的经济形态、增长模式与竞争优势，一种以信息为主导、以互联网（固定的和移动的）为平台和载体、以协同知识创新和价值共创为核心的崭新模式正在影响着从企业到产业、从地区到国家的方方面面。同时，随着欧美经济危机的不断恶化，发达国家试图通过国家战略加紧在新兴科技领域前瞻布局，中国在高端技术引进使用方面阻力和困难重重。

一 数字时代VUCA情境对中小企业创新的影响

随着互联网经济、知识经济的发展，开放式创新和竞争全球化的推进，中小企业创新模式出现更替迭代，这意味着中小企业创新范式从线性范式、创新体系，开始进入创新生态系统的升级换代。

（一）中小企业创新范式的转变

根据演化经济学，目前世界经济进入第五次长波的下行阶段，技术—经济范式开始发生重大转变。在科技进步、国际竞争、生态发展等的驱动下，企业、大学和科研院所等的创新活动组织形态和政府创新政策都开始发生重要变化，创新生态系统随之兴起，并对创新的理论研究、创新模式的演进、创新型国家（区域、城市）建设等产生深远而广泛的影响。迄今为止，创新范式经历了线性范式（创新范式1.0）、创新体系（创新范式2.0），开始进入创新生态系统（创新范式3.0）的时段，如图1-1所示。

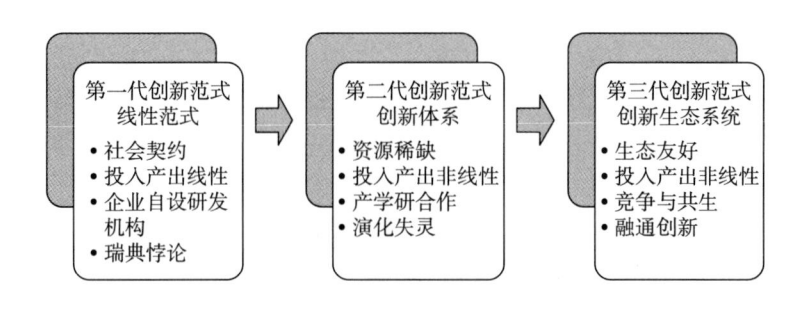

```
┌─────────────┐    ┌─────────────┐    ┌─────────────┐
│第一代创新范式│    │第二代创新范式│    │第三代创新范式│
│  线性范式   │ ➤ │  创新体系   │ ➤ │ 创新生态系统 │
│• 社会契约   │    │• 资源稀缺   │    │• 生态友好   │
│• 投入产出线性│    │• 投入产出非线│    │• 投入产出非线│
│• 企业自设研发│    │  性         │    │  性         │
│  机构       │    │• 产学研合作 │    │• 竞争与共生 │
│• 瑞典悖论   │    │• 演化失灵   │    │• 融通创新   │
└─────────────┘    └─────────────┘    └─────────────┘
```

图 1-1 创新范式的演化历程

资料来源：李万等（2014）。

二三十年前，当创新从线性范式（增加投资和促进经济增长）转向系统范式之后，世界各国和地区都纷纷建立国家/区域创新体系来推动国家/区域的繁荣发展。其间，世界格局发生了巨大变化，美国从再度崛起（克林顿时期的新经济繁荣）到金融危机，日本从如日中天到退居世界第三位，以中国为代表的新兴市场经济国家则持续快速上升。进入 21 世纪 10 年代，越来越多的人认识到世界范围内，创新的范式开始发生再次嬗变，那就是从工程化、机械式的创新体系转向生态化、有机式的创新生态系统。

（二）中小企业创新模式的演化

进入 21 世纪后，随着科学技术的日新月异，尤其是信息通信技术的普及与快速发展，作为创新主体地位的企业，其创新模式发生一系列变化，如表 1-1 所示。从企业创新 1.0 阶段（Closed Innovation，封闭式创新，创新源局限在企业内部）到 2.0 阶段（Open Innovation，开放式创新，即"非此地发明"，广泛获取来自企业外部的创新源），再到 3.0 阶段（Embedded Innovation，嵌入/共生式创新，企业创新行为更加重视资源整合与共生发展）。封闭式创新强调企业建立内设研发机构进行自行研发、创新驱动力来自需求和科研的"双螺旋"；开放式创新强调产学研协同以及政府、企业、大学科研院所的"三螺旋"；而嵌入/共生式创新则进一步体现为产学研用的"共生"以及政府、企业、大学院所和用户的"四螺旋"，如图 1-2 所示。面对生产消费者（Prosumer）的崛起和产学研用社区生态化创新的新模式，从过于强调供给侧政策转向依据创新链综合推进需求侧、供给侧和环境面政策的协同运用。苹果是创新 3.0 的典范。在苹果的创新生态系统中，以 iTunes、iOS 为软件平台，以 iPod、iPad、iPhone 为硬件载体，以大量 APP 为内容应用提供，建构起独特的竞争优势；苹果从容地主导着整个产业链，其中，三星提供移动设备处理器，Intel 等提供电脑处理器，东芝提供存储芯片，LG 提供显示屏，富士康负责最终装配，以一个创新"顶级掠食者"的姿态形成了"创新生态帝国"。

表 1 – 1　　　　　　　　　三代创新范式的比较

	创新范式 1.0	创新范式 2.0	创新范式 3.0
创新主体	强调企业单体	产学研协同	产学研用"共生"
创新战略重点	自主研发	合作研发	创意设计与用户关系
价值实现载体	产品	"服务 + 产品"	"体验 + 服务 + 产品"
创新驱动模式	"需求 + 科研"双螺旋	"政府 + 企业 + 学研　需求 + 科研 + 竞争"三螺旋	"政府 + 企业 + 学研 + 用户　需求 + 科研 + 竞争 + 共生"四螺旋
信息技术支持	Web1.0 网络接入	Web2.0 互联互动	Web3.0 云平台/大数据

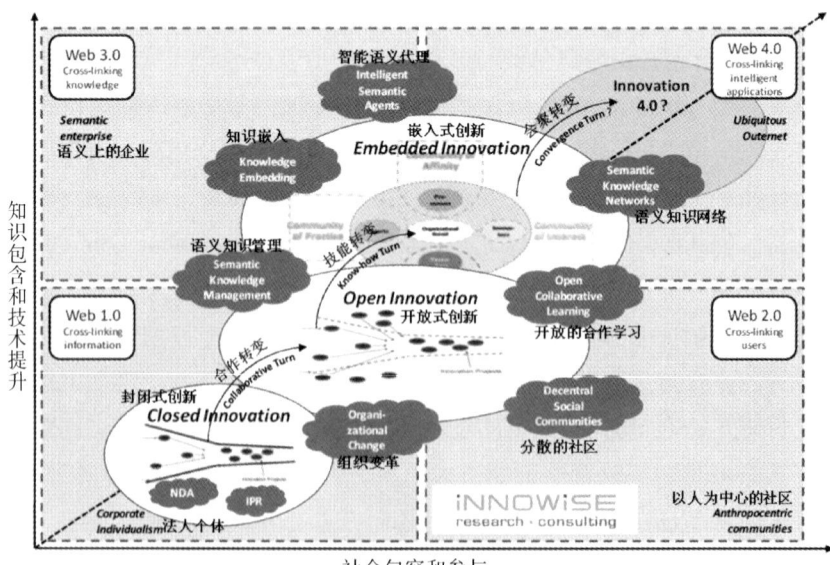

图 1 – 2　中小企业创新战略的演化历程

资料来源：李万等（2014）。

二 数字时代 VUCA 情境下中小企业创新战略的转变

在数字经济时代大背景下,中小企业发展面临着重大的机遇和挑战,需要调整新的创新战略以适应数字时代四大情境。

(一) 应对数字时代高不确定性,中小企业应加快推进数字创新战略,以数字创新全面重构竞争优势

移动互联网、云计算、物联网和三网融合(电信网、有线电视网和计算机通信网)等新一代信息网络技术层出不穷,预示着一个全新的互联网时代的来临。随着信息技术与先进制造技术的深度融合,制造业发展不断突破时间、空间及终端设备的束缚,企业生产经营面临着知识化、数字化、虚拟化、网络化、敏捷化的变革。

互联网背景下,随着大数据、云计算为代表的信息技术的升级与迭代,中小企业通过技术创新—商业创新—产业创新以及三者之间的全面重构,通过没有时空限制的互联网与电子商务,更多的中小企业在创意获取、新业态拓展、平台运营和商业模式创新等创新环节中发挥着积极的作用。借助互联网和移动互联网技术,中小企业在创新链前端通过快速迭代试错的方法和工具,创意数量和质量同步提升,以创造更好的用户体验为目标形成企业生存发展的核心竞争力。互联网思维突破了"信息不对称",通过黏合供需双方提供更直接、快速、有效的平台,以极速商业模式创新形成新业态。

(二) 应对数字时代高复杂性,中小企业应加快推进国际化创新战略,以全球资源进行开放式创新

在开放式创新和竞争全球化的背景下,资本、技术、人才等生产要素的跨国流动的规模不断扩大,产业链的国际融合程度加深,开放型经济体的要素禀赋结构与产业转型路径发生了重大变化。在技术创新的支撑和引擎作用凸显、制造业与服务业产业链向全球化拓展、设计与研发日益国际化的同时,互联网的开放性和无国界性,也彻底打破了传统地域条件对人们交往的限制,全球范围内国与国之间、企业与企业之间、人与人之间、人与物之间以及物与物之间的互动交流与全方位体验互动成为现实。

随着信息化与工业化不断地变革与融合,越来越多的跨国公司开始在全球范围内优化资源配置,同时将更多业务向境外转移,这在客观上为中国利用全球要素资源，加快培育国际竞争新优势创造了契机。因此，企业如何有效地从全球范围配置生产要素，充分利用外界丰富的知识技术资源，从外部寻找技术弥补内部创新资源的不足，将外部技术和内部技术整合起来，创造新产品和新服务，不断推动价值链高端演进，是中小企业在全球产业链中实施创新战略所面临的一项重大项目。

（三）应对数字时代高应变性，中小企业应加快推进技术创新战略，以协同创新和创新方式变革创造新价值

以企业为中心的价值创造体系正逐渐让位于利益相关者与企业共同创造价值的新体系，越来越多的企业也开始创造各种条件与可能，充分运用互联网络与信息技术把世界各地的智力资源和消费资源（顾客的、供应商的、合作伙伴的等）纳入自己的价值创造与交付体系中来，协同创新与协同消费成为一种新的潮流。

在实践中，无数中小企业参与到基于网络的"协同创造与创新"中：奇客小分队（GeekSquad）是电子消费行业巨头百思买公司（BestBuy）旗下的服务公司，依靠开放的管理模式实现了惊人的成长。它让员工经营企业，并通过网上协作设计产品，有时甚至依靠电脑游戏沟通业务。Linux 通过公开源代码在服务器业务上击败了微软公司。分散在全球的众多中小企业设计商和制造商团队通过"风险共担—利益共享"的全球协作模式，组成一个高度复杂的、组织严密的协同创新合作系统，服务于波音公司并成功地开发出下一代"梦幻787"飞机；180万家中小企业通过协同创新网络，服务于宝洁公司的创新研究，既节约了成本，又提高了效率；Google、亚马逊、IBM、乐高、英特尔、宝马、YouTube 和 MySpace 等一大批为人们所熟知的企业也都从基于互联网络的全球中小企业协同创造与创新中受益良多。由此可见，"基于网络的协同创造与创新"是当前中小企业创新发展的重要趋势。可以说，随着互联网技术应用的日益成熟，协同创造与创新也变得更加民主化和普及化，传统等级边界之外的中小企业完全可以参与创新并共同生产新内容、新商业和新服务了。

（四）应对数字时代高模糊性，中小企业应加快推进人力资源创新战略，以全新的人才战略应对国际竞争的严峻挑战

国际金融危机发生后，发达国家试图通过国家战略加紧在新兴科技

领域前瞻布局，全球正在进入一个创新密集和新兴产业快速发展的新时代。人力资源战略是中小企业创新战略研究的重要范畴，面对国内外创新环境的重大转变，创新的发展范式也进行了深刻转型。在此背景下，国际上主要国家对中小企业创新的方向也发生了重大转变。例如，美国发布"国家宽带计划"来促进新一代信息技术产业发展；欧盟通过制订"物联网行动计划"来引领物联网产业发展等。从目前看，中国在部分新兴产业领域具备了较好基础，但是在更多领域的基础还很薄弱，缺乏相应技术来源，与发达国家的差距仍然较大。当前和未来一个时期，抢占未来科技和产业发展制高点的竞争日趋激烈，如果应对不当，贻误时机，中国在新兴产业领域与发达国家的差距有可能进一步拉大。如何科学设计中小企业创新的人力资源战略，有效促进中小企业创新发展，是我国中小企业领域面临的一个重大课题。

第三节　数字时代中小企业创新战略未来研究展望

在理论回顾的基础上，本书关注到现有文献对 VUCA 新情境下中小企业的创新特征、内在机制和政策环境的研究有待深入。

一　中小企业创新研究评述

首先，在创新的定义方面，目前国内外学者普遍将从基础科学研究中积累科学知识，然后以科学知识指导技术革新并最终实现大规模市场应用的过程默认为创新。本课题在前人研究基础上给创新做出如下定义：创新是指围绕创新核心主体，以满足市场需求为导向，以新技术获取、研究开发、新产品创新、市场拓展为核心，通过制度创新、组织创新和管理创新将相关创新主体联结起来，在创新全过程实现价值增值的功能链接模式。

其次，国内外学者对于创新内涵研究中指明了创新以市场为导向，需要产业链、价值链、资金链的配合发展，但对创新的核心主体尚未有清楚的界定，对创新与产业、价值、资金的融合尚未有充分研究。本书提出创新的核心主体是企业，中小企业是其中最活跃、最积极的主体，创新是产业、价值、资金、技术的交互融合过程，缺少其中某一个环节，创新都不能有效运转，且创新平台是创新的重要支撑，利用官产学研用协同机制促进创新运转和循环演进。

最后，国内外学者多从创新模式来谈创新链的构成要素，本章从创新主体、资源、模式及政策四个角度对创新的构成要素做了拓展和阐释。但对政策的前沿和发展趋势的研究还不够系统。

现有研究对数字时代新情境下中小企业的创新特征和创新政策、创新环境的研究不够系统。当前，我国处于市场制度转型和加速国际化的进程之中，加上互联网背景下大数据和信息技术的应用对中小企业创新模式具有重要影响，也加速了新情境下中小企业创新特征的转变，本书认为，中小企业创新的主要特征应包括系统性、开放性、动态性、共生性及自组织演进性。

二 数字时代 VUCA 情境下中小企业创新战略未来的研究方向

（一）应对高不确定性的中小企业数字创新战略研究展望

互联网背景下，随着大数据、云计算为代表的信息技术的升级与迭代，中小企业通过技术创新—商业创新—产业创新以及三者之间的全面重构，通过没有时空限制的互联网与电子商务，更多的中小企业在创意获取、新业态拓展、平台运营和商业模式创新等创新环节中发挥积极的作用。

首先，借助互联网和移动互联网技术，中小企业在创新链前端通过快速迭代试错的方法和工具，创意数量和质量同步提升。中小企业以灵活的体制机制、灵敏的市场嗅觉快速响应市场用户需求，"碎片化"优势嵌入创新各环节，以极速商业模式创新形成新业态，众创、众筹、众包等众多中小企业创新发展模式频出，其发展的内在机制是什么？受到哪些因素的影响？

其次，中小企业的专注与创新能力极大改变了互联网时代创新的竞争格局，突出表现在新兴产业通过制度创业打破原有业态，积极获取合法性，其内在的作用机制是什么？中小企业在创新去中心化过程中，明显表现出以认知盈余、期望反馈等方式提升价值范式，其后果如何？作用机制又是怎样的？

最后，互联网思维突破"信息不对称"，通过黏合供需双方提供更直接、快速、有效的平台，以创造更好的用户体验为目标形成企业生存发展的核心竞争力，以共享经济、数字业态为代表的中小企业创新发展模式在中国获得巨大发展,是否代表着中小企业利用互联网技术有效解决传统经济"瓶颈",其内在机制是什么?

(二) 应对高复杂性的中小企业国际化创新战略研究展望

面对发达国家对我国创新资源的封锁和压制的高复杂性,中小企业如何利用外界丰富的知识技术资源,通过开放式创新应对竞争全球化压力,从外部寻找技术弥补内部创新资源的不足,将外部技术和内部技术整合起来,创造新产品和新服务,不断推动价值链高端演进。

首先,面对创新资源的全球化流动,中小企业凭借灵活性更适应技术快速更新的趋势,以全球布局获取外部战略资源,积极利用跨国并购等实现价值链高端演进,其内在机制是怎样的?中小企业究竟具备什么样的战略机遇,又需要如何应对全球化开放创新的挑战?

其次,在中小企业国际布局和战略性资产寻求过程中,中小企业是如何应对母国—东道国之间的空间、产业、资源差异化情境,通过什么方式进入海外市场,更好地匹配自身特征,实现开放式创新?

(三) 应对高易变性的中小企业技术创新战略研究展望

面对生产消费者的崛起和社区化创新的新趋势,中小企业创新更需要突出联合政府、企业、大学科研院所和用户的"产学研用"融合创新,促进网络间的互惠和信任,形成创新各环节的互动与合作。

首先,协同创新情境下,中小企业的创新网络究竟起到什么作用?网络的结构特征,如网络的互惠程度、信任程度对于中小企业创新的资源获取和企业成长究竟具有怎样的关系?

其次,随着创新发展从封闭式创新到开放式创新到共生协同式创新的转变,企业创新行为更加重视资源整合与共生发展,传统的产业集群如何向创新型集群转变?传统的以产业链、供应链为导向的企业集聚,如何向创新资源聚合的集群转型?其发展聚合模式是怎样的?内在机制又是如何?

(四) 应对高模糊性的中小企业人力资源创新战略研究展望

中小企业人力资源创新战略是中小企业创新研究的重要范畴,但面对国内外创新环境的重大转变,中小企业人力资源创新战略也进行了深刻转型。在此背景下,无论是理论层面还是实践层面对中小企业人力资源创新战略体系均需进行相应的调整和转变。

首先，以往研究表明，柔性人力资源管理有利于促进组织的技术创新，数字时代中小企业的动态能力能否对柔性人力资源管理和企业创新之间起到中介作用，技术变动性是否会调节动态能力和技术创新的关系。此外，中小企业高管团队的社会责任对于企业创新绩效是否具有正向影响？是通过伦理型领导还是通过组织道德文化对企业社会责任产生积极影响？另外，公司规模是否会降低 CEO 诚信领导对组织道德文化的直接影响和对企业社会责任的间接影响？

其次，国内中小企业创新呈现出明显的生态化扶持趋势，立足于构建并完善创新生态系统，人力资源管理和职业教育是提升劳动生产率，增加劳动生产要素供给的重要途径之一，面临着传统发展模式"路径锁定"与国际经济格局调整"双向挤压"的内外压力，存在要素供给效率下降、技术创新能力不足等特征。大力发展职业教育是否能够有效增加劳动要素供给，促进科技创新和成果转化？

上述众多数字时代新情境下中小企业发展的重大问题，引起理论界和实务界的高度关注，是当前中小企业创新战略研究有待深入研究的。本书将从基于质性研究的理论构建、发展模式的理论剖析、理论的实证检验及面向实践的政策建议等角度进行深入研究。

第二章

互联网赋能的研究综述与展望

随着信息技术、物联网、大数据等数字化技术的发展,"赋能"在互联网界频繁出现,越来越多的学者也开始关注互联网技术对商业领域的影响。受限于研究情境,目前学界对互联网技术在商业情境下的赋能影响研究才刚刚兴起,涌现出了信息化赋能、数字化赋能、大数据赋能等基于技术赋能的概念;以及员工赋能、客户赋能、消费者赋能等基于赋能对象的研究。但是,互联网赋能的研究尚处于起步阶段,其定义、内涵尚不清晰,对于其理论基础和应用效果的研究比较碎片化,从而阻碍了该领域理论及应用研究的开展。

因此,本书试图通过梳理现有互联网赋能的相关研究,解答"互联网赋能"的定义及内涵是什么、理论基础及内在机制是什么、其独特的价值创新与创造这三大问题。对于这三个紧密相关的问题,本书尝试从以下三个方面进行回答:首先,通过回顾赋能、信息化赋能、数字化赋能等与互联网赋能相近的概念,笔者提出了互联网赋能的定义及内涵。其次,在定义的基础上,文章梳理了互联网赋能的理论基础,包括动态的资源基础与能力观、发展的技术范式与社会支持理论和整合的生态系统理论,并阐述了理论之间的内在逻辑,此外,本章研究了互联网赋能如何促进价值创新与创造。最后,本书提出了未来研究展望,以期为后续互联网赋能的研究提供借鉴与启示。

第一节 互联网赋能的概念界定

众多学者都认为,互联网赋能必须是基于互联网及其相关技术的赋能，因此，本书以"Internet""E-""Information""Artificial Intelligence""Big Data""Digit""Internet of Things""Blockchain"为关键词，同时组合"Empowerment"和"Enablement"在外文数据库"Web of Science"进行检索，检索时间截至 2019 年 5 月底，秉持两个筛选标准（隶属于经济管理相关问题的研究；涉及赋能的概念、理论、内在机制、商业模式、价值创新与创造等主题），本书对题目、关键词、摘要进行阅读并进行降重，共得到 69 篇文献。并通过《中国工业经济》《管理世界》《科学学研究》等高影响因子的经济与管理类中文期刊对文献进行重要的补充。本书通过学者对相关概念的回顾和对比，提出对"互联网赋能"的定义。

一 赋能的基本概念和内涵

赋能指个体或者组织对客观环境与条件拥有更强的控制能力来取代无力感的过程，人们可以通过正式或非正式的组织实践活动来提升自我效能。或者说，赋能是企业或组织对指定对象赋予权力与能力，以激发人的创意与动力，强调组织本身的设计、人和企业的互动。现有研究主要以过程视角和对象视角对赋能进行划分，如表 2-1 所示。梁（Leong）等学者综合前人的研究将赋能的过程划分为三个关键维度，即结构赋能、心理赋能和资源赋能；[1] 学者以对象视角将赋能划分为两个关键维度，即员工赋能和客户赋能。[2][3]

表 2-1　　　　　　　　　赋能的视角和维度

视角	维度	概念	目标
过程	结构赋能	通过改变情境条件进行授权，着重于提高客观的外部条件（如组织、机构、社会、经济、政治和文化条件）和消除结构性障碍来给予公众采取行动的力量	让民众有权获得信息、机会与资源

---

[1] Leong, C. M. L., Pan, S. L., Ractham, P. and Kaewkitipong, L., "ICT - Enabled Community Empowerment in Crisis Response: Social Media in Thailand Flooding 2011", *Journal of the Association for Information Systems*, Vol. 16, No. 3, 2015.

[2] Anna, P., Thomas, K. and Steve, S., "An Exploratory Study of Information Systems in Support of Employee Empowerment", *Journal of Information Technology*, Vol. 15, No. 3, 2000.

[3] Acar, O. A. and Puntoni, S., "Customer Empowerment in the Digital Age", *Journal of Advertising Research*, Vol. 56, No. 1, 2016, pp. 4 - 8.

续表

视角	维度	概念	目标
过程	心理赋能	强调对资源、能力获得的感知作用，改善社会心理、内在动机或个人主观效能感	改善社会心理与增强内生动机等主观感受
过程	资源赋能	对本地资产资源的识别和获取，帮助组织和民众提升资源获取、控制和管控的能力	使资源所有权与控制权被真正赋予到位
对象	员工赋能	高管将权力下放并提供资源，给予员工更多自主权并提高其能力的过程，员工在控制与他们的任务相关的协调、分配、改进和控制职能方面拥有更大的权力	帮助员工培养相关技能、提升自我管理的能力和增强主观感受
对象	客户赋能	通过教育或传递相关信息等手段，赋予客户创新、生产和竞争的能力	客户参与到企业价值创造的活动中，使双方利益最大化

综合赋能的过程视角和对象视角，笔者认为赋能是赋能主体运用各种各样的资源和对客观环境条件的控制赋予特定的对象权力与能力，为赋能主体和赋能对象各方实现共赢的过程。赋能的定义一般包括以下几点内涵：①对人、信息、资源和环境进行控制的"赋权者"，如企业或组织等；②被"赋权者"赋予权力和能力的"获权者"，如员工和客户；③"获权者"能够获得的能力和权力，如创新的能力、协调和分配资源的权力。

二 互联网赋能的基本概念和内涵

国内外学者基于互联网相关技术，提出了互联网技术下赋能的新维度。梁等学者认为，互联网技术视角下赋能的过程维度还应包括能力赋能，能力赋能是指企业或组织通过加强对客观环境和条件的控制能力，帮助员工解决难题与培养相关技能及自我管理的能力，[1] 赋能不仅包括权力的赋予还应包括能力的培养。[2] 拉布雷克（Labrecque）等学者认为，随着互联网技术的发展和不断演进，消费者和群众的权力得到增

---

[1] Leong, C., Newell, S., Pan, S. L. and Cui, L., "The Emergence of Self-organizing E-commerce Ecosystems in Remote Villages of China: A Tale of Digital Empowerment for Rural Development", *MIS Quarterly*, Vol. 40, No. 2, 2016, pp. 475–484.

[2] 刘志阳等：《数字社会创业：理论框架与研究展望》，《外国经济与管理》2020年第4期。

强，赋能对象延伸到群体（Crowd-based）层次，这些群体包括基于信息系统技术应用程序和品牌社区的用户、网络营销和在线平台的消费者、众包社区和虚拟社区的社群等。[①]

近年来，少数学者开始关注经济领域互联网赋能这一前瞻性的话题，并尝试对互联网经济时代相关的赋能进行界定，如郝金磊和尹萌对共享经济赋能的定义和内涵进行了解释，[②] 他们认为共享经济赋能指大型的组织或平台通过互动场景、开放平台接口等手段赋予利益相关者创新、生产和竞争的能力，具体包含赋能主体、对象、要素和技术赋能。[③] 已有的互联网经济下的赋能概念不能系统全面地诠释互联网赋能的本质，对于"互联网赋能由谁主导？""互联网赋能对象如何？""互联网赋能有哪些技术手段？""互联网赋能带来主体与对象哪些能力要素？"等问题尚未形成系统研究。

通过梳理已有文献，可以将互联网赋能界定为赋能主体依托互联网相关技术（包括信息技术、大数据、数字技术等）通过创造互动场景、开放平台接口和技术转移、转化等手段对自身进行技术赋能，充分发挥互联网等信息通信技术在资源配置中的优化作用，实现互联网创新成果与经济社会各领域深度融合，赋予企业、组织及利益相关者（如客户、消费者、社群、社区等赋能对象）某些能力要素（如价值创新、价值共创），实现个人、组织和行业共生、共享、共赢的理想状态，推动商业模式创新和组织变革，形成更广泛的以互联网及其相关技术为依托和资源基础的经济社会发展新形态。互联网赋能的概念框架如图2-1所示，包括互联网赋能主体（Who）、互联网赋能对象（Whom）、互联网技术赋能手段（How）以及能力要素（What）四个关键维度（3W1H模型），具体包括以下内涵：

[①] Labrecque, L. I., Jonas, V. D. E., Mathwick, C., Thomas, P. N. and Charles, F. H., "Consumer Power: Evolution in the Digital Age", *Journal of Interactive Marketing*, Vol. 27, No. 4, 2013, pp. 257-269.

[②] 郝金磊、尹萌：《分享经济：赋能、价值共创与商业模式创新——基于猪八戒网的案例研究》，《商业研究》2018年第5期。

[③] 孙新波等：《数据赋能研究现状及未来展望》，《研究与发展管理》2020年第2期。

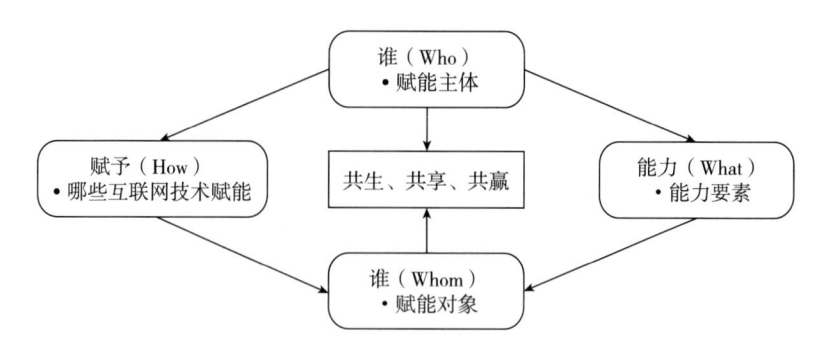

图 2-1 互联网赋能式的概念框架

（一）赋能主体（Who）

互联网赋能主体主要回应"互联网赋能由谁主导？"的问题。主要包括能够建立和使用互联网技术资源和手段、构建互联网技术能力并将技术资源、技术能力转化为赋能手段的大型企业或组织。根据学者的研究，赋能主体主要有将在线声誉、互联网技术能力和品牌社区作为企业级动态的资源基础或将数据作为一种新兴战略资源的商业企业[1]，商业企业充当了将互联网技术要素转变为能力要素的身份和角色，互联网技术正对企业商业实践造成颠覆性的影响，是互联网赋能最基本的赋能主体；"再工业化"战略下为实现智能制造和产业转型升级的制造业企业是有别于商业企业的赋能主体，制造业企业以实现"工业4.0"和智能制造作为战略核心；[2] 连接多方并处在生态系统枢纽地位的平台以其具有最多的共享知识和信息，以及对平台生态系统其他利益相关者的影响力成为最具连接性和可操作性的赋能主体；[3] 运用互联网服务网站和大数据技术推进政府管理和社会治理模式创新的政府是赋能主体的延伸，政府与数字技术之间的良性互动能够转变政府性质，逐渐向"智慧政府"转变。赋能主体的赋能形式和基本概念如表2-2所示。

---

[1] Reuber, A. R. and Fischer, E. A., "International Entrepreneurship in Internet - enabled Markets", *Journal of Business Venturing*, Vol. 26, No. 6, 2011, pp. 660 - 679.

[2] Menon, K. R. I. and Wuest, "Industrial Internet Platform Provider and Enduser Perceptions of Platform Openness Impacts", *Industry and Innovation*, Vol. 27, No. 4, 2020.

[3] 朱勤等：《平台赋能、价值共创与企业绩效的关系研究》，《科学学研究》2019年第11期。

表2-2　　　　　　　　赋能主体的赋能形式和基本概念

赋能主体	赋能形式	基本内涵
商业企业	社会化商务	电子商务的一种新潮流，是指基于互联网的任何商务应用，支持通过社交媒体进行社交互动和用户内容创造
制造业企业	工业物联网	工业物联网是创建包括制造过程的网络并因此将工厂转变为智能制造环境的关键推动者，涉及将连接物理和虚拟世界的网络物理系统（CPS）和物联网服务（IoTS）集成到工业流程中
平台	平台赋能	通过开放平台接口、交易匹配及提供基于价值链的服务，优化平台上经营企业的运营模式和应对环境变化的能力
政府	政务赋能	利用互联网建立政务服务门户、政务服务管理平台、业务办理系统和政务服务数据共享平台，建设数字政府

（二）赋能对象（Whom）

互联网赋能对象主要回应"互联网赋能对象是谁？"的问题。赋能对象是赋能主体对其直接进行结构赋能、资源赋能、心理赋能和能力赋能的个体与群体。根据学者的研究，赋能对象主要有员工、客户、用户、消费者、社群等。

表2-3　　　　　　　　互联网赋能的赋能对象和基本内涵

赋能对象	赋能形式	基本内涵
员工	员工赋能	互联网信息技术等提高了员工在目标、任务、信息、知识、经验以及责任方面需要相互联系或"共享"的效率，赋予员工参与组织流程的改进和决策制定的权力
客户	客户赋能	企业依托互联网技术对内外部客户群体进行赋能，赋予客户权力为企业做出决策、参与企业设计生产等活动
用户	用户赋能	用户在工作中使用信息技术应用程序作为一种积极的动机取向，品牌社区用户积极表达个人需求和提出创意，赋予用户达到四种认知——用户能力、系统使用的意义、用户的自我决定以及系统使用的影响
消费者	消费者赋能	消费者通过社交媒体和在线平台获得信息性赋能，专注于在线评论和电子口碑，增强线上社交互动的能力；消费者通过数字技术和数字工具获得体验性赋能，专注于数字模拟以补充（和/或替代）线下活动，增强体验线下现实和价值的能力
社群	众包	企业利用众包社区的群体来解决问题、创造新产品和改善消费者体验的活动，社区群体以经济奖励、社会认可、自尊和/或技能发展的形式获得利益

巴特（Bhat）和达尔吉（Darzi）以是否为企业内部成员将客户赋能分为企业内部客户赋能和企业外部客户赋能[①]，基于此，本书以是否为企业内部成员将赋能对象分为企业内部赋能对象和企业外部赋能对象。①员工和一部分客户组成了企业内部的赋能对象，员工赋能能够提高员工间相互沟通的效率和即时获取工作所需的信息[②]，增加员工的工作满意度和工作绩效；企业不仅有上游的供应商也有下游的经销商，还有众多的合作商家，这些组成了企业的"内部客户群体"，企业以明确的指令、预期的绩效和授权委托对他们进行赋能，与企业一起实现价值。②一部分客户与用户、消费者、社群组成了企业外部的赋能对象，除"企业内部客户群体"之外，企业及经销商还有大量的"外部客户群体"，诸如零售商和顾客，零售商以其便利、快捷地获取消费者信息的优势成为数字经济时代的增长热点[③]，顾客通过信息技术手段表达个人需求和参与需求满足的企业价值共创过程，客户赋能包括顾客赋能，顾客赋能体现了客户赋能的具体对象。用户赋能、消费者赋能、众包都是基于信息技术应用程序或在线平台的赋能，其概念存在交叉，体现了数字技术不断演化下，企业外部群体权利正不断得到增强。这三者的侧重点是不同的，用户赋能侧重于增强信息技术系统应用程序用户积极使用此程序的能力以及品牌社区用户自我表达和参与产品设计的能力，消费者赋能侧重于增强消费者对商品的信息获得与分享和模拟商品现实体验，众包社区侧重于利用群体来解决问题、创造新产品和改善消费者体验的活动。

（三）技术赋能（How）

技术赋能主要回应"互联网赋能有哪些技术手段"的问题，国内外学者主要基于互联网相关技术，从不同的技术视角出发，提出了"电子赋能""信息化赋能""数字化赋能""大数据赋能""人工智能

[①] Bhat, S. A. and Darzi, M. A., "Customer Relationship Management: An Approach to Competitive Advantage in the Banking Sector by Exploring the Mediational Role of Loyalty", *International Journal of Bank Marketing*, Vol. 34, No. 3, 2016, pp. 388–410.

[②] 孙新波等：《数据赋能研究现状及未来展望》，《研究与发展管理》2020年第2期。

[③] 王砚羽等：《商业模式采纳与融合："人工智能+"赋能下的零售企业多案例研究》《管理评论》2019年第7期。

赋能"等基于技术的互联网赋能的概念（见表2-4）。不同的技术赋能代表了不同的技术手段、技术资源和技术能力。

表2-4　　　　　互联网技术赋能的基本概念和基本内涵

赋能	基本概念	基本内涵
电子赋能	通过电子手段给予（某人、组织或实体）做某事的手段或权力，电子赋能被认为是组织实施以改进其业务的信息技术项目的一部分	赋予个人获得社会认可；赋予人际新关系的建立；赋予发展和丰富群组；赋予社区公民权利获得
信息化赋能	企业动员和部署基于信息系统和信息技术的资源的能力，公司间与供应商、客户和合作伙伴的交易利用信息技术来组织和执行，信息技术支持成为公司价值创造和盈利获取的独特来源，促进企业利用信息系统创新业务能力和功能	企业对企业的信息技术能力；帮助企业实现价值创造；帮助企业实现价值分配和增值
数字化赋能	数字化赋能一方面被认为是组织的一种资源特征——价值、稀有性、可适当性、可模仿性、可替代性、可移动性，数字技术构成企业竞争优势的资源；另一方面，数字化赋能是企业的一种动态能力，强调企业如何在变化的环境中保持新资源与业务战略的一致性	员工通过采用资讯及通信科技，提高组织效能及灵活性；数字支持技术促进了企业对企业的及时的市场信息交换和沟通的丰富性
大数据赋能	企业利用大数据获取、分析、挖掘消费者行为的隐藏信息，基于数据驱动做出明智的商业决策，改变业主经理以灵活、经验驱动和直觉决策的思维和方式	大数据技术有利于企业的知识管理，生成企业的战略资源基础；企业利用大数据技术构建大数据能力
数据赋能	特定系统基于整体观视角创新数据的运用场景以及技能和方法的运用以获得或提升整体的能力，最终实现数据赋能价值的过程	数据赋能主体创新数据的应用场景；赋能主体创新技能和方法的运用
人工智能赋能	人工智能（AI）在降低成本、降低风险、提高效率、提升竞争优势等维度使企业的商业模式价值增值，赋予企业布置其商业智能版图	AI应用层的企业生产经营全方位功能；平台AI的技术驱动；数据基础和数据加工

电子赋能以互联网为载体连接世界上每一个个体，赋能的途径、工具、手段及领域可以通过互联网技术获得或开辟，电子赋能的效果可以

在个人、人际关系、群组和社区四大层次上得到实现。企业利用基于信息技术和信息系统的信息化赋能，以其定制化的技术服务和标准化信息网络（统一的产品数据标准和共同的专业流程）将其基于知识的资源和能力与合作伙伴的知识和能力相结合。孙新波等学者认为，数据赋能包含大数据赋能和数字化赋能，后两者是数据赋能典型的技术手段和赋能方式，都强调赋能主体和对象以价值创造为导向而协同创造的过程，其目的是提升赋能主体和赋能对象的整体能力。不同的是，大数据赋能采用的是大数据分析技术和方法，而数字化赋能侧重于数字技术和工具的运用。人工智能赋能充分利用人工智能在企业生产经营的应用、平台人工智能驱动技术使智慧商业成为新的发展趋势，赋予商业模式的价值增值。

（四）能力要素（What）

能力要素主要回应"互联网赋能主体与对象哪些能力要素"的问题，赋能是"Who"赋予"Whom"能力的过程，互联网赋能的能力要素指赋予赋能主体实现价值创新和赋予主体与对象合作参与企业价值共创的过程与能力，形成新的合作关系，如表 2-5 所示。

表 2-5　　　　　　　　　　互联网赋能能力要素

能力要素	关键维度	构成要素	学者（时间）
价值创新	价值主张获取创新	客户关系创新	Nilsson 和 Ballantyne（2014）；Bhat 和 Darzi（2016）
		销售渠道创新	Patel 等（2017）；Kuruzovich 和 Etzion（2018）
		产品开发模式创新	Fuchs 和 Martin（2011）；Klein 和 Garcia（2015）
	价值创造方式创新	技术设备创新	Ghezzi 等（2013）；Mauerhoefer 等（2017）
		企业能力创新	Mauerhoefer 等（2017）；Yu 等（2016）；朱勤等（2019）
	价值捕获路径创新	盈利模式创新	罗珉和李亮宇（2015）；董洁林和陈娟（2015）
		成本结构创新	董洁林和陈娟（2015）；Kuruzovich 和 Etzion（2018）

续表

能力要素	关键维度	构成要素	学者（时间）
价值共创	参与价值发现	服务主导逻辑	Nilsson 和 Ballantyne（2014）；Yu 等（2019）
		价值感知机制	Lenka 等（2017）；陈慧和杨宁（2019）
	参与价值创造	价值响应机制	Lenka 等（2017）；Hoornaert 等（2017）
		消费者互动和体验	武文珍和陈启杰（2012）；Yuksel 等（2016）

第二节　互联网赋能的理论基础

互联网赋能的研究方兴未艾，尚未形成系统的理论基础。本书认为，互联网赋能价值创新研究的主要支撑理论包括动态的资源基础与能力观、发展的技术范式与社会支持理论和整合的生态系统理论。

一　动态的资源基础和能力观

自 20 世纪 90 年代以来，企业越来越注重自身动态的资源与能力的发展。哈里森（Harrison）等学者从动态视角提出了多样化动态情境下资源和资源间协同的价值。在动态环境下（市场情境的动态性、技术情境的动态性、制度环境的动态性），静态的资源占有很难保证企业持续的竞争优势，动态的资源基础观强调企业在动态环境下构建新的战略资源的重要性。[1] 动态能力由蒂斯（Teece）和皮萨诺（Pisano）提出，此后由学者基于以往资源基础、组织惯例、独特胜任力、建构知识、组合能力和核心胜任力等理论观点基础之上建立起来的，动态的资源基础观和能力观与传统的资源基础观和能力观的主要观点如表 2-6 所示。

动态的资源基础与能力观强调以下几点：①企业培育动态的资源基础与能力是为了在不断发展变化的环境中获取持续的竞争优势，它体现了企业应对外部环境的能力。②涉及重新配置公司的资源基础和组织惯

---

[1] Nakano, M., Akikawa, T. and Shimazu, M., "Process Integration Mechanisms in Internal Supply Chains: Case Studies from a Dynamic Resource-based View", *International Journal of Logistics Research and Applications*, Vol. 16, No. 4, 2013.

表 2-6　　　　动态的资源基础观和能力观的构成维度

视角	主要观点	视角	主要观点
资源基础观	企业异质并难以模仿的资源、高质量的产品和性能	动态的资源基础观	以新的方式结合现有的互补资源来建立竞争优势的过程,强调资源价值和竞争优势的可持续性
	总资产、能力、组织流程、企业属性、信息、知识基础等公司所控制的内部资源		释放资源、资源杠杆化、获取外部资源或创造新资源
	是一种管理框架,用来确定企业可以利用哪些战略资源来实现可持续的竞争优势		公司在快速和不可预测的变化的情况下通过整合、构建和重新配置组织内部资源获取竞争优势
常规能力观	建立企业的知识基础之上,决定企业目前的经营水平,保证经营活动的同质性	动态的能力观	资源配置和整合、分析和认识利用机会能力
	一种支持组织惯例的能力,如运营能力、生产能力		市场导向的感知能力、吸收能力、关系能力以及协调整合
	支持组织日常事务的惯例、资源与流程的常规能力		感知能力、学习能力、协调能力和整合能力

例,或以创新的方式重新组合资源和重构组织惯例。③动态的能力观区别于常规的低阶能力,它是一种高阶能力,能为组织创建新的知识基础并带来新的机会。④动态的资源基础区别于静态的资源基础,它包括外部的资源和创造新的资源,组成强企业的战略资源。

互联网技术的发展成为改变市场和营销的关键力量。[①] 相比传统商业环境,在互联网环境下,市场、客户、前景和竞争对手的信息更全面更丰富但变化更快,消费、营销、搜索行为和沟通行为更即时和更碎片化,企业输送给消费者的信息、价格、优惠券更有针对性,利基产品更广泛存在,消费者、客户和利益相关者拥有更大的话语权,但他们与企业的互动和合作更加积极,这些群体的广泛参与给企业的价值创造方式带来新的机会,利益相关者可以嵌入价值创造系统的任一位置。

动荡的互联网环境、外部的生产资源（如消费者资源）的可利用

[①] Reuber, A. R. and Fischer, E. A., "International Entrepreneurship in Internet - enabled Markets", *Journal of Business Venturing*, Vol. 26, No. 6, 2011, pp. 660 – 679.

性、内部组织资源的整合与重构需要企业构建动态的资源基础与能力，以促进企业价值创造。互联网及其相关技术形成的动态资源基础与能力能够加强外部动态环境、生产资源与企业资源能力的交互作用，促进企业与外部组织的价值共创。例如，在传统制造业转型升级中，企业利用信息技术、数字技术不断完善拥有强大算法和数据积累的终端设计系统并充分融入关键业务流程依次获得数字分析能力、数字连接能力、数字智力能力，快速响应不断变化的环境和业务需求。在电子商务市场中，企业需要部署集成和连接的信息技术支持流程的能力（数字化流程覆盖）和构建应对外部利益相关者持续共同参与的动态能力，以促进价值共创和创造。

二 发展的技术范式和社会支持理论

（一）发展的技术范式理论

范式是一种公认的模型或者模式，是所在共同体成员所共同信仰的价值观，开展工作所共同遵循的标准规范，是指导群体的行为准则和世界观，所谓的科学技术革命，本质上是一种"范式转移"。范式转移指新的科学技术革命导致原有科学技术体系内的各种要素相继"失灵"，直至最终被颠覆掉的过程。

互联网商务时代，"信息化""平台化""数字化"将代表全新的生产生活范式，对于企业而言，技术的范式变了，产品的范式改变了，组织管理的范式变了，互联网技术促进新的社会技术范式结构正在出现和形成中，促进整个社会的民主化、信息化、数字化转型。

技术范式变革。技术变革常常会破坏市场或行业既定的规则、命令、信念和价值观，破坏现有技术能力和市场联系。技术范式是由信念、假设、感知到的技术经济问题、预期的解决方案组成的一种模式。市场联系是指客户关系管理，用户应用程序，市场知识以及渠道和服务关系。技术能力是指与科学、工程学的设计，生产，材料，设备和管理有关的知识。随着电子计算和通信技术的广泛采用和扩散，"新媒体"技术改变了基于纸张的打印和出版技术的传统媒体行业，数字技术根本上改变和扩展了传统媒体所扮演的社会和文化角色，帮助用户满足信息检索、交互、自我表达和自我实现的需求。互联网技术允许单个用户积极参与内容的消费和生成，也可以帮助企业形成由促进产品设计、产品生产、产品交付和反馈的技术组成的生态系统。

产品范式变革。工业经济时代标准化的生产、流水线的作业，生产出来的产品是物质化的有形的实体产品，而基于互联网技术的信息社会、数字经济所提供的产品是数字化、网络化、智能化的整合性产品，例如，基于网络效应和产品、服务的开发，或是具有可持续创造价值能力的平台。

组织管理范式变革。组织管理范式包括企业的组织结构模式、业务流程模式、职能领域与外部关系模式等。互联网技术的发展，已经导致组织及其利益相关者之间出现了新的关系现实。基于互联网的组织管理范式作为一种整体的、社会技术的现象，正体现出民主化管理的多层次本质，如图2-2所示。互联网访问有关的硬件和软件以及计算机支持的合作工作系统解决了员工在目标、任务、信息、知识、经验以及责任方面需要相互联系或"共享"的问题，这体现了互联网技术的民主化。从赋予用户权力的角度来看，互联网的接入为具有数字素养的消费者和组织的其他利益相关者带来了新的机遇，包括克服传统市场的信息不对称特征、在创建关于组织及其品牌的信息方面发挥更积极的作用，更容易把这一信息传播给更广泛的观众，这体现了基于互联网的信息民主化。从面向社会的角度来看，互联网为具有技术知识的消费者和组织的其他利益相关者提供了新的机会，包括他们可以以多种身份表现和表达自己，可以通过品牌社区与超越地理限制的人联系，甚至可以联合开发新产品，这体现了基于互联网的社会资本民主化。

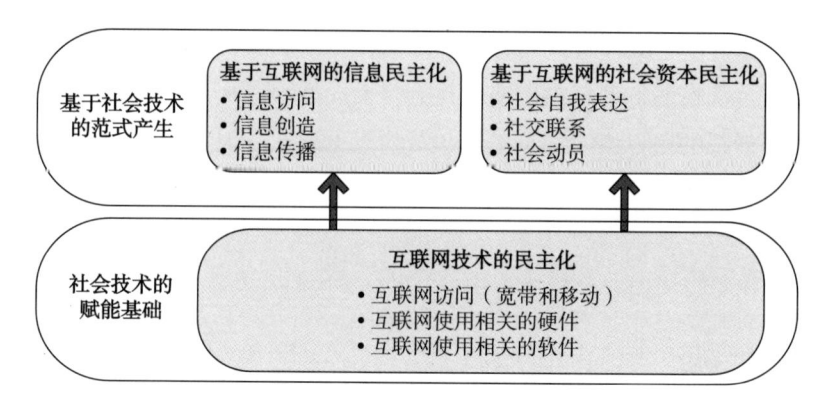

图2-2 基于互联网的组织管理民主化范式

(二) 发展的社会支持理论

社会支持理论于 20 世纪 70 年代被提出。近年来，社会支持理论被广泛应用于社会化媒体平台和品牌社区的社交网络服务（SNS）用户内容创建行为研究。[①]

戈特利布（Gottlieb）和伯根（Bergen）将社会支持定义为"在正式的支持团体和非正式的帮助关系中，人们认为可以获得或实际上由非专业人士提供给他们的社会资源"。[②] 社会支持理论是一种社会心理学理论，用来描述人们如何在社会团体中被关心、被响应、被帮助。社会支持由主体和客体组成，强调主体与客体之间的资源交换。社会支持的主体包括正式和非正式个人能够获得各种资源支持的关系网络；社会支持的客体是普遍性的，社会各界每个个体都可以是社会支持的客体。社会支持有三个维度：情感支持、信息支持和制度支持。

发展的社会支持理论主要指在线社会支持，指个体通过社交媒体与同伴协作进行的在线行为，包括寻求帮助和提供支持。哈伊利（Hajli）和西姆斯（Sims）在社会支持的三个维度基础之上，结合社会化媒体平台和品牌社区上社交网络服务的虚拟化特征，提出在线社会支持由信息支持和情感支持构成。[③] 在网络社区，作为信息创造者的社交网络服务用户扮演了越来越重要的支持主体的角色，在线用户高度意识到他们在网络上对他人的影响，以及他们可能对企业施加的集体力量。通过 Facebook、Twitter 和 Instagram 等社交网站，网络化的人们获得了更多的信息，交流更加自由，并通过各种在线群组建立了更强的关系。通过社交媒体建立的互联性可以增强用户的集体行动和对社会变革的需求的能力。这一赋权的行动可以迅速传播到广大人群中，从而产生相当大的影响。最活跃的用户组通常是虚拟领域的意见领袖，他们会以一种非常剧烈的方式影响组织决策。

[①] 陈爱辉、陈耀斌：《SNS 用户活跃行为研究：集成承诺、社会支持、沉没成本和社会影响理论的观点》，《南开管理评论》2014 年第 3 期。

[②] Gottlieb, Benjamin H. and Bergen, Anne E., "Social Support Concepts and Measures", *Journal of Psychosomatic Research*, Vol. 69, No. 5, 2010.

[③] Hajli, N. and Sims, J., "Social Commerce: The Transfer of Power from Sellers to Buyers", *Technological Forecasting and Social Change*, Vol. 94, 2015, pp. 350–358.

三 整合的生态系统理论

互联网赋能视角下,生态系统理论强调为了提供产品或服务体系,由具有不同属性、决策原则和信念的参与者组成的,一个纵向与横向上自我组织或管理上主导设计的多层社交网络。"自组织"表明虽然生态系统是一个复杂的系统,但一些企业已经成功地从战略上管理生态系统网络,如英特尔、谷歌、苹果、微软、Twitter 和 Nintendo。"多层"表示生态系统存在层次分明或多边体系,互联网平台使得传统的直线交易模式演变为直接的三角关系。"社交网络"表明生态系统是由具有某些联系的参与者组成的动态网络,参与者之间的关系并不局限于商业环境。参与者具有不同的属性、决策原则和信念,这意味着生态系统是有助于协调且具有重要自治权的相互关联的组织,是基于个体和组织的相互作用的经济联合体。依据主导环境和参与者的价值主张,生态系统主要分为商业生态系统、创新生态系统以及平台生态系统。

商业生态系统以企业及其周围环境为中心,由在现实中存在关联关系的实体单位,如供应商、经销商、消费者、主要生产者、金融机构、政府和其他利益相关者等,通过互联网构成相互支持的扩展系统,是一个相互作用的利益相关者构成的经济共同体。创新生态系统指围绕在一个或多个核心企业周围,包含生产方和需求方在内的多方相互依存的参与者与外部环境相互联系、共同进化,实现核心产品及其互补产品/服务创新的价值共创网络[1],创新 3.0 和数字化时代背景下,创新生态系统的网络性、开放性和交互性随之增强,开放式创新成为典型的创新范式。[2] 平台生态系统强调参与者如何围绕平台进行组织,侧重于特定类别的技术——互联网平台,以及平台赞助商及其补充者之间的相互依赖性。平台生态系统采用"中心辐射"形式,一系列外围公司通过共享、开源技术或技术标准连接到中央平台。

互联网赋能的理论基础如图 2-3 所示。数字时代、信息社会的快速更迭,市场环境的动荡,需求的快速变化需要企业构建动态的资源基

---

[1] Michael, G. J., Carmelo, C. and Annabelle, G., "Towards a Theory of Ecosystems", *Strategic Management Journal*, Vol. 39, No. 8, 2018.

[2] 解学梅、王宏伟:《开放式创新生态系统价值共创模式与机制研究》,《科学学研究》2020 年第 5 期。

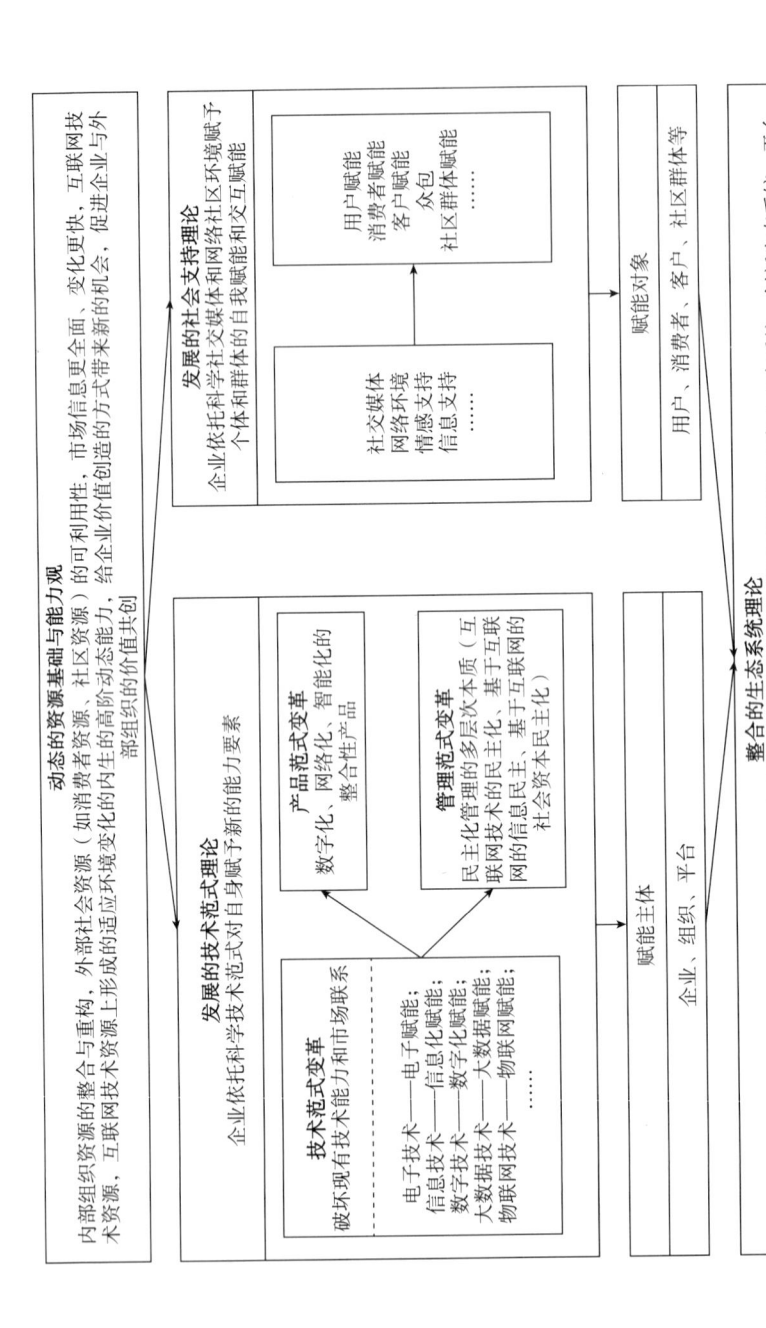

图 2-3 互联网赋能的理论基础——一个整合的框架

础和动态能力对组织资源进行整合与重构，对消费者、客户用户深层次的需求和价值创造的机会进行捕捉。互联网技术颠覆了原有科学技术体系，形成了技术范式变革，破坏现有技术能力和市场联系，并与利益相关者、社会参与方形成新的市场联系，技术范式变革推动产品范式向整合性产品变革，推动企业管理范式向民主化变革。同时，企业依托社交媒体以及个体在网络环境中获得了信息支持和情感支持，并促进个体和群体的自我赋能和交互赋能。企业、组织、利益相关者、社会参与方、客户群体、消费者以及平台等组成了纵向与横向上的多层社交网络，并组成了相互关联和相互作用的经济联合体，在这个经济联合体内部，参与者之间彼此赋能，以实现赋能主体、赋能对象等生态系统内部利益相关者共生、共享、共赢的目标。

第三节 互联网赋能的价值创新与创造研究

以数字化及相关技术为代表的互联网技术的发展是改变市场、营销和企业运营管理的关键力量[①]，是当今经济的推动力。互联网技术不仅定义了新的技术范式、助推企业构建高阶能力、促进企业供给效率的变革，更创造出新的企业运营管理模式，形成以企业为核心、外部利益相关者持续参与的商业生态系统，进而颠覆现有的商业模式，带来企业商业模式的价值创新，如表2-7所示。

表2-7　　　　基于互联网赋能价值创新的维度及内容

价值创新维度	内容	传统商业模式	赋能创新的商业模式
价值主张获取	客户关系	关系营销	客户赋能
	销售渠道	短渠道、长渠道	网上零售、电商直销
	产品开发模式	企业研发团队、市场调研、线性开发	用户赋能、众包、非线性开发

---

① 陈剑等：《从赋能到使能——数字化环境下的企业运营管理》，《管理世界》2020年第2期。

续表

价值创新维度	内容	传统商业模式	赋能创新的商业模式
价值创造方式	技术	—	数字服务化、智能制造技术、可穿戴设备、人机交互技术
	企业能力	常规能力（低阶能力）	动态能力（高阶能力）
价值捕获路径	盈利模式	厂商经济租金、主产品盈利	连接红利、配件产品和增值服务的错位盈利
	成本结构	高营销成本、高销售成本、高制造成本	创新营销过程、销售过程、制造过程，从而降低这三类成本

在互联网环境下，企业更能捕捉客户、消费者深层次的需求，也能将用户的想法和创意用于新产品开发中，获取新的价值主张；数字化技术、物联网以及人工智能技术为传统企业提供技术创新的支持，并赋予传统企业新的能力，消费者、客户全面参与的合作关系实现了新的价值创造方式；信息技术、大数据技术以及数字化技术收集了大量的数据信息、产生了众多的节点与连接，企业利用技术跨界和社群跨界追求连接红利，技术使能企业生产运营管理的成本大大降低，创造出新的价值捕获路径；企业依靠互联网赋能打破原有封闭的运作，开放组织边界，形成成员间不同层次的互动，并通过服务交换、资源整合以及价值体验与客户、消费者等利益相关者共同创造价值。如图2-4所示，本节后续将重点讨论互联网赋能价值创新与价值创造，针对价值主张、价值创造、价值共创、价值捕获等模式，分析互联网技术如何赋能商业模式的价值创新。

一 价值主张获取创新——从企业直接提出到以客户需求为主

（一）客户关系创新

客户关系被认为是开发创新能力和提供长期竞争优势的一种手段。通过获取客户信息和加强客户联系，公司能够更好地了解其客户。这是企业确定目标客户、保留客户，优化运营和预测需求的重要因素。传统商业模式的客户关系是以商品为主导（Goods - dominant）的营销逻辑，企业通过客户关系管理技术和关系营销，以提高客户的忠诚度和保留率。

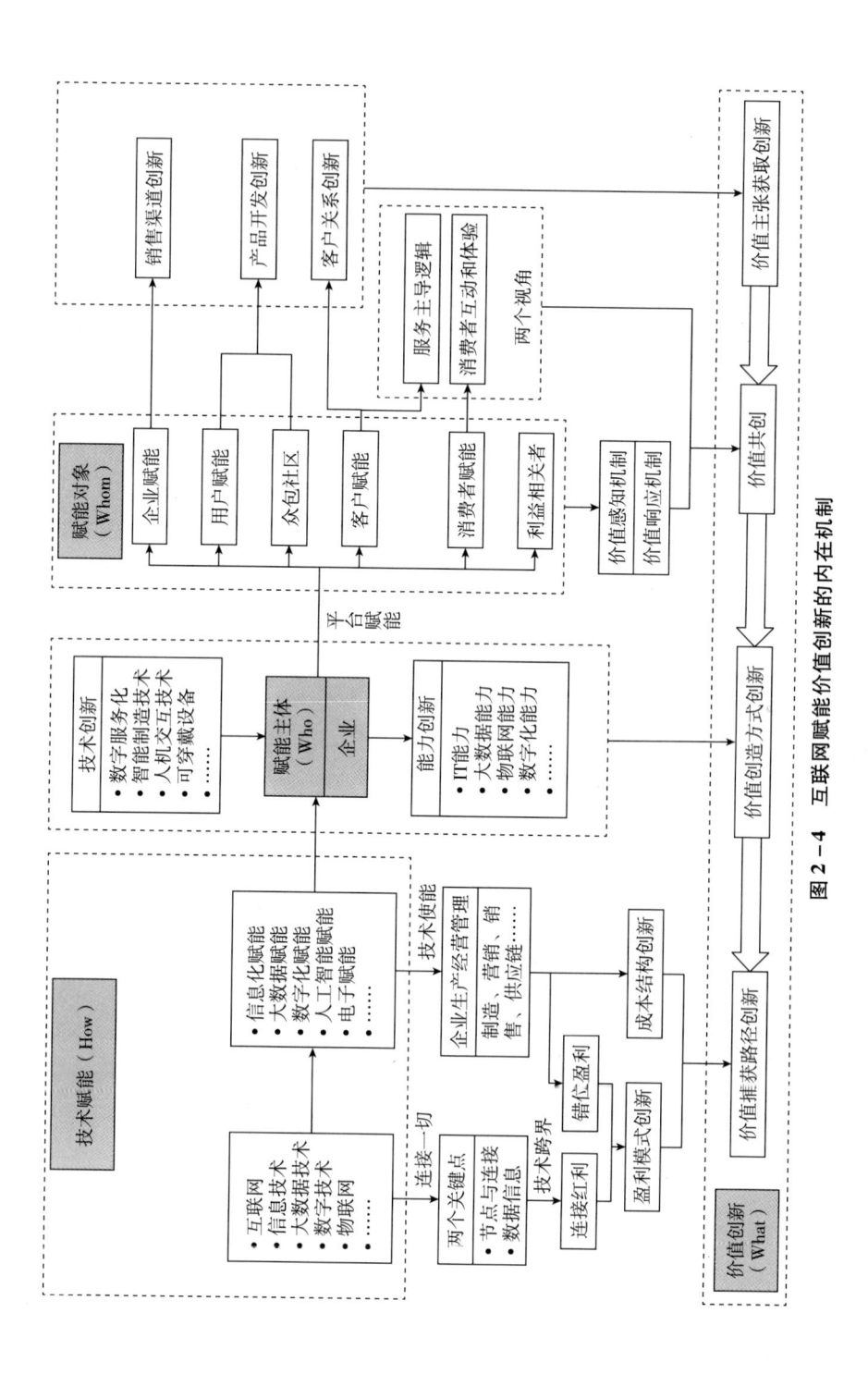

图 2-4 互联网赋能价值创新的内在机制

互联网和社交媒体的指数式增长正越来越多地将商业场所转移到虚拟市场空间，使客户和供应商之间的互动以新的方式变得复杂。与此同时，实体店的概念在过去几十年里不断演变，一方面适应了以前的传统市场（如农贸市场），另一方面也适应了竞争性的大型零售商店、专业商店、护发店以及产品分类的微型商店。互联网赋能客户关系以"客户赋能"（Customer Empowerment）实现创新。[①] 客户赋能是互联网背景下客户关系的另一创新。客户赋能就是赋予客户权力为企业做出决策。对于内部客户来说，赋能意味着受控制的授权，包括明确的指令、预期的绩效和授权委托。对于外部客户，它是通过向客户所在的任何地方提供额外的访问、内容、教育和商业来增加客户价值。它包括帮助客户根据自己的条件，在他们需要的时候，选择他们想要的服务或商品。

（二）销售渠道创新

销售渠道是在货物或劳务从生产者向消费者移动过程中，取得这种货物或劳务的所有权或帮助转移其所有权的所有企业和个人。互联网信息技术的发展，借助于物联网、大数据、云计算、3D试穿、RFID零售终端、人脸识别技术、互联网金融、智能物流等为实体销售企业创新升级提供了技术支持，加快了营销方式的互联网化[②]，实现了制造商的直接销售和零售商的网上零售。

消费者将渠道用于不同的目的，包括获取信息、完成购买交易、使用服务或获得物品所有权，以及获得购后服务的支持。任何企业都可以建立一个网站或者使用已有平台，通过网上平台销售产品，使直接销售变得容易而成本低廉，这将从根本上降低企业进入市场的障碍。零售商可以利用渠道为消费者实现相同的目的，但也可以将渠道用于其他互补的目的。[③] 对于零售商来说，利用渠道收集消费者及其偏好的信息，以及传播产品信息变得越来越重要。例如，线上零售和直接销售渠道对收

[①] Nilsson, E. and Ballantyne, D., "Reexamining the Place of Servicescape in Marketing: A Service-dominant Logic Perspective", *Journal of Services Marketing*, Vol. 28, No. 5, 2014, pp. 374–379.

[②] Etzion, H. and Kuruzovich, J., "Online Auctions and Multichannel Retailing", *Management Science*, Vol. 64, No. 6, 2018, pp. 2734–2753.

[③] Pankaj, C. P., Maria, J. O. G. and John A. P., "The Role of Service Operations Management in New Retail Venture Survival", *Journal of Retailing*, 2017.

集客户级别的信息特别有用。与此同时,零售商利用渠道将消费者从搜索活动转移到购买活动。例如,他们可以使用目录来"吸引"目标消费者访问网站或商店,增加他们购买的可能性。不同的渠道可以满足不同的消费者需求,消费者应该能够选择如何使用交互式零售服务。交互式零售服务指消费者通过多种渠道与零售商互动,从中获取利益。[1] 例如,亚马逊整合了不同类型的传统媒体技术和新媒体技术(硬件、软件、互联网),提供了一系列的新老媒体产品和服务,通过一个多功能的零售渠道,增加了各种市场需求的潜在组合数量。此外,数字通信工具允许不同规模的群体共享、出售和交换商品和信息。

网上销售服务与传统渠道销售服务的最大区别在于氛围和社交环境。首先,实体店通常通过布局、声音(如音乐或噪声)、气味、灯光、商品展示和商品的触感质量来提供丰富的服务。相比之下,在线、移动和传统媒体渠道主要依靠两种感官——视觉和听觉。以电脑为媒介的渠道利用其独特的特点来吸引消费者,但离线和在线的互动服务在质量上仍然不同。例如,3D试穿可以让消费者创建一个可以试穿衣服的相似虚拟形象,但它不能模拟店内购物体验的所有方面。其次,互动零售服务渠道的社交环境不同。在商店和其他地方,消费者可以与员工和其他消费者共享信息,而且他们可以通过观察人、标识和其他线索来获取社会线索和"信号"。相比之下,在线渠道为社交线索提供了不同的机制,如获得同行或专家的评论和用户生成的内容。除此之外,营销方式的网络化和电子化使营销范式突破了时空的限制,并且营销渠道变得更加简单,如表2-8所示。

表2-8　　　　　　　　互联网赋能销售渠道前后变化

	传统销售渠道	互联网赋能销售渠道
氛围和 社交环境	视觉、听觉和触觉; 亲自试用; 消费者被动接受; 与员工、消费者面对面交流	视觉 3D虚拟; 交互式零售服务; 浏览评论和用户生成的内容

[1] Leonard, L. B., Ruth, N. B., Cheryl, H. B., Jeffrey, M. and Kathleen, S., "Opportunities for Innovation in the Delivery of Interactive Retail Services", *Journal of Interactive Marketing*, Vol. 24, No. 2, 2010.

续表

	传统销售渠道	互联网赋能销售渠道
时空限制	物流成本高； 物流时间长； 大多同城送货上门	智能物流、成本低； 物流快； 突破地域限制
常用渠道	直接销售很少见； 制造商—批发商—经销商—零售商—消费者的多级长渠道	直接销售普遍存在； 制造商—零售商—消费者的网上零售较短渠道

（三）产品开发模式创新

传统的新产品开发（New Product Development）模式，即公司开发新产品和改进现有的产品，依赖于公司的生产能力和识别好的想法，这种模式正日益受到创新管理学者和企业家的挑战。传统上，公司依靠内部研发团队和市场调研来实现这一目的，产品开发遵循"基础研究—应用研究—应用开发—试制—工艺"的线性过程，各过程往往相互独立，按顺序进行。互联网背景下，他们可以利用从数字、社交和移动环境中收集的消费者反馈和讨论，基础研究、应用研究、应用开发、试制与工艺互相交融、互相支持，同时开展或对部分任务进行众包，走上了并行的非线性的产品开发过程。

1. 用户赋能（Users Empowerment）

互联网建立了强大的在线社区和平台，使企业可以倾听和整合来自世界各地的成千上万的消费者和用户的创意与想法。例如，日本消费品制造商无印良品会邀请那些热情的用户在线提交新产品的想法，并评估这些设计的任务对他们的吸引力。用户创造的产品概念会集成大量的客户预订，然后无印良品再审查产品的生产成本。如果产品可以盈利，它最终会被公司采用，重新加工成适销对路的产品，并集成到他们的一条产品线中。这些成功的用户设计中，有一些带来了全新的产品，其绩效明显优于传统方法开发的产品。

2. 众包（Crowdsourcing）

除了对在线社区和平台的用户赋能之外，企业还可以通过众包进行新产品开发。许多公司创建了指定的众包社区，在那里消费者可以讨论产品，提出新想法，并评估其他消费者提出的想法。企业通常通过基于内容、贡献者经验以及群体决策的方法选择最佳创意。基于内容的选择方法是指根据大众所写的描述这个想法的文本、媒体信息、图像或视频选择创意方案。基于贡献者的选择方法是指公司根据以前贡献过成功想法的成员，在相关领域具有独特创新性的成员或根据众包社区的活跃程度选择最佳创意方案。基于群体决策的选择方法是指在众包社区的成员通过投票、评论、评级、排名或购买预测市场中的创意股来表达他们对某个创意的看法。众包的方式包括群体投票、创意众包、竞赛众包、补充创新众包和微任务众包等。

二 价值创造方式创新——从常规低阶能力到动态高阶能力

（一）企业技术创新

企业技术创新有狭义和广义之分，狭义的企业技术创新指企业运用先进科学技术创造全新的工艺、技术以及对现有技术的改进，广义的企业技术创新指技术变革所引起的一系列开发、制造、营销、管理、市场和企业组织变化或产业与经济系统的演化。因此，互联网赋能企业技术创新有两个基本内涵，一是创新企业原有技术或创新技术，二是赋能企业生产经营活动与商业模式的创新。本章着重探讨了互联网赋能带来的商业模式创新，其中，互联网技术赋能企业创新技术的研究，如表2-9所示。

表2-9　　　　互联网技术赋能的企业创新技术研究

互联网技术	创新技术	创新技术的创新点
数字化技术	大规模定制技术	客户个性化需求准确获取；采用订单控制系统管理订单，订单全部转换为数据形式；员工大规模协作生产
人工智能、物联网	人机交互技术	运输模块化、自动化；人工智能辅助决策；人工智能自治行为
物联网	眼镜技术	距离检测；温度感应；超声波测距；图像感应；眼睛疲劳检测
互联网、信息技术、物联网、人工智能	智能制造技术	智能分析系统（依赖智能机器的计算性能）和信息传递系统（依赖信息技术和物联网的深度应用）；生产过程的柔性智能化和高度集成化

数字化赋能制造企业大规模定制技术创新正体现了"数字服务化"的趋势，数字服务化指制造企业利用数字技术从"产品—服务提供"

中创造和获得附加价值，包括产品和附加智能产品服务系统。利用物联网、人工智能等互联网技术驱动智能制造已成为制造企业智能化转型的重要手段，智能制造技术有效实现了智能机器与人类专家的人机交互智能化、企业生产智能化和高度集成化，物料分配最优化，缩短了制造时间和降低制造成本。人机交互技术（HCI）是物流和供应链领域技术创新成功的基石，随着物联网、人工智能的应用，人类操作员的主要执行角色转变为监督角色，执行与控制角色则转移到机器与物联控制系统，自动化运输、物理互联、人工智能辅助决策与自治成为物流创新的典型特征。物联网的发展带来了智能可穿戴设备的创新技术，例如，将微型传感器直接嵌入隐形眼镜中监测用户生理数据可以满足客户需求，被认为是智能眼镜行业的新兴技术，可穿戴设备还包括腕式穿戴设备、模块式穿戴设备、服装、耳饰等。

（二）企业能力创新

企业通过互联网赋能获得的高阶能力包括 IT 能力（Information Techonology Capabilities）、大数据能力（Big Data Capabilities）、物联网能力（Internet of Things Capabilities）、数字化能力（Digitalization Capabilities）等，其基本内涵和维度如表 2-10 所示。

表 2-10　　互联网赋能的企业高阶能力的基本内涵和维度划分

高阶能力	基本内涵	维度划分
IT 能力	企业动员和部署基于 IT 的资源以及利用其他资源的价值来改善各种公司或组织绩效指标的动态能力	IT 基础设施能力；IT 整合能力；IT 业务一致性能力；IT 管理能力
大数据能力	大数据能力是企业在大数据获取、分析、挖掘等大数据应用过程中不断积累的隐性知识和技能，是企业在动态环境中适应环境变化、获取竞争优势的一种内生动态能力	资源获取能力；分析整合能力；应用能力
物联网能力	企业物联网技能的能力，以及获取、整合并应用其物联网带来的知识投入资源和行为创新的动态能力，以与企业的战略方向保持一致	产品开发能力；团队创新能力；技术成熟能力；技术投资能力

续表

高阶能力	基本内涵	维度划分
数字化能力	企业在创建生态系统和价值链、改变企业上下游跨企业边界的互动方式、提高客户的参与度和改善产品服务系统的开发，并加强数据获取、仓储、大数据分析和实施的过程中不断培养和建立的数字智力能力、数字连接能力和数字分析能力	数字智力能力；数字连接能力；数字分析能力

它们的投资和部署程度对于提高企业绩效至关重要。IT 基础设施能力是诸如 IT 硬件、IT 软件、通信网络和数据之类的技术基础，以当代社会化商务信息技术——社会媒体和电子商务平台，作为两个重要的 IT 资源，及支持 IT 工具分发所需的 IT 员工。陈（Chen）等学者认为，IT 基础设施还应具有柔性，公司的 IT 基础设施可扩展，可模块化，可与旧系统兼容并能够处理多个业务应用程序。[①] IT 基础设施能力与电子商务应用程序结合可以帮助建立并保持相对于竞争对手的某些优势（知识管理、运营管理等）。IT 的组织管理能力、业务一致性能力是帮助企业创造商业价值的关键机制，这些机制包括人才管理、组织学习、知识管理、供应链管理、运营管理等。[②] 大数据能力作为一种高阶动态能力，大数据能力对组织资源和惯例的重构的过程并非一蹴而就，而是通过组织学习不断调整、更新，最终与业务流程相融合，为企业价值创造提供新途径。大数据能力帮助企业获得需要的数据、处理和分析用户数据、挖掘新的产品以及分析实现企业目标的障碍等。对使用物联网的企业来说，识别环境变化并快速响应这些变化是至关重要的，这样它们才能将资源和行为用于新的价值创造创新。[③] 通过使用物联网，赋能企

[①] Chen, Y., Yi, W., Saggi, N., Jose, B. and Gang, K., "IT Capabilities and Product Innovation Performance: The Roles of Corporate Entrepreneurship and Competitive Intensity", *Information & Management*, Vol. 52, No. 6, 2015, pp. 643–657.

[②] Mauerhoefer, T., Strese, S. and Brettel, M., "The Impact of Information Technology on New Product Development Performance", *Journal of Product Innovation Management*, Vol. 34, No. 6, 2017, pp. 719–738.

[③] Lenka, S., Parida, V. and Wincent, J., "Digitalization Capabilities as Enablers of Value Co-creation in Servitizing Firms", *Psychology and Marketing*, Vol. 34, No. 1, 2017, pp. 92–100.

业识别新的商业机会、商业威胁的可能性,并保持竞争力。物联网能力作为获取、整合,并应用物联网带来的知识投入资源和行为创新的动态能力,符合其战略方向和战略选择,从而使物联网能力成为竞争优势的源泉。数字化以硬件和软件的形式提供了可用于提高价值创造和分配的技术能力,企业在部署与数据获取、仓储、分析和实施相关的先进数字技术时,需要足够的组织资源和流程从数字化中创造和获得附加价值。数字智力能力表示配置硬件组件以在低人工干预的情况下感知和捕获信息的能力,数字连接能力指通过无线通信网络连接数字化产品的能力。数字分析能力是将数据转化为对公司有价值的见解和可执行的指示的能力。互联网赋能还赋予个人或企业获得数字创业能力、数字社会创业能力等基于数字化能力的扩展能力。

三 价值捕获路径创新——从经济租金到连接红利

（一）盈利模式创新

1. 连接红利（Linkage Dividend）

传统工业时代,企业追逐厂商经济租金是企业永恒的主题。[①] 互联网经济追逐的是"连接红利",这类企业往往不直接销售产品赚钱,不重点追逐产品销售红利,而是把产品当成一个聚合顾客的入口,在与消费者不断地进行价值协同和价值互动中为消费者创造持续的价值,从而获得收益。消费者是在拥有知识、智慧、心理敏感度和心理弹性时依靠互联网技术获得信息支持和情感支持才能实现价值创造。连接红利的产生有两个关键点：一是节点与连接,二是数据信息。连接的方式主要有两种：一是利用技术跨界,完成跨界的同时建立社群。这种方式以特有技术为手段打破以往垄断,迎合顾客需求建立社群。这种方式最成功的模板莫过于苹果旗下的iPhone。二是凭借已有社群实现跨界,在跨界的同时吸引新的受众。这种方式以腾讯的QQ、微信,小米盒子为代表。

2. 错位盈利

传统商业模式的企业主要通过主产品的高"定位"盈利,主产品配件和服务所占的比例很小。互联网时代制造商企业通过用户自组织管

[①] 罗珉、李亮宇：《互联网时代的商业模式创新：价值创造视角》,《中国工业经济》2015年第1期。

理和员工赋能降低主产品研发成本,在用高性价比的产品电子商务网络直销迅速占领市场的同时实现产品配件和增值服务的错位盈利。其一,制造商企业通过互联网平台和手机平台销售高毛利配件,例如,小米通过购物平台和小米官方网站销售毛利超过 40% 的配件(耳机、移动电源、运动手环、T 恤等);其二,制造商企业通过官方平台持续提供增值服务,例如,小米用户通过 MIUI 平台下载游戏和主题产品销售的分成。

(二)成本结构创新

互联网赋能的企业与传统企业相比,企业成本结构仍然主要包括三个部分:营销成本、销售成本和制造成本,但企业通过创新营销、销售和制造等生产运营过程得以降低成本。[①] 企业利用新媒体技术和社交平台作为营销主力大大减少了传统媒介(电视、广播、出版纸质品等)广告和其他营销活动的费用。在销售成本方面,制造商电子商务直销模式普遍存在,零售商网上零售的比例越来越高,电商直销和网上零售比传统的多级渠道成本更低,也更有利于库存管理和减少时间成本。基于互联网技术形成的商业生态系统促进了社会的大规模协作和大批量生产,产品的构件可以外包、代工和众包,这都极大降低了产品的制造成本。

四 价值共创模式创新——从单独创造到利益相关者全面参与

互联网赋能视角下的价值共创是指赋能主体打破原有封闭的运作,开放组织边界,形成成员间不同层次的互动,并通过服务交换、资源整合以及价值体验与赋能对象共同创造价值最终为赋能对象提供有价值的产品和服务的动态过程。[②] 互联网赋能视角的价值共创机制如图 2-5 所示,价值共创的研究视角分为服务主导逻辑和消费者互动和体验两个视角。[③] 莲卡(Lenka)等学者将数字化赋能下客户参与价值共创的机

[①] 陈剑等:《从赋能到使能——数字化环境下的企业运营管理》,《管理世界》2020 年第 2 期。

[②] 简兆权等:《价值共创研究的演进与展望——从"顾客体验"到"服务生态系统"视角》,《外国经济与管理》2016 年第 9 期。

[③] Prahalad, C. K. and Ramaswamy, V., "Co-creation Experiences: The Next Practice in Value Creation", *Journal of Interactive Marketing*, Vol. 18, No. 3, 2004, pp. 5-14.

制分为价值感应机制和价值响应机制。在价值共创的过程中，企业提出价值主张，但通过服务交换、资源整合使消费者发现使用价值，也通过对市场需求信息的感知来发现价值机会，"服务主导逻辑"与"价值感知机制"能够为合作伙伴实现价值共创提供支持。[①] 在价值创造的过程中，企业对价值机会做出响应，与更多的生态系统的参与者共同制定计划、共同解决问题、共同灵活做出调整，消费者的互动与体验贯穿在整个价值创造的过程中。

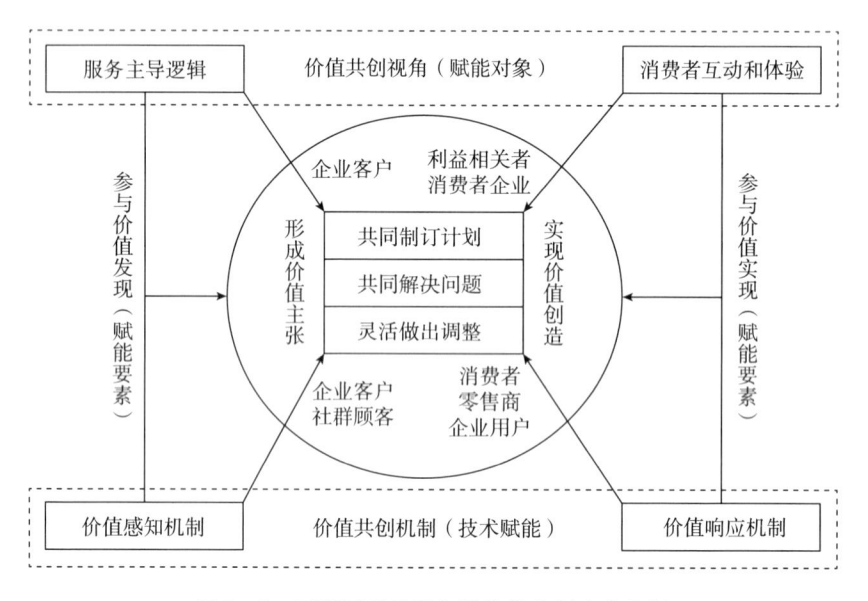

图 2-5 互联网赋能视角的价值共创内在机制

（一）参与价值发现

1. 服务主导逻辑

在传统的营销逻辑下，商品被认为是具有生产价值的。传统的观点认为制成品是随着附加值而来的，斯蒂芬（Stephen）和勒斯克（Lusch）挑战了这一逻辑，他们认为价值是由客户和其他受益人在使

[①] Kohtamäki, M., Parida, V., Patel, P. C. and Gebauer, H., "The Relationship between Digitalization and Servitization: The Role of Servitization in Capturing the Financial Potential of Digitalization", *Technological Forecasting and Social Change*, Vol. 151, 2020.

用服务时评估的，而不是在购买时。[①] 这意味着公司可以提出价值主张，但提出的价值是暂时的，直到客户在使用中测试。因此，服务主导逻辑取代了交换价值作为价值实现的历史定位，代之以使用价值。在服务主导逻辑中，客户决定自己的价值。供应商企业不能独特地创造客户价值，但它可以提出价值主张。企业的价值主张包括顾客可能看重的承诺或利益，这些承诺或利益通过广告或各种互动交流的方式来传达。

2. 价值感知机制

价值感知机制允许企业识别、评估和处理特定的客户需求。动态能力使企业能够捕捉客户需求，并提供额外的以有意义的方式支持他们创造价值的机会。价值感知行为将客户吸引到企业价值发现的过程中，并形成企业新的价值主张。企业通过对智能连接产品数据的纵向分析，可以洞察有效使用资产的潜在机会，与客户共享产品数据信息可以帮助他们采取行动来提高资产使用的有效性和效率。通过云产品功能的增强虚拟化和通过连接网络集成数字化组件的能力，企业既可以为客户提供解决方案，也可以根据客户的需求重新配置和调整解决方案。总之，通过数字化的感知机制，客户与企业的流程和资源紧密结合在一起，他们能够共同发现和利用创造价值的机会。除客户之外，在线品牌社群高度的价值感知会促进社群的参与行为和公民行为，陈慧和杨宁通过对在线品牌社群的实证研究发现，社会交互联结、信任互惠原则、自我概念一致性均积极促进顾客社群价值感知，顾客社群价值感知会积极促进顾客价值共创行为。

（二）参与价值创造

1. 消费者互动和体验

消费者赋能有两个基本的内涵：一是消费者与价值网络成员间互动的能力；二是创造消费者体验现实环境和价值的能力，这分别代表了消费者赋能的信息性赋能和体验性赋能两个维度[②]，表2-11展示了这两

[①] Stephen, L. V. and Lusch, R. F., "Service - dominant Logic: Continuing the Evolution", *Journal of the Academy of Marketing Science*, Vol. 36, No. 1, 2008, pp. 1 - 10.

[②] Mujde, Y., Milne, G. R. and Miller, E. G., "Social Media as Complementary Consumption: The Relationship between Consumer Empowerment and Social Interactions in Experiential and Informative Contexts", *Journal of Consumer Marketing*, Vol. 33, No. 2, 2016, pp. 111 - 123.

个维度的具体内容。

表 2-11 消费者互动和体验的权力与内容

消费者赋能	消费者权力	基本内容
信息性赋能（互动的能力）	需求互动的权力	基于需求的消费和购买的综合行动的能力，包括网站访问、应用程序下载、浏览器搜索等
	信息互动的权力	信息互动的权力由两个方面组成：一是通过访问产品或服务信息便利性的内容消费权力，缩短产品生命周期；二是通过用户创造内容的内容生产权力，促进自我表达
	网络互动的权力	集中于内容的变化，通过网络行为来建立个人声誉，并通过数字内容的分发、合成和增强来影响市场
	群体互动的权力	对个体和群体都有利的方式汇集、动员和组织资源，群体互动的例子有众筹、众包、众创、众卖等
体验性赋能（体验现实环境和价值的能力）	购物体验的权力	消费者通过商店环境、服务、管理、实践和数字模拟获得的感官体验、认知体验、实用体验及关系体验
	社区体验的权力	消费者参与在社区中的不同活动获得的信息体验、娱乐体验和互动体验
	产品体验的权力	消费者对企业的产品进行情感性体验、功能性体验并通过网络渠道对产品信息进行反馈的权力
	体验价值的权力	消费者通过企业营造的体验环境获取服务和参与行为的经济性价值、享乐性价值、社会性价值与利他性价值的权力

武文珍和陈启杰认为，创造价值网络成员间的互动是价值共创基本的实现方式，共同创造消费体验是企业价值共创的核心，消费者的互动和体验是一个连续过程，而价值共创则贯穿于整个消费者的互动和体验过程。[①] 拉布雷克等学者将消费者在数字时代获得的信息性赋能分为基于个人信息需求和基于社交网络的消费者权力。[②] 基于个人信息需求的

[①] 武文珍、陈启杰：《价值共创理论形成路径探析与未来研究展望》，《外国经济与管理》2012 年第 6 期。

[②] Labrecque, L. I., Jonas, V. D. E., Mathwick, C., Thomas, P. N. and Charles, F. H., "Consumer Power: Evolution in the Digital Age", *Journal of Interactive Marketing*, Vol. 27, No. 4, 2013, pp. 257-269.

消费者权力是个人通过互联网增加信息访问、选择、选项以及沟通来获得的,并通过发言和选择退出来实施市场制裁。[①] 社会网络技术的发展允许消费者从个人的信息需求权力转向动态的、复杂的、面向他人与群体的权力,让个人有机会与广泛的受众分享他们的意见、经验和态度。企业、消费者、利益相关者、商业生态系统所有社会与经济参与者四大主体通过 PC 端、移动端和云端参与价值共创的演化,相互间呈现二元互动、第三方承接和互动共享关系。消费者的体验主要包括在线购物体验、社区体验、产品体验、体验价值。通过表 2-11 展示的消费者体验的每个维度,消费者的体验权力强调消费者获得的情感、环境、关系和享乐特征。

2. 价值响应机制

响应机制要求企业对市场变化和新出现的需求作出快速和积极的反应,以便企业与客户能够参与价值共创。在动态的市场环境中,客户面临着快速的需求变化,需要快速有效的解决方案来帮助他们创造价值,企业通过云计算的虚拟化分析和产品功能来满足客户不断变化的需求。此外,企业还通过企业的数字基础架构、设备和实践收集的大量用户数据以及数字化能力来识别和发现潜在的需求。用户数据可用于分析用户的行为和交流习惯,根据搜索建议的关键词、行为习惯、搜索频率等信息,将数据资源转化为用户活动中的目标反馈,能够帮助企业迅速识别现有和潜在的需求,企业将进行积极的战略准备,利用出现的机会与合作者创造价值。来自企业下游的信息能够准确传达消费者的需求,企业获得有关消费者对其产品的信息反馈后,将会与消费者、零售商等合作伙伴共同制订目标计划、共同解决出现的问题,并根据不断变化的市场环境灵活做出调整。

第四节 互联网赋能的未来研究展望

目前,尽管互联网赋能研究已经取得了部分研究成果,但仍存在一

[①] Mari, H., "Email Marketing in the Era of the Empowered Consumer", *Journal of Research in Interactive Marketing*, Vol. 10, No. 3, 2016, pp. 212–230.

些研究不足和研究问题，未来需要对互联网赋能的研究问题和研究空间展开深入研究。

第一，未来可深入探讨互联网赋能四个要素之间的作用关系，对企业互联网赋能生成机制展开实证研究。四个互联网赋能要素之间相互作用，其中，每个作用关系都可以作为独立的研究主题进行深入研究，如可以对赋能主体与赋能对象的彼此赋能对产品、服务迭代创新的交互影响，大数据赋能与数字化赋能如何深刻影响赋能主体的生产经营活动、决策范式与职能领域的转变，赋能对象外部资源的嵌入对企业价值创新的影响。

第二，未来需要对互联网赋能商业模式创新和企业绩效提高的机制展开深入的实证研究。数字时代、信息社会的快速更迭，市场环境的动荡，需求的快速变化给商业领域带来了巨大的冲击，传统商业模式势必做出变革。本书归纳出互联网赋能的理论基础，表明互联网环境下企业获取的创新能力和环境适应能力是以技术赋能为依托的动态高阶能力，它会改变企业价值创造的基本逻辑，成为互联网背景下企业商业模式创新的重要驱动力。商业模式创新必然提高企业产品或服务在市场上的认可度、组织内外部资源的利用效率、产生模仿壁垒，最终促进企业绩效的提高。[1] 本书从价值主张获取、价值创造方式、价值捕获路径、价值共创模式四个方面对互联网赋能商业模式创新进行分类，每个分类均包含较多细分的商业模式创新，而且本书尚未涉及互联网赋能对企业绩效的影响，因此，未来有必要对这些细分的商业模式创新和企业绩效展开深入的理论和实证研究。如构建"行为—能力—创新"的研究路径，或围绕"互联网技术能力—商业模式创新—企业绩效"这一理论模型展开。

第三，未来可对互联网赋能商业模式创新的路径和效果展开深入的企业案例研究。商业模式创新至少会改变价值主张、价值创造、价值捕获中的一种，未来学者可以从以下两个方面研究互联网赋能企业商业模式创新：首先，以单一视角研究互联网赋能的商业模式创新，例如，从价值创造的视角出发，研究互联网赋能前后企业价值创造在能力、载

---

[1] 庞长伟等：《整合能力与企业绩效：商业模式创新的中介作用》，《管理科学》2015年第5期。

体、方式与逻辑上的差异。其次，以组合或综合视角研究互联网赋能前后企业价值主张、价值创造、价值捕获、价值共创的差异，即互联网技术赋能、用户部分或全面参与、利益相关者共同合作下企业价值主张、资源整合、产品设计、产品创造、营销模式、成本结构和盈利模式等的新变化。

第四，未来需要深入探讨互联网赋能与商业生态系统之间的演化机制。商业生态系统的生命周期要经历产生期、扩展期、领导期、死亡或自我更新期四个阶段[1]，并最终由平台和价值网络组成。实现互联网赋能视角下的企业商业生态系统中，企业、消费者、供应商、经销商、所有社会与经济参与者都参与价值共创的演化，这些参与者在商业生态系统的不同生命周期相互间呈现怎样的对接关系，以及商业生态系统中创造的价值类型是怎样演变的，都有待进一步探讨。

第五，未来可植入中国互联网经济、数字经济、《中国制造2025》等经济社会情境因素，开展互联网赋能的本土化和情境化研究。目前，国外学者尚未把"Internet Empowerment"作为一个整体概念研究，而自2016年以来，"互联网赋能"在中国商业领域频繁出现，中国企业家马化腾、马云、曾鸣等都强调利用互联网给各行各业赋能，学者周文辉、郭会斌、肖薇等都以互联网赋能嵌入视角研究组织重构或企业商业模式创新。而且，中国在互联网产业领域位居世界前列，已经成为互联网产业发展的领先国家，互联网作为最活跃高效的资源组合系统，正成为中国三大产业的"活水之源"，因此，未来有必要把中国互联网发展的生动实践作为研究基础，讲好互联网赋能中国企业转型创新发展的中国故事。如可以研究中国不同地区的互联网技术水平对互联网赋能的影响，中国的互联网赋能主体有何典型特征，以及这些特征对赋能主体创建互联网赋能和获取竞争优势的影响，并需要深入挖掘中国典型企业、行业、地方政府互联网赋能的实践发展，通过典型企业与行业的案例分析、典型地区的实地调查研究总结和提炼中国互联网赋能的独特发展规律，讲好中国故事，推动中国经验、中国模式的全球化。

---

[1] James, F. M., "The Rise of a New Corporate Form", *The Washington Quarterly*, Vol. 21, No. 1, 1998.

第三章

数字创业生态系统的研究回顾与展望

随着信息技术、大数据的快速发展，具有新功能的数字技术的迅速扩散深刻地改变了竞争环境，数字创业已成为现在创业的趋势，目前，许多国家将数字创业视为数字经济发展的重要支柱，企业抓住机会进行数字化转型就抢先赢在了起跑线上。自从 Uber、Snapchat 和 AirBnB 的推出，以及 Google、Amazon 和 Facebook 的早期成功，一种新的公司类型已经出现，它们利用数字技术、创业和创新在全球范围内颠覆行业，国内阿里巴巴借助大数据、信息和通信技术（ICT）已成为电商行业的龙头老大，这些企业的共同点是重视数字技术在创业过程中的重要性。

数字创业生态系统作为一种新型创业生态范式，目前对其的研究仍然有限，学者对其的研究局限在概念界定、框架构成，本书通过引进生态学相关理论，进一步整理数字创业生态系统的发展，在其基础上分析其结构与运行机制，为数字创业生态系统的研究和实践提供有益的借鉴和参考。

第一节 数字创业生态系统内涵

大数据、物联网、云计算等数字技术在传统创业过程中的运用孕育了新型创业范式——数字创业，数字创业是一种面向数字技术的创业观①，数字创业利用数字技术模糊创业的过程和结果，使创业过程与方式更加灵活多样，如数字 3D 技术、众筹平台等新型数字基础设施的应用。现有的数字创业研究主要集中在企业层面的特征上，忽视了外部环境，而探索数字创业生态系统可以填补这一空白。

全球范围内数字经济迅速发展，其中数字产业化与产业数字化已经成为推动数字经济增长的重要引擎，开始有学者研究数字创业生态系统这一新型创业群落，基于数字创业生态系统文献组成的样本，可以将其分为两类：第一类主要是对数字创业生态系统这一概念进行定义与修复，第二类文献通过案例研究，从元组织理论视角讨论了数字创业生态系统问题。

苏珊（Sussan）和阿克斯（Acs）②通过梳理整合数字生态系统和创业生态系统两个文献之间的融合因素（见图 3 – 1），其中创业生态系统专注于机构和代理角色，数字生态系统专注于数字基础设施和用户，通过集成代理和用户的角色，将创业思维推进到数字经济中，进一步提出数字时代创业研究的概念框架，即数字创业生态系统框架包括四个概念（见图 3 – 2）：数字基础设施治理、数字用户公民身份、数字创业和数字市场，并将 DEE 定义为：在数字空间的平台上，通过创造性地使用数字生态系统治理和商业生态系统管理，通过降低交易成本来创造媒人价值和社会效用的数字客户（用户和代理）的匹配。

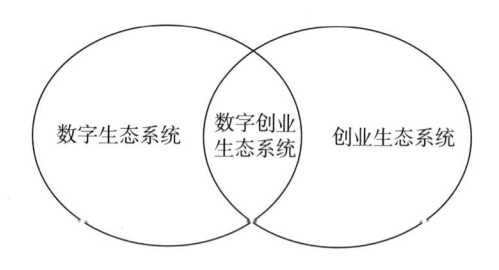

图 3 – 1 两个生态系统的整合

---

① 蔡莉等：《创业生态系统研究回顾与展望》，《吉林大学社会科学学报》2016 年第 1 期。

② Sussan, F. and Acs, Z. J., "The Digital Entrepreneurial Ecosystem", *Small Business Economics*, Vol. 49, No. 1, 2017, pp. 55 – 73.

```
          用户
数      ┌─────────┬─────────┐
字      │数字用户公民│数字多面平台│
生   数  │         │         │
态   字  ├─────────┼─────────┤
系   基  │数字基础  │         │
统   础  │设施治理  │数字技术创业│
     设  │         │         │
     施  └─────────┴─────────┘
          制度      代理
          创业生态系统
```

图 3 - 2 数字创业生态系统概念框架

资料来源：苏珊和阿克斯。[①]

随后，詹卢卡（Gianluca）等学者[①]在现有文献的基础上，通过整合数字输出与数字环境，采用集体智慧的视角提出数字创业生态系统的定义，并识别数字创业生态系统的四个"独特"的集体智慧模块：数字参与者（Who）、数字活动（What）、数字动机（Why）和数字组织（How），将数字创业生态系统分为数字输出生态系统和数字环境生态系统，认为数字创业生态系统是一个自组织的相互依存的创业代理商（人）的自组织社区，代理商能够利用现有的使行动和互动贯穿于创业过程的所有阶段的（数字）服务和工具复杂系统，捕获（技术驱动的）创业机会（见图 3 - 3）。

桑（Song）[②]通过对苏珊和阿克斯提出的数字创业生态系统框架进行了重新审视、批判和提炼，重新配置了原先的 DEE 框架：①更广泛地重新引入数字用户公民概念，将其作为一个包括需求方和供应方的用户群体；②数字创业概念被数字技术创业所取代，这是一个更广泛的概念，包括应用开发者和所有其他生产与平台相连的商品和服务的代理；③数字市场概念被更具体的数字多面平台概念所取代，数字多面化平台是商品和服务交易的中介，也是促进实验、创业创新和价值创造的知识交流媒介（见图 3 - 4）。数字基础设施治理概念保持不变。重构框架的

[①] Gianluca, E., Alessandro, M. and Giuseppina, P., "Digital Entrepreneurship Ecosystem: How Digital Technologies and Collective Intelligence are Reshaping the Entrepreneurial Process", *Technological Forecasting and Social Change*, Vol. 150, 2020.

[②] Abraham, K. S., "The Digital Entrepreneurial Ecosystem—A Critique and Reconfiguration", *Small Business Economics*, Vol. 53, No. 3, 2019.

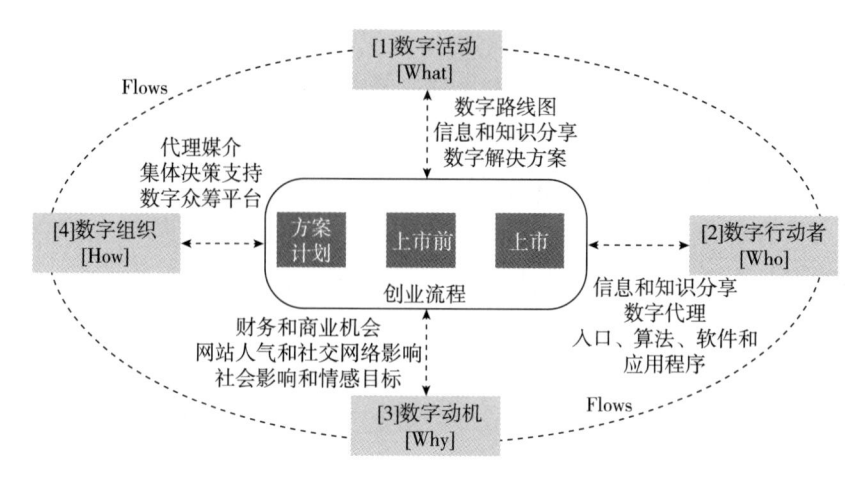

图 3-3　数字创业生态系统的集体智慧模型

资料来源：詹卢卡·伊利亚等学者。[1]

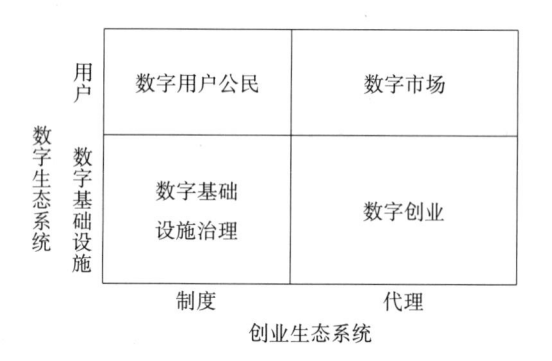

图 3-4　数字创业生态系统概念框架

资料来源：亚伯拉军·桑（2019）。[2]

目的在于试图在更广泛的数字平台、用户和机构背景下推进对数字创业的理解。DEE 作为一个持续的生态系统进行运转，需要满足：①用户隐私得到保护；②第三方代理提高了平台效率；③市场竞争不会被平台扼杀；④数字基础设施的安全性得到保证。

---

[1] Gianluca, E., Alessandro, M. and Giuseppina, P., "Digital Entrepreneurship Ecosystem: How Digital Technologies and Collective Intelligence are Reshaping the Entrepreneurial Process", *Technological Forecasting and Social Change*, Vol. 150, 2020.

[2] Abraham, K. S., "The Digital Entrepreneurial Ecosystem—A Critique and Reconfiguration", *Small Business Economics*, Vol. 53, No. 3, 2019.

李（Li）[①]、杜（Du）等[②]都借助组织形式的理论视角，对中国硅谷中关村进行案例研究：李等学者揭示了围绕分工和努力整合主题的八个过程，提出一个个健康、高效的数字创业生态系统具有相对稳定的组织形式，其利益相关者可以在没有枢纽或中央权威的情况下，有效地实现分工和整合，而一个无组织的数字创业生态系统必然会失败，提出数字创业生态系统是"数字物种"（基于数字技术的不同性质群体）之间的集体和合作努力，它可以克服单个公司的资源限制，加速数字初创企业的创建。杜等学者的研究结果表明，数字创业生态系统是一个形成元组织的过程，其有两个维度组成即劳动分工和努力的整合，其中劳动力被分为机构支持者、协同工作的空间经营者和利基参与者，通过构建公共基础设施和培育创业文化来整合努力，并从社区的角度说明数字创业生态系统是区域内支持创新创业企业发展和成长的要素组合，这些创新企业追求数字技术带来的新机遇。

第二节 数字创业生态系统的基本要素

一个生物生态系统由生产者、消费者、分解者和非生命物质四部分组成。它们各自发挥着特定的作用并形成整体功能，使整个生态系统正常运行。生产者是指绿色植物，消费者主要是指动物，分解者是指具有分解能力的各种微生物，非生命物质是指生态系统的各种无生命的无机物和各种自然因素。

从生物生态系统的构成进而转向社会科学研究的生态系统，挑战在于这个复杂的生态系统共同体是如何运作的，通过基于生态系统视角审视数字创业实践活动，发现其所设计的各参与群体、环境要素及其相互关系共同构成了一个类似生物生态系统的"数字创业生态系统"，可将

[①] Li, W., Du, W. and Yin, J., "Digital Entrepreneurship Ecosystem as a New Form of Organizing:The Case of Zhongguancun",《中国工商管理研究前沿》（英文版），Vol. 11, No. 1, 2017, pp. 69–100.

[②] Du, W. D., Shan, L. P., Ning, Z. and Taohua, O., "From a Marketplace of Electronics to a Digital Entrepreneurial Ecosystem(DEE): The Emergence of a Meta–organization in Zhongguancun, China", *Information Systems Journal*, Vol. 28, No. 6, 2018.

活动所涉及的数字创业主体以及政府等有关部门视为生命有机体,其周围的社会、经济、文化等环境构成了其生存的外部条件,类似自然生态系统的无机环境。这些生命有机体与外部环境进行物质、能量、信息等交换,构成一个相互影响、彼此依赖、共同发展的共同体,这个共同体就是数字创业生态系统,该系统由生产者、消费者、分解者三类生物群落及其所存在的数字创业无机环境共同构成(见表3-1)。

表3-1　　　　　　　　数字创业生态系统要素构成

数字创业生态系统	领域	要素
生产者	数字创业供给方	创业代理商、数字企业家或个人
消费者	数字创业需求方	数字用户个人、基本用户、用户创业者
分解者	数字技术	数字产品、数字平台和数字基础设施
数字无机环境	数字环境	数字技术环境、数字市场、数字经济和制度环境等

资料来源:笔者根据文献整理。

(1)生产者:数字创业供给方,即参与数字创业的创业代理商,包括数字企业家、投资者等一些创业行动者,以及政府和相关机构的创业参与者。

(2)消费者:数字创业需求方,即享受和采用数字技术、产品和服务的相关需求者,包括基本用户、用户创业者。

(3)数字创业分解者:一种新的参与者类别,即数字技术,包括数字产品、数字基础设施和数字平台。

(4)数字创业无机环境:数字环境,包括数字技术环境、数字市场、数字经济和制度环境等。

桑[1]在改进苏珊和阿克斯[2]的 DEE 框架上,首次提出数字用户公民由广泛精通平台使用的消费者(需求方)和生产者(供应方)组成,意味着数字用户由不同的个人群体组成,所以数字创业生态系统的数字

---

[1] Abraham, K. S., "The Digital Entrepreneurial Ecosystem—A Critique and Reconfiguration", *Small Business Economics*, Vol. 53, No. 3, 2019.

[2] Sussan, F. and Acs, Z. J., "The Digital Entrepreneurial Ecosystem", *Small Business Economics*, Vol. 49, No. 1, 2017, pp. 55-73.

用户可以分为数字创业生产者和数字创业消费者。

一 生产者——数字创业供给方

数字创业供给方致力于推动企业的数字化转型，提高企业经济的数字效率。创业供给方是推动数字创业生态系统形成的基本要素，需要具备数字创业所需要的基本数字素养和技能。法拉尼（Farani）等学者[①]提出创业者的创业知识（对数字化创业的态度和感知行为控制）与数字化创业意图显著相关。数字创业者利用自身数字创业知识和创业能力开展数字创业活动。桑[②]提出的创业代理商作为数字创业生态系统的生产者，发挥着不可替代的作用，这些代理商通过共享知识、资源，借助数字技术进行产品和服务的创新，扩大对创业过程不同阶段有用的关键知识和专业知识的网络和分享的效果和规模。在这个生态系统中，个体企业家、组织和其他代理人（商）以优化创意到创业的过程和最大化数字解决方案的市场潜力为目标自主运作。詹卢卡等学者[③]定义数字创业生态系统是一个自组织的相互依存的创业代理商（人）的自组织社区，代理商能够利用现有的使行动和互动贯穿于创业过程的所有阶段的（数字）服务和工具复杂系统，捕获（技术驱动的）创业机会。

萨塔尔金纳（Satalkina）等学者[④]提出创业供给方本身影响数字创业的前三个决定因素：①个人特征和能力：与创办数字企业相关的基本特征（如性别、年龄、教育、创业知识、企业家对商业环境的知识）；专业灵活性（如获得新能力的能力、继续教育的准备）；②决策和有限理性：机会—风险态度（如成功评估、业务方向和战略、对业务机会的感知）、个人动机（如创业意向）；③个人成果：社会定位（如现有

[①] Farani, A. Y., Motaghed, M. and Karimi, S., "The Role of Entrepreneurial Knowledge and Skills in Developing Digital Entrepreneurial Intentions in Public Universities in Hamedan Province", *Iranian Journal of Information Processing Management*, Vol. 31, No. 3, 2016, pp. 785 – 802.

[②] Abraham, K. S., "The Digital Entrepreneurial Ecosystem—A Critique and Reconfiguration", *Small Business Economics*, Vol. 53, No. 3, 2019.

[③] Gianluca, E., Alessandro, M. and Giuseppina, P., "Digital Entrepreneurship Ecosystem: How Digital Technologies and Collective Intelligence are Reshaping the Entrepreneurial Process", *Technological Forecasting and Social Change*, Vol. 150, 2020.

[④] Satalkina, L. and Steiner, G., "Digital Entrepreneurship and Its Role in Innovation Systems: A Systematic Literature Review as a Basis for Future Research Avenues for Sustainable Transitions", *Sustainability*, Vol. 12, No. 7, 2020.

社会联系和地位的转变、文化规范和传统的新方面、家庭关系的转变)、获得新的创业机会(如数字包容、新的社会不平等的发展)。

二 消费者——数字创业需求方

数字用户既是数字创业生态系统的服务对象,同时也是参与者,这一群体由数字创业需求方和数字创业供给方组成。数字创业需求方作为数字创业生态系统的消费者,不同于传统经济下的消费者角色,其更加强调消费者在产品价值链中的作用,即在对数字技术相关产品与服务使用的同时,也在发挥着参与者的作用,其使用体验、感受、观念影响着创业者的设计,激发创业者新的思想,相当于间接参与营造新产品。

数字创业生产者在数字创业生态系统中通过数字创业生产出社会所需求的产品与服务,用户消费者通过使用产品服务的反馈,在与其他用户进行交流的过程中进一步创新了产品的开发与服务,可能意外地成为新的数字创业生产者。数字消费者在应用数字产品解决问题的同时,也可能会发现商机,进而变身为创业者。有充分的证据表明,在线社区是创业行为的滋生地,因为用户受到社区关注的动机是为其他用户开发新产品。[1] 在由用户转变为企业家的案例中,他们通常以用户的身份开发一个想法,并在商业化之前利用社区的知识和创造力,雅虎就是一个例子。苏珊指出,数字用户在相互交流的过程中,一个高度自愿参与和授权的数字用户公民将导致更多的用户转向数字创业,生成更大的客户基础,以及更多的价值共创,进一步促进数字创业生态系统的发展。[2]

数字创业生态系统中的生产者和消费者这两个主体间的关系是基于复杂网络结构中所形成的相互依赖的共生关系,生产者和消费者之间进行互动合作,促进信息的快速交换,知识和资源的有效配置,进而实现创业机会的不断开发。

三 数字分解者——数字技术

数字技术是数字创业生态系统的核心驱动因素,其对价值创造和价

---

[1] Erkko, A., Satish, N., Llewellyn, D. W. T. and Mike, W., "Digital Affordances, Spatial Affordances, and the Genesis of Entrepreneurial Ecosystems", *Strategic Entrepreneurship Journal*, Vol. 12, No. 1, 2018, pp. 72–95.

[2] Sussan, F. and Acs, Z. J., "The Digital Entrepreneurial Ecosystem", *Small Business Economics*, Vol. 49, No. 1, 2017, pp. 55–73.

值获取有着广泛的影响，数字技术正在创造无数的创业机会，孕育着新一代的初创企业。数字技术和创业的结合可以支持新业务和新型初创企业的发展和增长，近年来，互联网、大数据、人工智能和云计算等技术的快速进步，促进了大量创业机会的增长，更要抓住数字技术所带来的机遇。柳（Yoo）等学者指出[①]，新数字技术的注入改变了创新和创业固有的不确定性——无论是过程还是结果——从而鼓励对个人、组织和集体如何追求创造性努力进行彻底反思。数字技术的快速进步导致无法适应新环境的企业消亡，同时为那些能够适应新环境的企业开辟了新的创业机会领域。南比桑（Nambisan）指出，数字技术包括数字产品（Digital Product）、数字平台（Digital Platform）和数字基础设施（Digital Infrastructure）[②]（见表3-2），南比桑等学者[③]提出数字技术的三个相关主题：开放性、可提供性和生成性，并通过分析三个主题背后的结构，深入理解数字技术对数字创业的重要性。

表3-2　　　　　　　　数字技术构成

数字技术构成	内涵	形式
数字产品	在信息系统文献中是用来描述数字组件、应用程序和媒体内容的术语，是产品的一部分，为最终用户消费者提供功能和价值	智能手机APP或电子芯片，智能手表和健身手表等的应用程序
数字基础设施	以数字技术为基础，是一种社会嵌入式机械系统，包括技术和人类组件、网络、系统和过程，它们产生自我加强的反馈回路	美国的硅谷、中国的中关村这些数字基础设施成为创业代理商进行创业的推动者
数字平台	数字平台是基于软件系统的可扩展代码库所创建的平台，这些代码库提供了与之交互的模块和接口之间所共享的核心功能，如苹果的iOS和Mozilla的火狐浏览器	致力于电子商务的阿里巴巴平台、进行资金筹集的众筹平台等

资料来源：笔者根据文献整理。

---

① Yoo, Y., Richard, J. B., Kalle, L. and Ann, M., "Call for Papers—Special Issue: Organizing for Innovation in the Digitized World Deadline: June 1, 2009", *Organization Science*, Vol. 20, No. 1, 2009.

② Satish, N., "Digital Entrepreneurship: Toward a Digital Technology Perspective of Entrepreneurship", *Entrepreneurship Theory and Practice*, Vol. 41, No. 6, 2017.

③ Satish, N., Mike, W. and Maryann, F., "The Digital Transformation of Innovation and Entrepreneurship: Progress, Challenges and Key Themes", *Research Policy*, Vol. 48, No. 8, 2019.

四 数字无机环境——数字环境

在大数据、云计算等数字化环境的发展下，企业面临一系列新的挑战。数字环境创业生态系统利用数字技术的潜力来推动或加强一系列活动，旨在想象、设计和实现创新和创业举措。杜等学者[1]基于中国硅谷中关村的案例，采用元组织的理论视角，展示了从社区角度审视参与者如何组织起来利用数字技术带来的创业机会的重要性，表明数字创业生态系统的出现涉及元组织或社区的发展。詹卢卡等学者[2]在描述数字创业生态系统时，强调了数字输出与数字环境的整合视角，其中数字环境生态系统是一个集体智慧系统，它利用大量参与者的专业知识和意见来支持生态系统内的创业决策和行动，如企业在数字平台上，利用相关数字技术开始自己的小型或微型企业等创业过程（见表3-3）。陈剑等学者试图构建数字化环境下企业运营管理的理论框架和体系，并指出随着数字化程度的提高，变革呈现出从赋能向使能演进。[3]

表3-3　　　　　　　　　　数字环境构成

数字环境构成	内涵	作用
数字市场	其包括电子商务、电子健康、电子教育和电子政务	设计一个对数字用户和代理人都有适当激励的市场（担任保护隐私、确保准确性、强制财产和控制数字生态系统所有组成部分的可访问性方面扮演准治理角色）；依靠数字用户公民身份和数字创业来创造价值和占有价值
数字经济和制度环境	制度背景意味着一个国家的正式和非正式的规则和条例	法律法规可以促进或限制新的商业创造、知识产权和竞争；制度背景（政府政策）决定了信通技术基础设施（移动/互联网渗透率）和有形基础设施（物流和当地分销渠道）

资料来源：笔者根据文献整理。

---

[1] Du, W. D., Shan, L. P., Ning, Z. and Taohua, O., "From a Marketplace of Electronics to a Digital Entrepreneurial Ecosystem (DEE): The Emergence of a Meta-organization in Zhongguancun, China", *Information Systems Journal*, Vol. 28, No. 6, 2018.

[2] Gianluca, E., Alessandro, M. and Giuseppina, P., "Digital Entrepreneurship Ecosystem: How Digital Technologies and Collective Intelligence are Reshaping the Entrepreneurial Process", *Technological Forecasting and Social Change*, Vol. 150, 2020.

[3] 陈剑等：《从赋能到使能——数字化环境下的企业运营管理》，《管理世界》2020年第2期。

数字创业生态系统以数字创业企业为核心，大量集聚了数字用户、数字孵化器、政府、高校及科研机构、中介或金融机构等多主体，通过"抱团取暖"，实现数字创业企业的集聚经济效应，如图3-5所示。

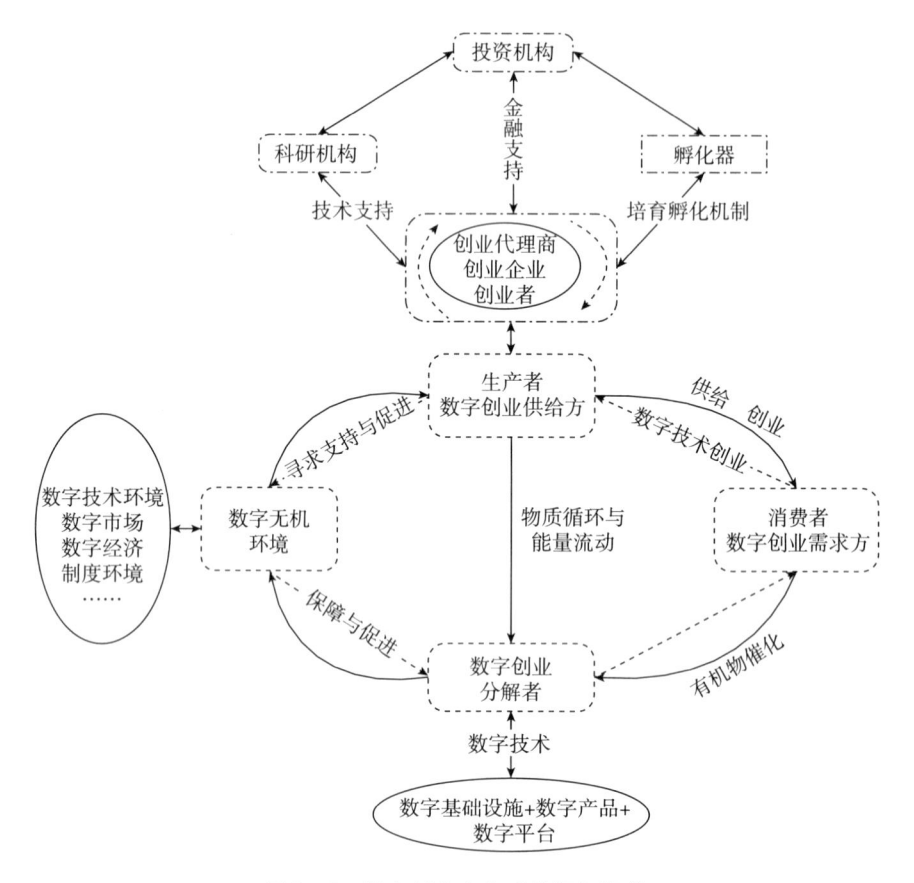

图3-5 数字创业生态系统框架构成

第三节 数字创业生态系统驱动企业数字创业的内在机制

本章第二节提出了数字创业生态系统的要素构成，即数字创业生态系统由数字生产者、数字消费者、数字分解者以及数字无机环境组成，在分析数字创业生态系统如何促进企业进行数字创业时，主要从以下四个机制进行分析：价值共创机制、资源整合机制、平衡调节机制、非契约治理机制。

一 价值交换与共创机制

数字创业生态系统在促进企业进行数字创业活动发展的同时，也在积极促进系统内部其他组织的发展，这主要依托于组织内部的价值交换机制。在生物生态系统中，生产者和消费者通过食物链联系在一起，通过内部的物质循环和能量流动保证系统的正常运转。在数字创业生态系统中，各个参与者为实现一定的目标汇集到一起，基于各自的知识和技术进行价值交流与交换，为系统内不同的组织机构带来了相应的物质和资源，如科研机构、投资机构、孵化器在为数字初创企业提供数字支持时，这些新创数字企业也在以自己的数字成果产品回馈这些组织机构，数字创业需求方在消费数字产品的同时也在将自己的使用评价反馈给数字创业供给方，进一步促进相关产品服务的改善，如图3-6所示。

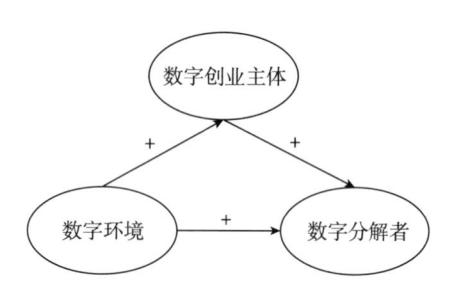

图3-6 各构成要素之间的价值交换

系统内部要素之间存在价值共创关系，首先在数字创业生态系统产生之时，数字创业生产者作为数字创业生态系统的主要建构者，与数字消费者之间是交易关系，没有过多互动，二者通过交换价值进行互动，其中生产者占据主导地位；系统扩展之际，数字分解者也即数字技术开始提供相关技术支持，与数字创业主体进行合作，数字生产者与消费者通过利用数字技术和相关资源，设计、开创新的数字创业，促进生态系统的形成与运转，此时体现了技术价值。在数字创业生态系统成熟阶段，系统中各构成要素不再是孤立的参与个体，彼此之间通过价值的交互与共创成为一个有机整体，数字无机环境则提供一个外部数字环境，保障数字创业生态系统的整体运行，此时所有参与主体共创的是社会价值。表3-4呈现数字创业生态系统的价值共创机制。

表 3-4　　　　　　　　数字创业生态系统的价值共创机制

阶段维度	产生	扩展	成熟
价值共创主体	数字创业生产者+数字创业消费者	数字创业生产者+数字创业消费者+数字分解者	数字创业生产者+数字创业消费者+数字分解者+数字环境
主体关系	双元互动	三方合作	共创共享
价值类型	交换价值	技术价值	社会价值

二　资源整合与竞合机制

资源整合则是指企业将有关资源进行汇聚进而形成和改变企业能力的过程。资源基础理论和创业理论指出，公司创业活动的开展很大程度上取决于企业创业机会、资源可获取性以及有效配置和利用资源的能力。同样数字创业生态系统的形成及运转离不开各类资源的支持，通过资源整合机制使不同的数字资源能够以一个系统化整体出现，并且服务于数字初创企业成长。传统的创业生态系统的存在和发展就是服务于创业组织的，数字创业生态系统的存在就是为数字初创企业的成长提供支持。由科研机构、投资机构、孵化器、数字市场、数字经济、制度环境以及数字无机环境等要素所形成的数字创业生态系统所能够汇集的资源是多元化的，通过数字创业生态系统内部稳定有序的流动机制，这些资源能够以一定的规律汇聚于创业活动上，从而保证了新创企业的良性成长。在创业活动的孕育、诞生、成长、成熟等不同的发展阶段中，创业生态系统的重要角色始终在不断加强。从国内外创业活动较为活跃的地区发展经验中可以清晰地看到这一点。

数字创业生态系统的资源整合机制主要表现为数字企业之间的资源竞争，具体表现为具有相同或相似目标的创业组织为获得相关资源而进行的抑制活动，经过激烈的竞争后，成功的数字创业组织得以生存和发展，失败的数字创业组织被淘汰或转型改变自己的数字转型方式，适应数字创业生态系统，在完善的竞争机制中，数字创业参与主体的质量得到提升，数量也变得合理，客观上促进数字创业生态系统的平衡发展。无论何种结果，竞争机制有效提升了数字创业生态系统内企业组织的适应能力和生存能力，促进系统稳定有序的运行。新创企业为建立自身地位和获取自身资源与其他主体进行竞争，成熟企业也会通过与新创企业的竞争达到其收购或兼并进而扩大规模的目的，在不断抢占先机中间接构建良性竞争机制促进创业生态系统发展。对处于数字创业生态系统中的数字创业企业来说，这些企业必须适应这样的竞争压力，迎接战略不断调整的挑战。

三 平衡调节与交互机制

数字创业生态系统的长期发展依赖于系统的平衡调节机制。自然生态系统的平衡对于物种的发展十分重要，系统内的种群之间通过能量流动、物质循环和信息传递，使它们相互之间达到高度适应、协调和统一的状态；如果出现生态失衡，会产生一系列突发状况，影响物种生存。数字创业生态系统的平衡是指系统内部构成要素之间的交流与联系达到稳定的状况。在平衡状态下，整个系统范围内的数字创业活动呈现稳定发展的状态，同时保证了系统内的其他机制的正常运行。数字创业生态系统的平衡性存在依赖于其内部的调节机制，这是系统中各种创业活动、创业组织等发展中所产生的自发调整机制。

首先，数字创业生态系统作为一个有机整体不断与外界环境进行交互，受内外部环境的影响会发生持续变化，即系统整体性会对系统内部运作产生影响。其次，要考虑数字创业生态系统整体和系统内部企业的互动机制，两者是共创、共生、共演的依赖关系，现有研究认为，多主体间共生关系的构建和进化是数字创业生态系统动态演进的重要标志，朱秀梅等学者[①]以杭州云栖小镇的案例研究，建立"多主体—机会集开发—共生关系（机会共生与价值共生）"的研究框架，说明了数字创业生态系统在孕育、发展和成熟阶段的 IPO 演进路径。一方面，在数字创业过程中，企业不断识别和开发机会并整合所需资源，维持自身的生存与发展。在此过程中，企业随着自身的发展不断与相关企业及机构建立关系，部分企业及机构会加入此生态系统中，这有助于整个系统的发展壮大，促进了数字创业生态系统从简单到复杂、从低级到高级的持续演化。另一方面，数字创业生态系统的发展也有助于内部企业新技术的开

---

① 朱秀梅等：《数字创业生态系统动态演进机理——基于杭州云栖小镇的案例研究》，《管理学报》2020 年第 4 期。

发和新市场的开拓。生态系统中，企业间的互相依赖使其能够专注于自身核心业务以构建差异化能力，弥补其生产、营销和分销等其他能力，促进新技术的开发；企业之间的合作能使其互相应用专业化知识，获得多样化知识以适应初生市场或开拓新市场。

四 非契约治理与网络机制

正式契约指的是交易双方达成的一个正式协议，协议详细规定了双方的责任与义务，如在交易中的角色与责任、对绩效的期望、监督程序和争端解决机制等。通过签订这样一个正式的协议，契约可以用来作为控制交易双方行为的一种机制，因为契约规定了双方认可的应当履行的行为，以及没有履行或违约的惩罚措施。契约是一种法律基础，能够约束企业间的合作行为，具有约束力。非契约机制主要是依靠组织之间参与者形成的非正式关系形成，通过共同愿景、网络文化整合、冲突协商与沟通、信任等组织行为来约束参与者行为。数字创业生态系统中的各参与主体通过长期合作关系结成联盟，彼此之间存在在非正式关系，在这些非契约因素的作用下，企业间的研发合作形成开放的系统。

创业生态系统中存在互相依赖的网络结构，这是一个有利的信息转移机制，创业企业通过与不同利益相关者有意义的交互，实现知识资源的共享。通过这个网络，企业能够对生态系统中一些优秀企业进行模仿，并与经验丰富的主体交流以快速获取和吸收必要的信息，进行高效的创业学习。而且，高质量的关系网络构建了一个有助于知识分享和创造的环境，这进一步吸引企业参与其中并积极分享其知识。这些企业通过彼此学习建构能力，通过团队合作实现隐形知识的共享，开发独特的、难以模仿的动态能力，如李等学者[1]通过阿里巴巴中小企业的案例，说明了这些中小企业利用阿里巴巴平台，向阿里巴巴学习、反思，成功将自己转型为跨境电子商务。随着交互网络机制的发展，更多创业参与主体加入数字创业生态系统，融入数字创业环境，交互网络机制得以丰富和发展，同时也促进系统的良性循环。数字创业生态系统的交互网络主要体

---

[1] Li, L., Su, F., Zhang, W. and Mao, J. Y., "Digital Transformation by SME Entrepreneurs: A Capability Perspective", *Information Systems Journal*, Vol. 28, No. 6, 2018, pp. 1129 – 1157.

现在数字创业生产者、数字创业消费者以及数字环境之间的互动过程。

南比桑指出①，数字生态系统促进数字创业活动和一般的创业活动。建立在数字网络中的团体大大提高了企业家的创新能力和创意活动。实现过程是通过互动和培养其他创业理念而产生的。数字创业生态系统支持系统内部企业家产生想法、识别和分配资源、利用数字市场机会、收集信息并为推动企业数字创业做准备。相比于在数字创业生态系统外的数字创业企业，在数字创业生态系统内的数字创业企业往往具有更强的机会和资源集聚优势。② 数字创业生态系统以数字创业企业为核心，大量集聚了数字用户、数字孵化器、政府、高校及科研机构、中介或金融机构等多主体，通过"抱团取暖"，实现数字创业企业的集聚经济效应。

图 3-7 呈现出数字创业生态系统机制框架。

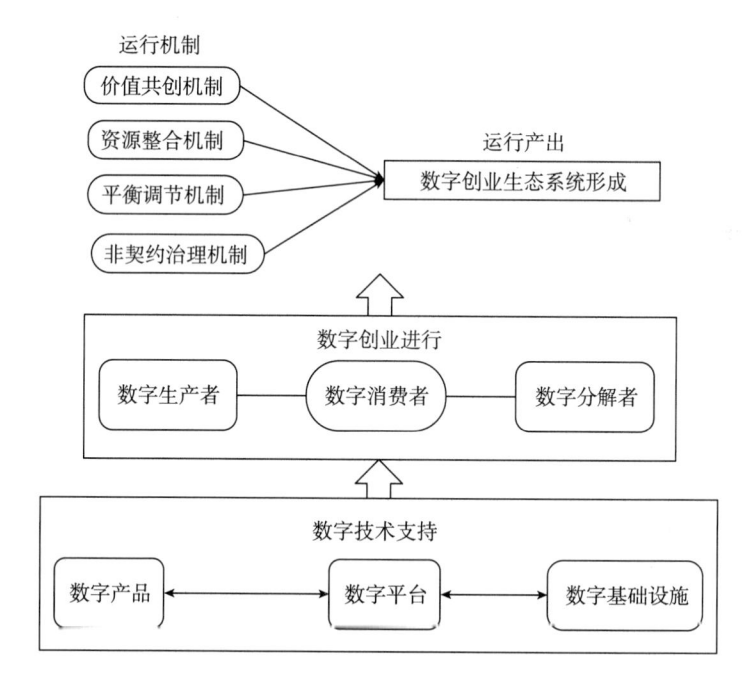

图 3-7 数字创业生态系统机制框架

---

① Satish, N., "Digital Entrepreneurship: Toward a Digital Technology Perspective of Entrepreneurship", *Entrepreneurship Theory and Practice*, Vol. 41, No. 6, 2017.

② Sussan, F. and Acs, Z. J., "The Digital Entrepreneurial Ecosystem", *Small Business Economics*, Vol. 49, No. 1, 2017, pp. 55-73.

第四节　未来研究展望

数字创业生态系统不但能够促进企业进行数字创业，还促进了当地数字经济的发展，研究数字创业生态系统是数字时代发展的必然趋势。本章通过相关文献对数字创业生态系统进行了梳理，在此基础上分析了数字创业生态系统的内涵和基本要素（数字创业生产者、数字创业消费者、数字分解者、数字环境）以及数字创业生态系统驱动企业进行数字创业的价值共创机制、资源整合机制、平衡调节机制、非契约治理机制。根据已有研究不足，结合较成熟的创业理论，笔者认为未来数字创业生态系统的研究需要重点关注以下几个方面。

第一，数字创业生态系统的研究还处于起步阶段，尚未形成系统性概念机制，经过文献分析发现，现有研究大多是关于数字创业生态系统的理论构念，仅关注其内涵、构成，少数借助案例分析数字创业生态系统的作用，缺乏更深层次相关的研究，可以通过实证研究来揭示各构成要素的变化如何影响数字创业生态系统的变动，将结果进行量化。

第二，数字创业生态系统的形成是一个长期演化的过程，需要进一步分析其内部运行机制，分析数字创业生态系统各要素之间的交互作用机制，并以此来探讨其形成方式和演化机理。此外，还需研究数字创业生态系统形成所需的宏观条件，包括数字环境、数字技术支持、数字生态系统内部制度体系等；以及在微观层面，企业的行为如何影响形成数字创业生态系统，深入剖析数字创业生态系统的形成及演化机理。

第三，关于数字创业生态系统的案例研究大多是数字经济发展较好的地区，如北京、杭州等城市，未来可以进一步研究不同区域数字创业活动的区别，以及数字创业生态系统形成发展的区域特色。另外，中国数字创业生态系统的发展与演化具有不同于西方国家的特点，可以通过基于中国的情境研究为本国数字经济产业的发展作出贡献。

第二篇

应对高不确定性的中小企业数字创新战略研究

随着数字时代的来临，技术浪潮汹涌而至，快速发展的数字化、网络化、智能化等信息技术孕育了让中小企业置身于前所未有的创新风口，数字创新已成为商业领域乃至整个社会的新常态。本篇系统分析了应对高不确定性的中小企业数字创新战略，搭建了中小企业应对高复杂性情境开展数字创新的理论模型，提出构建数据要素市场助推中小企业数字创新、培育数字经济隐形冠军、打造全球网谷等前瞻性政策建议。本篇通过数字化新业态案例的集体行动视角下制度逻辑演化机制、共享经济视角下企业市场进入的内在机制等方面的理论和实证研究，深入分析数字经济与中小企业深度融合的内在机制和路径。此外，从对策研究角度，本篇创新性地开展了数据要素市场构建的制度体系和路径研究、培育数字经济隐形冠军的对策建议、数字众创平台建设的国际化经验及对策等方面的研究，深入分析如何在高不确定性情境下促进数字经济与中小企业深度融合，并相应提出了助推中小企业创新发展的政策启示及建议。

第四章

集体行动视角下的制度逻辑演化机制研究：基于数字业态的案例分析

近年来，组织场域中制度逻辑的变革及演化过程日益成为理论界关注的焦点。[1][2] 由于制度逻辑对场域中行为范式的巨大形塑作用，主导制度逻辑的变革必然昭示着场域中行动者行为方式的重构及其带来的利益分配方式改变。随着市场结构多层次性和行动主体行为多样化的持续深入，多种制度逻辑并存的现象将日益突出，并且更加强调制度逻辑的动态化过程。杜运周等指出，多重制度逻辑的演化，尤其是多重制度逻辑相互重叠、冲突、替代和互补的多种演化过程及其演化作用的边界条件，是未来制度逻辑研究非常重要的方向。[3]

由于制度逻辑带来的行动范式及其利益分配合法化，导致场域中的不同行动主体总是竭尽全力推动符合自身利益的制度逻辑体系的构建，例如，组织与个体的行动会影响制度逻辑的塑造和演变[4]，多层面的行

---

[1] Reay, T. and Hinings, C. R., "Managing the Rivalry of Competing Institutional Logics", *Organization Studies*, Vol. 30, No. 6, 2009, pp. 629 – 652.

[2] Mary, B. D. and Candace, J., "Institutional Logics and Institutional Pluralism: The Contestation of Care and Science Logics in Medical Education 1967 – 2005", *Administrative Science Quarterly*, Vol. 55, No. 1, 2010, pp. 114 – 149.

[3] 杜运周、尤树洋：《制度逻辑与制度多元性研究前沿探析与未来研究展望》，《外国经济与管理》2013年第12期。

[4] Thornton, P. H., *Markets from Culture: Institutional Logics and Organizational Decisions in Higher Education Publishing*, Palo Alto: Stanford University Press, 2004.

动会促成多种制度逻辑的扩散①,这些研究主要是从单一或多个主体如何推动特定制度逻辑生成、壮大的过程角度进行阐述,对于具有多个不同目标的行动者如何影响多种制度逻辑的冲突、兼容或共存等多种互动关系的作用机制的研究还较少。并且,在推动新的制度逻辑体系建立过程中往往是汇聚了众多行动者的集体行动,那么,各行动主体之间是如何互动的,现有的研究并没有进行深入的分析。目前的研究主要是通过协同合作、目标一致的方式开展集体行动,尽可能地发挥资源动员过程,使集体行动获得合理、合规的行动意义与身份的建构过程;相反,对于具有多重目标的、相互对立乃至冲突的集体行动的关注比较少。具体而言,早期关于行动主体的研究主要关注的是单一因素的影响,但近期的研究已开始探索制度变革中可能存在的集体行动层面,即不同种类、不同数量的制度变革的参与者以协调或非协调方式进行活动的行动集合。巴蒂拉娜(Battilana)等指出,制度理论研究未来的一个非常重要的方向是关于多个主体的更加完善的集体行动理论,探讨制度变革过程中多个行动主体是如何通过协调或者非协调的集体行动推动制度逻辑的演化,是当前在制度理论研究中尚未解决的理论问题。②

现有的制度变革理论在制度逻辑和集体行动研究上的理论缺口启发本书基于集体行动的视角来探讨制度逻辑的演化过程。具体来说,本书通过我国数字业态的典型行业——专车服务市场变革的纵向案例研究,希望回答以下问题:①制度逻辑的动态演化过程是怎样的?多种竞争性制度逻辑之间是如何互动和相互作用的?②制度变革过程中多主体如何开展集体行动?分别具有哪些不同的集体行动模式和特征?③在制度逻辑动态演化过程中,不同的集体行动模式的作用机制是否相同?集体行动是如何推动多种制度逻辑的演化的?

---

① Jill, M. P. and Barbara, G., "Conflicting Logics, Mechanisms of Diffusion, and Multilevel Dynamics in Emerging Institutional Fields", *Academy of Management Journal*, Vol. 52, No. 2, 2009, pp. 355–380.

② Julie, B., Bernard, L. and Eva, B., "How Actors Change Institutions: Towards a Theory of Institutional Entrepreneurship", *Academy of Management Annals*, Vol. 3, 2009, pp. 65–107.

第四章 | 集体行动视角下的制度逻辑演化机制研究：基于数字业态的案例分析

第一节 制度逻辑演化与集体行动理论与文献回顾

一 制度逻辑及其动态演化

制度逻辑是组织场域中稳定存在的制度化规范和相应的行动机制[①]，是塑造组织场域内行动者的认知及其行为的所有文化信仰和规制。[②] 新制度理论强调组织的同构，潜在的假设是存在一种主导的制度逻辑，在单一的主导制度逻辑的形塑下，场域中的组织和个人的行为从长期来看会逐渐趋同，而制度逻辑则强调在一个制度场域中，可能同时存在多种制度逻辑，会共同对场域中的组织和个人的行为产生多样化的形塑作用，使场域中的组织行为趋于差异化。这种多样化甚至是竞争性的多种制度逻辑，打破了现有制度理论结构化研究的限制，认为竞争性的多种制度逻辑使制度场域环境变得更多样化和碎片化。多种制度逻辑是塑造组织和个人行为差异，解释制度变革的重要前因。现有的理论研究主要从多种制度逻辑如何塑造组织和个体行为异质性[③]、如何推动制度变革进行了深入的研究。

近年来，随着制度变革研究的不断深入，学者日益重视制度逻辑的演进过程研究。桑顿（Thornton）基于对高教出版场域制度变革中市场逻辑和编辑逻辑两种竞争性逻辑演化过程的分析，探讨了市场逻辑对制度逻辑的替代性关系及其对组织行为的影响。[④] 雷伊（Reay）和希宁斯（Hinings）分析了在加拿大的医疗改革过程中两种竞争性的制度逻辑，即专业医疗的制度逻辑和健康预防的制度逻辑的演化过程，发现制度变革过程中虽然一种新的主导制度逻辑会出现，但原有的主导制度逻辑也会在组织域中继续存在，发展了制度逻辑演化过程中两种竞争性制度逻

[①] 周雪光、艾云：《多重逻辑下的制度变迁：一个分析框架》，《中国社会科学》2010年第4期。

[②] 缑倩雯、蔡宁：《制度复杂性与企业环境战略选择：基于制度逻辑视角的解读》，《经济社会体制比较》2015年第1期。

[③] Lok, J., "Institutional Logics as Identity Projects", *Academy of Management Journal*, Vol. 53, No. 6, 2010, pp. 1305–1335.

[④] Thornton, P. H., *Markets from Culture: Institutional Logics and Organizational Decisions in Higher Education Publishing*, Palo Alto: Stanford University Press, 2004.

辑兼容的状态。① 邓恩（Dunn）和琼斯（Jones）通过对美国医疗教育行业的制度变革过程的研究，对两种竞争性的制度逻辑，即医疗逻辑和科学逻辑的互动过程进行了研究，分析了两种竞争性制度逻辑相互重叠、冲突和替代的演化过程。② 米桑依（Misangyi）等基于反腐败的制度变革的案例，研究了新制度逻辑与原有制度逻辑竞争演化过程中，在变革初期，新的制度逻辑应保持与旧制度逻辑某种程度的兼容性，以达到减少变革阻力，促成制度变革实现的目标。③

在目前的研究中，学者主要关注了制度逻辑演化的过程，尤其是竞争性制度逻辑之间互动过程的冲突演化，以及竞争性制度冲突的替代演化，较少涉及竞争性制度逻辑间存在的兼容性和互补性状态，此外，研究哪些因素影响了竞争性制度逻辑的演化过程，即逻辑演化条件的研究更是十分缺乏。总的来说，由于数据的获取及研究的相对复杂性，现有的关于制度逻辑演进过程和内在机制的研究仍较少，如何更深入地研究制度逻辑的演化过程及其内在机制，包括竞争性逻辑的冲突、兼容或互补的条件，是未来制度逻辑理论研究的重要方向。

二 制度逻辑演化的驱动因素：集体行动

在制度逻辑的驱动因素研究中，学者指出组织与个体的行动会影响制度逻辑的塑造和演变，早期关于行动主体的研究重点关注的主要是单一因素的影响。在制度逻辑的驱动因素的研究中，不少学者研究了单个组织的应对策略、单个组织的战略性行为，如修辞策略、权谋技巧、故事理论化等用来表达、操控并重组制度逻辑的行为。随着近期的研究已开始探索制度变革中可能存在的集体行动层面，制度逻辑的驱动因素也更多地关注多主体行动的影响。制度变革中的集体行动是不同种类、不同数量的制度变革参与者以协调或非协调的方式进行活动的行动集合。

---

① Trish, R. and Bob, H. C. R., "The Recomposition of an Organizational Field: Health Care in Alberta", *Organization Studies*, Vol. 26, No. 3, 2005, pp. 351–384.

② Mary, B. D. and Candace, J., "Institutional Logics and Institutional Pluralism: The Contestation of Care and Science Logics in Medical Education, 1967–2005", *Administrative Science Quarterly*, Vol. 55, No. 1, 2010, pp. 114–149.

③ Misangyi, V. F., Weaver, G. R and Elms, H., "Ending Corruption: The Interplay among Institutional Logics, Resources, and Institutional Entrepreneurs", *Academy of Management Review*, Vol. 33, No. 3, 2008, pp. 750–770.

第四章 | 集体行动视角下的制度逻辑演化机制研究：基于数字业态的案例分析

多拉多（Dorado）将其称作"制度共担"，在这种情况下制度变革不能归功于某个单一的组织或个体，而是大量行动者各自发散性变革活动的累积。[1] 雷伊和希宁斯分析了制度变革过程中多个场域成员的作用[2]，德尔布里奇（Delbridge）和爱德华兹（Edwards）解释了多个参与者如何以各种方式促进制度变革的过程。[3] 珀迪（Purdy）和格雷（Gray）指出，多主体的行动会促成多种制度逻辑的扩散。[4] 邓恩和琼斯研究发现，不同团体和利益干预的存在，导致美国医疗教育产业制度变革过程中形成了多种制度逻辑并存。[5]

现有关于驱动制度逻辑演化和制度变革的集体行动的研究，更多是通过协调的方式开展集体行动，创造新组织的动员过程，使集体行动获得新的可能意义与身份的建构过程，而对于非协调性的集体行动模式的研究相对较少。劳伦斯（Lawrence）等学者的研究显示了跨组织的合作是如何促进制度变革的，尤其是当合作者密切卷入变革计划同时又深深嵌入组织领域的时候，在此情况下他们既有积极性又有促进变革扩散的手段。[6] 制度变革中的集体行动也可以是非相互协调的。劳恩斯伯里（Lounsbury）和克拉姆利（Crumley）提出，制度可以被拥有不同的能动性、不同程度、不同数量的资源的参与者从事的多元化活动所改变。[7] 因此，制度过程中的集体行动是非协调的、不确定的，结果依赖

---

[1] Silvia, D., "Institutional Entrepreneurship, Partaking, and Convening", *Organization Studies*, Vol. 26, No. 3, 2005, pp. 385–414.

[2] Trish, R. and Bob, H. C. R., "The Recomposition of an Organizational Field: Health Care in Alberta", *Organization Studies*, Vol. 26, No. 3, 2005, pp. 351–384.

[3] Delbridge, R. and Edwards, T., "Challenging Conventions: Roles and Processes during, Non-isomorphic Institutional Change", *Human Relations*, Vol. 61, No. 3, 2008, pp. 299–325.

[4] Jill, M. P. and Barbara, G., "Conflicting Logics, Mechanisms of Diffusion, and Multilevel Dynamics in Emerging Institutional Fields", *Academy of Management Journal*, Vol. 52, No. 2, 2009, pp. 355–380.

[5] Mary, B. D. and Candace, J., "Institutional Logics and Institutional Pluralism: The Contestation of Care and Science Logics in Medical Education, 1967–2005", *Administrative Science Quarterly*, Vol. 55, No. 1, 2010, pp. 114–149.

[6] Lawrence, T. B. and Phillips, H. N., "Institutional Effects of Interorganizational Collaboration: The Emergence of Proto-Institutions", *Academy of Management Journal*, Vol. 45, No. 1, 2002, pp. 281–290.

[7] Michael, L., "New Practice Creation: An Institutional Perspective on Innovation", *Organization Studies*, Vol. 28, No. 7, 2007, pp. 993–1012.

于多重参与者的正反作用力的过程。

目前在现有关于集体行动的研究中,学者的众多研究结论表明,机会是集体行动的起点,能动性、资源利用等维度反映了集体行动的特征,多拉多整合了前人的研究成果,归纳了引发集体性制度变革的整体研究框架,提出制度变革依赖机会,需要资源,是对行动主体能动性的回应。①机会是场域行动主体识别新制度并利用资源的可能性,是制度变革的场域条件,多拉多归纳了机会的三种类型:一是机会沉没,此时制度化程度高,多样性少,对行动主体具有强约束,较少接触到更优的制度安排;二是机会涌现,此时制度化程度中度,多样性中度,行动主体有一定的弹性,能够接触到更优的制度安排;三是机会模糊,此时制度化程度低,多样性高,场域高度不确定并容易发生变化。②能动性是驱动组织和个人的行为偏离主导行为模式的创造性。多拉多归纳了能动性的三种类型:一是惯常能动性,这是面向过去的行为主体根据旧的制度逻辑和行为方式的驱动因素;二是意义建构能动性,这是面向当下的行为主体在不确定的场域条件下,通过主观理解,对情境赋义,建构框架,降低不确定性来形成确定行动情境的驱动方式;三是策略能动性,这是面向未来的行动主体为获得某个市场或某种利益主动设计未来的驱动因素。[①] ③制度逻辑的演化有赖于多种方式的资源的调动和利用,多拉多归纳了资源利用的三种类型:一是杠杆化利用,这是行动者由于自身资源不足,从其他重要的利益相关者那里争取资源以支持自己新设立的制度框架;二是积累,这是一个或多个行动主体通过自身积累投入相关资源的方式,是一种资源的物理性的累积;三是聚集,由于某些复杂的社会问题不能只依赖单一的行动者,而是需要行动者之间进行多层面的合作,多个主体主动将各方的资源汇集聚合并相互发生作用,推动整体性的社会变革。

巴蒂拉娜等学者指出,制度理论研究未来的一个非常重要的方向是关于多个主体的更加完善的集体行动理论,弄清制度变革过程中多个行动主体是如何通过协调或者非协调的集体行动推动制度逻辑的演化,这

---

① Silvia, D., "Institutional Entrepreneurship, Partaking, and Convening", *Organization Studies*, Vol. 26, No. 3, 2005, pp. 385–414.

是当前在制度理论研究中的一个没有充分被整合的部分。[①] 现有的制度逻辑演化的驱动因素研究中，对于多主体行动究竟如何影响多种制度逻辑的冲突、兼容或互补等多种互动关系的作用机制的研究还很少。这种多层面的行动究竟包括哪些层面的行动，各行动主体之间是如何互动的，现有的研究并没有进行深入的分析。

三 研究述评与理论缺口

尽管现有的理论研究对制度变革过程中的多重制度逻辑及竞争性制度逻辑的演化轨迹、制度变革过程中的集体行动及相应的理论内涵等制度理论前沿进行了非常有意义的探索，但仍存在一些研究缺口。首先，现有关于多重制度逻辑及其演化过程的研究，更多的是关注竞争性制度逻辑之间的冲突演化，以及竞争性制度冲突的替代，较少涉及竞争性制度逻辑间存在的兼容性和互补性状态，此外，目前鲜有影响制度逻辑演化条件的研究，即哪些因素影响了竞争性制度逻辑的演化过程。其次，集体行动是当前在制度理论研究中的一个非常重要的研究方向，但制度变革过程中有哪些类型的集体行动模式，不同类型的集体行动模式又是如何形成的，现有的相关研究却鲜有涉及。最后，现有的研究虽然指出组织与个体的行动会影响制度逻辑的塑造和演变，多层面的行动会促成多种制度逻辑的扩散，但现有研究对于集体行动会如何影响多种制度逻辑的演化，尤其是不同的集体行动模式对于驱动竞争性制度逻辑的冲突、兼容或互补等多种互动关系的作用机制的研究还未进行整合。

第二节 研究方法与数据编码

一 方法选择

本章拟采用纵向案例比较研究方法对上述问题进行深入探讨，理由如下：首先，制度变革过程中的制度逻辑演化是一个包含了兼容、冲突和互补状态的复杂过程，本章试图探讨这种制度逻辑的演化过程机制，

---

① Julie, B., Bernard, L. and Eva, B., "How Actors Change Institutions: Towards a Theory of Institutional Entrepreneurship", *Academy of Management Annals*, Vol. 3, 2009, pp. 65 – 107.

采用纵向比较案例研究方法有利于对这一复杂过程进行详尽的探究。[①]其次，在不同阶段，集体行动的模式和特征并不相同，本章关注的正是行动者在不同阶段差异化的集体行动模式如何导致了制度逻辑的演化。纵向案例研究可以按照时间对关键事件进行排序[②]，从而有利于清晰挖掘和深入理解不同制度逻辑[③]状态的形成和演化，揭示其中的内在机制。

二 案例选取

案例研究样本的选取遵循理论抽样原则，本章围绕我国打车市场上专车模式[④]这一商业模式的制度化过程作为研究对象，理由如下：首先，专车模式是一个从无到有的新制度逻辑形成过程，在这一过程中涉及专车平台、投资机构、出租车行业、监管部门、媒体、普通消费者等多方利益群体，因此，专车模式这一制度变革正是由多个行动主体参与的集体行动导致的。其次，从专车模式的主要推动者来看，在相对较短的时间内先后出现了易到用车、滴滴打车、快的打车、神州专车以及外来户 Uber 等主要行业主导力量的介入，专业行业内部也经历了一个复杂的竞合过程，这些专车模式倡导者以协调或非协调的方式展开集体行动，遵循案例研究可比较性原则，专车模式发展过程中的这种"制度共担"过程是多个制度行动者集体行动的累积，这为本章探讨的集体行动如何促发制度逻辑的演化提供了丰富的案例素材。最后，由于专车模式的巨大创新性引发的租车行业既有制度逻辑的强烈反弹，专车模式也被推上了风口浪尖，多地爆发了出租车司机针对专车的罢运，《人民日报》、新华社、《中国青年报》、《法制日报》等中央媒体集体炮轰出租车行业长期形成的利益集团，呼吁监管部门保护共享经济创新萌芽，多地监管部门频频出手，不断放大专车的制度合法性问题，遵循案例选择的极化原则，该案例在制度逻辑演绎方面是一个十分突出的案例，充

[①] 程聪等：《理性还是情感：动态竞争中企业"攻击—回应"竞争行为的身份域效应——基于 AMC 模型的视角》，《管理世界》2015 年第 8 期。

[②] 田志龙等：《企业市场行为、非市场行为与竞争互动——基于中国家电行业的案例研究》，《管理世界》2007 年第 8 期。

[③] 本章案例中新制度逻辑是指以网络服务平台预约汽车为特色的专车服务模式，旧制度逻辑是指以特许经营模式为核心的出租车服务模式。

[④] 专车模式特指以互联网技术为依托构建服务平台，整合供需信息，使用符合条件的车辆和驾驶员，提供非巡游的预约出租汽车服务的新型出行服务模式。

第四章 | 集体行动视角下的制度逻辑演化机制研究：基于数字业态的案例分析

分体现了组织场域中制度逻辑的变革性过程。

三 数据来源

在数据资料的来源上，案例研究要求尽可能通过多种数据来源，如正式/非正式访谈、现场观察以及二手资料等，并对多种资料进行三角验证，以提高研究的信度和效度。[1] 本章研究的是专车服务这一新制度逻辑形成过程及其与现有租车制度体系的互动，虽然众多专车平台进入租车市场的时间并不长，但影响非常大，对原有的出租车行业造成了巨大的冲击，引起了理论界和实务界的高度关注，专车平台、专车司机、监管部门、出租车行业、出租车司机、普通消费者、投资人以及媒体机构等不同利益相关者都采取相应的行动或者表达了针对专车服务的观点。因此，从网站、论坛等网络媒体和报纸、杂志等平面媒体中收集关于专车服务的相关资料进行加工、整理，并辅以非正式访谈的相关资料进行验证，具有较大的可操作性和科学性。[2] 本案例资料的主要来源及编码规则如表4-1所示。

表4-1　　　　　　　　专车案例资料来源编码规则

序号	资料来源	资料分类	来源编码
1	非正式访谈	通过非正式访谈滴滴的公关部负责人获取资料	ZCG1
2		通过非正式访谈Uber杭州地区分公司管理人员获取资料	ZCG2
3		通过非正式访谈快的高管获取资料	ZCG3
4		通过非正式访谈滴滴出行管理人员获取资料	ZCG4
5		通过非正式访谈滴滴司机获取资料	ZCD1
6		通过非正式访谈快的司机获取资料	ZCD2
7		通过非正式访谈滴滴出行司机获取资料	ZCD3
8		通过非正式访谈Uber司机获取资料	ZCD4
9		通过非正式访谈易到司机获取资料	ZCD5
10		通过非正式访谈神州司机获取资料	ZCD6
11		通过非正式访谈出租车司机获取资料	TD1
12		通过非正式访谈出租车公司高层获取资料	TD2
13		通过非正式访谈杭州市运管负责人获取资料	HG1
14		通过非正式访谈专车乘客获取资料	CK

---

[1] Christopher, M., Mary, A. G. and Gerald, F. D., "Community Isomorphism and Corporate Social Action", *Academy of Management Review*, Vol. 32, No. 3, 2007, pp. 925-945.

[2] Garud, R., Hardy, C. and Maguire, S., "Institutional Entrepreneurship as Embedded Agency: An Introduction to the Special Issue", *Organization Studies*, Vol. 28, No. 7, 2016, pp. 957-969.

续表

序号	资料来源	资料分类	来源编码
15	二手资料	通过易观国际、阿里研究院、腾讯研究院、网易科技、腾讯科技、新浪科技等权威的第三方平台所提供专车相关等各类资讯和研究报告中获取资料	WR
16		通过平台官网和平台APP推送新闻获取资料	ZWP
17		通过文献、文库、网上书店、新闻网站和报纸获取资料	PP
18		通过公司内部记录、高层讲话和内部刊物获取资料	ZCI

(一) 二手资料

二手资料的收集，本书的研究主要是通过四种方式获取的：第一，本书的研究主要下载了"滴滴""快的""易到""神州""Uber"等主要专车平台官网上关于公司发展历程、大事记、公司动态、快讯等所有和专车平台相关的资料信息，以及专车平台APP上推送的所有资料。第二，本书的研究主要从权威的第三方研究机构和研究平台获取相关资料，通过易观国际、阿里研究院、腾讯研究院、网易科技、腾讯科技、新浪科技等权威第三方平台网站的资讯和研究报告中获取资料。第三，本书通过"知网""万方数据库"等文献文库以及网上书店和新闻报纸网站中收集下载资料。第四，本书的研究在实地考察和访谈过程中，滴滴公关部和快的、Uber公司所提供的公司内部资料、内部刊物、宣传册以及公司高管的讲话资料等；访谈后，本书的研究又通过网络补充搜集了所有平台在重大事件中高管的公开信内容。

由于本章的研究对象是围绕专车服务的所有利益相关者的集体行动，因此在权威第三方平台、新闻网络以及相关学术数据库搜索资料过程中，本书的研究采用了两种方式。第一，本书主要利用"专车""专车服务""网约车""网络约租车""网络预约出租汽车"以及专车的主要平台名称"滴滴""快的""易到""神州""Uber"，在权威第三方平台、新闻网络，以及相关学术数据库中进行搜索。第二，采用"专车/网约车+资本/融资""专车/网约车+司机/租车公司""专车/网约车+监管/中央/地方""出租车+专车/网约车""专车/网约车+乘客""专车/网约车+媒体"等组合方式在权威第三方平台、新闻网络，以及相关学术数据库中搜索。通过仔细梳理数据后，本书的研究发现，上述三个渠道获得的资料具有很大的重复性，本书的研究按照资料信息详细程度的原则，保留信息内容最丰富的条目，如果资料数据有冲突，则以专车平台的内部资料和官网资料为准，如果无法核实的资料，则通过非正式访谈进行核实；如果不同出处的信息条目内容差不多，则选取时间最早的信息条目。在获得原始资料以后，本书按照集体行动的主要行动主体，即专车平台、政府相关部门、出租车、消费者、其他利益相关者（包括媒体、投资机构、关联企业等，下文简称其他）进行了分类整理。

（二）非正式访谈

为对二手资料进行验证，笔者对主要专车平台以及众多行动主体分别进行了非正式的访谈，一方面为本书的研究提供更真实和丰富的研究素材，另一方面也是对之前二手资料中存在模糊甚至矛盾的部分进行询问和再确认。非正式访谈对象包括专车平台管理人员、专车和出租车司机以及使用专车的乘客、政府监管部门工作人员共计 52 人，如表 4-2 所示。其中，专车平台管理人员 5 人，具体包括滴滴的公关部管理人员 1 人、快的高管 1 人、滴滴和快的合并后的滴滴出行管理人员 2 人、Uber 杭州地区分公司管理人员 1 人，对于专车平台的负责人，本书采用上门拜访的方式进行对话式访谈，访谈的时间平均在 1 个小时左右。专车平台司机 34 人，其中滴滴司机 8 人、快的司机 7 人、滴滴快的合并后的滴滴出行司机 6 人、Uber 司机 6 人、易到司机 4 人、神州司机 3 人、出租车司机 6 人，针对司机的访谈采用情境式访谈模式，即笔者在打车过程中，按照预先设定好的谈话提纲与司机进行闲聊式对话，以获得专车司机、出租车司机对于专车服务的真实想法，平均访谈时间在 30 分钟左右。专车乘客 5 人，本书同样采取共同乘坐专车服务的情景下，与专车乘客进行闲聊式对话中获得专车乘客对于专车的看法，平均对话时间在 20 分钟左右。政府监管部门负责人 2 人，主要是通过上门拜访的方式进行非正式对话访谈，访谈时间在 1 个小时左右。

四　编码过程

本书的研究遵循探索式研究方法的编码思路，采用开放式编码对专车案例的数据进行分析。在数据编码过程中，第一，编码成员根据案例数据来源和数据时间顺序进行了编码，按照米勒斯（Milles）等学者的

表4-2　　　　　　　　非正式访谈对象的描述性统计

访谈对象	录音时间	录音字数	调研次数	访谈人数	高层人数	受访者
专车平台	317分钟	55602	4次	5人	3人	滴滴的公关部管理人员（1）、快的高管（1）、滴滴和快的合并后的滴滴出行管理人员（2）、Uber杭州地区分公司管理人员（1）
专车平台司机	1088分钟	953088	34次	34人	—	滴滴司机（8）、快的司机（7）、滴滴出行司机（6）、Uber司机（6）、易到司机（4）、神州司机（3）
出租车司机	192分钟	12941	3次	6人	—	北京（3）、上海（1）、杭州（2）
专车乘客	104分钟	15257	3次	5人	—	北京（2）、上海（1）、杭州（2）
政府监管部门	126分钟	21269	2次	2人	2	杭州市运管负责人（2）

建议，本书的研究先以时间为顺序，对每个行动者的所有行动进行初步编码[1]，案例数据来源编码规则如表4-1所示。第二，研究团队根据专车案例的阶段划分，依据多拉多关于集体行动的资源利用和能动性两个维度的具体内涵指引[2]以及本书初步构建的研究框架作为参考，将集体行动进行概念化，对主构念、子构念以及构念之间的逻辑关系进行识别，并清晰界定主构念、子构念以及构念的场景化定义对照规则，如表4-3所示。第三，3名编码成员根据构念场景化定义对照规则，共同讨论，对专车的数据条目进行了初步筛选，形成一致意见，得到205条一

---

[1]　吕力：《归纳逻辑在管理案例研究中的应用：以AMJ年度最佳论文为例》，《南开管理评论》2014年第1期。
[2]　Silvia, D., "Institutional Entrepreneurship, Partaking, and Convening", *Organization Studies*, Vol. 26, No. 3, 2005, pp. 385-414.

级条目。并运用构念场景化定义对照规则对该 205 条一级条目进行构念试练、比较和验证。对构念场景化定义对照规则进行了微调，并确定对照规则的可执行性。第四，3 人背靠背进行二级条目编码。在编码过程中，当遇到编码结果不一致的地方，3 名编码人员通过反复讨论，直到意见统一，从而尽可能减少由于个人偏见或主观性导致的结论片面性。[①] 最终，得到二级条目编码 181 条，识别出专车案例中各行动主体集体行动模式的特征。

表 4-3　　　　　　　　　构念的场景化定义对照规则

特征	主构念	子构念	场景的概念化定义
集体行动特征：（1）资源利用	资源杠杆	联盟者动员	找寻联盟者开展合作
		资本调用	获取金融资源
		技术撬动	通过新技术或技术手段杠杆化利用竞争性资源
		服务撬动	通过创新服务杠杆化利用竞争性资源
		政治技能	利用管理创新手段杠杆化利用资源
	资源积累	资源带入	将原有的资源引入
		资源深化	在既有模式下竞争性资源的积累
		用户累积	用户资源累积
		资源保留	保持资源不致流失
		资源转用	将资源转化使用
		资源限制	控制资源的总量
	资源聚集	构造联盟	建立可持续联盟
		用户聚集	用新服务聚集用户资源
		资源拓展	发布新产品吸引资源进行积累
		资源融入	新的资源引入、整合并加以利用
		用户反向聚集	开展竞争性手段反促使用户向对手方向聚集
		偶像效应	利用偶像引起资源聚集的效应

[①] 李晓燕、毛基业：《动态能力构建——基于离岸软件外包供应商的多案例研究》，《管理科学学报》2010 年第 11 期。

续表

特征	主构念	子构念	场景的概念化定义
集体行动特征：（2）能动性	意义建构型能动性	路径铺设	进入新的市场谋求发展
		实践界定	划定实践的边界
		质疑澄清	面对质疑进行澄清
		实践破冰	开拓性的实践和行动尝试
		图景预设	对发展愿景、目标的预期和构想
		理念固化	将创新的经营理念转化为创新产品、创新服务和创新模式
		竞争跟随	同步开展竞争性行为
		行动约束	对行动进行约束和限制
	策略型能动性	话语策略	通过开放式话语渠道表达意见
		制度期盼	盼望制度完善或者新的制度出台
		政策响应	制定政策法规和规范
		策略转向	调整策略方向
		政策建议	对政策提出意见和建议
		差异竞争	实施差异化竞争策略
		路径预想	对发展路径进行规划
		标准制定	制定行业标准

此外，本章的主构念或维度、相互关系均基于多样资料来源形成"三角证据链"，保证了研究的建构效度。同时，本书的研究在编码的过程中，对核心要素的概念化，对具体主构念、子构念界定主要参考了多拉多文中对构念的定义[1]，以保证研究的信度。在选择本章案例的过程中，本书的研究充分考虑了该纵向案例的特征在满足多行动主体、能体现纵向发展演化的特征，并从中归纳出有关理论，遵循案例研究提出的保障外部效度的研究策略。此外，由于本章是针对集体行动对制度逻辑演化的关系的探索性研究，故不需要进行内在效度检验。[2]

---

[1] Silvia, D., "Institutional Entrepreneurship, Partaking, and Convening", *Organization Studies*, Vol. 26, No. 3, 2005, pp. 385-414.
[2] 吴先明、苏志文：《将跨国并购作为技术追赶的杠杆：动态能力视角》，《管理世界》2014年第4期。

第三节　基于互联网专车案例的研究发现

所谓专车，又称网约车，根据交通运输部的定义，是指以互联网技术为依托构建服务平台，整合供需信息，使用符合条件的车辆和驾驶员，提供非巡游的预约出租汽车服务的经营活动。[①] 而根据艾瑞咨询报告的定义，互联网专车是整合利用社会闲置优质车辆资源和驾驶员，通过互联网、移动互联网平台等方式预约或即时预定，帮助自己或他人实现高效率位移的一种创新性出行服务。[②] 相关监管部门、媒体也有将专车称为网约车、网络约租车、网络预约出租汽车等，在本案例中均指专车。

根据制度逻辑演化研究的相关理论，场域内不同制度逻辑之间会存在重叠、冲突、替代/互补等不同状态。在我国租车市场制度体系中，当前主要存在以特许经营模式为核心的出租车模式和以网络服务平台预约汽车为特色的专车模式，这两种不同租车制度逻辑之间主要经历了三个发展阶段：第一阶段，定制化、高品质租车市场的需求促发了易到专车模式局部创业的成功，并促成了新的专车制度逻辑的出现，但由于专车服务主要专注于定制化、高品质的高端需求乘客，对原有出租车特许经营市场几乎不构成竞争，因此两种制度逻辑处于一种相互分离的状态。第二阶段，随着众多租车平台的加入和专车服务市场范围的不断拓展，专车出行这一新的制度逻辑逐渐从租车市场组织场域的边缘走向场域中心，并和租车市场中占据主导地位的出租车特许经营制度逻辑出现了重叠和渗透，引发了两种逻辑之间的激烈冲突。第三阶段，在专车、出租车以及其他利益者的多方博弈下，从中央到地方政府相关部门都陆续出台了出租车、专车管理改革方案，规范了我国租车市场出租车和专车的营运制度规范体系，促成了专车制度逻辑和出租车特许经营制度逻辑的共存状态。

---

① 交通部定义源自《网络预约出租汽车经营服务管理暂行办法》（2016年7月27日发布）第二条。
② 该定义源自艾瑞咨询报告《中国智能用车市场研究报告（2014）》。

一 制度逻辑分离阶段（2010年5月—2014年1月）

一直以来，"打车难"是许多大城市的常态。根据易观国际的数据，以北京市为例，2000—2013年，北京市人口由1364万人增加到2115万人，13年增长55%，而出租车数量仅有原来的6.4万辆增加到6.66万辆，出租车数量仅增长0.04%，整体供给远低于需求。同时，由于传统的租车公司只能提供周期较长的租车服务，通常是按照年租和月租进行，租车公司车辆使用效率不足50%，2010年5月，易到用车成立，这是国内最早成立也是发展初期国内唯一的专车企业，易到起家于改变传统租赁公司低效率的运转模式，将需要提前几天预订的车变得可以实时预订。

易到用车前联合创始人兼市场副总裁朱月怡说："易到是一家不购车却提供租车服务的公司，其车源来自各家汽车租赁公司，用车客户来自于各大企业。"进入之初易到面临市场认同和资源两方面困境，正如朱月怡所说："易到的模式还无法为多数汽车租赁公司理解，各大用车企业也不熟悉易到。"创业初期，易到主要拉拢的是那些去五星级酒店拉生意的司机和车辆，靠为这群相对高端的车辆提供愿意支付高额车资的顾客，来获得对方的认同和合作。之后，易到创始人周航拿着黄页开始扫街，挨个找租车公司谈，周航通过易到的信息平台，把租车公司难以利用的碎片时间最大化使用，在车辆闲置时提供给租赁公司冗余的订单。对于司机而言，拿着驾驶牌照等资料，在易到办理完手续，检查车容车貌是否符合需求，经历一天的培训，就可以成为易到的司机。最初，易到给司机发放一个带有GPS的小盒子以对司机进行定位，2010年10月，易到用车司机专属手机智能终端及APP测试使用，易到用车给最早加入的司机赠送智能手机。司机的待遇也得到了很大提升：易到用车按月结款给司机，他们收入有了保障；不用再低三下四地去各五星级酒店发名片，生活也体面起来。除了租赁公司的车辆外，易到也采取私家车主加盟的形式发展。为了规避政策风险，车主将车辆挂靠在租赁公司，车主本人挂靠在劳务公司，易到用车通过双方进行租赁。周航把"高端商务人士"看作自己的核心用户群，因为这样的人群乘车最频繁。这群高端消费客户群体也非常满意易到的服务，因为易到能提供给乘客尊贵感和私密感，例如，司机可能会像私人助理那样，主动为赶早班飞机的老顾客买早餐。

2011年,晨兴创投、美国高通风险投资给了易到千万级美元的A轮融资。当时的易到更看中企业商务用车的商机,定位为B2B的易到四处扩张、打广告烧钱,以吸引汽车租赁公司、用车者的注意。2011年2月,易到用车网新版网站正式上线。2012年,易到营业收入较2011年翻了2.75倍,同时也成为风投们的宠儿。2013年4月,宽带资本给了易到1亿元人民币的B轮融资;到2013年12月,携程和DCM领投对易到用车进行了融资金额约为6000万美元的C轮融资。2013年年底,易到用车宣布跟长于商旅市场的携程合作,推出接送机服务,后来又和去哪儿网达成战略合作。到2013年年底2014年年初,易到用车管理的司机已达到50000名,活跃用户超过200万人。2013年年底,易到用车的平均客单价超过200元。它上面最便宜的车型,也要收1小时30元及每公里3元的费用,通常一单下来,价格是出租车的2倍,易到用车则每单收20%的信息服务费。

通过对该阶段场域中相关主体的行动进行编码分析,如表4-4所示,本书的研究发现,在这一阶段,行动主体及其支持者的集体行动主要呈现出鲜明的"意义建构"的能动性和杠杆化资源调用特征。易到在变革过程中通过对主要的利益相关者开展"理念固化""身份界定""图景预设""路径铺设"等意义建构式的能动性建构,进行联盟者动员以支持新的制度逻辑,同时实施了"技术撬动""资本调用""政治技能""联盟者动员""服务撬动"等杠杆化资源调用方式,获得了消费者以及金融资本、供应链资源等其他重要利益相关者的支持。在该阶段,为了创建专车服务这一新的制度逻辑体系,以易到为首的制度行动者采取了一种协调性的集体行动模式,这因为所有的行动主体都具有相同的制度目标,并能从这种新制度逻辑中获益,例如,专车平台获得投资、消费者满足高端租车需求、司机收入提高等。从资源利用的模式来看,这种集体行动者主要采用了"杠杆化"的资源利用模式;而从能动性来看,则主要采取了"意义建构"型的能动性策略。

表4-4 第一阶段集体行动模式主要特征的典型引用举例及编码结果

特征	主构念	子构念	关键词	部分代表性数据引用	行动主体	来源
集体行动特征：(1) 资源利用	资源杠杆	联盟者动员	与车辆租赁公司合作	2011年……据周航说，像南方创业这样超过300辆车的租赁公司全国不超过20家……周航选择了与他们合作……用车网的系统来调配……	ZC	PP
		资本调用	获取金融资源	2011年，成立约一周年的易到拿到了晨兴创投的A轮融资……	ZC&PA	WR
		技术撬动	利用新技术吸引司机	……2011年，智能手机在中国还未普及……易到给司机发放一个带有GPS的小盒子以对司机进行定位……易到根据这个定位来派单……	ZC	ZWP
		服务撬动	创新服务利用供应链资源	没有一辆车、没有一个司机，但却可以做到用户拨打电话即可下单，一个小时即响应，每辆车都提供配驾……	ZC	PP
		政治技能	规避政策风险发展车主资源	……易到采取私家车加盟的形式发展。为了规避政策风险，车主将车辆挂靠在租赁公司，车主本人挂靠在劳务公司，易到用车通过双方进行租赁……	ZC	WR
集体行动特征：(2) 能动性	意义建构型能动性	身份界定	易到通过服务吸引高端商务群体	……易到能提供给乘客尊贵感和私密感，例如，司机可能会像私人助理那样，主动为赶早班飞机的老顾客买早餐……倍有面儿……	ZC	PP
		路径铺设	易到进入专车行业	2010年5月，周航跳入之前完全不熟悉的专车行业，创办易到用车网……	ZC	PP
		图景预设	对目标市场的预设	……安装1000台交互终端的数字相对周航心中的目标市场还是相差甚远……他计划在2011年实现可调配车辆1万辆，在上海、广州、深圳以及两个二线城市开展业务……	ZC	ZWP

第四章 | 集体行动视角下的制度逻辑演化机制研究：基于数字业态的案例分析

续表

特征	主构念	子构念	关键词	部分代表性数据引用	行动主体	来源
集体行动特征：(2)能动性	意义建构型能动性	理念固化	将创新经营理念固化为产品	……易到前 CEO 周航介绍，为了让用户感觉租用方便、灵活……让用户心里舒服……用车网整合到旗下可调用的车辆有 800 辆，分豪华、商务等五大类，全部陪驾……	ZC	ZWP

注：行动主体代码如下：专车平台 ZC、消费者 CS、其他 PA、出租车 TX、中央政府 CG、地方政府 LG。复合行动主体代码编制，如专车平台、出租车 ZC&TX，下同。

纵观该阶段整个组织场域演化的过程，如图 4-1 所示，笔者发现，传统出租车只能提供面向大众的打车服务，未能有效满足高端消费者的打车需求，适合高端群体需求的定制专车服务市场空白，以易到为代表的企业以定制车辆租赁服务开始切入高端打车市场，此时行动主体有一定的弹性，能够接触到更优的制度安排，面向高端客户群体的专车市场服务机会涌现。在该场域条件下，易到因而实施了意义建构式的能动性策略和杠杆化资源调用，与消费者和其他重要利益相关者采取协调性的集体行动，促成了专车这一新的制度逻辑在局部范围形成，并与原有出租车制度逻辑分离并存。

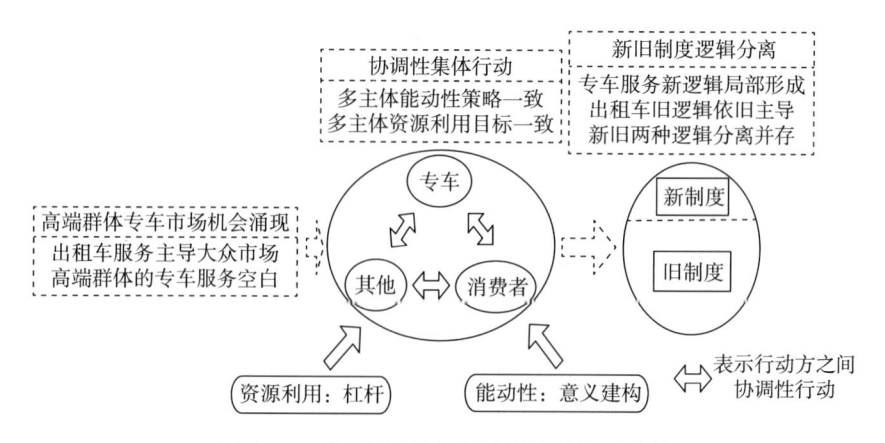

图 4-1 第一阶段集体行动模式的影响机制

注：该阶段专车企业对主要利益相关者开展"理念固化""身份界定""图景预设""路径铺设"等意义建构式的能动性策略，同时实施了"技术撬动""资本调用""政治技能""联盟者动员""服务撬动"等杠杆化资源调用方式。

二 制度逻辑冲突阶段（2014年2月—2015年4月）

随着专车服务市场空间被极大的激发，众多专车平台都十分看好专车市场前景，如快的打车前副总裁李敏表示："商务约租车领域前景广阔，可以说是一个数千亿级的增量市场。"滴滴打车前副总裁朱平豆称，根据滴滴打车的后台数据，即使用了滴滴打车，还是有40%的订单打不到车。他认为，未来专车业务的市场会是出租车市场的两三倍。虽然一直以来，我国出租车行业凭借"特许经营"实行严格的垄断管理，但众多专车平台纷纷进入专车市场。早在2013年年底，Uber就选择在上海试运营，之后在广州深圳同时试运营，并于2014年2月宣布正式进入中国市场，中文名为"优步"。2014年7月，Uber正式宣布进入北京市场。2014年7月，快的打车旗下"一号专车"上线正式运营，2014年8月，"滴滴打车"宣布正式推出定位于中高端的新业务品牌"滴滴专车"。2012年8月，快的打车APP上线，2012年9月，滴滴打车APP上线。2013年，滴滴打车、快的打车先后获得了腾讯和阿里巴巴的融资。为争夺市场，滴滴打车和快的打车之前在出租车市场开展激烈竞争，两个软件下载量都过了亿，两家公司用户量合计有1亿多。除上述巨头外，"我有车"、嘀嗒拼车、哈哈拼车、爱拼车、AA拼车的APP和服务也纷纷进入市场。2015年1月，神州租车旗下的"神州专车"宣布正式运营。

进入专车市场之初，各大专车平台除充分利用已有的资源，还积极整合各类外部资源支持专车模式的拓展。2014年9月，易到用车宣布完成超过1亿美元第三轮融资。12月，百度与Uber在北京签署战略合作及投资协议，Uber新完成12亿美元的融资。2014年，快的打车两轮投资均至少超1亿美元。滴滴也宣布成功融资7亿美元，淡马锡和国际投资集团DST皆成为其投资者。在进入专车市场前，神州租车已获得联想控股12亿元和华平的2亿美元投资，而且还获得了全球租车巨头赫兹公司2亿美元的战略投资。除神州专车拥有超过10万辆自有营运车辆外，各平台基本都是轻资产互联网平台，进入之初都面临供应链如何跟上的问题。进入之初，各平台积极与各大城市的租赁公司谈合作。易到用车帮助与其合作的千余家租赁公司买车、提供贷款。2014年9月，易到用车和海尔融资租赁战略合作，围绕专车全产业链部署。另外，利用高额补贴政策，积极吸引私家车带司机加盟。

随着竞争的加剧，各专车平台也纷纷抢占中低端消费者市场。Uber 进入中国之初，只推出了高端服务 Uber Black，提供的主要是豪华车，价格是出租车的数倍。2014 年 6 月，Uber 又推出了价格减半的平价打车服务 UberX（优选轿车）。8 月，Uber 再推"人民优步"低价产品，价格已经低于出租车。为增强竞争优势，2015 年 2 月 14 日，滴滴打车和快的打车两家公司合并，双方组成一家公司加快抢滩消费者市场，2015 年 2 月，滴滴快的先是抛出主打低廉价格、以乘客为主导的"快车"业务试水；接着推出"顺风车"业务，价格均已低于出租车；并且双方还在拼车、代驾、大巴等领域快速拓展。易到用车也启动了"E-Car 计划"，使用新能源电动车，价格也远低于出租车。

资本裹挟下的互联网专车诱发了前所未有的连锁反应：出租车行业为捍卫原有利益格局，各地出租车行业给政府施压，而各地地方政府监管部门也纷纷出手。

虽然说是为了保障消费者的出行安全，专车服务被陆续叫停，但规模大增的专车用户仍然表示一时难以接受。在新浪微博一项名为"你常坐出租车还是专车"的调查中显示，66% 的受访者选择常使用专车出行，他们认为专车的服务和体验相对出租车更好一些。2014 年 11 月，时任交通部党组成员、道路运输司司长刘小明亲自带队到"滴滴打车"平台专门调研。2015 年 1 月 8 日，交通部指出当前各类"专车"软件为创新服务模式开辟了新的路径，但禁止私家车参与运营。交通部在《关于全面深化交通运输改革的意见》中明确提出："加强对手机召车等新型服务模式的规范管理，鼓励发展多样化约车服务。"2015 年 3 月召开的"两会"上，时任交通运输部部长杨传堂接受媒体采访时，再次肯定专车模式，但同时重申，只有正规租赁车辆才能做专车，禁止私家车接入平台参与运营。

通过对该阶段场域中相关主体的行动进行编码分析，如表 4-5 所示，笔者发现，从专车平台来看，第一，专车在变革过程中既要面向主要的利益相关者和消费者开展"实践破冰""实践界定""竞争跟随""身份界定""路径铺设"等意义建构式的能动性建构行为，也要实施"话语策略""策略转向""标准制订""差异竞争"等面向未来的策略性能动性行为,并通过"用户积累""资源深化""资源带入"等方式调用平台原有"积累"性资源,以及"资本调用""联盟者动员""技术撬动""政治技能"等杠杆化资源利用方式和"构造联盟""用户聚集"等聚集型资源利用方式,以支撑平台企业的新制度逻辑的实施。第二,从出租车来看,出租车在制度变革的组织场域中,依旧沿袭由出租车特许经营的既有思维方式和行动模式,以"变异抵制"等惯常型的能动性和积累式的资源调用模式捍卫原有制度逻辑[①],并继续沿用政府授予的特许经营权的垄断式的资源。第三,从政府来看,政府在面对专车新制度逻辑和出租车旧制度逻辑的压力时,中央政府的行动体现的是在不确定性条件下对专车新制度逻辑赋予意义,并提出限制私家车进入等规范性要求来降低建构过程的不确定性这种"意义建构式"的能动性;而地方政府依旧沿袭出租车特许经营的既有思维方式和行动模式,以"惯常"式的能动性捍卫原有制度逻辑。

表4-5 第二阶段集体行动模式主要特征的典型引用举例及编码结果

特征	主构念	子构念	关键词	部分代表性数据引用	行动主体	来源
集体行动特征:(1)资源利用	资源杠杆	联盟者动员	快的不收份子钱争取司机支持	"快的一号专车的司机按照多劳多得、少劳少得的原则获得相应的收入,这和出租车司机上缴给出租车公司的固定承包费迥然不同。"	ZC	ZCG3
		资本调用	金融资本为滴滴提供融资	2014年12月,滴滴宣布成功融资7亿美元,创下内地移动互联网最高融资额,淡马锡和国际投资集团DST皆成为其投资者……	ZC&PA	WR
		技术撬动	滴滴利用微信平台争取用户	滴滴打车还利用微信做了新玩法,用户用了滴滴专车,就能一键发专车红包到微信里,供数个朋友分享。这使滴滴专车拉新客变得更简洁,影响面也更大……	ZC	ZWP
		政治技能	滴滴说明专车业务对政府的意义	滴滴前副总裁朱平豆认为……专车业务以专车能降低私家车的需求,缓解城市拥堵和空气污染为理由,来说明自己这项业务对政府的意义……	ZC	ZCG4

---

① 方世建、孙薇:《制度创业:经典模型回顾、理论综合与研究展望》,《外国经济与管理》2012年第8期。

续表

特征	主构念	子构念	关键词	部分代表性数据引用	行动主体	来源
集体行动特征：(1) 资源利用	资源积累	资源带入	神州租车将10万辆自有车转成专车	2015年，神州租车，拥有超过10万辆自有车辆……变成专车……	ZC	WR
		资源深化	一号专车平台业务覆盖8城市	2014年8月，一号专车前总经理李祖闽在接受媒体采访时透露，其全国日订单量已经达到1万单，平台业务已经覆盖了8个城市……	ZC	ZCG3
		用户累积	补贴战积累用户资源	在激烈的补贴战中，滴滴打车和快的打车下载都过了亿，两家公司用户量合计有1亿多……	ZC	PP
		资源转用	滴滴将资源转入中高端专车市场	滴滴打车创始人程维对《第一财经周刊》称，要将公司资源转入中高端专车租赁细分市场……	ZC	PP
		资源限制	滴滴控制用户进入量	……"刚开始的时候，我们其实是极度地控制乘客进来的量，因为绝大多数的情况都是车辆不足。"滴滴前副总裁朱平豆说……	ZC	ZCG4
	资源聚集	构造联盟	易到与奇瑞博泰联合	2015年2月，易到联合奇瑞、博泰集团共同出资成立易奇泰行，计划在未来推出互联网智能共享电动汽车……	ZC&PA	ZWP
		用户聚集	Uber新服务吸引用户下载APP	2015年3月，Uber杭州推出"一键叫船"服务，Uber用户可以通过Uber APP预订人工摇橹船；4月，Uber"一键叫直升机"服务，引起了一波下载Uber APP的热潮……	ZC	ZWP
		资源拓展	易到洛杉矶伦敦开通话语用车服务	2014年9月，易到开通美国洛杉矶、英国伦敦两个国际一线城市的华语用车服务……	ZC	ZWP

93

续表

特征	主构念	子构念	关键词	部分代表性数据引用	行动主体	来源
集体行动特征：(2) 能动性	意义建构型能动性	身份界定	消费者反映专车服务好	……杭州一位经常享受专车的用户反映"发现这些'专车'特色都很一致：车子比出租车体面、干净，服务质量好"……	ZC&CS	CK
		路径铺设	易到进入汽车租赁市场	易到用车进入汽车租赁市场……	ZC	PP
		实践界定	快的打车对业务合法性界定	快的打车前公关总监叶耘称："我们自己的业务本身在法律框架上来看是没有问题的……我们也咨询过很多法律专业人士……"	ZC	ZCG3
		实践界定	交通部允许专车创新	2014年11月，交通运输部表明官方态度……将坚持"以人为本、鼓励创新……"的原则，鼓励市场创新……还引用李克强总理的发言"不要一棍子打死"……	CG	PP
		质疑澄清	滴滴回应黑车质疑	回应"黑车"质疑……滴滴打车软件公司工作人员向新京报记者表示，"专车"车辆均来自汽车租赁公司……具备运营资格……	ZC	ZCG1
		实践破冰	神州率先成立乘客保障基金	对于管理部门提出的"专车服务没有营运资质，乘客安全没保障"等问题……神州旗下一号专车也率先做出了回应……率先成立1亿元的乘客"先行赔付"基金……	ZC	PP
		实践破冰	交通部现场调研专车模式	2014年11月，时任交通部党组成员、道路运输司司长刘小明亲自带队到"滴滴打车"专门调研"专车"……对这一破解城市日益凸显的出行难题的新思维表示肯定……	CG	PP
		竞争跟随	滴滴快的同推专车企业版	2015年1月，几乎与快的打车同步，滴滴宣布，旗下专车企业版服务正式上线，打车软件领域的竞争和使用范围将全面覆盖C端和B端用车市场……	ZC	PP

续表

特征	主构念	子构念	关键词	部分代表性数据引用	行动主体	来源
集体行动特征：（2）能动性	意义建构型能动性	行动约束	专车平台约束司机行动	……Uber 和滴滴快的都对旗下的专车司机发出通告，要求司机们"冷静面对执法事件""否则永久封号并扣发所有奖励"……	ZC	ZWP
	策略型能动性	话语策略	快的向媒体表示其司机保险高标准	快的一号专车向媒体表示，对于合作的租赁公司，快的一号专车均要求……购买针对司机最高 100 万的第三方责任险等……	ZC	PP
		话语策略	媒体呼吁保护专车创新	2015 年年初，在交通运输部表态之前，《人民日报》等中央媒体集体炮轰出租车行业长期形成的利益集团，呼吁监管部门保护"专车"这一共享经济创新萌芽……	PA	PP
		策略转向	易到服务变得平民化	2014 年易到用车大幅下调了价格……十一期间，易到用车在北京的接送机价格变成了 58 元、68 元起，而之前大约是 128 元起……新增了 15 元起步价、每公里 3 元的两种车型……变得平民化起来	ZC	PP
		差异竞争	滴滴快的差异化服务	一号专车针对企业用户提供了 PC 端的服务后台……在现有一号专车移动端平滑使用……而滴滴产品策略并不相同，直接推出了针对企业用户的产品……	ZC	PP
		标准制定	专车平台联合制定乘客安保标准	2015 年 3 月 16 日，滴滴专车和一号专车联合发布了《互联网专车服务管理及乘客安全保障标准》……	ZC	PP

在这个过程中，多方行动主体的集体行动相互交织、错综复杂，并形成了以专车服务相关利益者与出租车服务相关利益者之间剧烈冲突为主要特征的非协调性集体行动模式。从资源利用模式来看，这种非协调性的集体行动呈现出以"杠杆化＋积累"为特征的多种资源利用形式，不同行动主体分别采用符合自身利益的资源利用方式来支持各自的制度逻辑；而从能动性角度来看，不同行动主体则采取了"意义建构、策略、惯常"等多种能动性形式以支持各自的制度逻辑。

纵观该阶段整个组织场域演化的过程（见图4-2），笔者发现，各专车平台都十分看好专车服务市场的巨大潜力，出行服务市场呈现出多样化的趋势，此时专车虽一定程度受制于出租车特许经营的制度约束，但政府对专车服务的监管制度还不明朗，专车服务多样性高，制度化程度低，场域高度不确定并容易发生变化，专车服务市场机会模糊。在该场域条件下，为了在未来的专车市场中占据主导地位，众多专车平台重点采取了"意义建构"的方式动员其他重要的利益相关者和消费者来支持专车服务，并以"杠杆化+积累"的资源利用方式推动专车服务这一新制度逻辑的扩散。而出租车相关利益者则通过向地方政府施压，以"惯常"的能动性坚决捍卫出租车市场特许经营的制度逻辑。在出租车市场场域机会模糊的情景下，这种行动主体非协调性的集体行动模式促发了出租车市场内部两种制度逻辑的激烈冲突。

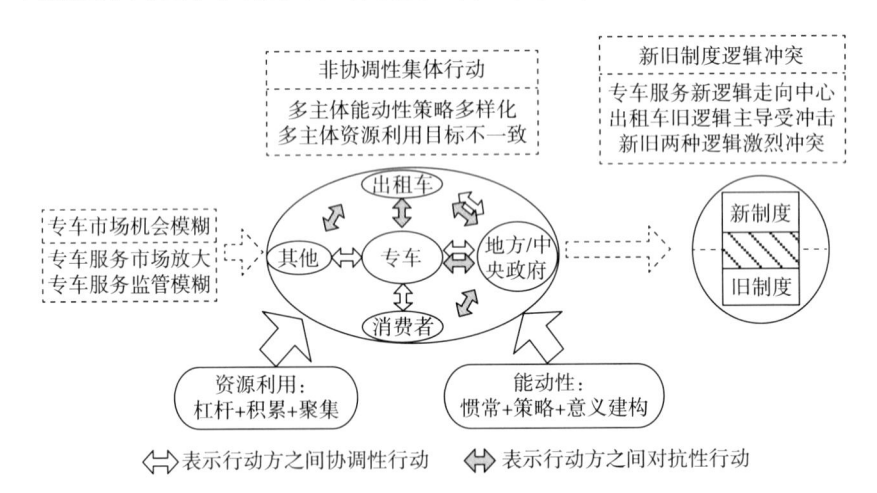

图4-2 第二阶段集体行动模式的影响机制

注：该阶段专车企业开展了"实践破冰""实践界定""竞争跟随""身份界定""路径铺设"等意义建构式的能动性策略和"话语策略""策略转向""标准制定""差异竞争"等面向未来的策略性能动性行为，开展"用户积累""资源深化""资源带入"积累式资源利用方式，"资本调用""联盟者动员""技术撬动""政治技能"等杠杆化资源利用方式和"构造联盟""用户聚集"等聚集型资源利用方式，以支撑平台企业的新制度逻辑的实施；出租车依旧沿袭特许经营，以"变异抵制"等惯常型的能动性和积累式的资源调用模式捍卫原有制度逻辑；政府在面对专车新制度逻辑和出租车旧制度逻辑的压力时，中央政府对专车新制度逻辑赋予意义，并提出限制私家车进入，体现了"意义建构式"的能动性；而地方政府以"惯常"式的能动性捍卫原有制度逻辑。

三 制度逻辑共存阶段（2015年5月—2017年3月）

专车出行在经历了2014年一年多的"爆发式"增长后，到2015年中旬，专车市场也由最初的群雄逐鹿逐步演变为滴滴、Uber、神州专车的三足鼎立（根据Analysys易观智库分析报告，2015年5月滴滴快的、Uber和神州专车分别以86.2%、16.8%和8.3%的比例占据中国专车服务活跃用户覆盖率的前三名），专车行业市场格局已基本锁定。

面对市场冲突和制度困境的双重压力，专车平台企业在冲突竞争的同时开始面向平台间企业以及平台外部资源甚至竞争对手出租车行业寻求更多合作与协调。2015年7月，时任滴滴快的总裁柳青在内部邮件中强调要让生态圈的所有参与者共赢，在滴滴的下一个三年规划中，指出要为3000万人提供出行，服务1000万名司机的并行目标。同时，柳青表达了不愿与Uber再打火并快的式的补贴大战，简单的价格战既不符合投资人的利益，也会让价格长期偏离价值，对行业造成伤害，希望传达并能够和Uber达成默契。2016年8月1日，专车市场最大的两个平台滴滴和Uber中国合并，根据新浪财经公布的数据，2015—2016年，滴滴的市场份额稳定在70%—80%，Uber位居第二。合并后滴滴收购Uber中国的品牌、业务、数据等全部资产，在中国大陆运营。滴滴出行和Uber全球将互相持股，滴滴和Uber创始人互相加入对方的董事会。2016年4月，滴滴推出"伙伴创业计划"，首次面向五个城市招募10万"专职"司机，鼓励没有车但有驾照的司机通过缴纳少量保证金成为滴滴车主。"伙伴计划"中的新增车辆，身份不再是私家车，而是具有营运资质的车辆。海博出租与滴滴合作的首个落地项目"滴滴海博"专车获上海市交通委批复。海博出租首批将投运500辆具有出租车客运资质的网络预约车在滴滴出行的平台上运营，探索"互联网＋"传统出租融合发展的全新模式。

同时，上海、义乌、杭州等地开始探索专车和出租车共存经营的改革模式，同时全国和地方层面的出租车、专车管理改革方案也不断推进。2015年5月，义乌市出台了《义乌市出租汽车行业改革工作方案》，宣布从2018年开始，有序开放出租汽车市场准入和出租汽车数量管控，实现出租汽车市场化资源配置。时任交通部服务司副司长王水平在交通部例行发布会上表态，支持义乌这样的地方先行先试，为全国出租车行业改革提供借鉴和示范。上海交通委在 2015 年 5 月宣布与滴滴公司联手成立专门工作组,制订专车试点方案,市交通委与沪上四大出租车企业及滴滴打车联合推出上海出租车信息服务平台的同时,宣布三方成立全国首个约租车管理办法工作组,共同制定一套可操作、可持久的专车管理机制,争取专车合法化问题在上海率先解决。2015 年 7 月底,交通运输部相关人士对外表示,涉及互联网专车与出租车的改革制度——网络约租车管理办法和出租车改革方案已经起草完成,不久将向社会公开征集意见。2015 年 10 月 8 日,上海市政府向滴滴发出首张网络约租车平台经营资格证。2015 年 10 月 10 日,交通部正式发布的《关于深化改革进一步推进出租汽车行业健康发展的指导意见(征求意见稿)》和《网络预约出租汽车经营服务管理暂行办法(征求意见稿)》,进行为期一个月的公开征求意见,承认网络约租车的合法性,但要对专车进行严格规范管理。10 月 19 日,滴滴打车向交通运输部正式提交了修改建议,建议给兼职司机和车辆留出发展空间,以"政府管平台,平台管专车"的方式管理网约专车,并建议为地方探索网约专车发展和管理留空间。2015 年 12 月 30 日,杭州市出台了《杭州市人民政府关于深化出租汽车行业改革的指导意见》,对出租车实行经营权无偿使用,正式放弃了出租车"特许经营"的规定。2016 年 7 月 28 日,国务院办公厅出台了《关于深化改革推进出租汽车行业健康发展的指导意见》,管理原则明确"促进巡游出租汽车转型升级,规范网络预约出租汽车经营";同时规定对新增出租汽车经营权全部实行无偿使用。同时交通运输部、工业和信息化部、公安部、商务部、工商总局、质检总局、国家网信办 7 个部门出台了《网络预约出租汽车经营服务管理暂行办法》,明确新政于 11 月 1 日起实施。新政方案明确了网约车合法地位,满足条件的私家车可按一定程序转为网约车,从事专车运营。此外,鼓励私人小客车合乘。2016 年 9 月 9 日,交通运输部公布了《出租汽车驾驶员从业资格管理规定》和《巡游出租汽车经营服务管理规定》,作为出租车、网约车新政的配套政策。2016 年 10 月 8 日,北京等四地发布《网络预约出租汽车经营服务管理暂行办法(征求意见稿)》;2016 年 12 月 21 日,北京、上海、广州等地交通委正式发布了《网络预约出租汽车经营服务管理细则》;2017 年 3 月 17 日,据交通部发布，北京、天津、上海、重庆等 73 个城市的网约车管理实施细则已正式发布，在中央统一的框架性管理办法下，各地方进一步细化和明确了专车的规范化管理细则，规定了平台公司承运人责任及平台公司、车辆和驾驶员应该具备的条件，并对平台公司经营行为、车辆报废、驾驶员专兼职从业、部门联合监管等事项给出了详细规定。

通过对该阶段场域中相关主体的行动进行编码分析，如表 4-6 所示，首先，从专车平台来看，专车平台以"政策建议""话语策略""路径预想"等策略性的能动性和"资源融入""构造联盟""用户聚集"等聚集的资源调用方式争取推动专车制度的落地，具体体现在专车平台提出生态圈参与者共赢的构想，积极配合各级政府推动政策改革，和不同类型竞争对手建立战略联盟，如专车和出租车企业的合作、专车平台的合并等。其次，从政府来看，政府层面的"政策响应""话语策略"等策略性能动性一方面体现在中央层面对出租车和专车行业的整体性改革的推进，明确专车的合法化和规范化运行要求，将出租车特许经营的深入改革同步推进；另一方面也表现在地方层面，许多地方也主动推动专车合法化改革和出租车特许经营模式的改革，并且，在中央统一的框架性管理办法下，各地方进一步细化和明确了专车的规范化管理。

表 4-6　第三阶段集体行动模式主要特征的典型引用举例及编码结果

特征	主构念	子构念	关键词	部分代表性数据引用	行动主体	来源
集体行动特征：(1) 资源利用	资源聚集	构造联盟	滴滴和 Uber 中国合并	2016 年 8 月 1 日，滴滴和 Uber 中国合并。双方达成战略协议，滴滴出行和 Uber 全球将相互持股……	ZC	ZWP
		构造联盟	滴滴与汽车厂商合作	2016 年 4 月，滴滴与汽车厂商合作，正式推出"伙伴创业计划"，利用"互联网"促进就业……	ZC&PA	PP
		构造联盟	滴滴与出租车公司联合	2016 年 4 月底，滴滴从线上走进线下，联手上海海博出租车公司，推出同于传统的出租车承包制的"滴滴海博"专车……	ZC&TX	PP

续表

特征	主构念	子构念	关键词	部分代表性数据引用	行动主体	来源
集体行动特征：（1）资源利用	资源聚集	构造联盟	上海市政府与滴滴合作	2015年5月18日，上海市交通委曾宣布，将与滴滴公司联合成立专门工作组……拿出上海的专车试点管理方案……	LG&ZC	PP
		用户聚集	滴滴新服务聚集麻友用户	2015年6月，滴滴在成都上线了"一键呼麻友"新服务……通过该公司旗下专车APP呼叫麻友……	ZC	PP
		资源拓展	滴滴推出快车	滴滴推出快车这一"专车"新产品……打车和专车之间，提供一种低价产品，消化了专车的冗余运力……	ZC	ZWP
		资源融入	易到启用电动车	易到用车启动"E-Car计划"，使用新能源电动车，价格远低于出租车……同时也规避了一定的政策风险……	ZC	ZWP
		资源融入	滴滴、出租车平台流量融合	……为进一步紧密与出租车平台的合作，在流量融合方面，滴滴平台已经可以实现出租车网约车订单和后台系统的打通……让出租车司机在承接出租车单基础上，承接网约车订单……	ZC&TX	ZWP
		偶像效应	马化腾为顺风车做广告	滴滴顺风车广告由马化腾领衔的一众大佬站台……不到一月的时间，日订单峰值已经超过60万……	ZC	ZWP
集体行动特征：（2）能动性	策略型能动性	话语策略	滴滴向媒体展示专车公益性	滴滴之所以看重顺风车、代驾、巴士等产品，是因为产品属性可以顺应《小客车合乘出行意见》等政府治堵方案，借力智能交通的同时又有公益属性……	ZC	WR
		话语策略	交通运输部起草报批出租车和专车新规	2015年7月底，交通运输部相关人员表示，涉及出租车和专车的两项相关制度均起草完毕，已报送至国务院批准……新生事物的出现正倒逼传统行业转变……促使监管部门制定相关法规……	CG	PP

续表

特征	主构念	子构念	关键词	部分代表性数据引用	行动主体	来源
集体行动特征：（2）能动性	策略型能动性	话语策略	国家行政决策辅助机构赞出租车网约车融合发展	……时任国家行政学院决策咨询部副主任丁元竹的观点是，非常赞成出租车、网约车融合发展，一起满足社会需求……	PA&ZC	PP
		制度期盼	专车司机期盼政府尽快出台政策认定专车	"专车究竟是黑是白，政府赶紧给个痛快话吧。"专车司机当得知"提心吊胆"，CF一直在等待政策出台……	ZC	TD1
		制度期盼	法律界人士认为政府应取消出租车业特许经营权使用费	……北京志霖律师事务所律师、中国互联网协会信用评价中心法律顾问赵占领认为"不应过多地牵扯到政府部门利益，特别是特许经营权使用费，政府应该逐步取消这笔收费"……	PA	WR
		制度期盼	出租车司机期盼出台出租车新政	……有出租车司机表示"我希望能取消出租车公司，由个人经营出租车，直接向政府缴纳费用，让政府出台制度去监管出租车司机"……	TX	TD1
		政策响应	交通运输部起草专车和出租车新政	2015年10月10日，交通运输部起草了《关于深化改革进一步推进出租汽车行业健康发展的指导意见》和《网络预约出租汽车经营服务管理暂行办法》，并向社会公开征求意见……	CG	PP
		政策响应	杭州出台出租车新政	2015年12月2日，杭州市人民政府正式发布了《关于深化出租汽车行业改革的指导意见》，正式放弃了出租车"特许经营"的规定……	LG	HC1
		策略转向	滴滴加速向出租车网约车合作策略调整	2016年8月31日，为调整以往同时发展私家车、出租车、租赁车的策略，滴滴同北上广深杭等十余个城市的近五十家出租车企业达成战略合作……加速与出租车平台型企业的合作……	ZC&TX	ZWP

101

续表

特征	主构念	子构念	关键词	部分代表性数据引用	行动主体	来源
集体行动特征：(2) 能动性	策略型能动性	政策建议	滴滴提出政策建议	滴滴对于《网络预约出租汽车经营服务管理暂行办法（征求意见稿)》正式提出三条意见建议……	ZC	ZWP
		政策建议	政府公布征求意见稿的反馈意见	2015年10月26日，中国交通新闻网、交通运输部运输服务司公布了专车新政征求意见稿自2015年10月10日向社会公开征求意见以后，共十个方面的意见和建议……	CG	PP
		路径预想	滴滴快的要构建出行生态圈	2015年7月，时任滴滴快的总裁柳青在内部邮件中强调要让生态圈的所有参与者共赢，在滴滴的下一个三年规划中，指出要为3000万人提供出行，服务1000万司机的并行目标……	ZC	WR

在该阶段，专车服务组织场域内的行动者采取了再协调性的集体行动模式，以专车平台为主导的专车服务模式、以出租车为主导的特许经营模式都重点关注如何完善自身的制度逻辑，而不再把资源集中在彼此的对抗上。从资源利用模式来看，行动者主要采取了"聚集"这一资源利用模式。从能动性角度来看，行动者主要采取"策略性"这一能动性策略。

纵观该阶段整个组织场域演化的过程，如图4-3所示，笔者发现，随着专车企业之间以及与出租车市场竞争的白热化，专车和出租车各自的出行服务市场格局已经基本锁定，同时政府也不断加强专车服务市场的监管，专车服务制度化程度日益增大，对各专车行动主体约束日益增强，此时出行服务市场机会沉没，在此场域条件下，中央和地方政府相关部门通过策略性的能动性，推动了出租车和专车行业的整体性改革，专车平台发挥策略性的能动性和聚集的资源调用方式，积极配合各级政府推动政策改革，和出租车、平台内部企业等不同类型竞争对手建立联盟合作，政府、专车平台、出租车及其他利益相关者这种协调性的集体行动，促成了新、旧制度逻辑的共存。

第四章 | 集体行动视角下的制度逻辑演化机制研究：基于数字业态的案例分析

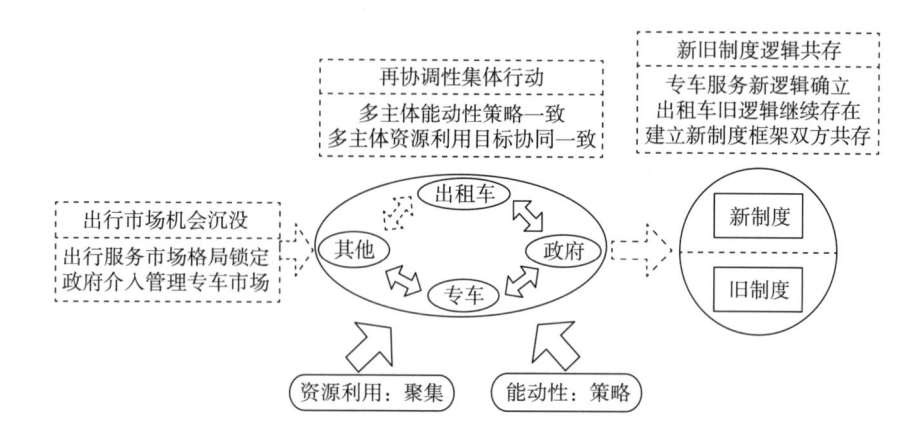

图 4-3 第三阶段集体行动模式的影响机制

注：该阶段专车企业开展了"政策建议""话语策略""路径预想"等策略性的能动性和"资源融合""构造联盟""用户聚集"等聚集的资源调用方式，中央政府和地方政府也以"政策响应""话语策略"等策略能动性以及"构造联盟"等资源聚集式利用方式，推动出租车和专车行业的整体性改革。

四 全过程图景

纵观三个阶段，场域行动者的集体行动模式经历了从协调性的集体行动到非协调性的集体行动到再协调性的集体行动模式的转变。笔者发现，当多个行动主体的制度目标一致，多个主体的能动性策略一致，资源主要用于支持彼此一致的行动，这时集体行动就呈现出协调性的行动模式；而当多个行动主体目标对立，多个主体的能动性策略多样化，如不同主体会分别采取面向过去的"惯常"式能动性策略和面向现在的"意义建构"式或面向未来的"策略性"能动性以支持不同甚至冲突的制度逻辑，多个主体把资源利用在彼此的对抗上，此时集体行动就呈现出非协调的行动模式；在面对复杂的社会问题，需要建立总体性制度框架时，行动主体通过采取面向未来的策略性能动性行动进行组织间的协商与合作，把不同组织的资源聚集在一起协同作用，这时集体行动呈现了再协调的行动模式。

分析本案例三个不同阶段集体行动与制度逻辑的演化过程的关系，可以发现，专车制度变革经历了从新、旧制度逻辑分离到新、旧制度逻辑冲突再到新、旧制度逻辑共存的演化，而推动制度逻辑在不同阶段动态演化的过程中,集体行动是一个重要的驱动因素,如图4-4所示。

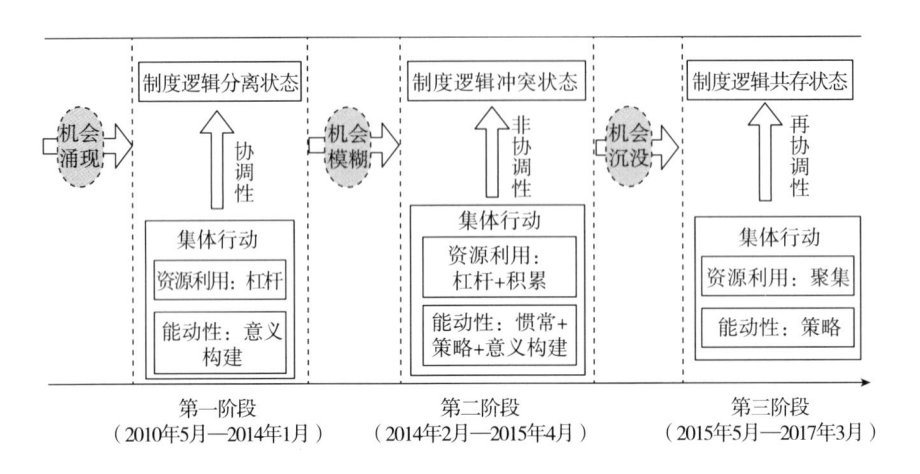

图4-4 集体行动视角下制度逻辑演化的理论模型

第一,制度过程中协调性的集体行动是促成制度逻辑从单一制度逻辑主导向制度逻辑分离状态演化的重要驱动因素。最初场域内是出租车的单一制度逻辑主导出行市场,高端定制化租车服务的空白,使专车服务市场巨大商机出现。这种高端群体专车服务市场机会的涌现,最终促使多个主体能动性和资源利用服务于统一目标的协调性集体行动模式,促成了专车服务新制度逻辑在局部范围生成,与依旧占主导地位的出租车服务的旧制度逻辑分离并存,造成了新、旧两种制度逻辑的分离。

第二,制度过程中非协调的集体行动是促成两种制度逻辑从分离状态向冲突状态演化的重要驱动因素。在第二阶段,伴随专车服务新制度逻辑在布局范围形成,场域内专车市场巨大潜力凸显,虽然出租车特许经营逻辑的制度约束更趋严格,但专车服务监管制度仍未明晰,此时专车服务机会模糊的场域条件,促发多方行动主体形成了以专车模式相关利益者与出租车模式相关利益者之间剧烈冲突为主要特征的非协调性集体行动模式:如以专车为代表的行动主体为推动新制度逻辑合法化采取了面向当下和未来的"意义建构+策略"式的能动性行为和"杠杆化+积累"的资源调用方式,推动专车服务新制度逻辑不断走向中心,使出租车的旧制度逻辑的主导地位受到冲击,以出租车和地方政府为代表的行动主体为捍卫旧制度逻辑采取的是"惯常"能动性和"积累"的资源调用模式捍卫出租车服务的旧制度逻辑,多行动主体目标对立,能动性策略非常多样化,采取面向过去的"惯常"式能动性策略和面向现在的"意义建构"式或面向未来的"策略"性能动性以支持两种对立的制度逻辑,多个主体的多样化资源利用方式作用在彼此的对抗上,集体行动的这种非协调的行动模式促使新、旧两种制度逻辑的对立和冲突加剧,促使制度逻辑从分离状态向冲突状态转变。

第三,制度过程中再协调性的集体行动是促成两种制度逻辑的关系从冲突状态向再生状态演化的重要驱动因素。在第三阶段,伴随专车之间以及和出租车竞争的白热化,出行服务市场格局基本锁定,新的机会已经逐渐消失,加上政府介入管理专车服务,在机会沉没的场域条件下,以专车平台为主导的专车服务模式、以出租车为主导的特许经营模式都不再把资源集中在彼此的对抗上,转为采取了再协调性的集体行动模式,多方行动主体均采取了"策略性"能动性策略和"聚集"资源利用模式,推动新的制度框架的形成,使专车服务和出租车服务两种制度逻辑由冲突转向共存的状态。

第四节 研究结论与启示

一 研究结论

本章通过对数字业态的典型行业专车服务行业制度变革过程的纵向案例研究,从集体行动的视角深入研究了制度逻辑动态演化的过程机制,研究不同阶段集体行动的模式及特征,进而探讨集体行动是如何驱动制度逻辑演化的内在机制问题。本章的研究结论主要包括以下几方面:

第一,制度逻辑的动态演化过程经历了由新、旧两种制度逻辑的分离到新、旧制度逻辑的冲突再到新、旧制度逻辑共存的状态。多元的制度环境中,很多时候并非只有单一的主导制度逻辑,制度情境中会有多种制度逻辑并存,多种制度逻辑并存和相互作用构成了场域制度逻辑的动态演化。① 制度逻辑这种从分离到冲突再到共存的演化过程，是制度变革过程中，从新制度逻辑的生成、边缘走向中心、与旧制度逻辑竞争冲突一直到新、旧两种制度逻辑共存的过程，这种制度逻辑的演化过程，揭示了组织变革过程中不同制度逻辑及其相互之间竞争和互动的演化②，是驱动制度变革的重要因素。

第二，在机会的场域条件下，多主体的多样化能动性和资源利用方式共同形成了协调性和非协调性两种不同的集体行动模式。③ ①在专车服务制度变革的第一阶段，由于面向高端客户群体的专车市场服务机会涌现，集体行动多主体的制度目标一致，表现为多主体的能动性策略和资源利用方式作用于支持一致的行动，这时集体行动呈现出协调性的行动模式；②在专车服务制度变革的第二阶段，由于专车服务市场机会模糊造成的场域高度不确定性条件，多主体的能动性策略多样化，各主体分别采取面向过去的"惯常"式能动性策略和面向现在的"意义建构"式或面向未来的"策略"性能动性以支持不同的制度逻辑，多个主体通过"积累""杠杆""聚集"等资源利用方式作用在彼此的对抗上，这时集体行动呈现出非协调的行动模式。③在专车服务制度变革的第三阶段，在出行服务市场机会沉没的场域条件下，多方行动主体均采取了"策略性"能动性策略和"聚集"资源利用模式，推动新的制度框架的形成，集体行动再次呈现了协调性的行动模式。总之，在制度变革的不同阶段，随着多主体的能动性和资源利用方式的不断变化，集体行动方式也经历了从协调到非协调到再协调的转变。

第三，集体行动是促成制度逻辑演化的重要驱动因素。①最初场域由单一制度逻辑主导，机会涌现过程中多主体通过能动性策略一致、资源利用目标一致的协调性集体行动模式，促成了新制度逻辑的生成和新、旧两种制度逻辑的分离。②新、旧两种制度逻辑的分离使得场域机

---

① Christopher, M., Mary, A. G. and Gerald, F. D., "Community Isomorphism and Corporate Social Action", *Academy of Management Review*, Vol. 32, No. 3, 2007, pp. 925 – 945.

② Steve, M., Cynthia, H. and Thomas, B. L., "Institutional Entrepreneurship in Emerging Fields: HIV/AIDS Treatment Advocacy in Canada", *Academy of Management Journal*, Vol. 47, No. 5, 2004, pp. 657 – 679.

③ Julie, B., Bernard, L. and Eva, B., "How Actors Change Institutions: Towards a Theory of Institutional Entrepreneurship", *Academy of Management Annals*, Vol. 3, 2009, pp. 65 – 107.

第四章 | 集体行动视角下的制度逻辑演化机制研究：基于数字业态的案例分析

会模糊，这时多方行动主体都采取相应行动支持各自的制度逻辑，希望成为场域主导制度逻辑并取代其他制度逻辑。此时，捍卫旧制度逻辑的多主体采取的是面向过去的"惯常"能动性和"积累"的资源调用模式，而支持新制度逻辑的多主体采取的是面向当下的"意义建构"式或面向未来的"策略"式的能动性行为，并尽可能通过"杠杆化"或"积累"的资源调用方式。这时，这种多主体目标对立、能动性策略多样化支持不同甚至冲突的制度逻辑，多主体的多样化资源方式利用于彼此对抗的非协调性集体行动模式促使新、旧两种制度逻辑的对立和冲突加剧，促使制度逻辑从分离状态向冲突状态转变。③在新、旧制度逻辑发生激烈冲突后，这时要解决复杂的社会问题，必须建立总体性制度框架，而不能只满足于逐一解决单个项目，任何单个行动主体都无法控制这种局面，行动主体通过采取面向未来的策略性能动性行动进行组织间的协商与合作，把不同组织的资源聚集在一起，通过这种再协调性的集体行动推动总体性制度变革，促成新、旧制度逻辑的共存。

二 理论贡献

首先，本章深化了对制度逻辑的动态演化过程的研究，对竞争性逻辑的冲突、互补和兼容关系做了更深入的探索。现有的制度逻辑理论已经越来越关注制度逻辑的演化研究，但现有研究对制度逻辑的演化轨迹的研究更多的是竞争性制度逻辑之间的冲突，以及这种冲突如何形塑组织和个体的行为，而忽略了竞争性制度逻辑可能存在的兼容和互补的演化轨迹。本章通过专车制度变革的探索性纵向案例研究，揭示了组织制度变革中新、旧两种竞争性制度逻辑的动态演化过程，全过程刻画了从新制度逻辑的生成、边缘走向中心、与旧制度逻辑竞争冲突一直到新旧两种制度逻辑共存的过程，这种新、旧竞争性制度逻辑从分离到冲突再到共存的演化过程，充分体现了竞争性逻辑之间的兼容、冲突、互补关系的融合，揭示了组织变革过程中不同制度逻辑及其相互之间的竞争和互动的演化，对制度逻辑演化理论具有一定的理论贡献。

其次，本章深化了对组织场域中集体行动相关理论的研究。制度变革中的集体行动是受到众多学者关注的领域，虽然认识到集体行动可能是一个涉及不同种类、不同数量的参与者以协调或非协调的方式进行活动的集体现象，但多数研究聚焦于协调性的集体行动方式[1]，关于非协调性的集体行动的研究较少。本章深入研究了集体行动的协调性和非协调性两种行动模式的场域条件和特征，进一步细化了集体行动模式形成的微观机制，详细说明了在不同的机会场域条件下，多行动主体之间如何通过能动性策略和资源利用构建协调性和非协调性两种集体行动模式，研究不仅回应了多拉多关于制度变革过程中机会、能动性、资源利用的不同组合可以形成集体行动的理论推导[2]，更在多拉多的研究基础上进一步细化和拓展了不同类型的集体行动模式形成过程的理论分析框架。

最后，本书率先从集体行动的视角去研究制度逻辑演化的驱动因素。众多学者都关注到多种制度逻辑之间的冲突和兼容关系[3]，并提出这种竞争性逻辑的演化轨迹和条件是制度逻辑理论未来研究的一个重要方向，目前鲜有研究对这种竞争性逻辑之间冲突、互补或替代的条件进行研究。[4] 本章从集体行动的不同模式，即协调性集体行动、非协调性集体行动和再协调性集体行动的角度去研究集体行动如何触发了不同制度逻辑的动态演化，丰富了关于制度逻辑演化机制的研究，正是在这种集体行动的作用下，多种竞争性制度逻辑的演化呈现出动态演进过程，也为后续的多种制度逻辑的动态演化及其作用边界的研究提供了一个较好的视角。本书将集体行动和制度逻辑理论分析整合起来，是对制度理论的一个拓展和贡献。

三 实践启示

当前，中国经济的飞速发展、技术与制度的快速变革加剧了制度环境的复杂多变，公共出行、第三方支付等多个领域新兴制度逻辑不断涌

---

[1] Lawrence, T. B. and Phillips, H. N., "Institutional Effects of Interorganizational Collaboration: The Emergence of Proto - Institutions", *Academy of Management Journal*, Vol. 45, No. 1, 2002, pp. 281 – 290.

[2] Silvia, D., "Institutional Entrepreneurship, Partaking, and Convening", *Organization Studies*, Vol. 26, No. 3, 2005, pp. 385 – 414.

[3] Patricia, H. T., "The Rise of the Corporation in a Craft Industry: Conflict and Conformity in Institutional Logics", *Academy of Management Journal*, Vol. 45, No. 1, 2002, pp. 81 – 101.

[4] 杜运周、尤树洋：《制度逻辑与制度多元性研究前沿探析与未来研究展望》，《外国经济与管理》2013年第12期。

第四章 | 集体行动视角下的制度逻辑演化机制研究：基于数字业态的案例分析

现，新、旧制度逻辑之间的激烈竞争导致众多利益相关者之间的矛盾和冲突十分尖锐。这种复杂的制度环境对我国政府的制度监管以及企业和个人在多种制度逻辑下的行动策略选择都带来了巨大的挑战。

案例中专车新制度逻辑演化的过程中，专车利益相关者的协调性的集体行动促成了新的制度逻辑的出现。这种协调的集体行动所推动的专车服务的新制度逻辑，对受限于政府公共资源和公共服务能力不足而导致积弊已久的公共出行领域的制度变革，显然是具有重大进步的。

笔者也看到，在新制度逻辑扩散过程中，专车利益相关者与出租车行业利益相关者之间的非协调性的集体行动触发了新、旧制度逻辑之间的激烈冲突。在这种情境下，制度演化过程如果是制度逻辑的简单替代，无论是新制度逻辑替代旧制度逻辑还是旧制度逻辑替代新制度逻辑，都可能导致时代的退步或者社会的不稳定。本案例中，政府、专车、出租车多方利益主体的再协调的集体行动模式，将专车模式的规范化治理和出租车租赁行业的深度改革协同推进，使新、旧制度逻辑的共存共生成为可能。专车制度变革案例里，政府在新、旧制度逻辑冲突过程中的公共治理措施，对完善新兴行业、业态的治理提供了有益的借鉴。

四 研究不足及未来展望

在本章关于集体行动模式的研究中，机会是场域行动主体识别新制度并利用资源的可能性，是制度变革的场域条件和起点，本章的案例研究发现也回应了多拉多等学者[1]的理论。但从驱动机制上来说，影响集体行动模式形成的因素应该是多层次、多要素的，也许不仅仅是机会的形态，由于本章的研究重点是关注集体行动对于制度逻辑演化的影响，因此并没有深入展开对集体行动模式驱动机制的分析，但本书深刻地认识到这是一个非常重要且非常有价值的研究，在后续研究中还将进一步深化相关研究。

另外，专车服务领域的制度变革非常快速激进，很短的时间内经历了制度变革的多个过程，出行服务领域的制度变革未来可能还会继续演

---

[1] Silvia, D., "Institutional Entrepreneurship, Partaking, and Convening", *Organization Studies*, Vol. 26, No. 3, 2005, pp. 385 – 414.

化发展，这可能也将推动制度变革领域的理论研究不断发展，究竟是集体行动的模式有了新的变化，还是有其他层次、其他类型的一些更为关键的要素，与集体行动发生了交互作用，影响了制度逻辑的演化，笔者将不断关注，也希望启发更进一步的跟进研究。

第五章

共享经济视角下企业市场进入的内在机制研究

市场进入是管理者为了改善或维持企业的业绩而采取的主要战略行动之一，市场进入模式是战略管理研究领域中的核心主题。许多学者对不同行业或不同商业模式的市场进入都进行过研究。[①] 王（Wang）等学者通过分析中国大规模高速轨道扩建项目发现，在人口密集和发达的城市走廊地区，高速轨道的扩张很可能会让低成本航空公司几乎没有生存空间，然而在中国中西部，低成本航运公司更容易进入。[②] 莫恩（Moeen）等学者探讨了企业进入新兴产业的能力前提，他认为在进入市场时，核心技术能力和互补资产影响进入的可能性。在一个新兴产业中，新产品商业化通常不仅需要获得重点产业的核心技术，还需要支持商业化资产。[③] 克劳森（Claussen）等学者研究在何种情况下，企业可以利用战略柔性进入需求可变的市场。在民航出行业，他们的假设得到

---

① Werner, S., "Recent Developments in International Management Research: A Review of 20 Top Management Journals", *Journal of Management*, Vol. 28, No. 3, 2002, pp. 277–305.

② Wang, K., Xia, W. and Zhang, A., "Should China Further Expand Its High–speed Rail Network? Consider the Low–cost Carrier Factor", *Transportation Research Part A: Policy and Practice*, Vol. 100, No. Jun., 2017, pp. 105–120.

③ Moeen and Mahka, "Entry into Nascent Industries: Disentangling a Firm's Capability Portfolio at the Time of Investment Versus Market Entry", *Strategic Management Journal*, Vol. 38, No. 10, 2017, pp. 1986–2004.

了广泛的支持。[①] 他们发现，企业战略柔性越高，市场进入的可能性就越大；柔性越高的公司在面对需求不断变化的动态环境，其进入市场的可能性更大。

近年来，随着信息技术尤其是移动互联网的成熟，"互联网＋"在各行各业产生了革命性的影响。共享经济正是在这样的背景下产生并蓬勃发展起来，点对点租车租房、基于社交网络的商品共享和服务交易等新型商业模式层出不穷。共享经济在住宿和交通运输行业快速发展的同时，正不断向食品、时尚、消费电子以及更加广泛的服务业扩展。互联网背景下共享经济的研究已成为热点。程（Cheng）对共享经济的概念和内涵进行研究，他认为共享经济是通过互联网平台将商品、服务、数据或技能等在不同主体间进行共享的经济模式。[②] 其核心内涵是以信息技术为基础和纽带，实现产品的所有权与使用权的分离，在资源拥有者和资源需求者之间实现使用权共享（交易）。在新模式下，人人既是生产者也是消费者，人们更注重产品的使用价值而非私有价值、共享性而非独占性。里特（Ritter）和尚茨（Schanz）从价值主张（面向产品、面向使用、面向结果）、价值创造和传递（授权和委托）、价值获取（直接收益或间接受益）三个方面提出共享经济的商业模式框架。[③] 派克（Paik）等学者对公共部门如何助力共享经济创造价值进行研究，他们认为企业家的创新创业和政客们的政策决定能够影响共享经济的价值创造。[④]

然而，很少有学者研究共享经济视角下的市场进入问题。共享经济与传统商业模式存在巨大的差异。与传统商业模式相比，共享经济使用基于创新技术的商业模式，强调产品的使用价值，将个体拥有的、作为

[①] Claussen, J., Essling, C. and Peukert, C., "Demand Variation, Strategic Flexibility and Market Entry: Evidence from the U.S. Airline Industry", *Social Science Electronic Publishing*, Vol. 39, No. 11, 2018, pp. 2877–2898.

[②] Cheng, M., "Sharing Economy: A Review and Agenda for Future Research", *International Journal of Hospitality Management*, Vol. 57, 2016, pp. 60–70.

[③] Ritter, M., Schanz, H., "The Sharing Economy: A Comprehensive Business Model Framework", *Journal of Cleaner Production*, Vol. 213, No. Mar. 10, 2019, pp. 320–331.

[④] Paik, Y., Kang, S. and Seamans, R., "Entrepreneurship, Innovation, and Political Competition: How the Public Sector Helps the Sharing Economy Create Value", *Strategic Management Journal*, Vol. 40, No. 4, 2019, pp. 503–532.

一种沉没成本的闲置资源进行社会化利用,最终实现社会资源有效配置与高效利用,其提供产品和服务的方式不同,而且往往效率更高。新的技术降低了交易成本,而且在更大范围内成为可能。因此,与传统产业相比,共享经济行业面对的是更为急剧变化的需求和供给变化,这些使得共享经济的市场进入与传统产业和商业模式的市场进入的影响因素及进入模式都存在很大差异。

共享出行是使用广泛和规模巨大的典型的共享经济,亦是共享经济的先驱领域。共享出行是指用户无须拥有车辆所有权,通过共享出行平台预约车辆,以共享和合乘方式与车辆拥有者共享车辆并支付相应的使用费用。传统行业市场进入的影响因素主要涉及企业自身的能力(核心技术能力、基础资源等)和外部环境(制度环境、监管环境等),而共享出行行业基于网络信息技术实现了行业服务模式的巨大变革,完全是开放平台,其核心资源(汽车、司机)均需要整合整个社会的相关资源,共享出行平台市场进入的影响因素与传统行业有着本质的差异。

为了研究共享经济视角下的市场进入,本书在克劳森等学者构建的理论框架基础上进行拓展,即在克劳森等学者关于企业利用战略柔性进入需求可变的市场的内在机制的研究基础上[1],笔者进一步研究了共享出行平台利用战略柔性进入需求和供给均发生巨大变化的市场过程中的影响因素和内在机制。本章摒弃传统的回归技术只关注单个要素或两个要素影响企业市场进入的视角(如仅考虑需求变化或战略柔性),从系统和全面视角探究需求变化、供给变化、战略柔性共同影响共享出行平台的市场进入机制。考虑到这个过程中涉及多个要素之间的多方交互,并且可能存在多个共享出行平台市场进入的等效路径,本章采用模糊集的定性比较分析方法(fsQCA)开展研究,该方法能够有效处理多因素构成的构型,即分析需求变化、供给变化、战略柔性如何通过差异化的排列组合(组态)来影响组织结果。本书的研究与克劳森等基于民航产业的传统企业的市场进入研究开展了对话,对市场进入的研究做了重

---

[1] Claussen, J., Essling, C. and Peukert, C., "Demand Variation, Strategic Flexibility and Market Entry: Evidence from the U.S. Airline Industry", *Social Science Electronic Publishing*, Vol. 39, No. 11, 2018, pp. 2877–2898.

要的理论拓展，将定性比较研究方法应用于市场进入领域，进而为使用模糊集定性比较分析多重前因构型组合的市场进入研究拓展了新的思路。

第一节　共享经济视角下企业市场进入研究分析框架

克劳森等学者以企业外部环境的需求变化和企业内部的战略柔性作为理论视角，研究企业是否可以利用战略柔性进入需求可变的市场。在民航出行业，他们的假设得到了验证。他们发现，外部环境的需求变化越高，市场进入的可能性就越低；更加柔性的公司在面对需求变化更大的动态环境，其进入市场的可能性更大。[①] 单一的需求变化会降低民航企业市场进入的可能性，而需求变化与战略柔性之间存在积极的相互作用，尤其是在那些市场的可预测性较低的情况下。克劳森等学者填补了在动态环境中，需求变化和战略柔性在市场进入决策中的研究空白，拓展了企业内部市场进入的影响因素。企业的运营效率和资源基础对进入稳定的市场尤其有用，而选择战略柔性而非运营效率的企业更有可能进入动荡的市场。

共享经济是通过互联网平台将商品、服务、数据或技能等在不同主体间进行共享的经济模式，其核心内涵是以信息技术为基础和纽带，实现产品的所有权与使用权的分离，在资源拥有者和资源需求者之间实现使用权共享交易。本书借鉴和拓展克劳森等学者的理论框架，主要出于以下原因：①共享出行平台与民航业都是交通出行行业，民航企业经营一条额外的城市线路只是改变飞行路线而不需要获取新市场特需的资源，共享出行平台进入新的城市也不需要获取新市场特有的资源而只是合理利用城市的现有资源；相比传统商业环境，在互联网环境中，市场、客户、前景更全面更丰富但变化更快，消费、营销、搜索行为和沟

[①] Claussen, J., Essling, C. and Peukert, C., "Demand Variation, Strategic Flexibility and Market Entry: Evidence from the U.S. Airline Industry", *Social Science Electronic Publishing*, Vol. 39, No. 11, 2018, pp. 2877 – 2898.

通行为更即时和碎片化，利基产品更广泛存在，动荡的互联网环境、企业外部社会资源的可用性、业务需求的变化，都为企业创造新的市场服务提供了机会，新的市场服务需要企业快速地创造新的资源与能力，利用战略柔性面对需求变化动荡的动态环境极为重要，鉴于此，本书拟借鉴克劳森等学者的理论框架研究共享出行平台的市场进入问题。②与传统产业相比，共享经济行业面对供给不足或供给失灵、供给结构老化等问题时，其技术变革和新商业模式为引入社会资源、创新供给渠道创造了条件。在互联网环境中，除了市场、客户、前景的变化，企业资源的供给方式发生了重大变化，竞争对手的变化更丰富且更迅速。共享经济企业面对的往往是急剧变化的需求和供给，这需要企业快速创造并迭代新的资源与能力，从而推动企业不断进入新市场。因此，本书在克劳森构建的理论框架基础上进行拓展，进一步研究企业利用战略柔性进入需求和供给均发生急剧变化的市场过程中的影响因素和进入模式，从需求变化、供给变化、战略柔性的整合视角研究共享经济平台的市场进入。

一　需求变化

不断变化的需求水平对企业来说是一项关键的战略挑战，因为伴随需求变化企业必须及时调整，要么向下调整以保持高水平的资源利用，要么向上调整以避免由于能力限制而错过创造价值的机会。引起需求变化的原因有很多，包括消费者异质性、技术不确定性、消费者结构、市场竞争、制度环境以及监管环境等。

传统商业模式中需求变化的原因是多方面的，从可预测的消费季节性变化到意外的宏观经济冲击都有可能。如果企业不能应对不断变化的需求，它们就必须退出市场。因此，企业只有在确信自己能够应对市场需求变化的情况下，才应该进入新的市场。不确定的需求给企业造成巨大的障碍，这可能导致社会进入不良比率或过度进入不可持续市场，而不能够创造价值。组织生态学认为，需求变化与组织变革、企业生存和新市场进入相关，需求变化对多元组织的市场进入更有利。

与传统企业和组织不同，杨学成和涂科通过对 Uber 的案例研究发现，共享出行领域的价值创造不再是提供方与客户方，而是用户与平台，进而价值创造的方式应该是用户间的价值共创。① 面对城市市场，格莱泽（Glaeser）等将城市定义为需求的集合体，大量人口在相对较小的空间内集聚从而形成城市，形成一个复杂而庞大的集合体，人口增长会带来城市需求集合体的扩大。② 李兵等研究城市市辖区的人口增长对促进服务业（大众点评网）创新服务品类和业务的影响，李兵等认为一些城市的人口增长率远高于人口自然增长率，市辖区的人口数量增长更多体现的是"人口结构的变化"，"人口结构的变化"必然带来"需求品类"的变化。③ 索洛增长模型认为，人口增长会带来总产出和总需求的持续增长以及提高经济增长率。④ 索洛增长模型对共享经济领域也同样适应，博茨曼（Botsman）在研究共享经济的驱动因素提出，人口的快速增长和城市化为共享经济的服务创造了需求和相应的软硬件条件。⑤

二 供给变化

研究供给变化与传统市场进入关系的文献很少，主要研究供给不确定性、供给条件变化、供给数量（产量）变化对企业或产品市场进入的影响。

达斯（Das）等认为，国内产品是否出口到外国市场，要充分考虑生产成本的变化、生产商的异质性、出口补贴类型以及沉没成本等供给不确定因素。⑥ 企业产品的最优市场进入时间是随着供给约束、供给能力和库存成本以及销售损失的不确定性而变化的。运输条件、分销渠道、产品差异化、技术创新、企业竞争环境等供给条件的变化，提高了

---

① 杨学成、涂科：《出行共享中的用户价值共创机理——基于优步的案例研究》，《管理世界》2017年第8期。
② Glaeser, E. L., Jed, K. and Albert, S., "Consumer City", *Harvard Institute of Economic Research Working Papers*, No. 1, 2001, pp. 27–50.
③ 李兵等：《城市规模、人口结构与不可贸易品多样性——基于"大众点评网"的大数据分析》，《经济研究》2019年第1期。
④ 胡鞍钢等：《人口老龄化、人口增长与经济增长——来自中国省际面板数据的实证证据》，《人口研究》2012年第3期。
⑤ Botsman, R., *What's Mine is Yours: The Rise of Collaborative Consumption*, New York: Harper Business, 2011.
⑥ Sanghamitra, D., Mark, J. R. and James, R. T., "Market Entry Costs, Producer Heterogeneity, and Export Dynamics", *Econometrica*, Vol. 75, No. 3, 2007, pp. 837–873.

供给效率和竞争能力，影响价格竞争、消费者福利以及企业、零售商的市场进入决策。供给量的变化会与市场结构相互作用。一方面，供给不足会促使其他竞争者或潜在竞争者能够供应具替代性的产品或服务；另一方面，供给侧溢出，决策者可以降低初始市场的进入成本，以实现随着时间的推移提高市场总进入率的战略目标。

传统经济的供给主要是由企业组织提供的新产品和服务组成，而共享经济的供给侧产品已经创造，信息技术手段与移动设备平台为产品的供给创造了基本条件，供给不确定性和供给条件变化减弱，互联网多边信息平台使大规模个体之间的交易成为可能，传统的市场准入制度受到破坏。面对经济新常态下"供给量变化不足""供给失灵"的典型特征，经济社会体系中大量的个人闲置资源得以进入市场进行交易，替代或补充了部分传统市场的供给，产生了供给替代效应或供给补充效应。

三　战略柔性

战略柔性指的是企业重新获取和重新配置其组织资源、流程和战略以应对环境变化的能力。在不同的环境背景和演化阶段下，战略柔性通常具有不同的含义与内涵。企业为应对环境变化，需要从竞争品类和竞争速度等不同维度提高战略柔性：竞争品类既可以满足不同顾客的需求，又有助于提高顾客的转换成本。企业通过改变设计、加快向市场推出新产品的频率与速度，获取创新收益。因此，为了获取一定的竞争优势和高企业绩效，战略柔性应同时具备资源柔性和能力柔性两个基本竞争要素，资源柔性强调可被利用的资源的使用范围，能力柔性强调快速对资源使用范围和市场机会进行识别；具有高市场导向的新创企业的战略柔性应包括战略适应柔性和战略协调柔性，其中战略适应柔性强调企业能够灵活调整战略结构以适应外部环境变化的速度和内容，战略协调柔性强调企业对资源和部门成员关系的协调匹配以实现协同增效的能力。在转型经济背景下，资源柔性和能力柔性的结合更好地体现了战略柔性的内涵。

传统企业的研究者认为战略柔性对市场进入有直接影响。因为战略柔性意味着在不同市场之间转移资产的能力，更具柔性的公司可以进入更广泛的潜在新市场。资源柔性创建了一个处理动态环境的战略选择，企业在不确定环境下进入市场时，提高资源的柔性可以使资源得以充分利用，增强对市场动态变化的适应能力。能力柔性能帮助企业发现新资源或现有资源的新用途、降低创新所需的时间和成本，以及帮助企业进入新的市场环境、有效地识别并把握商业机遇，进而成为行业领先者。缺乏战略柔性的公司只会发现在稳定的环境中进入新市场是有利可图的，而具备战略柔性的企业可以进入更多的市场，这增加企业无限制进入的可能性。

与传统商业模式时代不同的是，在互联网经济时代，市场环境变化迅速，新产品，包括渐进式创新和突破性创新，都以前所未有的速度进入市场，对企业战略柔性的要求更高。互联网企业需要变得更加柔性和反应迅速，要具有资源柔性与能力柔性，以满足客户多样化和不断增长的需求。资源柔性反映了互联网企业与平台的资源有效地用于开发、制造、分销或营销的不同产品的范围，能力柔性反映了互联网企业与平台的资源处理、使用的能力柔性化程度，创意经济时代，企业只有依靠大规模的拥有资源和需求资源的参与者的社会协作或者拓展新的价值能力才有可能改造市场环境并进入市场。

四 分析框架

综上所述，需求变化、供给变化、战略柔性是共享经济企业市场进入的重要前因条件，其中需求变化、供给变化属于城市市辖区的客观供需禀赋条件，战略柔性属于主观可控条件。需求变化、供给变化属于城市市辖区的客观供需禀赋条件，这是因为，这两个条件在很大程度上属于地方城市自身，地方城市自身通常也难以在短期内有效改变出行需求变化与出行供给变化的不匹配现状。战略柔性，包括能力柔性和资源柔性，属于主观可控条件，这是因为共享出行领域可以通过能力柔性（实时叫车拼车、预约用车、商务用车等）的匹配以及资源柔性的选择（可使用的私人汽车、出租车、新能源汽车等）直接改变既有现状。

共享经济视角下，需求变化、供给变化与战略柔性三个前因条件总是联动作用，影响共享出行领域平台的市场进入。第一，人口的快速增长和城市化为共享经济的服务创造了需求和相应的软硬件条件。第二，伴随需求急剧变化，共享经济领域的企业需要变得更加柔性和反应迅速，要具有资源柔性与能力柔性，以满足客户多样化和不断增长的需求。第三，需求变化与供给变化也总是联动匹配的，共享出行领域市场导向的战略柔性也是平台识别外部需求供给变化、在应对变化的行为和行动中快速地投入社会车型车辆以及运用自如地投放社会车型车辆和业务功能的能力，因此战略柔性与需求供给变化也是联动匹配的。在组态条件下，所有的前因条件都是通过联动匹配的方式协同发挥作用。具体而言，多重前因条件间的并发协同效应既可能包括通过适配来相互强化，也可能通过替代来相互抵消。因此，本书将在组态视角下，实证探讨需求变化、供给变化、战略柔性三重条件究竟会如何通过相互间的联动匹配（适配/替代）来影响共享出行平台的市场进入。图 5-1 展示了本章的分析框架。

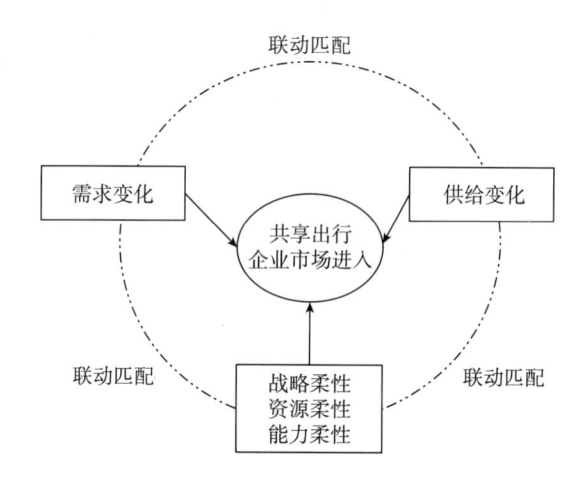

图 5-1 分析框架

第二节 研究方法与数据来源

一 样本和数据

共享出行领域是本章的研究对象，该领域企业进入市场的基本是城市，如何恰当地界定城市也是争论的焦点。例如，在研究人口分布规律的文献中，学者普遍使用"都市区"（Metropolitan Areas）作为基本研究对象；然而，埃克霍特（Eeckhout）就采用了"地区"（Places）作为基本研究单位,他认为研究单位的定义必须与研究者的研究目的相适应[①],由于传统"都市区"的定义是该"都市区"至少包含一座人口大于5万人的城市且总人口大于10万人,该定义与埃克霍特的研究目的相违背(未包含人口较少的地区),他最终使用数量最多、包含范围最广的统计单位"地区"作为基本研究单位。在有关中国的研究中,城市的定义也是根据不同的研究目的进行调整,例如,梁琦等使用了地级市市辖区、地级市的主城区和县级市三种不同的定义研究中国的城市体系分布[②],这与中国城市建设统计年鉴的统计单位是一致的。有别于官方对于地级市的划分,李兵等如下定义城市(地区):如果一个地级或以上行政市包含市辖区,则将其所辖的市辖区合并视为一个"地区",而该地级市每一个下辖县视为一个单独的城市(地区);如果该行政单位为县级市,则直接视为一个"地区"。[③] 本书将一座城市内部的所有市辖区视为一个城市,因为本书认为市辖区之间的交通出行市场并没有很明显被分割开,而市区和县之间则由于较大的交通成本、地理因素、人口分布差异而被割裂为不同的交通出行市场,因此本章数据来源的基本单位是市辖区。

数据资料来源于城市统计年鉴、城市建设统计年鉴、城市统计局统计年鉴、城市统计局统计公报、各共享出行企业官网、百科网页等,共有15个共享出行平台案例,数据包括需求变化、供给变化、资源柔性与能力柔性等。样本分布如表5-1所示。

表5-1　　　　　　　　　样本分布

共享出行平台	进入市场	进入时间	需求变化(%)	供给变化(%)	资源柔性	能力柔性
易到用车	北京	2010年9月1日	11.5	0.0	300.3	1

[①] Eeckhout, J., "Gibrat's Law for All Cities", *American Economic Review*, Vol. 94, No. 5, 2009, pp. 1429-1451.

[②] 梁琦等:《户籍改革、劳动力流动与城市层级体系优化》,《中国社会科学》2013年第12期。

[③] 李兵等:《城市规模、人口结构与不可贸易品多样性——基于"大众点评网"的大数据分析》,《经济研究》2019年第1期。

续表

共享出行平台	进入市场	进入时间	需求变化（%）	供给变化（%）	资源柔性	能力柔性
AA拼车网	重庆	2011年9月18日	2.4	-18.5	59.8	1
快的打车	杭州	2012年8月1日	9.7	9.6	1	2
滴滴打车	北京	2012年9月9日	19.7	0.0	6.7	1
AA用车	北京	2013年6月19日	18.4	0.0	407.5	2
优步打车	上海	2014年3月12日	1.9	1.2	235.1	1
一喂拼车	杭州	2014年7月16日	1.6	16.5	167.8	3
嘀嗒出行	广州	2014年9月1日	1.7	12.9	172.3	1
微微拼车	北京	2014年10月1日	8.1	0.6	426.5	1
神州专车	天津	2015年1月28日	12.4	-6.4	215.2	1
一号快车	深圳	2015年4月2日	3.0	10.5	277.7	1
飞嘀打车	北京	2015年8月18日	6.8	1.4	2.4	2
首汽约车	北京	2015年9月16日	6.8	1.4	2.4	1
曹操专车	宁波	2015年11月25日	2.4	20.2	0.3	2
斑马快跑	武汉	2016年3月1日	4.8	0.9	0.8	2

二 研究方法

本章的研究问题是共享出行平台如何利用战略柔性进入需求和供给均发生巨大变化的市场，即共享平台市场进入的内在机制研究。本章采用模糊集的定性比较分析方法（fsQCA）开展实证检验，主要是基于该方法能够在组态视角的基础上分析共享出行平台企业市场进入背后的多元驱动机制。在模糊集QCA分析中，研究者可以通过跨案例比较，找出不同条件的匹配模式与结果之间的逻辑关系，也即"哪些前因条件的组态会导致结果变量呈现积极的结果？哪些前因条件的组态会导致结果变量呈现消极的结果"，在本章，笔者将战略柔性、需求变化、供给变化等前因条件纳入模糊集分析，考察这三个前因条件组态导致的市场进入的差异化结果，以此分析共享平台市场进入的内在机制研究。相较于以案例分析为主的定性研究和以回归分析为主的定量研究，QCA的优势在于：第一，通过对中小样本的跨案例比较，研究者可以在识别出条件变量作用机制的基础上，确保一定程度上实证结果的外部推广度。

第二，研究者还可以识别出具有等效结果的条件组态，这可以帮助人们理解不同案例场景下导致结果产生的差异化驱动机制，并探寻和讨论条件间的适配/替代关系。第三，研究者还可以进一步比较导致产生"积极"与"消极"结果的条件组态，扩宽其对特定研究问题的理论解释维度。这是因为，在"因果不对称性"的逻辑前提下，导致出现结果"积极"的条件与导致结果变量的"否集（消极）"出现的条件可能并不相同。

三　变量及校准

在模糊集定性比较分析中，校准（Calibrating）指的是给案例赋予集合隶属的过程。具体而言，研究者必须根据已有的理论知识、实际知识并结合案例情境将变量校准为模糊集隶属分数。校准后的集合隶属分数将介于0—1。为了将变量的取值校准到0—1的区间范围内，研究者需要选取能够体现变量"完全隶属于某一集合""既非完全隶属也非完全不隶属于某一集合""完全不隶属于某一集合"的取值来作为模糊集校准的锚点（完全隶属点、交叉点、完全不隶属点）。

（一）被解释结果

市场进入（Market Entry）。考虑到本章的研究情境是共享出行行业，与传统行业相比，行业供给和行业需求的急剧变化，对企业的市场进入考察提出了更高的挑战，除了是否进入市场的决策外，进入市场的速度和时间成为企业在极具动荡的动态环境中的市场进入决策的重要衡量因素。因此，本书借鉴威尔基（Wilkie）等使用共享出行企业进入市场的时间度量企业市场进入。[①] 由于市场进入的数值是比较连续的，所以对于市场进入的"完全隶属"和"完全不隶属"两个锚点的选择，本书分别选取样本数据的95%（70）和5%分位数（4）。以Tosmana软件给出的建议值22作为市场进入模糊集校准的交叉点。

（二）前因条件

需求变化（Demand Variation）。需求变化等变量的度量如表5-2

[①] Wilkie, D. C. H., Johnson, L. W. and White, L., "Overcoming Late Entry: The Importance of Entry Position, Inferences and Market Leadership", *Journal of Marketing Management*, Vol. 31, No. 3-4, 2015, pp. 409-429.

所示。需求变化采用市辖区常住人口的数量变化，没有采用户籍人口数量增长。主要是因为，对于某些大城市来说，户籍人口增长只能代表一部分长期居住的居民数量变化，例如，2012—2015 年天津的市辖区户籍人口只增加了 2.0%，而市辖区常住人口却增加了 12.4%。从出行需求来看，只要是长期居住在当地，就会为当地共享出行市场创造需求，也就会影响共享出行平台是否考虑进入。同样，对于那些拥有大量户籍人口增加，却有很大比例长期居住外地的城市而言，就没有对当地出行的需求，也就没有那么多的网约车需求。由于需求变化的数值是比较连续的，所以对于需求变化的"完全隶属"和"完全不隶属"两个锚点的选择，本书分别选取样本数据的 95%（19.7）和 5% 分位数（1.6）。以 Tosmana 软件给出的建议值 10.7 作为需求变化模糊集校准的交叉点。

表 5-2　　　　　　　　　　变量定义

变量	简称	度量	时间
前因条件			
需求变化	DV	进入的城市市辖区常住人口数量变化百分比	过去三年
供给变化	SV	进入的城市市辖区出租汽车数量变化百分比	过去三年
能力柔性	CF	共享出行平台 APP 第一版业务的类型进行编码	当年
资源柔性	RF	共享出行平台目标车型的城市全社会拥有量	上一年
被解释结果			
市场进入	ET	共享出行平台进入市场的时间	—

供给变化（Supply Variation）。如果城市市辖区出租车数量呈现负增长，则表明城市出租车供给出现消极的"态势"，以 0 作为"完全不隶属"的锚点。对于供给变化的"完全隶属"的锚点的选择，分别选取样本数据的 95%（20.2），以 Tosmana 软件给出的建议值 10.0 作为供给变化模糊集校准的交叉点。

能力柔性（Capability Flexibility）。能力柔性是通过业务的类型数量反映的。例如，作为中国第一家共享出行平台，易到用车刚上线北京地区时只有网站与电话预约用车这一个业务，一个月后易到用车专属手机智能终端 APP 才上线测试。因此，易到用车能力柔性编码为 1。快的打车 2012 年 8 月在杭州上线，上线时业务有实时叫车拼车、预约用车，因此快的打车的能力柔性编码为 2。根据收集的数据，能力柔性的编码只有 1、2、3 三个数值。本书借鉴坎贝尔（Campbell）等对三值模糊集的校准做法[①]，3 作为最高的能力柔性数值，作为完全隶属，校准为 1；2 和 1 分别作为"偏不隶属""偏隶属"，分别校准为 0.67、0.33。

资源柔性（Resource Flexibility）。共享出行平台市场的车型主要有私人载客汽车、出租汽车以及其他汽车（曹操专车的新能源电动车、斑马快跑的巴士）。北京是拥有私人载客汽车最多的城市，近几年来，其拥有量一直在 400 万辆以上，以 400 作为"完全隶属"的锚点；案例中城市市辖区出租汽车在 2 万—7 万辆，以 7 作为"交叉点"；数量很少的新能源汽车、巴士在 0—1 万辆，以 0 作为"完全不隶属"的锚点。结果变量与条件变量的校准如表 5 - 3 所示。

表 5 - 3　　　　　　　　结果变量和条件变量的校准

变量	完全隶属	交叉点	完全不隶属
市场进入	70.0	22.0	4.0
需求变化	19.7	10.7	1.6
供给变化	20.2	10.0	0.0
能力柔性	对编码进行模糊集校准（0.33、0.67、1）		
资源柔性	400	7	0

第三节　共享经济市场进入前因条件构型分析

一　描述性统计和相关性分析

对网约车运营合法化之前的共享出行平台的变量数据进行描述性统计和相关性分析，表 5 - 4 列出了所有前因条件和被解释结果的均值、

[①] Campbell, J. T., Sirmon, D. G. and Schijven, M., "Fuzzy Logic and the Market: A Configurational Approach to Investor Perceptions of Acquisition Announcements", *Academy of Management Journal*, Vol. 59, No. 1, 2016, pp. 163 - 187.

标准差和相关系数。相关分析结果表明，前因条件与被解释结果无显著性关系，前因条件与被解释结果相关性有正有负，不适合进行回归分析。

表 5－4　　描述性统计和相关性分析

变量	均值	标准差	1	2	3	4	5
1. 市场进入	27.93	19.619	1				
2. 需求变化	7.413	5.935	0.386	1			
3. 供给变化	3.353	9.525	－0.407	－0.309	1		
4. 能力柔性	1.47	0.640	－0.231	－0.124	0.488	1	
5. 资源柔性	151.72	154.234	0.184	0.185	－0.080	－0.228	1

注：描述性统计和相关性基于原始（未经校准的）测量。

二　单项前因条件的必要性与充分性分析

在对条件组态进行构型分析前，研究者首先要逐一对各个条件的"必要性"（Necessity）和"充分性"（Sufficiency）进行单独检验。模糊集的必要性分析指结果集合（Yi）隶属分数一致性地小于或等于在某一条件集合的隶属分数（Xi）的程度，也即 Consistency（Yi ≤ Xi）的值（大于 0.9 为必要条件）；模糊集的充分性分析指某一条件集合（Xi）隶属分数一致性地小于或等于在某一结果集合的隶属分数（Yi）的程度，也即 Consistency（Xi ≤ Yi）的值（大于 0.9 为充分条件）。如表 5－5 所示，所有单项前因条件对共享出行平台市场进入均不构成充要条件。首先，从必要性来看，除"低供给变化"具有 0.871 的充分性水平外，其余各前因要素对共享出行平台市场进入的解释力均未超过临界值 0.9，既不构成也不近似于必要条件。其次，从充分性来看，除"高需求变化"具有 0.809 的充分性水平外，其余各前因要素的充分性水平均较低（未超过临界值 0.9），因此各因素不能构成共享出行平台市场进入的充分条件。基于此，可以认为这些单项条件均不能构成市场进入的必要或充分条件。

表 5-5　单项前因条件对市场进入的必要性与充分性分析

前因条件	前因条件的必要性 高市场进入	前因条件的必要性 低市场进入	前因条件的充分性 高市场进入	前因条件的充分性 低市场进入
高需求变化	0.525	0.328	0.809	0.536
低需求变化	0.700	0.883	0.495	0.663
高供给变化	0.317	0.399	0.575	0.766
低供给变化	0.871	0.778	0.577	0.547
高能力柔性	0.662	0.679	0.658	0.716
低能力柔性	0.714	0.676	0.677	0.680
高资源柔性	0.791	0.567	0.682	0.519
低资源柔性	0.442	0.653	0.491	0.768

三　网约车市场进入前因条件构型分析

各单项条件的充分性和必要性分析表明，单项前因条件对本章结果的解释力很弱。鉴于此，需要对上述多项前因条件进行构型分析，构型指用以解释某一结果集合的前因条件组态，构型分析就是条件组态分析，即驱动某一结果的路径分析，该路径能够比较清晰地表明各个条件在组态中的相对重要性。结果如表 5-6 所示。

表 5-6　共享出行平台市场进入的前因条件构型

条件组态	资源共享型 C1	供需缺口型 C2	能力拓展型 C3
DV		●	⊗
SV	⊗	⊗	
CF		⊗	●
RF	●		●
CS	0.75	0.85	0.90
RCV	0.71	0.43	0.45
UCV	0.19	0.07	0.06
SCS	0.74		
SCV	0.83		

注：①●或 • 表示该条件存在，⊗或⊗表示该条件不存在，"空白"表示构型中该条件可存在、可不存在；●或⊗表示核心条件，• 或⊗表示边缘条件。②CS 表示一致率（Consistency），RCV 表示原始覆盖率（Raw Coverage），UCV 表示唯一覆盖率（Unique Coverage），即由该构型独立解释，不与同一被解释结果的其他构型重合的覆盖率；SCS 表示解决方案一致率（Solution Consistency），SCV 表示解决方案覆盖率（Solution Coverage）。

从表 5-6 中可以看出，C1、C2、C3 这 3 个构型的一致性指标（CS）分别为 0.75、0.85、0.90，都大于 0.7。从整个解的覆盖度得分（Solution Coverage）和解的一致性（Solution Consistency）来看，解决方案一致性得分为 0.74，但整个解的覆盖率达到了 0.83，程度较高。由此得出，影响共享出行领域市场进入的前因条件组合主要包括以下三种构型：

（一）资源共享型 C1（~SV＊RF）

面对出租汽车供给负增长或低增长的城市，共享出行平台如果能够拥有较高的目标汽车车型车辆，其将会较早地进入此城市。其中，低供给变化、高资源柔性是核心条件。由于需求变化、供给变化、战略柔性需要通过相互间的联动适配才能够发挥作用，并且资源柔性替代了传统供给变化的不足，因为本书将其命名为"资源共享型"。该路径能够解释约 71% 的共享出行平台高水平的市场进入案例。其中，约 19% 仅能被这条路径所解释。长期以来，"打车难"是许多大城市的常态，根据《城市统计年鉴》的数据，北京市 2007—2012 年的出租汽车数量一直为 66464 辆，五年增长率为零，城市居民"打车难"的问题并没有得到解决。资源共享型正是充分利用社会车辆资源弥补城市出租车资源的严重不足，资源共享成为常态。这种构型的典型案例之一的易到用车就是以高资源柔性替代了传统市场供给的不足，其车源来自北京市辖区各家汽车租赁公司，通过易到的网络预约平台，把租车公司难以利用的碎片时间最大化利用，在车辆闲置时提供给汽车租赁公司冗余的订单。

（二）供需缺口型 C2（DV＊~SV＊~AF）

对于同时面临市辖区出租汽车供给负增长或低增长以及市辖区常住人口高速增长的城市，尽管共享出行平台提供了较少的业务和功能，但仍能获得高水平的市场进入。其中，低供给变化、高能力柔性为核心条件，高需求变化为补充条件。由于该驱动路径由低供给变化和高需求变化构成，供需缺口是共享出行平台市场进入的前因条件，因此本书将其命名为"供需缺口型"。该路径能够解释约 45% 的高水平的市场进入案例，其中约 6% 仅能被这条路径所解释。以滴滴打车为例，其于 2012 年 9 月 9 日在北京上线，在此之前北京出租汽车数量已经持续了五年以上的零增长，而 2009—2012 年的北京市辖区人口却增长了 19.7%，供给完全无变化,而需求变化却是巨大的。互联网平台的发展改变了出行市场的打车环境,利用互联网平台解决出行需求端的盲目等待和信息不对称问题,对传统的路边叫车的打车渠道进行替代,租车共享平台通过"去中介化"为传统出租车产业引入一种替代性的商业模式。

(三)能力拓展型 C3(~DV*CF*RF)

拥有高战略柔性的平台(业务类型较多、可使用的车型车辆较多)在面对低需求变化时,其也将拥有高水平的市场进入。其中,高能力柔性、高资源柔性为核心条件,低需求变化为补充条件。在这条路径中,高水平的市场进入是由战略柔性、需求变化的协同并发效应实现,并且高战略柔性为核心条件,战略柔性表示企业应对外界动态变化的适应或调整的能力,因此,本书将其命名为"能力拓展型"。该条路径能够解释约43%的高水平的市场进入案例,其中约5%仅能被这条路径所解释。典型案例之一的一喂拼车的车型来源于私人载客汽车,2013年年末,杭州市私人载客汽车数量为167.8万辆,平均每5.3人拥有一辆私人载客汽车。一喂拼车除了实时叫车拼车这一个业务外,在上线之初还增加了预约租车和代驾两个业务。一喂拼车的司机既可以把车辆租给用户使用,也可以在用户需要时,代替驾驶用户的车辆。这样,全社会的私人载客汽车都可以成为一喂拼车可利用的资源,而且资源从一种用途(共享出行)转变到另一种用途(预约租车)所花时间的长短可以控制,一喂拼车的司机可以满足用户出行的不同要求,快速对车辆可使用范围和市场机会进行识别。在不确定性的市场环境下,随着用户的出行需求日益多样化,市场进入难度加大,战略柔性可以使共享出行平台在转换车辆用途时节省大量的时间、人力和财务成本,可以帮助司机快速抓住市场机会,通过对汽车的交付,实现快速的使用权转换以及使用用户汽车的权力,迅速实现战略变化的目标。

第四节 共享经济市场进入机制的研究结论与讨论

一 研究结论

本章以需求变化、供给变化、战略柔性为前因条件,以共享出行领域的市场进入案例进行了模糊集定性比较分析,构建了网约车进入市场

的基本模式,获得的研究结论如下:

第一,共享出行平台市场进入有三种基本模式:资源共享型、供需缺口型、能力拓展型。其中,资源共享型以激活沉淀的闲置资源,增加经济社会体系内产品或服务的供给量,形成巨大的"产能供给池",替代或补充传统供给的不足。北京私家车上座率仅为1.2人左右,资源共享型的供给替代效应的实质在于共享经济双边或多边信息平台通过共享资源的模式填补了供给的不足。供需缺口型通过传统出租汽车接入共享出行平台和吸收社会私家车辆加入应对低供给变化、高需求变化的现状,利用网约车共享出行平台"去中介化"和解决信息不对称,对传统的打车和租车渠道进行补充乃至替代。后续进入市场的共享出行平台的战略柔性更为凸显,除了最普遍和常用的实时叫车拼车业务外,继续推出顺风车、预约租车以及代驾等多样化业务。在不确定性的市场环境下,随着用户出行需求日益多样化,市场进入难度加大,共享经济模式倒逼共享出行平台具备高能力柔性,能力拓展推动平台在转换车辆用途时节省大量的时间、人力和财务成本,迅速应对市场需求和供给环境的急剧变化。

第二,平台在进入市场时,资源共享型是共享出行市场进入的主导构型,供需缺口型是市场进入的前期形式,能力拓展型是网约车市场进入的后期形式。首先,资源共享的供给替代与补充效应改变了传统经济的供给端,资源共享是一种经济的可持续发展模式。传统经济的供给主要是由企业组织提供的新产品和服务组成,因此传统的市场进入理论从资源基础观的角度出发,强调企业内部资源的重要性,而随着经济发展对于资源需求量的日益增长,现有的供给和消费体制不足以支撑经济社会的可持续发展。资源共享的动机基于提高存量资源利用率,并获取一定收益,"闲置资源—暂时转移或共享使用权—获取收益"形成动态的产业闭环,具有内在张力和可持续性。其次,互联网平台的渠道替代效应和大众共同参与能够迅速弥补供需缺口。供给结构老化是中国经济当下的困局,中国提出以"创造新供给、刺激新需求"为目标的供给侧结构性改革,共享出行企业利用社会资源和平台渠道更新供给结构、放松供给约束、解除供给抑制,体现了对新供给主义经济学的理论创新,是供给侧结构性改革的成功实践。互联网平台在信息匹配功能方面,对于传统渠道具有更好的替代性,能够进行有效的供需匹配,利基先驱平台与大众市场参与者共同演化以支持早期的市场进入。最后,共享出行平台通过自身高战略柔性创造新的价值并引领出行市场的新需求。众多同质化的共享出行平台出现和共享出行市场的日益饱和,早期的"狭小的产品市场、宽广的地域市场"的利基特征到后期便不再明显。2015年以来,网约车市场由最初的群雄逐鹿逐步演变为滴滴、Uber、神州专车的三足鼎立,网约车市场格局已经基本锁定。为了进入网约车市场,平台开始拓展新的业务,以提升自身能力的发展引领新需求。

第三,需求变化、供给变化、战略柔性的潜在替代关系表明,低供给变化、高资源柔性两个条件具有至关重要的作用。通过对条件组态1—3的异同比较,笔者识别出需求变化、供给变化、战略柔性条件的潜在替代关系。首先,通过对比条件组态1和2,笔者发现,在出租汽车数量低增长或负增长的城市,高需求变化和低能力柔性的条件组合可以和资源柔性相互替代,推动共享出行平台进入市场,如图5-2所示。其次,对条件组态1和3的比较表明,在可使用车型车辆范围很大的城市,低需求变化和高能力柔性的条件组合可以和供给变化相互替代,以推动共享出行平台进入市场,如图5-3所示。这说明,在特定的客观禀赋条件下,低供给变化和高资源柔性能够发挥高需求变化、低能力柔性的组合以及低需求变化、高能力柔性的组合这两种组合才具备的作用。这同样也证明了资源共享型的模式在共享出行市场进入过程中起到了主导的作用。

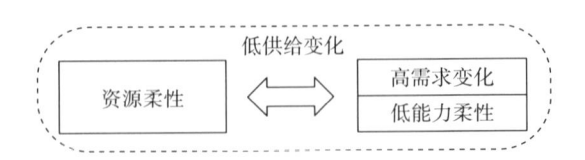

图5-2 资源柔性与"需求变化+能力柔性"间的替代关系

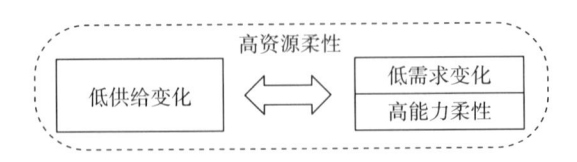

图5-3 供给变化与"需求变化+能力柔性"间的替代关系

二 研究贡献

第一，对共享经济视角下的市场进入的研究做了重要的理论拓展，虽然已经有大量研究围绕着传统企业市场进入的影响因素问题展开了理论和实证研究，但以往研究主要关注需求变化、战略柔性等因素对传统企业市场进入的影响，本书在克劳森等构建的理论框架的基础上进行拓展，进一步研究了共享经济视角下企业利用战略柔性进入需求和供给均发生急剧变化的市场过程中的影响因素和市场进入的内在机制，综合研究需求变化、供给变化、战略柔性对共享经济视角下企业的市场进入的组态构型作用。本章不仅回应了克劳森等关于企业是否可以利用战略柔性进入需求可变的市场的理论推导，更在克劳森等的研究基础上进一步细化和拓展了需求变化、供给变化、战略柔性共同影响共享经济的企业市场进入模式的理论分析框架。

第二，本书通过与克劳森等基于传统行业（民航行业）的对话，提出了共享经济企业市场进入的差异化影响因素和进入模式。与传统行业相比，共享经济视角下的企业市场进入更为强调供给变化和企业资源柔性的影响。研究发现，资源共享型是共享经济平台市场进入的主导模式，这其中，供给变化和资源柔性是影响共享经济平台市场进入的主要影响因素，资源共享的供给替代与补充效应改变了传统经济的供给端，这是与传统行业市场进入的重要差异。同时，共享经济企业的市场进入具有一定的时间差异性，供需缺口型是共享经济企业市场进入的前期形式，能力拓展型是共享经济企业市场进入的后期形式，共享经济企业市场进入后期更为强调企业战略柔性的使能作用。

第三，本书提供了一个方法论角度，将定性比较分析方法应用于市场进入理论研究，这为使用模糊集定性比较分析多重前因构型组合的市场进入研究的进一步发展提供了参考。

第六章

数据要素市场构建的制度体系和路径研究

2020年以来,中共中央、国务院《关于构建更加完善的要素市场化配置体制机制的意见》《关于新时代加快完善社会主义市场经济体制的意见》部署加快培育数据要素市场。加快构建数据要素市场,有利于提升"数字经济"竞争力,也是深入实施数字经济"一号工程",全力创建国家数字经济创新发展试验区的创新举措。

第一节 数据要素市场的战略作用

一 发挥数据市场的龙头引领是实现经济高质量发展的重要根基

数字经济已经成为经济增长的新动能和主引擎。2019年,以浙江为例,数字经济增加值达2.7万亿元,较上年增长15.6%,占GDP的比重达43.3%,较全国水平领先7个百分点。数字经济核心产业实现增加值6228.94亿元,同比增长14.5%。数字经济正在成为浙江省经济高质量发展的金名片。数据要素是数字经济的关键性要素,也是核心要素。加快推动数据资源的开发利用,有利于加快释放数据要素红利,有利于进一步促进经济高质量发展。

二 发挥市场的乘数效应是建设高水平创新型省份的重要引擎

通过数字化平台加速推动数据资源向数据要素的转化,各类数字经济平台规模日益扩大,数字经济生态已显峥嵘。当前,建有完善的"政务平台"、信息经济示范区22个、数字经济类特色小镇37个、省级制造业创新中心15个,并加快推进中心城市"城市大脑"建设。良好的数字生态为加快构建数据要素市场奠定了基础,并将有利于对数据资源进行集约化开发利用和价值增值,发挥数据要素的乘数效应,为创建创新型省份提供要素支撑。

三 发挥市场的创新驱动是建设数字经济发展高地的重要保障

当前,加速提升数据要素生产力,全力助推传统产业数字化转型,大力扶持数据驱动下的新产业、新业态和新模式,数据推动的创新浪涛翻滚。在产业层面,已经形成了一批自主可控"卡脖子"技术,类脑计算芯片、飞天2.0操作系统、含光800人工智能芯片、超高性能全数字PET探测器等创新成果不断涌现。在政务治理层面,"最多跑一次"改革,"浙里办"平台建设,实现了"互联网+政务"的政务治理创新。与其他要素市场比较,数据要素市场不仅具有"资源租金",更可以实现"要素价值增值和创新",有利于推动数据要素更高效地向各个领域的创新源集聚,提供创新驱动。

四 发挥市场的平台优势是整合长三角数据资源的重要抓手

在长三角区域发展一体化的背景下,数据要素市场的平台优势可以便捷地融通长三角区域的人力、技术等要素资源,弥补单一区域的要素不足。目前,正加快建设服务于长三角全域可用的数据要素基础设施,数字化基建和商业化数据平台建设日臻完善。已建成5G基站5.1万个,建设进度和规模分别居全国第一、第三,建成超大型、大型数据中心20个,国家(杭州)新型互联网交换中心已正式启用,"1+N"工业互联网平台体系正持续完善,拥有阿里云、蚂蚁金服、浙江中控等优势数据平台企业。打造辐射长三角的数据交易市场,有利于发挥长三角区域的数据、人力和技术等要素资源倍增效应,实现"1+1>2"的局面。

第二节 欧美数据要素市场的建设经验

从世界范围看,国家与国家之间的竞争已经升级为数据要素与数字经济的竞争。无论是德国"工业4.0",还是美国"工业互联网",抑或是"新工业法国"战略,无不是对准数据要素这一全球竞争的战略制高点。统计资料显示，在欧美过去十余年的劳动生产率增长过程中，数字化的贡献度超过了40%。其中，美国目前开放数据集规模为我国的9倍。为进一步强化数字经济、建设数字经济中心，自2010年以来，欧美陆续出台了一系列政策和法规，发展出一套特色明显、实践检验的数字要素市场管理运营方案，欧美由此成为世界上数字经济最为发达的区域之一，其经验非常值得借鉴学习。

一 制定国家区域战略

先试先行，欧美数据要素领域法治体系持续完善，试图在国际数据竞争战略中略胜一筹。一是欧美等国率先从法律法规上进行规范和着手。美国和欧盟在数据立法方面先行一步，美国已颁布了《加利福尼亚州消费者隐私法案》《电子政务法》《信息技术管理改革法》《数据质量法》等数据要素市场相关的法律法规，欧盟则形成了以《通用数据保护条例》《公共部门信息再利用指令》《数字议程》等为主体的数据要素市场的法律法规体系。这从权益保护和数据安全角度为数据要素市场健康发展提供法律基础。由于全球主要国家数据要素市场的制度框架都还处于探索阶段，各国数据立法的协调性也不够，因而世界范围内融合、适配的数据要素市场基础性制度持续完善。二是欧美抓紧推动数据要素领域战略方针精准落地。针对数字化转型及数字经济相关法案的制定和实施，美国政府2012年发布"联邦云计算机计划"，推动传统信息基础设施向IT服务转化，2013年推出"先进制造业发展计划"，2016年又进一步提出"国家人工智能研发与发展策略规划"，奠定其在算法、芯片、数据等产业处于世界领导地位。欧盟在数字经济领域发布了《欧盟人工智能战略》《非个人数据在欧盟境内自由流动框架条例》《可信赖的人工智能道德准则草案》等一系列政策。同时，欧盟各成员国也制定了一系列数字经济发展政策，促进加快推动自身数字化进程。为了确保数字战略的顺利落地，英国不仅推出多项改革措施加速向数字经济转型，更通过立法予以保障和支撑，促进了各类规划的快速推进。2010年，英国颁布了《数字经济法草案》，引发全球数字经济立法潮；2012年，为推进政府服务在线能力建设，出台了《政府数字战略（2012）》；2016年，发布了《国家网络安全战略》，进一步构建数字化安全体系。

美国作为互联网的发源地,是世界上最早开展数字经济活动的国家之一,因此,在数字经济体系发展方面,美国布局更早且更全面,形成了以"信息高速公路"发展战略为核心的数字经济发展模式。1998年美国商务部发布了《浮现中的数字经济》,正式将数字经济发展作为驱动经济发展的重要手段,一举奠定了美国在世界上的数字经济发展地位。随后,美国商务部、经济和统计管理局、国家电信和信息管理局及经济分析局先后出台了13份重磅报告,以探讨美国数字经济发展的热点与前沿问题,其主要焦点集中在自由开放的互联网、互联网网络信任与安全,互联网的介入与技能,以及互联网创新和新兴技术。除此之外,美国政府更加重视消除国内数字鸿沟问题,通过大量政策引导保证美国国内的宽带最大限度普及,具体政策措施如表6-1所示。此外,美国政府也积极顺应数字经济发展趋势,通过建设数字政府以更好地为社会服务。例如,2009年1月奥巴马签署了《透明与开放政府备忘录》,确立了"透明、共享与协作"的政府工作原则,并在此后的2011年、2012年、2014年和2016年分别签署了《开放政府计划》,实现了政府数据的公开。

表6-1　　　　　　　　美国数字鸿沟问题相关政策

政策名称	出台机构	主要目标	具体措施
宽带技术机遇计划	国家电信和信息管理局	刺激宽带产业发展,寻求新经济增长点;为无服务地区提供接入服务;为服务不足地区提供改善服务;对公共安全领域的宽带服务进行改进与升级	成立"宽带技术机遇计划"的运营中心;通过引入第三方机构的方式为其建设提供支持;资金提供分为两步计划,分批发放
国家宽带计划	美国联邦通信委员会	建立更快、分布更广的无线网络;居民可以通过网络进行能源消耗;社区可以负担1G以上的宽带服务;1亿以上家庭可以达到下行100兆、上行50兆的网络速度	共投资72亿美元,其中47亿美元用于BTOP计划(宽带技术机遇计划)建设,25亿美元用于农村互联网基础设施建设
数字素养行动	美国联邦通信委员会、国家电信和信息管理局	拓展公民教育机会;创建共享教育平台;提升民众数字素养并提供基本技能训练;为BTOP及国家宽带计划提供帮助	建立统一的数字素养平台,在平台中推广相关知识并以共享的形式分享相关资源

欧盟数字经济发展分为三个阶段：第一阶段是成长期，以1993年出台的《成长、竞争力与就业白皮书》为代表，其中首次提出有关欧盟的社会信息化建设，重点是加快欧盟国家之间的信息基础设施。第二阶段为2000年开始的发展期，以"里斯本战略"的发布为代表，并提出了在2010年之前建设成为"以知识技能为核心基础，世界上最具有创造力、竞争力与活力的经济主体"。第三阶段则以2010年的"欧洲数字议程"及2015年的"数字单一市场"战略为标志。

其中，"欧洲数字议程"提出了7种阻碍欧盟数字经济发展的因素，并通过建立数字市场、改进信息技术标准、增强网络信任安全、加强前沿技术开发等手段以解决当前发展阻碍；"单一数字市场战略"则是为了打破欧盟国家之间的数字壁垒，以解决数字版权、IT安全及数字保护等领域的法律纠纷问题。欧盟委员会预测该项战略措施将更好地为欧盟企业及个人提供优质的数字产品和服务，最大化数字经济的增长潜力，每年可为欧盟带来4150亿欧元的收入及相应的就业量。2016年欧盟针对传统产业的数字化转型发布了"欧洲产业数字化规划"，以加强欧盟成员国之间的战略层面合作，包括建设泛欧数字创新枢纽网络、开展PPP融资以及制定信息标准和监管框架等。此外，由于欧盟成员国之间的信息技术发展差异性明显，因此为了保证数字经济发展公平性，欧盟也十分重视数字鸿沟问题，主要通过发布数字经济和社会指数及政策引导等方式，以追踪欧盟成员国的数字经济发展进程演变，尽可能缩小成员国之间的差距，重点政策如表6-2所示。

表6-2　　　　　　　　　　欧盟数字鸿沟问题相关政策

政策名称	出台机构	主要目标	具体措施
创建数字社会	欧盟委员会	主要为了从单一数字市场中获得最大利益，通过构建智慧城市的方式，加速政府数字化发展以提升政府治理职能，并提升成员国的整体数字化技能	制定了《欧洲技能议程》以培训全体欧盟公民；开展数字化健康服务行动计划，借助数字技术记录和跟踪健康状况；推广数字技术在日常生活中的应用，鼓励欧盟公民使用智能设备出行

续表

政策名称	出台机构	主要目标	具体措施
宽带欧洲	欧盟委员会	在2015年之前，将欧盟建设成为千兆社会，包括利用互联网网络间接所有经济发展要素、推广5G技术并覆盖所有主要城区及交通领域、实现全欧盟家庭100兆以上的网络速度	允许和鼓励使用公共资金建设网络基础设施，并将其纳入欧盟财务框架直至2027年；通过奖励的激励方式对具有共享的地区进行表彰；通过立法等形式开展网路建设；实现公共区域WiFi全部免费连接

二 推动政府数据开放

分类管控，实现以政府数据开放的分级共享。欧美政府目前不断扩大政府公共领域数据的开放共享，注重从三个层面开放共享数据。一是可以开放的数据即公共数据，向全社会无条件开放；二是可以共享的数据，在政府部门之间分享，并向合适的企业分享；三是对秘密的、不能披露的数据，以负面清单的方式划定，作为共享与开放的例外。2019年，作为全球数据开放立法的里程碑的美国《开放政府数据法案》和欧盟《开放数据指令》正式实施，美国通过统一的政府数据开放平台（data gov.）要求联邦机构将其信息作为开放数据，以标准化的、机器可读的形式在线发布；欧盟要求在统一的平台上开放政府数据和受政府资助的科研数据，并探索通过API接口开放共享实时数据。此外，G2G、G2B数据共享分别以政府部门之间共享数据支撑智能高效的政府服务，并支持企业和研究机构也可以基于政府数据进行创新。此外，澳大利亚对不能披露的政府数据以负面清单的形式予以公布，其他政府数据应广泛共享，而且为特定目的（如公共利益目的）而进行的数据共享，不需要获得个人的同意，而是以数据管理者、使用者的保护义务代替数据主体的许可。相比于知情同意模式，此种模式更能适应数字时代数据收集、使用活动的无时无刻、无处不在等特征。

以数据共享责任清单为抓手，建立起公共数据开放和流动的制度规范。在公共数据开放共享等文件的推动下，欧美公共数据开放共享取得了积极进展。但是，开放数据质量不高、共享意愿不强的现象依然存在，政府、企业、个人不同主体获取数据的困难依然存在，致使经济社会运行的各个领域未能得到全面的数据支持。加快政府数据开放共享，政府先行，让政府数据像水一样，随需而动，滋养各个领域，可以为企业和个人数据要素市场化有序流动提供良好经验。

三　瞄准重点产业领域

欧盟在推动数据共享共用方面，出现一些新趋势。一是 B2B、B2G 数据共享，按照欧盟的思路，B2B 数据共享以自愿分享为一般原则，只有当具有特殊情况时，比如出现市场失灵，才赋予数据访问权（Data Access Right），基于公平合理无歧视的条件，强制进行数据分享；而且数据访问权需要考虑数据持有者的合法利益，并尊重法律框架。此外，B2G 数据共享也已被欧盟提上日程，将来制定的《数据法》将确保政府为了公共利益，可以获得企业手中的数据。二是数据公地，或者说共同数据空间，为避免数据过分集中在美国大型科技公司手中，同时为欧盟企业（尤其是 SME）提供开发人工智能等新产品、新服务所必需的数据，欧盟希望在战略性领域（包括工业/制造、环保、交通、医疗、金融、能源、农业、政务、教育/就业），汇聚各个组织的数据，创建共同的、兼容性的泛欧数据空间，即数据池，从而便利大数据分析和人工智能应用。在此模式下，贡献数据的组织可以访问其他贡献者的数据，也可以获得数据池的分析结果，预测性维护等服务，许可费等。但是企业未来如何参与数据空间建设，尚需具体方案予以明确。三是数据合作，来自不同领域的参与者（尤其是公司）可以借助数据合作这一新型中介分享、交换数据，数据合作不同于个人与公司之间一对一的数据收集，也不同于政府与社会之间一对多的数据开放，而是一种多对多的关系，具有长期性。

欧美构建数据要素市场的根本是挖掘社会数据资源价值。欧美支持重点领域数据开发利用，推动数据密集型行业数据采集标准化，发展数字经济新产业、新业态和新模式。当前，欧美数据规模庞大，但很多行业的数据处于睡眠状态，其潜在的价值尚未释放，同时大量数据的存储维护也产生了一定的成本。人工智能、可穿戴设备、车联网、物联网等数据密集型领域标准不一，增加了数据共享互认的难度。推动相关行业数据采集标准化，探索数据规范化开发利用，既是推动数据价值释放的基本前提，也是数据要素市场化发展的重中之重。

四 抓住数据确权核心

数据作为一种全新生产要素，具有多变性、外部性、非结构性、非标准化、边际成本递减、规模报酬递增等特征，数据要素市场的数据确权更富有挑战性。欧盟 GDPR（《通用数据保护条例》，*General Data Protection Regulation*，GDPR）、美国加州 CCPA（《加州消费者隐私法案》，*California Consumer Privacy Act*，CCPA）等国外立法都淡化数据所有权理念，而是从为各方设置权利义务的角度，加强个人数据收集、存储、使用等处理活动中的个人数据保护。目前，在数据产权方面主要有两种：一种是通过建立知识产权来保护数据，如欧盟的数据库特殊权，将"数据信息"列为知识产权客体；另一种是通过建立所有权来保护数据。更进一步而言，讨论数据产权，需要区分个人数据和非个人数据。就个人数据的财产权而言，针对个人数据创设财产权利的倡议缺乏共识，一方面由于大部分个人数据是一种社会构建，赋予个人数据财产权利可能导致不同个体主张权利的冲突情形，难以确保数据的确切归属和有效执行；另一方面由于个人数据的财产权忽视了用户与平台之间的权益分配。

盘活数据价值为主，多种确权形式共存。就非个人数据的财产权而言，欧盟曾考虑对人工智能、物联网等新技术应用中的工业数据（如自动驾驶汽车数据）进行产权保护，提出了所有权性质的数据生产者权利来保护机器生成的非个人数据或者匿名化数据（只保护代码而非信息，避免信息垄断或者权利过度），权利人可以申请禁令将基于不当获取的数据的产品排除出市场，或者请求赔偿。德国也在呼吁针对工业数据设立所有权。究其原因，欧洲呼吁保护工业数据，是出于对主导欧洲数据和云服务市场的美国大型科技公司可能不当获取、使用欧洲数据资产的担忧，就像在 1996 年欧盟出台数据库特殊权是出于对美国数据库行业的市场主导地位的担忧一样。因此，在欧洲，数据产权是欧盟进行产业博弈的政策工具。但最新的"欧盟数据战略"并未继续主张数据产权理念，而是提出修改数据库特殊权，表明其立场有所转变。

整体而言，国际社会有关数据产权及保护的讨论，从所有权转向个人利益、行业和企业利益、公共利益的平衡，以及福利、风险、权利的平衡，强调对数据的访问、控制和权益平衡。此种路径能够较好兼顾各方利益，盘活数据资源，同时兼容数据的知识产权（如版权、商业秘密、数据库权）、合同、反不正当竞争等形式的保护，更容易在各方之间达成共识。

五 依托先进技术工具

数据信托已经成为数据管理重要方式之一。欧盟GDPR之后，个人数据保护立法成为全球趋势。GDPR赋予个人诸多个人数据保护权利，"欧盟数据战略"提出在后续修订GDPR和制定《数据法》的时候，给用户提供工具和方式来更好地控制、管理其个人数据。一方面是新型管理工具，如同意管理工具、个人信息管理APP等，也包括基于区块链等新技术的解决方案；另一方面是数据信托（Data Trust）、数据合作（Data Cooperatives）等新型个人数据中介，旨在促进安全、公平、互惠的数据分享。数据信托的概念最早由英国政府报告《发展英国人工智能行业》提出，2019年英国个人数据保护机构ICO认可了数据信托的价值，并开始探索有效且可信的数据信托框架和协议。数据信托已经成为个人从其个人数据的使用中分享收益的重要方式。当然，个人数据保护并非绝对化的权利，个人利益、行业和企业利益、公共利益甚至国家利益之间的平衡至关重要，各国在应对这次的全球冠状病毒疫情时所发布的政策和所采取的做法，很好地印证了这一观点。

2016年4月，欧洲议会通过《一般数据保护条例（GDPR）》，2018年5月在欧盟成员国正式实施，该法案对欧盟公民个人数据进行保护。很多学者认为GDPR"先进的"立法技术和治理观念，值得我国数据立法和治理借鉴。GDPR的文本结构如表6-3所示。

表6-3　　　　　　　　　　GDPR的文本结构

章节	标题	主旨内容
第一章	一般规定（第1—4条）	主题、目标、适用范围、地域范围、定义
第二章	基本原则（第5—11条）	相关原则、合法性、同意要件、特殊种类规定
第三章	数据权利主体（第12—23条）	透明度、数据获取、纠正和删除、拒绝权、限制
第四章	数据控制和处理者（第24—43条）	基本义务、数据安全、评估咨询、保护专员、认证
第五章	个人数据传输（第44—50条）	基本原则、充分决定、约束性、未经授权的传输

续表

章节	标题	主旨内容
第六章	监管机构（第51—59条）	监管机构独立性、权限、任务
第七章	合作与协调（第60—76条）	合作、一致性、欧盟数据保护理事会
第八章	补救、责任、处罚（第77—84条）	控诉的权利、司法救济的权利、赔偿、处罚
第九章	特定情形处理（第85—91条）	信息及形式处理、官方文件、科研、保密、宗教
第十章	委托与实施（第92—93条）	委托权、实施行为
第十一章	附则（第94—99条）	废除第95/46/EC号指令、与在先缔结协定之关系

数据资源整合和安全保护是欧美构建数据要素市场的工具标准。建立了统一规范的数据管理制度，并根据数据性质完善产权性质，制定数据隐私保护制度和安全审查制度，完善数据分类分级安全保护制度。欧美对释放数据红利，激发创新活力的愿望十分迫切，在处理数据管理权责不清、资源运营无法可依、收益分配无章可循、信息安全和个人隐私保护力度不够等问题时，结合不同数据的属性和安全防护要求，提升数据管理能力，厘清数据产权体系，开展数据分类分级，加大数据安全保护力度，这是欧美数据要素市场得以有效运行的必要举措。

六 掌控数据要素主权

随着全球数字经济的发展，数据的地缘政治重要性不断凸显，欧美开始强调数据主权，为了隐私保护、政府执法、产业发展等目的，要求数据本地化，这给全球化的数字经济所要求的数据自由流动带来巨大挑战。目前出现了三种趋势。一是完全本地化，此种模式可能使各国的数字经济彼此割裂，不大可能成为全球普遍模式，只有个别国家如俄罗斯、印度等在推动。二是数据流动圈，以GDPR为触手，欧盟已经和13个国家达成了双边协议，从而搭建数据自由流动圈；美国也在基于CLOUD法案来推动双边和多边的数据流动框架。考虑到国际社会目前在数据流动问题上分歧大于共识，未来可能出现越来越多的基于双边或多边协议的数据联盟、数据同盟、数据俱乐部等形式，以促进双边、多边的数据流动。三是德国的GAIA-X模式即云联盟模式，为了扭转在云计算领域的劣势地位，实现云服务和数据基础设施自主，并减少对外国服务商的高依赖性，欧盟考虑建立欧盟云和数据基础设施联盟，联盟成员需要遵守一套欧盟的规则和标准，以此为外国服务商参与欧盟云服务和数据市场设定游戏规则。

七 加紧推动数字税改

数字经济本质上是数据经济，数据的收集、使用在创造源源不断的价值和收益，欧美加紧推动数字税改，加强线上线下、虚拟与实体经济的融合。但也引发了各国对数字经济的税收和利益分配的争议，以欧盟为首的地区和国家呼吁建立数字税制度。数字税彰显了欧美在数字经济领域的核心分歧，没有数字平台优势的欧盟认为，美国主导的跨国互联网企业获得了从数字经济中产生的大部分收益，但过时的企业税收规则带来"收入来源地"和"税收缴纳地"的错位问题，使这些收益没被征税。由于欧美数字税存在以下特征：一是数字经济蓬勃发展，数据成为税收变革的关键；二是国际税收争议频发，跨国企业避税能力日益提高；三是欧洲缺少科技巨头，急欲与美国争抢互联网红利；目前，法国、英国已出台了数字税规定，其他一些国家也在酝酿；欧盟由于成员国之间的分歧，未能达成企业税收改革和数字税方案。

第三节 构建数据要素市场的国内经验

通过对上海、贵州、北京、江苏等地数据要素市场建设经验的调查研究，本书认为，上述地区从法规制度、应用场景、标准制定、新基建、平台建设等方面加强数据要素市场及相关领域的建设经验，对浙江省加快构建数据要素市场具有重要启示，如表6-4所示。

表6-4　　　　　国内部分省市数据要素市场建设比较

省市	法制环境建设	应用场景推广	标准设立	新型基础设施建设	交易生态	市场共建
北京	对大数据立法进行立项论证	成立大数据中心与原有的政务APP"北京通"共建共联	—	启动"10+""100+""1000+"数字经济发展生态建设	建立市级大数据管理平台	—

续表

省市	法制环境建设	应用场景推广	标准设立	新型基础设施建设	交易生态	市场共建
上海	制定《上海市公共数据开放暂行办法》	大数据与城市精细化管理项目实践	—	总投资约2700亿元建设48个重大项目		
广东	—	成立"省政务服务管理局",上线粤政易移动办公平台	成立"省大数据标委会"	—	建设粤港澳大湾区(惠州)数据产业园,400亿元建设"湾区智谷"	—
贵州	制定《贵州省大数据发展应用促进条例》	成立金融大数据风控实验室	参与制定国家部委数据产业"一规划四标准"等标准	将供应数据中心的电价调整为每千瓦时0.35元	贵阳大数据交易所发展会员数目突破2000家,接入225家优质数据源	与北京市相关部门共建共联数据库;与中国科学院、清华大学等共建实验室
福建	—	—	—	建设30PB数据存储能力的省超算中心	建立政务大数据平台	—
江苏	—	五大基础信息数据库融合	制定《信息技术大数据工业产品核心元数据》,完善工业大数据标准化	—		引入数据资产增值运营服务商贵州数据宝网络科技有限公司入股

一 以法规治理为先导

将数据要素作为基础性战略资源配置的过程中,各地高度重视通过

143

立法确保数据要素市场交易的合法合规。一是重视"前数据"阶段的确权保护。2016年3月贵州出台了《贵州省大数据发展应用促进条例》，对数据采集、共享开发和权属等基本问题作出规定，对数据确权进行了法律保护。二是重视"交易环节"的法律界定。上海市完善数据交易和电子政府的地方立法，对于数据流通、应用场景、数据交易业务给予法律界定。三是重点做好"数据安全"的制度架构。《上海市公共数据开放暂行办法》运用xID数据标记合规产品。

二　以应用场景促建设

以应用场景为牵引，不断丰富数字前沿技术在政务治理、两化融合、金融、贸易、民生等领域的应用场景，推动数据要素市场建设。一是拓展区块链、人工智能、5G等数字前沿技术的应用场景，推动数据要素交易。北京数据交易平台将"区块链＋人工智能"技术应用于数据交易和数字贸易，拓展民生服务、公共安全、生命健康等领域的应用场景。上海数据交易中心基于区块链底层技术设计数据交易解决方案，打通数据确权、交易安全等数据交易环节的"任督二脉"。二是产业化应用场景推动数据交易。贵阳大数据交易所，成立全国农商银行金融大数据风控实验室，以解决银行风险控制问题。上海数据交易中心实施"大数据与城市精细化管理（静安）"项目，积极探索城市精细化管理。

三　以标准制定为基石

加快数据要素相关领域标准的设立，大力推进数据采集、开放、口径、质量、安全等关键共性技术领域的标准制定。一是围绕数据资源开发、利用和管理定标。根据数据资源生命周期，制定完善数据互联、数据交易、数据安全、数据处理标准。贵阳大数据交易所参与了国家大数据产业"一规划四标准"的制定。上海数据交易中心制定了《数据互联规则》《个人数据保护原则》《流通数据处理准则》《交易要素·标准体系》《流通数据禁止清单》等。二是设立等专门机构指导定标。广东省成立"大数据标委会"，指导建立基础类、技术类、安全类、工具类、应用类、管理类标准六大类适应大数据产业需求的标准体系。三是紧密结合应用场景定标。江苏省建立"工业大数据"发展标准。

四　以新基建为契机

各地"新基建"以信息网络为基础，加快建设数字转型、智能升级、融合创新等基础设施体系，为数据要素自由流动提供全方位支撑。一是构建数据要素交易基础设施。上海围绕"新网络、新设施、新平台、新终端"推进"新基建"，上海数据交易中心是"新平台"建设行动的主要参与单位。二是加快布局"网边云端心"，支撑基础应用场景和行业应用场景需求。即加快推动扩容"5G+"网络，扩建工业互联网，边缘计算，云上平台，存储、服务和交易终端，超算中心等。北京加快国家工业互联网大数据中心和工业互联网标识解析国家顶级节点建设。

五　以平台建设为核心

加快研发大数据交易平台系统，扩大优质数据源链入，引入数据资源头部企业和科研院所科技力量，为数据供给方、数据需求方搭建良好的数据交易平台。一是构建由政府主导"政产学研用融合型的交易平台"趋势明显。贵阳大数据交易所会员单位包括地方政府、企业和科研院所，中心还与中信银行共建金融风险大数据实验室，致力于金融风险管控的产业应用。二是高技术人才梯队提供技术支持。贵阳大数据交易所不仅设有院士工作站，还组建了国家技术标准创新基地（贵州大数据）大数据流通交易专业委员会，由中国科学院、中国标准化研究院、中国信通院、同济大学等机构的权威专家组成。上海数据交易中心科研团队由3位两院院士、国家863计划项目首席专家、长江学者和100多名科研人员组成。三是市场化运营，产业力量强势介入。上海数据交易中心是国有控股混合所有制企业，由上海市信息投资股份有限公司等多家企业注资2亿元联合发起成立。江苏大数据交易中心引入贵州数据宝网络科技有限公司作为实际运营方。

第四节　构建数据要素市场的发展路径

当前，浙江省应从市场法规制度、数据要素供给、数据资源转化、人才配置、交易关键技术、要素流动六个方面加快推动构建高水平、高质量的数据要素市场。

一　加强市场顶层设计

加快数据要素市场顶层设计主要包括发展战略、组织构架、法律法规建设和平台建设四个层面。一是制订"五个一"的战略目标规划，即"打造一个数据要素交易平台,创建一个国家级数据要素市场示范样板,突破一批数据要素交易领域的共性技术,催生一批数据要素交易领域的新业态新模式,集聚一批全球顶级的数据要素交易领域人才和资本"。二是筹建跨职能部门,聚集"产学研用"领域专门人才组成"数据要素市场治理委员会",作为数据要素市场决策主体。筛选数据要素市场利益相关者,确立参与数据要素市场决策的组织角色和交易原则。三是根据数据资源生命周期,制定并完善数据要素"生产、应用、交易、标准、安全"五个方面的法律法规体系。制定《大数据资源开发利用法》《大数据安全保护法》《大数据标准法》《大数据产业应用法》等法律法规。四是打造"数据交易平台"。建立数据要素市场交易、监管等规则体系,形成健康有序的数据要素市场交易体系。制定数据要素来源、交易主体、范围、时间、过程、平台安全保障等规范,保障数据要素有序流动和顺畅交易。

二　加强要素供给侧创新

加快数据要素供给侧制度创新,加快政府数据资源的市场化进程。一是实施"政府数据资源目录化三年行动计划"。以2018年版和2019年版《杭州政府数据资源目录》的编制和发布为实践蓝本,总结推广杭州市数据资源目录编制经验,积极推动各级政府数据资源的"目录化"。二是编制"政府数据要素上市的负面清单",实施政府数据的负面清单管理,在确保风险可控的条件下实现政府数据最大限度的开发应用。三是根据"非限制即共享原则",推动"渐进式开放"政府数据资源利用和开发权。分类、分批将政府数据资源纳入数据要素市场。四是采取"控股开发模式",引导社会资本共同参与开发政府数据资源。将政府数据资源提供给社会的数据开发企业控股开发和利用。五是推行"数据资源协议开发计划"。政府向具有数据开发资质的企业和非营利机构购买数据资源开发利用服务,订立数据资源开发合同,引导社会资本进入数据要素交易市场。

三　加速社会数据资源市场化进程

积极引导社会数据资源上市交易。一是实施"百千万企业数据要素入市行动"。引导"一百家"国有企业,"一千家"规上企业和"一万家"科技型中小企业,参照政府数据资源向数据要素转化标准,制定企业级数据要素标准,归集、打包数据资源,入市交易。二是培育"数据要素百强企业",给予一百家数据资源头部企业,直接进入数据要素市场交易的特许经营资格。三是设立"中小企业数据要素交易引导基金",引导中小企业实施大数据项目和应用大数据工具,推动中小企业数据资源的价值实现和转化。四是吸引PE/VC等产业资本进入数据要素交易等关联产业领域,加快推动社会数据资源向数据要素的转化。

四　实施数据交易人才专项计划

为数据要素市场提供人才支撑,引导数据资源头部企业和各级科研院所,在全球范围内集聚一批数据要素交易领域的顶级人才。一是实施"高层次数据资源专才计划"。打造面向全球的数据要素交易领域"人才蓄水池",对数据要素交易领域专门人才实施"建档管理"。二是凝聚一批数据资源产业领军人才。花大力气在全球范围内招募大数据、人工智能、区块链、边缘计算等产业领域的"技术+管理型"产业领军人才。三是制定专项人才政策,引进一批深度分析、先进制造、数字营销等领域的产业应急类人才。应对数据要素交易市场运营和治理的人才缺口。四是建立"数据资源领域人才选育引导基金",培育一批产业梯队人才。由政府设立引导资金并带动社会资本参与。鼓励有资质的数据资源头部企业和高校院所建立"院士工作站""博士后工作站"等人才平台,致力引进和培育一批不仅涉及数据分析、人工智能等技术领域,同时涉及法律、伦理、经济、管理等多种学科、多种思维,具有综合性、交叉学科背景的产业接续人才。

五　聚焦经济应用场景

强化数据要素交易前沿技术研发,加快推动将区块链、云计算、大数据、人工智能、5G等数字前沿技术应用于数据要素交易领域,孵化一批数据要素交易领域的关键共性技术。一是实施"数据交易的共性技术突破计划",助推五个示范产业领域试点数据要素交易。应重点加强数据要素交易领域的数据挖掘、产品生产、可视化、质量管理和安全防护等技术研发。从而重点推动"政府数据开发、传统产业数字化、数字标准化、民生康养、数据服务业"五大产业领域开展数据要素交易。二是设立数据资源金融监管沙盒机制,集成利用区块链、5G等数字前沿技术,将打造成全球领先的数据要素区块链交易示范区。发挥杭州区块链产业技术高地优势,在"监管沙盒"内鼓励数据资源行业企业开展数据要素交易。三是利用"区块链+边缘计算",形成数据要素市场的技术解决方案。加速推动数据资源向数据资产转化。四是利用央行DC/EP,突破数字资产定价难题,扎实推进数据资产流通的媒介完善。

六 推动长三角数据要素跨境流转和交易

数据本身没有价值,被利用后才具有价值。加快推进长三角数据要素的融通,将为推进长三角更高质量一体化发展提供更多机遇。一是建立长三角数据要素交易特区,引导"政府数据代理机构"和"数据资源头部企业"先行先试,跨省跨境交易。二是加快与具有先发经验的上海数据交易中心建立数据要素跨省跨境流转和交易机制。三是实施"长三角'网边云平端心'汇通计划"。主动对接"沪、苏、皖"数据要素交易的基础设施一体化。重点推动长三角区域数据要素交易领域的5G网络、下一代互联网(IPv6)、supET工业互联网平台、边缘计算中心、EB级云存储、数据终端接口、AI中台及人工智能多场景算法平台、超算中心和大数据中心等共享互联和全面接驳。

第五节 构建数据要素市场的五大产业高地的政策建议

应围绕数据资源开发、利用、管理、交易和价值转化,率先推动"政府数据、传统产业数字化、数字标准化、民生康养、数据服务业"五大产业领域开展数据资源交易,构建服务型"公共数据市场"、精准型"标准化数据市场"、融合型"传统产业数据市场"、创新型"数据服务和中介市场"、智慧型"康养产业"五大数据要素市场产业高地。

一 打造以"服务"为核心的"政府数据要素交易产业"

政府作为公共数据的核心生产者和拥有者,应加快数据开放,推动数据流通和数据交易,实现公共数据资源"大部分免费申请、少部分购买使用"的政府数据交易模式,充分释放政府数据价值。一是建设"共享+"数据开放平台,全力推进数据开放共享。加快推进政府数据公开共享,开放绝大部分具有公共属性的数据,为企业提供更多的信息和便利快捷的服务,辅助企业决策并节约审批成本,为数据应用能力较弱的中小企业提供数据服务。二是建立"智慧+"城市大数据交流平台，完善公共数据开发体系。当前，"最多跑一次"的政务服务模式，在"智慧+"城市大数据服务方面走在全国前列。继续深化推进政务信息系统整合共享，构建从"省"到"社区"的信息交换体系，推动政务数据共享的跨地区、跨部门和跨层级模式，构建"横向到边，纵向到底"的数据交换共享平台。三是探索"市场+"公共数据资源交易模式，释放公共数据红利。根据华中大数据交易所交易成交率统计显示，政府来源的数据需求最为旺盛，政府来源数据的成交率最高为50%。对这些具备良好运用前景的公共数字资源，政府部门可通过政府购买服务、协议约定等方式引入技术机构，开展政府数据市场化运用的研究，提升数据资源的价值，支撑经济发展，改善民生服务。

二 建设以"精准"为宗旨的"数据标准化产业"

依托数据资源头部企业和科研院所整合现有大数据交易平台，加强大数据标准化研制，对推动我国大数据产业进程，加快技术与标准的相互融合，落实大数据战略具有重要意义。一是依托省内"头部企业"的数据资源优势，重构大数据交易平台，实现"精准确权"。浙江拥有阿里巴巴、海康威视、蚂蚁金服、网易等一系列数据头部企业，在数据集成、处理加工、保护开发等方面具备超级雄厚的实力。此外，浙江于2016年和2017年分别成立了大数据交易中心和大数据确权平台，为数据资源交易打下坚实基础。后续在大数据交易平台和大数据确权平台建设过程中，应更多让数据头部企业和独角兽企业深度参与建设交易数据标准化，推动数据确权、元数据、数据元素、数据字典、数据目录以及数据交易与共享产品标准化。二是成立标准化委员会，建立适应数据要素市场发展需求的标准体系，实现"精准管理"。成立"大数据标准化委员会"，整合现有大数据交易市场，根据数据市场要素的现实场景制定统一的交易规则，形成统筹性管理，规定基础类标准、技术类标准、安全类标准、工具类标准、应用类标准、管理类标准等标准体系，建立适应大数据产业发展需求的标准体系。三是联合科研院所，共同制定定价指标体系，保障"精准定价"。与科研院所通力合作，共建"大数据交易联合实验室"，科学确定大数据交易定价指标体系，运用大数据思维和软件工具予以具化，共同研究数据交易风险控制，确保交易安全稳健，实现大数据产品的科学、高效交易。

三 推动以"融合"为手段的"传统产业数字化"

加快数据要素资源与传统产业发展融合，推动技术创新与产业转型升级互促共进。依托原有传统产业优势，以数据要素市场为媒介整合产业链上下游，实现数据驱动的新模式，以数据资产化实现产业价值重组。一是通过建立工业大数据联盟来实现工业数据间的交叉授权和共享，实现"智造融合"。推动新建一批数字、科技和产业基础设施，包括新型数据中心、云边端设施、大数据平台、人工智能基础设施、区块链服务平台、数据交易设施，构建基于共享的智造创新系统，推动企业之间实现工业数据共享，构建智能创新系统；通过行业龙头企业牵头，形成行业内及跨行业的数据共享联盟，实现工业数据的交叉授权和共享。二是搭建"一带一路"数据资源服务平台，打造数据新型营商环境，助推"商贸融合"。依托"义乌小商品市场"，搭建"一带一路"大数据公共服务平台，为地方政府和社会化机构"走出去"和全球贸易决策提供数据服务，打造世界一流的营商环境。三是通过数据资源集聚，打造"定制类"旅游、乡村振兴新模式，实现"旅游融合"。全面推动服务、农业等产业数据资源市场，助推旅游等产业数字转型，基于传统产业和数据市场的融合培育发展新业态新模式。结合大花园旅游城市的特点，培育服务业数据资源市场，建设"线路定制""旅游推荐"为核心的消费平台；结合乡村振兴的现状，尝试推出"城市+农村"的数据对接模式，做新型"C2C"一对一的乡村振兴。

四 发展以"创新"为引领的"数据要素交易服务和中介产业"

经过近年来的试点探索，数据要素市场得到了初步发展，产生了一些从事"交易中介+加工分析"服务的新业态，积极培育数据服务业务的新业态，有效促进了数据资产化和数据资源流通。一是依托交易平台开发数据服务业务，创新数据服务。支持和鼓励现有区域性交易平台发展数据服务，成为兼具技术、信息安全和法律保障等功能的数据交易服务专业机构。鼓励一些新兴机构和企业通过数据聚合、融通、去识别处理、分析挖掘等新型服务方式，针对需求对数据资源进行开发利用，形成"数据不见面、算法模型见面"的数据价值共享流通机制。二是发展以数据加工分析为主营业务的新业态，推动创新数据金融。培育数据金融生态系统，吸纳金融企业、数据资源头部企业、中小企业进入数据交易市场，推动数据金融产品创新和上市，促进数据金融资源在市场主体间自由流动，并实现价值转化。将数据服务业纳入现有高新技术企业、科技型中小企业优惠政策的支持范围，引导政府参股的创投基金适度增加对数据服务的投资。三是构建数据分析专业人才的多元化、立体化培养体系，创新人才培养。支持各类高校开设数据服务相关专业或培训课程，培养数据服务人才，为数据交易提供人才支撑。支持阿里巴巴等数据依赖型企业与高校共建数据高端人才联合培养班，鼓励高校大数据研究人员进企业，强化人才交流互动。

五 兴办以"智慧"为导向的"民生康养产业"

拓展数据应用场景，围绕互联网医疗、智慧康养等民生领域，重点打造"康养"领域的数据要素市场，培育新经济业态和消费新热点。数字赋能幸福民生，打造现代文明生活新标杆。一是聚合"医疗"数据资源，形成以健康为主线的医疗数据资源。医疗领域数据资源价值是显性的。构建医疗健康产业数据要素市场，助推医疗数据开发利用、创新转化、共享开放。同时，依托阿里健康、浙一互联网医院、微医等平台，推动多类型、多层级卫生健康服务业务场景上的数据交易市场应用，鼓励和引导更多的平台基于"诊疗前移"理念逐渐转向新型健康服务业态拓展。鼓励三级以上医院全线接入互联网诊疗，开展可控的"黏性服务"。二是厚植"康养"数据资源，探索"健康养老"数据资源开发和技术拓展。构建康养产业数据要素市场，助推数据开发利用促进在线陪护、"在线监护+医疗"、健康护理服务机器人等融合数据要素的新型产业发展，厚植数字健康养老发展基础。以医养数据融合为手段，积极促进健康与养老、"互联网+医疗"等多元化功能融为一体，加快社区医养服务、高端养老社区、养老机构等发展。三是构建"亚健康"数据公共服务平台，共享智慧康养数据产业大生态。根据2009年国民体质监测的结果，2/3的民众处于亚健康状态。为此，浙江省可以构建包括健康数据、疾病数据、疾病转化数据、康复量变数据、疾病分析为主要内容的亚健康大数据要素市场，培育共享智慧康养数据产业大生态，为个人、家庭、企事业提供超早期疾病预警和成病分析，以及全方位、全周期的健康管理服务。

第七章

培育数字经济"隐形冠军"的对策建议研究

德国拥有世界上最多的数字经济"隐形冠军"的中小企业,这些企业坚持贯彻数字化全球化发展战略。据统计德国现有"隐形冠军"约1300余家,该数量是美国的4倍。这些企业中绝大部分是以技术领先占有绝对竞争优势和利基市场的中小企业,其新产品和专利的比例远远超过大型企业,是细分行业当之无愧的隐形冠军。这些与德国宏观经济、产业模式、创新机制及相应的一系列扶持政策密不可分,对我国培育数字经济领域的中小企业的隐性冠军、促进经济转型升级具有重要启示。

第一节 "隐形冠军"的内涵和特征

根据德国管理学教授西蒙在《隐形冠军:未来全球化的先锋》一书中的定义,隐形冠军是聚焦于一个产品、一个市场,往往是一个高度专门化利基市场的领导型企业。这类企业的产品基本占据企业国际市场份额的前两位,市场份额达到70%甚至90%以上,从投入端看,以中小微企业为主,股权结构和治理结构简单,管理方式灵活,产品和市场高度专业化,生存时间往往多达几十年甚至上百年。这些行业中"隐形冠军"式的中小微企业往往具有三个方面的共性特征:

一是这些企业的领导者具有领跑全球同类企业或产业的宏大远景和高瞻远瞩的商业战略。多数企业隐形冠军,都有着明确的发展愿景,并将远景目标逐层分解。这些企业永远前进在迈向下一个目标的发展道路上。同时，这些企业将所有精力都集中于某一个细分市场，全球市场对于他们来说，不仅可以扩大市场，更能不断创新技术，因此，大多"隐形冠军"企业都希望成为全球市场领导者，而且伴随全球化浪潮，"隐形冠军"往往日益专注于它们的科技和市场，产品和技术往往独一无二并且卓越超群。

二是高度专注和持续不断的创新。"隐形冠军"企业往往是专注细分市场、崇尚专业化，绝少多元化，选定了某一产品或市场后，会几十年、几百年如一日专注于此并不断深入细分市场，不断延伸价值链，从价值链广度和深度上不断探索，这既包括继续开发多种产品、开拓不同市场，也包括在产品的不同规格或"一揽子"配套产品上，在西蒙的调研中，25%的"隐形冠军"公司的制造深度超过70%，远超行业平均。此外，持续创新是"隐形冠军"企业的利器，主要体现在持续不断的产品创新、流程创新和服务创新。据统计，以千名雇员的专利产出计，"隐形冠军"企业拥有31件，平均是大企业的数倍之多。德国近九成的"隐形冠军"企业是同行中的技术领军企业，其平均用于研发等技术创新活动的经费占销售收入的比重超过6%，甚至有20%的"隐形冠军"企业的研发投入甚至高达9%。

三是亲近的客户关系、非常鲜明的竞争优势。"隐形冠军"企业和客户往往是相互依赖的关系。因为产品和市场的高度专注，企业对客户市场会高度依赖，而"隐形冠军"企业的产品和服务的专业性也决定了其高门槛和不可替代性。而且，正是由于产品的服务化性质，使产品和服务有机融合成为统一的产品系统和整体的解决方案，因此客户对企业的依赖度也往往非常高。相比一般的小公司乃至一些大型企业，"隐形冠军"的市场调研更深入，对客户的需求更了解，产品或服务往往更能切中客户的痛点。此外，"隐形冠军"企业的竞争力不仅表现在产品和服务上，忠诚的职业经理人和员工也是重要因素。相比一般企业，"隐形冠军"企业的职业经理人连任率是一般跨国公司的4倍，达到20年以上，这使企业具有更强的稳定性。除了领导人以外，"隐形冠军"企业也非常注重一般员工的学徒制培训，在德国"隐形冠军"企业的员工培训投入比大企业平均高出五成以上。

第二节 德国经验的比较研究

为何德国会成为"隐形冠军"的摇篮，这与德国的宏观经济、产业模式、创新机制及相应的一系列扶持政策密不可分。培育数字经济领域隐形冠军，国家往往需要具备很强的制造业生产能力、很强的创新氛围和有效的政策支持。

一 宏观环境因素

（一）德国的市场环境条件推动了企业的外向型发展特征

德国的地域和人口特征决定了企业的市场范围的局限和利基市场的狭小，因此推动了企业通过国际化的路径开发市场，西蒙的调查也指出，"隐形冠军"企业平均51%的销售额是在国外实现的，因此推动了企业在一个特定的专业化的利基市场不断深入做深做精，同时注重开发国际市场。

（二）德国的产业模式决定了企业难以通过低成本方式展开竞争

德国政府的产业发展和劳动保障政策，对企业雇员的工资水平、福利条件、雇佣关系管理等都有明确的规定，员工和企业之间的雇佣关系较为稳定，这种政策限制了企业通过裁员或压低员工工资福利待遇等方式，从而降低企业经营成本的空间。倒逼企业寻求组织创新、技术创新等模式推动产品创新，从而占据更为有利的市场竞争地位。

二 制度文化因素

（一）良好的科技服务体系和成果转化机制

德国的众多中小微企业的新产品比例和专利比例远超大型企业，成为细分行业的"隐形冠军"，与德国完善的小微企业技术服务体系和科技成果转化机制密不可分。总的来说，德国的小微企业技术服务体系包括技术研发体系、中介技术服务和政策支持体系等，其核心特点是"民办政扶"，政府确定科技创新的重点领域，并设立基金对中小企业创业创新的技术研发、成果商业化等进行部分资助，引导其他社会资金共同参与，在具体的技术服务过程中，由类似企业的民间组织具体开展各项工作，通过行业协会支持技术研发，以保证项目执行的公益目标和市场效率。

德国的公共技术研发体系主要由协会和高校构成，机构定位清晰、分工明确、网络广泛、研发能力强大。德国的协会是财团法人或社团法人经营的非营利组织，德国政府给予经费划拨，三大协会是中小企业创业创新质优价廉的共性技术提供平台。其中，赫尔母资协会有16个研发中心，研究的共性技术主要是能源、环境、生命科学、关键技术、物质结构以及交通航天等方向；莱布尼茨协会有86个研究中心，研究的共性技术主要是自然、工程、环境、经济、社会、地球和人文科学，重视基础和应用的结合；弗朗霍夫协会有66个研究中心，研究的共性技术主要是信息交流、生命科学、微电子、光与表面、生产、物质等方向。德国高校的应用技术研发能力也很强，其中应用类的学校占了总数的五成以上。

德国的中介技术服务体系非常发达，其中行业协会、商会、基金会是技术咨询和技术转移服务的主体。德国技术转移中心和弗朗霍夫协会是非营利机构，史太白技术转移中心属于基金会性质。德国技术转移中心免费为中小微企业提供共性技术支持、咨询和专利信息转移。弗朗霍夫协会和史太白技术转移中心通过市场化方式进行服务。以史太白中心的市场化服务为例，其分支机构面向企业的咨询只有在五小时以上才收费，因此对企业的技术创新具有非常强的指导和支持。而且，中心也对各分中心的企业免费上门服务进行经费补贴。总而言之，德国的众多中介技术服务机构的市场化和非营利性服务对技术扩散、溢出和转移具有重要作用，德国中小企业创业创新的技术使用成本实际上是非常低廉而且方便获得的。

德国中小企业创业创新技术服务的政策也非常发达。德国联邦经技部、教育部和州政府通过资金扶持的方式支持技术开发。德国的二大协会是非营利组织，但对技术服务的经费有非常大的自主支配权。在政府以日常管理和项目经费的形式将科研经费拨付到协会后，协会自主安排经费使用。此外，政府也会把一部分竞争性研究项目委托协会自主研究。三大协会的专业性确保了其中介作用的发挥。

（二）日耳曼精神中的"对完美的不懈追求"使德国企业更专注于成为细分市场的隐形冠军

德国文化的"严谨"精神来自日耳曼精神中"对完美的不懈追求"，这体现在德国人工作中往往严谨、敬业、专注，这也表现在德国企业文化中始终追求产品设计和生产过程的高技术、高质量的不断提升，体现在企业管理中，是对规范和纪律的不懈坚持，德国的中小企业创业创新在运营的各个环节同样受到德国日耳曼文化的浸染，这不仅表现在企业对持续创新的追求，管理者和生产者的高度职业精神，对工业设计孜孜不倦的追求，科技产品杰出的制造水准，因此成就了一大批中小企业创业创新的"隐形冠军"。

三 国家政策的推动

（一）出台专项政策着重资助中小企业创业创新

针对中小企业创业创新研发资金不足的困难，德国通过特别的政策方式，以基金和项目资助的方式解决中小企业创业创新的研发资金问题。德国实行"中小微企业创新项目""中小微企业创新核心项目"等，对多个领域的小微企业科技创新研发资金、企业之间或企业与研究机构之间的合作，以及技术的商业化提供资金的扶持。政府提供的资金上限将占到创新活动经费需要额度的一半。如果该项目获得成功，由新技术的市场化产生的利润，将被企业用来偿还政府补助的资金；反之，则不用企业偿还贷款。这种"非盈利无债权"创新扶持方式极大地推动了中小企业创业创新的动力。

此外，德国经技部、复兴银行及大企业共同设立高科技创业基金，为种子期的年轻中小微企业提供风险投资，这个基金规模高达近3亿欧元。德国也将欧洲重建基金更多地用来支持中小微企业，如"EPR创新计划"就为中小微企业提供了总额500万欧元的十年期的研发贷款，用于新技术开发和市场环节商业化。

（二）出台科技专利和成果保护的相关制度和扶持政策

德国中小微企业非常注重发挥专利和最新技术成果的作用，来提升产品和服务的质量。因此，德国政府在扶持科技型中小微企业的过程中，高度重视通过立法和创新保护政策等措施对科技专利和最新技术成果进行保护。德国政府为了引导鼓励科技型中小微企业在创业创新中形成知识产权并高效率地加以转化，设立了"企业专利行动基金"，为科技型中小微企业专利转化提供服务。此外，为了鼓励企业间联合开发或分享技术创新成果，德国还实施了企业间合作研发产生的知识产权盈利共享的促进政策。

（三）扶持中小微企业开拓国际市场

德国政府支持中小微企业走向国际，拨发专门款项用于资助小微企业参加国内外展览，并且在政策上对中小微企业着重倾斜，这使中小微企业比较容易在国际市场上获得品牌影响力和知名度，进而不断拓展国际市场。

第三节　培育数字经济领域"隐形冠军"和"独角兽"的对策建议

从全球看，2016年"独角兽"榜单中，252家"独角兽"分布在全球23个国家，其中美国137家、中国63家、英国10家。从全国看，科技部发布《2016年中国独角兽企业发展报告》显示，88%的"独角兽"位于北京、上海、深圳、杭州4个城市。据《2018年中国独角兽报告》统计，浙江省独角兽23家，准独角兽（估值超6.5亿元人民币或1亿美元）120多家，估值总额超1.2万元人民币，其中，80%的"独角兽"属于数字经济领域。因此，数字经济驱动的新业态新模式新技术是"独角兽"井喷式爆发的重要源头。

一　建立数字经济"独角兽"培育库

一是实施"独角兽"和"超级独角兽"培育工程。从数字经济独角兽分布看，以2018年为例，北京65家，占57%；上海26家，占23%；深圳、杭州各12家。与北京、上海相比，浙江省"独角兽"仍有差距。"超级独角兽"全国7家，浙江省2家。对此，应制定实施数字经济"超级独角兽"培育工程，加快实施蚂蚁金服（750亿美元）、阿里云（390亿美元）等"超级独角兽"培育工程，力争培育一批估值超100亿美金的超级独角兽。研究制定数字经济"独角兽"培育工程，大力培育口碑（80亿美元）、微医集团（30亿美元）等"独角兽"，力争培育一大批估值超10亿美元的"独角兽"和估值超5亿美元的准"独角兽"企业。二是建立"独角兽"数据库。大数据驱动的分享经济、平台经济、智能经济是"独角兽"集中爆发的领域。全国131家"独角兽"中,电商"独角兽"占31.4%,互联网金融"独角兽"占123%,云服务、大数据、人工智能"独角兽"占10.1%。对此,要加快建立数字经济"独角兽"重点企业数据库,重点扶持在人工智能、区块链、量子通信、虚拟现实、智能制造等未来数字经济领域的颠覆性创新,支持条件成熟的地区建设"独角兽"产业园。建立"独角兽"蓄水池,对技术领先、势头迅猛、辐射力大的准独角兽企业"一事一议"。全面推进"独角兽"高新技术企业培育计划,对通过国家认定的"独角兽"高新技术企业给予50万元的认定奖励。实施科技型初创企业培育工程,每年培育科技型"独角兽"企业数量500家以上,新认定重点培育科技型初创企业2000家以上。三是大力发展"平台型"航母级企业。平台型企业通过产业链上下游业务拆分和并购重组,成为孵化"独角兽"的重要源泉。目前,全国由平台型企业业务拆分而产生的"独角兽"企业达31家,占全国"独角兽"企业总量的24%,总估值2182亿美元,占比超过44.7%。阿里巴巴作为平台型企业,已孵化出蚂蚁金服、淘票票、钉钉、阿里云、口碑、菜鸟网络等14只"独角兽",总估值1988.5亿美元;腾讯系也孵化出腾讯云、微票儿、微众银行、人人贷等16只"独角兽",总估值1320亿美元。对此,应充分重视平台型企业衍生孵化"独角兽"企业的独特优势,深化与阿里巴巴、网易、海康威视等大企业大平台战略合作,依托平台型企业强大的资金集聚、资源整合以及成熟的流量、渠道、变现能力,打造"平台型企业+X独角兽"的孵化生态。

二 支持"独角兽",对接"凤凰行动"

一是大力推进数字经济"独角兽"上市。2018年3月30日,国务院办公厅转发证监会《关于开展创新企业境内发行股票或存托凭证试点的若干意见》。要抓住这一难得的国家政策机遇,开通"超级独角兽""独角兽""准独角兽"上市快速绿色通道,纳入浙江省"凤凰行动"政策支持范围。积极争取"独角兽"优先参与"新经济'独角兽'快速上市"改革试点,支持营业收入不低于30亿元人民币且估值不低于200亿元人民币,以及拥有自主创新国际领先技术、在同行业竞争中对于领先地位的红筹企业作为上市辅导对象,力争推动一批"独角兽"企业海内外上市。二是大力推进数字经济"独角兽"兼并重组。借助数字经济"凤凰行动"计划,加快推进"独角兽"企业在境内外并购重组。支持"独角兽"公司围绕上下游产业链并购优质资源、优质标的、优质项目,提高企业核心竞争力。加强与欧、美、日、韩等发达国家的合作,借助国家"一带一路"倡议,加快推动以高端技术、高端人才、高端品牌为重点的跨境并购。加快建设"独角兽"孵化器,构建"众创空间—孵化器—产业园区"孵化体系,力争培育国家级孵化器100家、省级孵化器200家以上、其他孵化器300家以上,为"独角兽"注入更多的高端资源。

三 打造数字经济"独角兽"群栖地

一是打造"独角兽"高端科创平台。上海张江高科、北京中国村、深圳南山、杭州滨江等一流的科创平台是"独角兽"成长的高地,要素循环的流动性、开放性、协同性是"独角兽"指数级增长的源泉。对此,要充分利用大湾区大花园大通道大都市区、城西科创大走廊、钱塘江金融港湾、城东智造大走廊、西湖大学、之江实验室等重大平台的集聚效应,建立"苗圃—孵化器—加速器—产业园"接力式创新链条,积极推广余杭区打造"全国独角兽企业成长乐园"的经验,在高新区、科技城、产业园培育数字经济"独角兽"。加快推动之江实验室创建国家实验室,支持阿里巴巴建设数据智能国家技术创新中心,推进浙江大学等重大科学装置和重大科技设施建设,为"独角兽"孵化提供平台支撑。

二是打造国际性的"独角兽"窗口。举办全球"独角兽"大会、国际"独角兽"峰会、"独角兽"产融对接大会等高端交流合作平台,每年举办5场左右具有重大国际影响力的数字经济"独角兽"大会。办好"世界互联网大会""联合国地理信息大会""云栖大会""万物生长大会"等国际性会议,把"独角兽"企业发展作为"钱塘江金融高峰论坛"的重要议题,常态化举办"独角兽"创新创业赛事或论坛,定期发布浙江和全国"独角兽企业榜单",吸引国内外创业团队、高端人才、PE/VC集聚杭州。

三是实施名企名校名院名所"独角兽"培育工程。支持世界500

强、中国企业500强、民企500强在浙江投资孵化"独角兽",鼓励中国科学院、中国工程院、清华大学、中国科技大学、浙江大学等名校名所进行成果转化,共同培育高新尖领域的"独角兽"。加快国际创新资源要素集聚平台建设,鼓励在海外设立孵化器、离岸"双创"中心等,支持跨国公司、国际组织、国际知名高校、科研机构来杭设立分支机构,引进顶尖科学家、顶尖科研团队、顶尖人才在浙江省创办"独角兽"企业。力争到2025年,引进国内外优质高等教育和科研资源或世界500强企业建设30个高水平科研院所。

四 构筑数字经济"独角兽"孵化链

一是打造"独角兽"金融生态圈。发挥好政府性产业基金的引导作用,探索设立"独角兽"创投引导基金,加快推进创投引导基金子基金与国际一线投资机构合作,力争到2020年,创投引导基金规模达50亿元、天使投资引导基金规模达50亿元。鼓励各类金融机构针对"独角兽"企业提供各类个性化金融创新产品,加快推进投贷联动试点。完善政策性担保和周转基金政策,推动投融资路演服务网络化、国际化,多维度聚合和链接独角兽企业在全周期所需的优质投融资资源。深入实施钱塘江金融港湾发展战略,支持浙江股权交易中心做大做强,加快建设金融特色小镇,构筑立体化的优质新金融资本生态圈。

二是为"独角兽"提供精准化政策资源。深入推进"独角兽"企业投资"最多跑一次"改革,精简数字经济新兴行业发展的前置审批等行政许可事项,依据"独角兽"爆发式、颠覆性、自成长规律,构筑"独角兽"创新创业生态圈。探索创新针对"独角兽"企业的土地拍卖出让办法,解决"独角兽"企业面临的办公房和厂房制约。探索3年内给予年度新增税收的地方留成部分按100%、60%、20%返还或奖补。适应数字经济发展趋势和行业特点制定专项的科技立项和财政奖补政策,加大对"独角兽"企业的科技研发支持,促进数字经济共性技术、底层技术、基础技术的研发。三是聚焦"独角兽"招引人才。大力推进浙江省"人才新政"落实,加快引进数字经济领域的国内外高端人才资源,杭州市、宁波市等"独角兽"密集地应制定出台超常规的数字经济人才专项政策,给予"独角兽"企业高端人才个人所得税的省市留成部分按一定比例进行财政奖补,给予人才租赁房、国际化学校、国际化医院支持,形成高层次人才"以强引强、以才聚才"的连锁效应。强化领军创新创业团队培养,大力鼓励支持"独角兽"企业培养和引进领军型创业团队,力争到2020年引进"独角兽"领军型创新创业团队80个以上。

第八章

数字众创平台建设的国际经验及众创小镇建设的对策研究

互联网无限延展了"众创空间",使中小企业创新创业成为一种社区生活方式。众创空间(创客空间)作为一种新型的创新创业平台,自出现以来展现出了强大的生命力,在促进创新创业发展方面成绩显著。

众创空间是由国外的创客空间发展而来,而创客空间的发展脱胎于硬件领域的 DIY(Do It Yourself)运动。到 21 世纪,在新工具、社区、开源软硬件、众筹机制、创客文化的共同合力下,创客空间运动成为一股全球化浪潮。

平台创新是推动创业创新系统运行的重要创新方式。平台创新是指创业、创新具有开放特性和自组织特性,创新主体通过价值链的各功能模块的相互作用形成共生和协同,从而促进创新系统的循环演进。

随着市场竞争的日趋激烈,企业之间的竞争态势已经从过去单个企业之间转变为整条供应链之间的竞争,其核心是价值链上各环节创新能力的较量,其实质是创新系统之间的博弈。面对快速变化的全球化市场,企业必须建立一种能够与相关企业、机构紧密合作的价值关系网络。

第一节 众创空间的内涵与构成要素

一 众创空间的内涵

众创空间是顺应创新"2.0 时代"用户创新、开放创新、协同创新、大众创新趋势,把握全球创客浪潮兴起的机遇,根据互联网及其应用深入发展、知识社会创新"2.0 时代"环境下的创新创业特点和需求,通过市场化机制、专业化服务和资本化途径构建的低成本、便利化、全要素、开放式的新型创业服务平台的统称。

二 平台创新视角下众创空间的构成要素

(一)创业创新的多个主体

企业、供应商、客户、高等学校、科研机构、中介机构、风投机构、金融机构等构成了创新链的参与主体。其中,企业是创新链中核心主体,其他主体可为创新活动提供必要的知识流、资金流、技术流、信息流等,只有企业才能将这些不同的要素流动整合成有效的创新活动。在创新活动中,企业与其他创新主体间知识与信息共享程度越高,企业产生创新的概率越大。发挥创新主体的反应性、学习性和适应性是促进企业多要素协同创新的关键所在。

(二)创业创新的多种资源

技术、市场、资金、信息、人力、战略和组织构成影响创新链的关键资源要素。技术、市场、资金和信息是最活跃要素,战略、组织、人力要素相对而言是稳定性要素,各要素之间要通过沟通、竞争与合作的方式实现多要素的协同创新,从而提高创新链协同演进的有效性和自组织效应。

三 平台创新视角下多主体共生协同创新的内在机理研究

如图 8-1 所示,通过不同中小企业的嵌入来优化整个平台的创新创业活动。从竖轴创新环境来看,价值链不完全是企业内部的,存在企业内外资源的整合,创新链的嵌入使价值链从一个封闭式的环境向开放式的环境转型,实现价值增值的空间延展。从纵轴创新资源来看,初始价值互动的创新资源是离散的,在创新的驱动下,创新资源开始向均衡方向延展,整合效率进一步提高。实际上,创新环境越开放,价值提升越快,但这只涉及企业内外部资源的整合问题,如果将价值链立体地往前推进,则还涉及整个创新体系的资源整合,从而使整个创新形成一个良好的生态。

有效运用创新要素实现创新链的价值增值,并以知识、技术、产品、服务为纽带形成多元创新主体的竞合共生,促进创新链的演进发展。

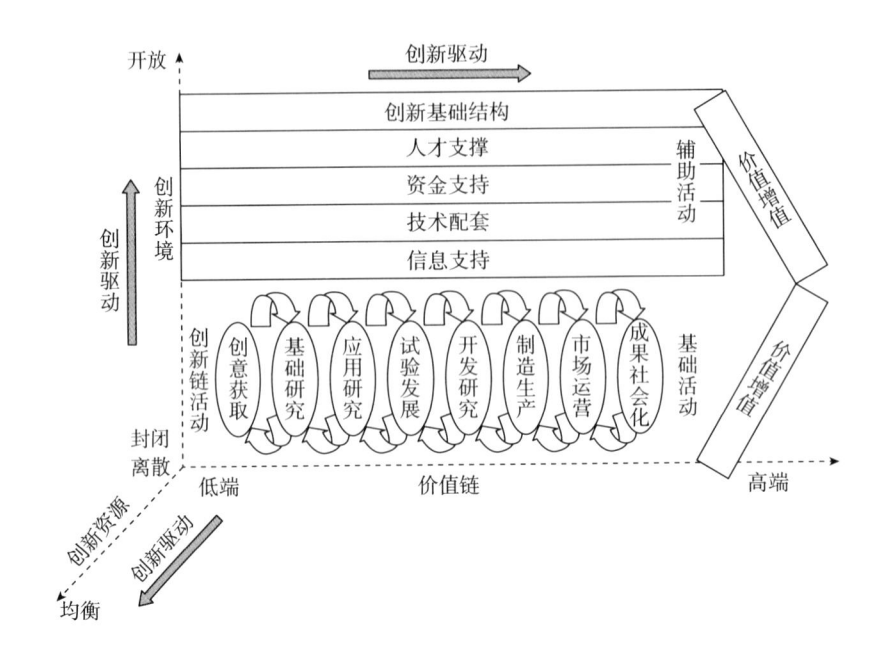

图 8-1 平台创新视角下多主体资源整合协同共生发展

随着科学技术的日新月异，尤其是信息通信技术的普及与快速发展，作为创新主体地位的企业，其创新模式发生一系列变化。从企业创新 1.0 阶段（Closed Innovation 封闭式创新，创新源局限在企业内部）到 2.0 阶段（Open Innovation 开放式创新，即"非此地发明"，广泛获取来自企业外部的创新源），再到 3.0 阶段（Embedded Innovation 嵌入/共生式创新，企业创新行为更加重视资源整合与共生发展）。封闭式创新强调企业建立内设研发机构进行自行研发、创新驱动力来自于需求和科研的"双螺旋"；开放式创新强调产学研协同以及政府、企业、大学科研院所的"三螺旋"；而嵌入/共生式创新则进一步体现为产学研用的"共生"以及政府、企业、大学科研院所和用户的"四螺旋"。

第二节 国外数字众创平台发展模式的案例分析

一 WeWork 案例基本情况

"互联网+"背景下，众创空间（创客空间）迅速成为各发达国家推动中小企业创业创新的新型平台,展现出了强大的生命力,在促进各国创新创业发展方面具有显著的效果。

美国知名的创客空间有 TechShop、Noisebridge、FabLab 等。TechShop 是美国规模最大的创客空间,在七个城市开设连锁分店,通过会员费和收费课程盈利。与 TechShop 不同,Noisebridge 是一个崇尚开放、自由、互助、无为而治的场所,无须缴纳会员费就可以进入其中,保留着原汁原味的创客文化。而近年来发展迅速的共享办公型创客空间 WeWork,则凭借自己独特的商业模式,取得了巨大的成功。

2010 年,WeWork 在纽约曼哈顿开始创业,5 年后的今天,其估值已经达到 50 亿美元,在美国有 29 个工作地点,在欧洲和以色列也有布点。作为典型的共享办公型众创空间,从运营模式上看,WeWork 主要是通过在一些租金较为便宜的地区租用楼面,并进行二次设计,将楼面设计为风格时尚、可定制且社交功能较齐全的办公空间,之后以远高于同业的价格租给各种创业者(公司或个人),并在租金中获利。在日常运营中,除了为各类创业者提供办公空间(办公室、会议室、娱乐设施、生活设施)之外,WeWork 还为创业者提供各种与创业关系密切的隐形服务,如定期举办社交活动,促进创业者之间、创业者与投资人之间的交流;充当中间人,为创业者之间合作、创业者和投资人、初创企业和成熟企业之间搭建业务或资本合作的桥梁;完善办公空间的各类社交功能,为创业者和投资人创造各种各样偶然的邂逅可能。

WeWork 的盈利模式主要来自如下:

(1)向创业者(个人或公司)收取租金,WeWork 主要是在新建的开发区或者萧条的街区开设办公点,先折扣价租下整层写字楼,分成单独的办公空间,再出租给愿意挨着办公的初创企业,采取的是"整批零租"的形式,重点是保证好利差,从而在会员租金和配套服务上收费。

(2)隐形回报获利,WeWork 除了会员租金和配套服务收费之外,WeWork 还通过周边地价溢价、对种子公司投资等隐性回报来获利。除此之外,WeWork 管理者看到了以中间人身份向会员介绍各项服务的新收入来源,这些服务包括医疗、会计、法律和云计算,这些咨询、法律支援,都会帮助"创客们"解决在创业初期的各种困难,比如,通过

TriNet、WeWork 帮助会员每月节约 200 美元的健康保险。

二 WeWork 商业模式创新分析

WeWork 是创新型办公空间的代表，与现有写字楼的经营模式相比，存在如下创新：

（一）商业模式运营的轻资产创新

近年来国内商业地产、楼宇经济被看好，发展模式主要是"拿地、开发、招租"的运营模式，但是在这种传统模式下，资金投入量大、运作周期漫长。比较之下，WeWork 模式地产运营商通过物业改造升级，数月内即可以完成项目的交付，资金也可以得到快速回笼。

（二）产品形态的创新

一方面，租面积到租工位，非标准产品到标准产品的进步，瞬间打破了以楼层、面积、户型、使用率等为代表的写字楼的复杂性。另一方面，租赁标的可伸缩性以及租期的灵活性，又减少了企业对未来发展不确定性的顾虑，因此营销成本也将随着产品的改进而降低。

（三）集约经营到共享经济的创新

客户获得的不再仅仅是一块面积或一张工位，还包括前台、会议室、茶水吧和休闲区等公共资源，为入驻企业提供网络通信、办公场地、办公设备、展示空间、会议场所以及休息场所等。顺着行业关联、产业融合角度营造出一个利他、多赢的生态圈，更加注重开发互动，进而促进租户之间的交流。

（四）空间硬件到服务的变革

办公空间是企业最基本、最底层的需求，通过商业网络将能够提供这些软性服务的市场主体组织起来，让其形成一个良性的商业循环。软性环境做得好，创业融资成功企业的比例也将会提高。此时，投资方可以以股权的方式或者扶持基金的方式对优秀创业企业进行适当的投资，租金可以用部分股份抵押。这对初创企业而言，大大降低了创业门槛。运营方提供的第三方服务降低了客户采购成本的同时，也降低了第三方服务商的销售成本，而运营方自身则获得客户关系和黏性，最终实现"三赢"局面。

通过理论和案例探讨，本书的研究发现创客空间实质上是由多个主体参与，若干个创新链有机组成，以促进产业价值增值为目标的网络式链接。创新链嵌入在产业价值体系的多种链接中,不同产业价值链环节可以被打散并系统整合,成为产业价值网络形成的重要驱动。创新链驱动产业价值链的网络演进表明,各创新主体的利益关系不是独立的,而是协同的。各个创新主体只有不断提高自身价值活动的质量和效率,促进与其他主体的协作关系,才能实现彼此利益的共赢,实现创新过程中价值增值的最大化。当产业发展过程中价值链的节点成为"短板"时,通过价值链的节点协同创新,可以实现重点突破,提升产业核心竞争力。通过"多元、融合、动态、持续"的协同创新可以推动价值链跃升。通过协同创新的网络作用,不断形成新兴产业。创新链促成产业价值链上有机联结的各种创新主体(企业、高校、科研院所、政府、中介等)之间,以及与创新环境之间形成了协同互动、开放循环、共生演化的关系。

众创空间通过产业链、创新链和价值链的深度结合,有利于实现知识、技术、人才、资本等各种创新要素汇集融合,核心企业通过整合创新资源,建立利益分配链,实现与其他相关企业和机构在知识、信息、技术、渠道等方面上的共享和相互依存,从而适应环境的选择并获得竞争优势。这种高度开放的系统和模式,有利于促进企业间及企业内部关系的转变,创新资源配置从企业内部循环走向外部循环,创新环节分工更专业。面对生产消费者(Prosumer)的崛起和产学研用社区生态化创新的新模式,不同产业环节的大中小企业按其功能定位有序衔接,形成创新链各环节的互动与合作,强化产业链的支撑与互动。多种资源的整合共享有利于企业的创业创新和共生发展,促进了产业链与创新链价值增值共同目标的实现。

第三节 "众创小镇"建设的对策建议

新常态下,众创小镇建设作为破解经济结构转型升级和动力转化现实难题的战略选择,是高端资源聚合、创新要素集聚的新载体,大项目落地、特色产业提升的新平台,是大型平台型企业辐射孵化中小企业创业创新的聚集地。创意、资金、人才、产业元素在特色小镇汇聚并融合,发生化学反应和奇妙效用,使"特色小镇"成为"众创空间"的新载体，经济的创新极和新引擎。

"特色小镇"的内涵建设紧密围绕"大众创业、万众创新"，离开"众创功能""特色小镇"与传统意义上的产业园、工业园区、经济开发区没有本质的区别。因此，应凸显"特色小镇"的众创功能，将特色小镇造成人才创业高地、风险资本集聚高地、新兴产业高地和创新孵化高地，为"特色小镇"按上"火箭推进器"，将"特色小镇"打造成"众创小镇"。

一 众创小镇要打造成人才创业高地

（一）开通校院人才直通车

一是开展高校和科研院所科研人员在职创业计划。鼓励拥有知识产权的在编高校和科研院所科研人员，在完成教学和研究本职工作的前提下，进入特色小镇进行"在岗创业"。如对于转化职务科技成果以股份或出资比例等股权形式产生收益的个人，暂不征收个人所得税，待其转让该股权时按照有关规定计征。二是在特色小镇开辟"众创学园"，实施大学生创新创业引领计划。对接高校建立创业教育学院，设立"实践型"创业课程，鼓励大学生"带着学分创业"，加强大学生创业教育和培训，为大学生提供创新空间、创业场地和创客服务。

（二）建立O2O众创人才库

一是建立众创人才的"引育留用"的线下汇合机制。实施"上天"和"入地"两类人才的建库招引工程，建立"国千式"产业领军人才和"工匠型"技能引领人才的"众创人才库"，吸引"海归系"高层次人才创业；实施"国际创客培育和留用"计划，以创新力强的领军型团队，吸引和凝聚创业创新人才，为重点行业发展、龙头企业急需、重大项目实施、关键技术转化、创新产品开发所需要的创新创业人才，建立起优质高效、畅通便捷的绿色服务通道。二是加速构建跨空间的线上创客人才集聚的机制。借助互联网创客社区、打造"青年众创客厅"，形成"全球创业者圈"的资源平台，吸引"新四军"和"三有三无"创客汇集特色小镇。

（三）聚集阿里系浙商系创客

一是发挥阿里系、浙商系人才在产业集群内的创业衍生能力。在特色小镇为阿里系、浙商系企业高管、科技人员等提供资金、技术和平台，开展二次创业和内部创业，形成开放的产业生态圈。对中小微企业人才聘用给予社保补贴、集体户口等政策扶持。对自主创业的"创客"，按规定落实创业担保贷款及贴息、创业补助和带动就业补助等扶持政策。二是充分借用阿里系、浙商系人才在创新创业方面的成熟经验，成立"中小微企业诊断师"队伍。组建一支服务企业创业创新的顾问团、创业导师队伍。借鉴日本中小企业诊断师制度经验，建立一批中小微企业创业创新辅导站，为特色小镇中的中小微企业在日常经营、战略改革等进行诊断，并提供企业经营管理的建议和辅导。

二　众创小镇要打造成风险资本集聚高地

（一）设立市场化的混合制产业引导基金

一是在特色小镇建立"公司+有限合伙"模式的混合制产业引导基金。发挥政府在产业引导和创新催化中的"风向标作用"，建立"产业发展和投资引导母基金"，设立技术门槛，形成准入机制，吸引"一带一路"海外资本和国内民间资本成立混合基金。政府通过负面清单管理、合伙协议约定、违约回购、第三方审计监管的方式，采取引导式管理，确保母子基金在设定轨道上运行。二是完善产业基金的市场化运作机制，达到"以小博大"产业扶持目标。坚持"一融合一对接"即技术与市场融合、创新与产业对接，通过融资担保、股权投资、委托贷款、跟进投资、投保贷一体化、助贷基金等市场化运作机制，扶持在特色小镇中孵化和加速的重点产业。

（二）打造"全程接力式""一揽子"金融方案

一是有效整合各种金融资源，完善资金链，为企业提供全创业周期创新发展的持续动力。以互联网股权众筹等融资方式助力种子期创客企业；开辟私募基金机构集聚区，通过小微券商、小微证券服务机构辐射初创期小微型企业；培育发展创业投资机构和大力吸引天使投资人，引导PE/VC、天使投资等各种资本投向成长期的创业企业；引导发展期和成熟期创业企业到新三板、创业板、主板等多层次资本市场挂牌上市，充分利用境内外资本市场进行多渠道融资。二是知本换资本，拓展"知识产权"融资等多种创新融资方式。围绕产业链的延展、创新技术的开发、创业企业的融资需求，以知识产权交易为核心形态，通过知识产权证券、知识产权信托和知识产权融资担保等方式进行融资；开发科技保险、创新动产、创单等新型金融产品。

（三）合理设计创新创业风险分担机制

一是建立完善政府投资基金、银行、保险、担保公司等多方参与的风险分担机制，将创业企业纳入贷款风险补偿政策范围。二是鼓励设立"科技金融专营机构"，推行差别化信贷准入和风险控制制度。如推行"首贷补偿机制"，探索建立创客企业库、天使投资风险补偿机制和风险资金池，对合作金融机构列入"创客库"的企业发放的贷款首次出现不良情况，给予一定风险补偿。

三 众创小镇要打造成新兴产业高地

（一）聚特做强七大万亿级产业和十大历史经典产业

一是将特色小镇打造为"一镇一特"、全产业链集聚、全要素整合的产业高地。围绕七大万亿级产业和十大历史经典产业，聚特做强。每个特色小镇找准、凸显、放大产业特色，主攻最有基础、最有优势的特色产业，建设以特色产业聚合的"众创工场"。集聚发展孵化、信息、知识产权等创新创业服务业，营造良好的市场化服务环境，推进产城融合，吸引优秀科技创新项目、优质创业团队入驻，加快打造全产业链聚合、全要素集聚的特区。二是打造产业引擎，产业链协同发展做强特色产业。鼓励"7+10"产业的领军企业和行业龙头在特色小镇发展服务化众创平台，引导和支持有条件的行业领军企业将内部资源平台化，面向企业内部和外部创客提供资金、技术和服务支撑。进一步完善中小微企业围绕特色产业链的配套发展机制，建立基于产业链的协同发展计划，实现大中小微企业的共生发展。

（二）构筑开放协作的产业生态

一是构筑"开放、共享、协作"的产业生态系统，吸引同类型的产业和企业进入众创小镇。构筑产城融合的产业生态圈，提供行业社交网络、专业技术服务平台及产业链资源支持，形成自组织、自滋养、自成长、自壮大的产业生态圈，吸引全球高端要素资源融入，激发特色小镇特色产业的成长动力。二是围绕"供给侧结构性改革"战略，催生融合性的新业态、新模式。实施"供给侧结构性改革"战略，推动特色小镇产业生态系统不断发展新型业态和新型产业模式，如借鉴韩国济州特别自治道以"智能观光"和"能源自主"融合的新产业，京畿道以游戏产业、金融科技和物联网产业等为基础的融合性新产业的经验，催生一批"互联网+健康""智能装备制造+外贸服务""智能观光旅游""产城融合的都市时尚"等融合性的新业态、新模式。

（三）催生精益服务的产业支撑

一是在特色小镇内部建立精益服务网络。大力发展并构造"互联网+服务资源平台"，逐步构建特色小镇与创业资金、工业设计、技术开发、供应链条等在内的创业资源对接平台。在特色小镇打造"一站式对接服务窗口"，完善特色小镇众创平台的产业培育和创新支撑能力，充分利用互联网+加快中小企业公共服务平台网络建设，形成虚拟服务系统与实体服务资源的协同服务。二是在特色小镇之间建立精益服务网络。互联网+"黏合点"，为中小微企业提供"精益服务产业"。为具有互联网基因的中小微企业提供MVP（最小化可行产品）测试、企业主要产品当月DAU（日活跃用户数量）等精益服务项目。在明确（供需）"黏合点"的前提下，互联网思维为突破"信息不对称"，通过黏合供需双方提供更直接、快速、有效的平台。三是为特色小镇向区域产业辐射提供精益服务。加快建设以"互联网+"、智能制造技术为引领的新型共性技术服务平台，将网上技术市场延伸到特色小镇，为创业者提供相关行业技术成果信息及交易服务。

四 众创小镇要打造成创新孵化高地

（一）虚实结合的众创孵化平台

一是利用互联网平台，建设虚拟众创空间，打破地理空间条件限制，促进众筹、众包等服务发展，有效降低创业人口集聚，提供人均创业产出效率，扩大众创空间辐射范围。鼓励创客充分利用"云制造"吸取敏捷制造、网络化制造和服务化制造等先进制造模式的优势，主动、积极、快速地对接创新链前端。二是向众多创客提供开放实验室、加工车间、产品设计辅导、供应链管理服务和创意思想碰撞交流的实体"众创空间"。行业领军企业、创业投资机构、社会组织等为众创空间的创业创新者提供良好的工作空间、网络空间、社交空间、资源共享空间，从而集聚和催化创业创新资源。三是叠加"孵化器+加速器+创客空间"功能，探索建立"专业新型孵化器"。创新孵化器运营机制，借鉴美国"租金财务平衡式"孵化机制、以色列"管理公司参股式"

孵化机制、法国为孵化项目配备顾问,针对创新创业团队在融资、辅导、宣传、技术等方面的迫切需求,引入专业团队予以对接。

(二)众创成果的高效孵化机制

一是加快建设以"互联网+"、智能制造技术为引领的新型的共性技术服务平台。通过深化特色小镇众创空间建设,将网上技术市场延伸到众创空间,为创业者提供相关行业技术成果信息及交易服务。建立健全科技创新服务平台、重点实验室和工程中心、科研院所、重点企业研究院和等各类创新载体向创客开放共享的体制,向创客开放工业设计、3D打印、检测仪器等电子和数字加工设备,构建移动互联网、大数据、物联网支撑的共性技术平台。二是借鉴"贝尔模式",建立"市场导向+创新支撑+成果转化"的公共实验室。借鉴美国"贝尔实验室",成立政府支持的研究成果向企业转移的技术转移联合体。采用网络服务方式,将政府实验室研究成果与企业相连,发布公共创业实验室的技术转移与合作项目,同时将企业的需求反馈到公共创业实验室,开展围绕创业需求导向的研发。

第三篇

应对高复杂性的中小企业国际化创新战略研究

针对数字经济新情境下中小企业创新所呈现的系统性、开放性、协同共生性及自组织演进性等特征，本篇系统分析了应对高复杂性的中小企业国际化创新战略，深入剖析了中小企业应对高复杂性和开放式创新情境，整合国际国内资源加速创新的理论机制。本研究提出加快实施全球数字创新战略、推进浙江制造标准国际化等前瞻性政策建议。本篇通过案例研究分析新兴经济体企业跨国并购的价值创造过程，通过影响逆向学习绩效前因条件构型的定性比较，揭示了技术获取型跨国并购促进中小企业创新的微观机制，基于元分析揭示了空间、产业、资源情境差异的国际市场进入方式选择的内在机制。研究聚焦于开放式创新和竞争全球化背景下创新资源全球流动的背景，建议中小企业在全球整合创新资源；率先提出推进制造标准国际化，助推制造业走出去和提升国际竞争力等系列对策建议。

第九章

新兴经济体企业跨国并购价值创造的多案例研究

现有有关新兴经济体企业跨国并购的文献主要基于资源基础观、交易成本理论、制度理论等[1]，重点关注单次跨国并购的前因、过程和后果。而并购绩效被认为来自合并后的公司从收购中获得超过收购方和被收购公司的独立价值的价值[2]，即并购后的价值创造。鉴于现有理论研究对"新兴市场国家企业技术获取型跨国并购过程中受到制度情景和技术能力双重影响而取得理想的学习绩效"的理论缺口，本章将以卧龙控股集团有限公司（以下简称"卧龙"）并购奥地利 ATB 驱动技术股份有限公司（以下简称"ATB"），宁波均胜投资集团（以下简称"均胜"）并购德国普瑞公司（以下简称"普瑞"）和迈瑞并购 Datascope 的连续跨国并购案例作为探索型案例的研究对象，以期研究新兴市场国家企业连续跨国并购价值创造的理论框架。

---

[1] Shimizu, K., Hitt, M. A., Vaidyanath, D. and Pisano, V., "Theoretical Foundations of Cross – border Mergers and Acquisitions: A Review of Current Research and Recommendations for the Future", *Journal of International Management*, Vol. 10, No. 3, 2004, pp. 307 – 353.

[2] Bhaumik, S. K., Driffield, N. and Zhou, Y., "Country Specific Advantage, Firm Specific Advantage and Multinationality – Sources of Competitive Advantage in Emerging Markets: Evidence from the Electronics Industry in China", *International Business Review*, Vol. 25, No. 1, 2015, pp. 165 – 176.

第一节 理论分析与文献回顾

一 制度距离与跨国并购的价值创造

正式制度是指一国国家正式颁布的政治规则、法律、经济规则及契约等,本书因此将并购过程中并购方所在母国与东道国之间政治、法律等规章制度的差异作为正式制度距离。在新兴市场国家企业面向发达国家企业,或者先进市场国家企业发起并购的案例中,两国的正式制度距离,可以从国家政治制度、法律监管、市场成熟度等维度来进行分析。一是从政治制度的角度来看,彭维刚认为,在研究新兴市场国家企业进行对外投资活动时,不应忽略母国政府对跨国公司的影响力。[①] 因为,其认为从制度基础观的视角来观察,走出国门的企业同时受到国内外"游戏规则"的约束。在20世纪六七十年代,英美政府对本国企业对外投资活动都有政策方面的约束和监管。从市场成熟程度或者说国家的市场资源禀赋来看,大量研究表明,母国市场的环境特殊性对新兴市场企业跨国并购行为具有重要影响作用。二是从市场成熟程度的视角来分析。企业进行跨国并购的"资源导向"特征明显,而东道国的市场规模等市场资源禀赋对新兴市场国家企业并购决策产生积极影响。

非正式制度被定义为嵌入于一国社会文化及意识形态中,源于社会传递并成为文化传承的社会习俗、行为规范及价值观等,因此,两国间的非正式制度距离指的是国家间社会文化、意识形态以及行为规范等规范和认知方面的制度差异。一般来说,新兴市场企业和发达国家企业间的社会文化、意识形态等方面的非正式制度距离往往会比较大。

二 研发能力与跨国并购的价值创造

并购前的研发强度所表示是企业在并购前在研发方面的动态投入过程。企业在并购前如果具有较大强度的研发投入,有利于企业在并购过程中具备较高的学习基础和学习能力。一方面,企业并购研发投入大,不仅有利于企业拓展所专注领域的学习基础,进而快速识别并购方的关

---

① Peng, M. W., "The Global Strategy of Emerging Multinationals from China", *Global Strategy Journal*, Vol. 2, No. 2, 2012, pp. 97–107.

键知识和技术诀窍等战略性资源。另一方面，企业也能够提升并购后的整合质量，形成良好的并购效应。研究发现，并购前的研发强度，可以从研发投入、原产品研发、新产品开发和研发类型四个方面进行考察，一是研发投入，二是原产品研发模式分为技术引进和自主研发两个维度，三是新产品开发，是指企业进入新的意向性产品领域面临的难易程度，四是研发类型，是属于利用型研发、经验型研发还是属于探索型研发。

并购后研发是指并购企业获得被并购企业的相关技术和战略性资源后，结合自身资源和能力，进行知识重构和创新，从而形成再创新能力的过程。本书从被并购方企业技术类型、并购企业的技术获取方式和并购企业的研发团队（网络）构建模式来考察并购企业的并购后研发。第一，被并购企业技术类型是前因。邓平指出，中国企业通过跨国并购获取被并购企业知识（Knowledge）或战略资产（Strategic Assets），从而弥补竞争劣势是中国企业跨国并购行为的主要动因。[①] 而被并购企业与并购企业的技术匹配类型，即被并购企业与并购企业的技术是互补的、替代的还是两者兼而有之，对于并购企业技术获取型跨国并购行为具有重要的影响作用。第二，并购企业的技术获取方式，是指并购企业利用被并购企业技术知识的方式。因为，被并购方的企业知识或战略资产，常常表现为某种隐性的、独有的知识。这不仅要求并购企业具有较强的吸收能力，即并购企业要具有有效识别被并购企业外部信息价值，并同化被并购企业显性知识的能力。而并购完成后双方的协同方式，尤其是并购企业在技术领域与被并购企业的协同方式，即双方是合作研发，还是并购企业利用被并购方技术抑或是双方实现技术领域的融合，对于并购是否真正成功才是至关重要的。第三，研发团队（网络）的构建方式，是并购企业对被并购企业进行技术型战略资源整合的重要过程和手段。

三　知识基础与跨国并购的价值创造

在相关研究中，知识基础是企业核心的战略性资源，是企业核心竞

[①] Deng, P., "What Determines Performance of Cross-border M&As by Chinese Companies? An Absorptive Capacity Perspective", *Thunderbird International Business Review*, Vol. 52, No. 6, 2010, pp. 509–524.

争力的重要组成部分。一些研究认为，知识基础也可以被视为企业的已经拥有或者先验性的知识水平。知识基础在新兴市场企业开展技术获取型跨国并购中表现为企业的技术水平和新技术转化的能力，这是因为企业需要有一定的相关领域知识来同化和使用新的知识，企业拥有的相关领域和同一领域的知识积累得越多，越有助于同化新的知识。从新兴市场企业实施技术获取型跨国并购的实践中，本书发现并购企业在某一产业领域所拥有的相关知识能够有效提升其新技术转化和技术再创新能力。相关领域成熟的产业和产品知识，能够促进其对被并购企业所处产业情况、产品信息和客户需求等知识和信息有更为深入的了解，因而也有利于知识的转化、组合和再创新，形成新的知识。换言之，在跨国并购背景下，企业需要先具备一定的知识水平，才能有效接收和获取其他企业的外溢知识，或者学习转化其他企业的隐形知识创造新的价值。在本书的研究中，笔者认为并购企业的知识基础主要考虑三个方面因素，一是并购企业在成熟产品领域的相关知识和能力，比如，联想在PC产业领域长期的生产和制造经验就直接反映了该企业的知识基础；二是并购企业获取新产品相关的知识和能力；三是并购企业跨国并购经验以及与企业国际合作经验能够提升其知识基础。

第二节　研究方法与案例编码

一　方法及案例选择

本章采用多案例的研究方法。与单案例研究相比，多案例正像一系列相互关联的实验室实验一样，通过这些不连续的实验对所产生的理论进行重复、对比、扩展，因此研究过程遵循复制逻辑的原则，进而使研究结论更有说服力和普适性。[①] 而且，多案例研究往往能为理论构建提供更坚实的基础。多案例能够相互比较，澄清是否新的发现仅仅是单案例所特有的，还是能不断被多个案例重复得到。案例构建理论的研究一般在回答未开发研究领域中那些"如何"和"为什么"式的研究问题

---

① 刘志迎等：《Yin、Eisenhardt和Pan的案例研究方法比较研究——基于方法论视角》，《管理案例研究与评论》2018年第1期。

时特别有效。因此，本章采用多案例的研究设计。

二 案例简介

（一）卧龙并购奥地利 ATB

卧龙，是一家以电气制造为主业，涉足房地产和金融投资业务的综合型企业集团。1994 年起，企业进入了快速发展和扩展阶段。企业从电气制造领域，逐步进入房地产、金融投资等产业领域，进入多元化发展阶段。2002 年卧龙电气上市，标志着卧龙发展进入成熟期。围绕电气制造领域，卧龙斥资近 30 亿元，在国内开展了一系列并购活动，陆续并购了绍兴灯塔电池等十余家企业，将企业产业链从微电机、振动电机等产业领域，扩展到输变电、电源电池、工程机械等产业领域。连续的国内并购活动有力地增强了企业的综合实力，一方面，这些国内并购极大地扩展了企业的产业链和价值链。另一方面，在并购后的资产重组、治理结构调整、经营团队管理、业务梳理、财务运行、人力资源整合等并购整合过程中，卧龙积累了宝贵经验。

在此期间，卧龙还有过两次国际并购的经验，一是从 2002 年开始，用了 7 年左右的时间，通过分步式的股权收购方式，受让完成了意大利电动力公司（ELDRIVE S. R. L）77% 的股份，虽然开拓了部分的欧洲市场，并进一步增强了企业在微特电机和工业电机方面的研发能力，但由于并购周期长，并没有显著的并购效应；二是 2008 年，对美国艾默生机电板块的并购，虽然没有成功，但是进一步了解了国际并购的通行规则。经过近 30 年的发展，企业在电机和控制领域具备了较好的发展基础，在空调电机、振动电机、微电机和蓄电池领域，卧龙获得了美国、东南亚和国内市场的规模和领先优势。尤其在中小型电机及控制产品领域，形成了独特的竞争优势。

2011 年，为了进一步突破企业发展面临的主要问题，即围绕企业打造"全球电机 No.1"的战略目标，卧龙在规模、市场和产品质量等方面，与美国 ABB、瑞典 ATP、德国西门子等国际顶级企业还存在明显差距。此时的卧龙亟须进一步加快全球化发展战略，在电气制造领域拓展更为宽广的国际舞台，进一步提升企业发展的整体水平。时值奥地利 ATB 的母公司 A - TEC 集团因欧债危机促发的财务危机，计划打包出售旗下小型机电产业板块。凭借多年积累的资本和电气制造领域的从业经验，卧龙启动了对 ATB 的并购。并购完成后，卧龙依托 ATB 的互补性优势，实施了整合、协同、全球化的三步走的并购融合战略。此后，卧龙在海外陆续并购了意大利 SIR 机器人公司、OLI 振动电机公司、GE 旗下 SIM 小型电机等企业，国内陆续并购了美的清江电机、章丘海尔电机、南阳防爆、鞍山荣信等，在中国、欧洲、日本建立了电机与驱动控制的研发中心，其电机产品覆盖高压、中低压、微特电机等产品领域，未来企业将更加专注于大型驱动、工业驱动、日用电机和新能源电机等产业领域，为企业跃迁为全球电机顶级企业奠定了基石。

（二）均胜并购德国普瑞

均胜成立于 2004 年，是一家具有成长力的汽车零部件供应商，产品主要涵盖汽车功能件、汽车电子和汽车安全系统领域。均胜从成立伊始，践行与汽车制造主机厂商同步开发设计产品的经营战略，从生产制造汽车零部件开始起步。通过国内整合不断增强自身在汽车功能件领域的优势，大力提升技术研发能力，陆续设立了宁波、长春和上海产品研发中心，并成功收购中德合资企业上海华德塑料制品有限公司，加强了在功能件领域的技术基础和产品优势，在产品整体设计开发平台构建、软硬件同步配套、产品开发数据储备、与高端客户同步产品开发工具、产品性能检测、精密制造等诸多方面积累了独特的经验。通过 4 年的发展，逐渐发展成为大众、通用和福特等世界知名汽车厂商的供应商，在国内汽车零部件制造领域占据领先地位。

2007—2008 年，企业逐渐发展成熟，并开始实施全球化的并购战略。2007 年，均胜曾试图发起对普瑞的并购，但由于自身资本实力、市场环境等综合因素，未能成功。2008 年国际性的经济危机却带来了契机，普瑞出现财务运营状况被迫出售。虽然在并购初期，与韩国竞争者相比，均胜在资本实力上甚至略逊一筹。但是在并购过程中，王剑峰所表现出来的诚信和尊重，和其本人抱有的在汽车零部件产业领域发展的卓越愿景，逐步获取了普瑞高层的信任。并购推进中，与其他竞争者不同，均胜始终保持着与普瑞合作共赢的态度，谋求双方发展利益的最大化，最终赢得了普瑞高层的理解和支持。2011 年 6 月 28 日，在中德两国政府总理的见证下，均胜与普瑞签订正式收购协议。2012 年，均胜最终成功并购普瑞，该并购被称为中德汽车零部件并购第一案。

第九章 | 新兴经济体企业跨国并购价值创造的多案例研究

在并购完成之后，均胜凭借企业自身积累的技术和资源优势，整合了普瑞在汽车电子领域的优势和欧美销售渠道的优势，顺利进入汽车电子领域。均胜充分利用并拓展了普瑞在汽车电子领域的技术基础，通过组织构建、人才共享、员工归属、文化共融等四大方面的并购融合，实现了均胜和普瑞优势资源的全方位融合。

此后，均胜还陆续并购了德国 IMA、Quin、百利得（KSS）、TechniSat DigitalGmbHDaun（TS 道恩）、日本高田等企业，完成了企业工业机器人领域、汽车安全系统领域等细分产业领域的布局，并全面升级了企业原有的汽车功能件产品线。目前，均胜总市值近 240 亿元，市场覆盖北美、中国、欧洲和亚洲。均胜在汽车电子、安全领域进入全球领先行列。成为大众、宝马、法拉利、吉利、沃尔沃、日产等世界知名整车厂商的零部件供应商。并不断拓展技术能力和产品领域，向智能驾驶、车联网、新能源汽车和汽车安全等领域持续延伸。

（三）迈瑞并购美国 Datascope

迈瑞成立于 1991 年，以代理国外知名品牌的医疗器械起家，目前是一家致力于医疗器械产品的研发制造厂商，其产品涉及生命信息与支持、体外诊断和医学影像等领域。

1991—1996 年，迈瑞开始实施"高性价比 + 完善售后服务"的差异化发展战略。1997—2002 年，迈瑞进入了快速发展期，迈瑞不仅瞄准了国内市场，同时，通过参加国外医疗器械产品的高端展会，为产品逐步建立起广泛的国际商誉，并将产品打入英、法、德、美市场。在国内市场，迈瑞牢牢控制产品成本，将降低产品价格作为"让利医院，服务病患，体现产品价值"的重要手段。经过多年发展，迈瑞在生命信息监护、临床检验仪器及试剂和数字医学超声成像等多个产品领域逐步击败了国际知名企业产品，取得国内市场领先地位。

2008 年，经过与美国 Datascope 长达五年的合作，迈瑞形成了并购 Datascope 生命信息监护业务的意向。Datascope 是一家国际知名的老牌监护仪制造厂商，与迈瑞相比，其具有互补性、融合性的两项优势和资源。

并购完成后，迈瑞实施了融合性整合和互补性整合。在融合性整合方面，一是品牌的整合，迈瑞整合了 Datascope 生命信息监护业务的优

181

质资源，扩大了生命信息监护产品领域的品牌效应和规模效应，一跃成为全球监护领域的第三大品牌。二是人力资源整合，迈瑞还采取"美人治美"的管理方式，续聘Datascope负责监护研发的副总裁，以及生命信息监护产品相关的研发技术和销售人员。在互补性整合方面，一是销售和服务网络的整合，迈瑞借助Datascope在美国和欧洲的市场渠道，依托其直销及服务网络，扩展了国际市场。二是产品的整合，迈瑞扩展了生命信息监护领域的产品线范围，在中央监护系统领域取得竞争优势。

2008年起，迈瑞陆续在全球并购了12家企业，其中海外并购包括美国ZONARE等，进一步增强了研发创新能力，其产品行销全球190多个国家和地区。经过近20年的发展，2018年迈瑞销售收入近138亿元，在生命信息与支持、体外诊断和医学影像三个领域处于国内行业龙头地位。

三 数据收集

在数据资料的收集上，针对本案例研究，对三个样本企业进行了多次访谈和数据收集工作。在数据资料的来源上，本案例研究尽可能通过多种数据来源，如正式/非正式访谈、现场观察以及二手资料等，并对多种资料进行三角验证，以提高研究的信度和效度。

本章的数据来源主要通过以下三种方式：①与样本企业卧龙、均胜、迈瑞的高层和中层管理人员进行半结构化访谈获取相关访谈数据；②实地调研样本企业卧龙、均胜、迈瑞总部获取观察数据，以及通过公司内部记录、高层讲话和内部刊物获取的各类公开资料及内部资料；③通过从网站和论坛等网络媒体，以及报纸和杂志平面媒体等渠道，系统收集公司年度报告、公司内部文件、并购事件及相关新闻，并通过搜索文献、文库、网上书店、平台官网和平台APP推送新闻等二手资料获取的相关二手数据，其中，本章采用的数据主要是对相关企业中高层访谈过程中的录音整理获得的访谈数据，并辅以非正式访谈的相关资料，以及相关并购案例的二手数据进行验证，具有较大的可操作性和科学性。

在上述三种数据来源中，本章采用的主要数据源是半结构化访谈（见表9-1）。笔者对3家企业共进行了6次正式访谈，访谈的对象主要是企业高层管理人员,其中,访谈对象包括均胜一名全程参与并购普瑞和后期整合工作的总经理等,迈瑞包括董事长、副总裁、财务总监、董事会秘书、投资经理,这些企业高管都是参与跨国并购的重要人员之一,能够帮助本书的研究提供一手的、深入的案例研究数据。每一次访谈时间为 120 分钟到 310 分钟不等,并都进行了录音和现场文字记录。访谈内容主要围绕访谈提纲展开,主要包括三个部分:①公司的基本信息介绍;②公司实施跨国并购的过程;③公司实现跨国并购后采用的整合方式。这些开放式的问题有利于受访人员在回忆过程中具有更高的准确性。

表 9-1　　　　　　　　案例企业访谈基本情况

企业名称	正式访谈次数	受访人员	访谈日期	访谈时长	记录形式
卧龙	3	财务总监 董事长 常务副总裁	2012 年 7 月 1 日 2014 年 5 月 13 日 2014 年 6 月 28 日	150 分钟 120 分钟 310 分钟	录音、文字记录
均胜	2	副总裁	2012 年 9 月 5 日 2015 年 5 月 20 日	180 分钟 180 分钟	录音、文字记录
迈瑞	1	战略发展部副总裁 投资经理	2012 年 12 月 6 日	180 分钟	录音、文字记录

资料来源:根据笔者整理所得。

在访谈过程中,为了降低来自受访人员的潜在信息偏差,笔者采用了"事件追踪""法庭询问""非指导性提问"等访谈技术。对于"事件追踪",就是引导受访人员根据时间顺序对跨国并购事件进行再现;对于"法庭询问",就是请受访人员真实陈述事实(如日期、谈判过程、交易过程、整合过程等),并且避免受访人员的推测(如为什么跨国并购会取得成功);对于"非指导性提问",就是在访谈结束前不涉及有关具体构念的问题。此外,笔者通过后续访谈、额外采访等方式填补一些缺失的数据,并对访谈数据、观察数据和档案数据作三角验证,以增强数据的准确性与完整性。

第一，根据收集到数据资料按照时间顺序进行排列和筛选。第二，根据三个案例并购的发生时间，分别对并购前和并购后的数据根据正式制度距离情景因素、非正式制度距离情景因素、并购前研发投入、知识基础、并购后研发投入等维度进行分类。第三，根据数据来源进行数据比对和选择，留下经过"三角验证"仍具有保留意义的数据。

本章展示部分证据事例，对于证据事例的展示主要集中在三个部分，一是涉及并购方双方企业在并购事件时期前或并购事件发生后的正式制度距离和非正式制度距离情境性因素的典型证据事例；二是涉及并购方企业在并购前涉及研发投入和知识基础的典型证据事例；三是涉及并购方企业在并购完成后获取被并购企业技术性资源等战略性资源，学习新知识再创新的典型证据事例。

第三节 新兴经济体跨国并购价值创造机制

一 并购双方的制度距离

（一）并购双方的正式制度距离

在卧龙并购ATB的案例中，相关典型证据显示，从东道国和母国的法律法规和监管制度来看，双方正式制度距离较大，如表9-2所示。虽然卧龙是民营企业，并且其产业范围主要涉及民生和基础工程领域的电机生产和制造行业，但是，由于卧龙并购ATB的并购资金超过1亿欧元，因此，整个并购需要通过省发改委、国家发改委、商务部、中国人民银行外管局等一系列审批程序，中国政府对于企业超过一定资金金额的对外投资设置了较为严格的监管措施，这客观上增加了并购企业母国和东道国的正式制度距离。另外，由于中国与奥地利在法律法规方面也存在诸多差异，例如，投资税法方面的差别，即奥地利对于境外企业投资活动要收取投资税，而中国没有相应的投资税，在卧龙并购ATB的过程中，卧龙了解到母国和东道国之间税法差异后，卧龙在奥地利当地注册公司具体实施投资活动以应对双方存在的正式制度距离。这些在政策监管和法律法规方面的差异都表明母国和东道国之间具有较大的正式制度距离。

表 9-2 卧龙并购 ATB 案例并购双方正式制度距离的典型
证据举例及构念形成（部分）

证据事例（典型援引）	二级主题	构念/程度
……然后国内有非常繁杂的审批程序……因为1亿欧元以上的这个境外投资需要国家发改委批的……我们到国家发改委批完以后……还要到商务部，再去办手续……商务部2个文件批完以后，还要到中国人民银行外管局去办这样的手续……你才有可能把这个钱汇出去……也最后确实是花了2个月时间……那么外管局要两个文件拿到以后，再同意把你这个钱汇到境外去，这个是政府一系列的审批手续……	国家对1亿欧元以上的民营企业对外投资要进行一系列的审批	从监管制度来看双方正式制度距离大
……因为按照奥地利的税法……很麻烦的……那个税法里面投资税要收的……中国就没有投资税的，奥地利税法投资税要收……在某种特定条件下，是可以豁免的……所以，出于这个考虑，我们由于做了这么一长串的公司安排以后，我们当时在那边注册了一个注册公司……	中奥投资税法不同，卧龙注册当地公司以应对投资税	从监管制度来看双方正式制度距离大

在均胜并购普瑞的案例中，相关典型证据显示，首先，从市场成熟程度的角度来观察。欧美发达国家在汽车电子产业领域的发展较之我国更为成熟，因此，均胜所面临的是中国与德国巨大的正式制度距离。20世纪80年代末期至90年代初期，汽车产业在中国蓬勃兴起，宁波的汽车配件产业也逐步发展起来，但是当时的汽车零部件产业主要集中在汽车出风口、空调配件等基础和低端的功能件领域，产业内部同质化、低价竞争的现象比较严重。而彼时，国际汽车产业及相关产业发展已逾百年，汽车电子产业领域的发展也相对更加成熟。并且由于国际知名汽车品牌多为发达国家汽车品牌，国际汽车电子产业领域，形成了品牌、研发、设计、制造和销售的联动效应，大型的汽车电子产品厂商多为国外供应商所控制，形成了无形的产业壁垒。但是，均胜创始人王剑峰经过与美国天合集团（TRW）的长期合作，敏锐地把握住了汽车零部件产业和汽车电子产业领域在中国巨大的发展空间，以及中国与发达国家之间的试产差距和产业差距。从汽车功能件切入创办均胜，经过10年左右发展，通过并购德国普瑞再次跨入汽车电子产业领域。这个领域对于

均胜来说是相对陌生的。均胜不具备高端汽车电子产品的研发和设计能力。虽然均胜在汽车功能件领域已经拥有了较为雄厚的基础，并且具备与国际知名汽车零部件供应商合作的知识基础，以及相关产品的国际销售渠道，但是均胜还没有进入世界顶级汽车电子产业领域的综合实力。

其次，从国家企业经营和运营的制度规范来看，双方的正式制度距离同样比较大，如表9-3所示。笔者发现均胜和普瑞分别在中国和国际市场拥有相关产业领域的成熟的产品知识和市场知识。但是，当均胜对进入国际市场，以及普瑞进入中国市场时，都明显面临"外来者劣势"。比如，德国普瑞在国际市场具有成熟经验，但是当进入中国寻求市场机会时，经过一番摸索才意识到必须与中国企业合资，才能打开中国市场。而德国公司治理结构的设置与中国企业有鲜明的区别，比如，在德国有限公司里不设置董事会，而只设置监事会对股东会负责，下设管理层开展具体的企业经营管理等制度规则，这也增加了均胜并购普瑞的整合难度。

表9-3　　均胜并购普瑞案例并购双方正式制度距离的典型证据举例及构念形成（部分）

证据事例（典型援引）	二级主题	构念/程度
……（普瑞）转了一圈以后发现不行，中国的企业产业我们很清楚，所有大的公司，在中国建厂，都必须和中国企业合资，没有合资不允许注册。做了合资以后，还必须国产化率在多少年内达到百分之多少，做了韩国以后解决不了这个问题，根本进不来……	德方想进入中国市场按照中方法律只能采取合资方式	法律层面制度距离大

在迈瑞并购Datascope的案例中，相关典型证据显示，从市场成熟度来看，并购双方的正式制度距离大，如表9-4所示。20世纪90年代末期至21世纪初期，从国际医疗器械市场来看，基本由GE、SIEMENS、PHILIPS等大型厂商所控制。中国医疗器械领域厂商的产品在国际市场尚不具备竞争力。虽然迈瑞凭借其较强的自主研发能力，经过10余年的发展，在国内形成了竞争优势，其产品陆续在欧盟和美国获得了医疗器械相关领域的产品准入资格，并且还于2006年在美国成功

上市，但是迈瑞在欧美地区的产品销售渠道没有完全打开。而 Datascope 在生命信息监护产品领域具有技术和市场的成熟经验，Datascope 不仅是世界上首台数字化监护产品的生产商，同时，其拥有美国 300 床位以下中小医院的广大市场份额。因此，Datascope 在欧美市场拥有较好的品牌效应。迈瑞并购 Datascope 不仅希望获取其监护产品方面的技术知识，同时，也致力于获取欧美市场经验和销售渠道。

表 9 – 4　迈瑞并购 Datascope 案例并购双方正式制度距离的
典型证据举例及构念形成（部分）

证据事例（典型援引）	二级主题	构念/程度
……20 世纪 80—90 年代，欧美等发达国家的医疗器械产业逐渐发展成熟……而与之相比，中国市场的医疗器械市场则刚起步……产品普及需求更大，发展潜力巨大……	发达国家医疗器械行业成熟度更高	从市场成熟度来看，正式制度距离大
……迈瑞刚成立那几年，国内的医械行业研发创新基础差……市场被清一色的国际厂商垄断……	迈瑞成立初期国内医疗器械行业被国际厂商垄断	从市场成熟度来看，正式制度距离大

通过上述对三个技术获取型跨国并购案例的正式制度距离的比较研究，笔者发现，三个案例中从政治制度距离、法律监管距离、市场成熟度距离等正式制度距离的构念主要维度特征上反映出，并购双方的正式制度距离大，如表 9 – 5 所示。首先，从政治制度距离和法律监管距离来看，20 世纪 90 年代末期以来，中国政府对企业对外投资行为设置了一定的监管制度。尤其是对标的金额达到一定额度以上的并购活动，中国地方政府和国家层面都设置了一系列较为严格的审批流程。这对中国企业尤其是民营企业跨境并购活动形成了较大的影响。其次，从市场成熟度距离观察，在卧龙并购 ATB 的案例中，笔者发现，由于卧龙在电机产业领域起步较早，创始人陈建成高度重视企业创新和自主研发能力，从成立之初就与浙江大学联合研发推出了异步电机产品。在电机产业领域 20 余年的发展中，具有丰富国内并购经验以及与意大利电机生产商长期合作的经验，积累了跨国并购的国际经验。但是与国际电机产

业发展存在差距，尤其是在大功率电机产业领域相对滞后。因此，双方市场成熟度距离较大。而均胜并购普瑞和迈瑞并购 Datascope 的案例中，均胜和迈瑞分别进入了本身不具备知识基础或者技术能力的产业领域，均胜并购普瑞致力于获取其汽车电子领域的技术和市场知识，迈瑞并购 Datascope 不仅希望获取其监护产品方面的技术知识，还希望获取其欧美市场知识。因此，双方之间的正式制度距离大。

表9-5　　　　　　三案例并购双方正式制度距离分析

变量维度 案例名称	维度特征			正式制度距离
	政治制度距离	法律监管距离	市场成熟度距离	
卧龙并购 ATB	大	大	较大	较大
均胜并购普瑞	大	大	大	大
迈瑞并购 Datascope	大	大	大	大

（二）并购双方的非正式制度距离

从本章研究的三个案例分析来看，卧龙并购 ATB 和均胜并购普瑞的案例中，由于并购之前双方企业之间存在较好的合作关系、并购过程中双方战略目标匹配，而且并购后并购企业非常注重与被并购企业之间开展沟通交流，实际上并购双方企业的非正式制度距离较小。而迈瑞并购 Datascope 的案例中，虽然双方有五年的合作基础，并且从被并购方 Datascope 的高管团队层面来看也希望通过完成该项并购，从而推动自身的发展。但是在并购的战略目标层面，双方各自的战略目标有一定的差异，因此，双方的非正式制度距离较大。

在卧龙并购 ATB 的案例中，相关典型证据显示，并购前新兴市场国家并购方企业卧龙在并购奥地利企业 ATB 之前，通过行业重要中介机构加强与 ATB 的联系，同时积极与并购方联系，站在并购方角度解决资金等困难，并向 ATB 承诺如何进一步提升企业竞争力，双方战略目标匹配，促成并购的主动意愿强烈，双方在价值观等方面的非正式制度距离不断缩小；并购后卧龙积极加强与工会、管理层沟通，减少对方管理层和员工的顾虑，通过原 CEO 管理并购后的 ATB，采取欧洲人管理欧洲人的治理策略，不断提高和加强双方的互信，同时并购后进一步整合销售网络协同服务大客户,加强双方的文化融合,使并购双方企业之间的非正式制度距离不断缩小,如表 9-6 所示。

表 9-6　卧龙并购 ATB 案例并购双方非正式制度距离的
典型证据举例及构念形成(部分)

证据事例(典型援引)	二级主题	构念/程度
……奥地利 PWC 的那个投行的负责人和 ATEC 集团的老板关系是很好的……ATEC 集团以前在兴旺的时候不断地收购企业……经常跟投行打交道……找到了奥地利的 PWC,并把这个消息挂到全球 PWC 网上……上海 PWC 捕捉到了这一信息……因为,卧龙在海外并购做过几次尝试,上海的 PWC 就把这个信息传递给我们……	通过和并购标的关系很好的中介机构与对方建立联系	依靠行业网络缩小双方非正式制度距离
……当我们陈董事长了解到 ATB 要筹集 2.1 亿元的资金的时候,就说"好办啊……我除了买你的企业,还借给你钱……帮你把资金难关给度过去"。……在酒店里,后半夜就收到 ATB 高层的反馈了……说明天能不能再见一见	卧龙和 ATB 高管沟通积极促成并购	企业高管并购的正向态度和主动意愿层面非正式制度距离小

在均胜并购普瑞的案例中,相关典型证据显示,并购前新兴市场国家并购方企业均胜和德国普瑞已有长时间的合作关系,双方有一个很高度的互信,并且在并购前已先行成立了一家合资公司,并购后,均胜采取管理层保持不变的策略,并给予普瑞管理层在业务开拓、管理、维护和服务上拥有相当大程度的自主性及灵活性,同时,在双方整合过程存在分歧时,双方充分沟通协商,均胜在沟通解决分歧过程中尤其注重沟通方式,努力在双方一致的战略目标的前提下充分沟通化解分歧,同时,注重通过一致的组织惯例或制度来缩小双方的制度距离确保并购整合学习的效益最大化(如在"如何保证客户的知识产权不被他人复制"的问题上,均胜董事长王剑峰说,均胜用行动履行对客户的承诺,通过企业制度保证客户专利技术、知识产权安全,同时得以继续扩大合作范围),此外,均胜对普瑞社区、工会、员工、员工家属等各个层面加强沟通交流,缩小双方非正式制度距离,如表 9-7 所示。

表9-7　　均胜并购普瑞案例并购双方非正式制度
距离的典型证据举例及构念形成（部分）

证据事例（典型援引）	二级主题	构念/程度
……我们和这家公司认识已经很久了，大家之间都有一个很高度的互信……	并购双方有高度互信	双方价值观层面非正式制度距离小
……我们在并购普瑞之前，双方先成立了一家合资公司……我们双方都有信心把这个（并购）单子做下来……希望通过这样一个阶段，双方有一个了解磨合……	并购双方战略目标一致	双方价值观层面非正式制度距离小
……你购买的目的是什么？怎么保证我的知识产权不被他人复制？……在均胜并购德国普瑞之后……王剑峰说……不止一家德国普瑞的整车客户向他提出了同样的问题……几年来，均胜用行动履行对客户的承诺，通过企业制度……保证客户专利技术、知识产权安全，同时得以继续扩大合作范围……	并购后承诺保护国外整车厂商的知识产权，实现双方组织惯例一致	通过组织惯例一致缩小非正式制度距离

　　在迈瑞并购Datascope的案例中，相关典型证据显示，整体看来双方非正式制度距离较大，不同于其他两则案例的情况，如表9-8所示。第一，从双方互信程度来看，Datascope和迈瑞有五年的合作历史，Datasocpe曾委托迈瑞进行产品设计和生产。双方对各自情况有一定的了解。但是，由于双方在国内医疗器械市场存在竞争关系，双方合作未涉及监护产品的核心技术，双方拥有一定的互信程度。第二，从迈瑞并购Datascope的战略目标来看，迈瑞不仅希望获取Datascope生命信息监护业务，并打算通过整合Datascope的品牌和欧美的市场资源，拓展其在国际市场的份额和影响力。而Datascope更多的是看中迈瑞高效研发的能力，希望借助迈瑞在研发和资金方面的优势，推动自身产品的创新和利润的增长。双方在并购目标方面有一定的交集，即借助对方的力量拓展自身产品线和提升新产品开发能力。但是，也有明显的差别，即迈瑞通过并购更多的战略考虑是拓展国际市场，而Datascope则更注重自身盈利能力的增长。第三，从组织惯例的角度来看，迈瑞于2006年在美国成功上市，与同为美国上市公司的Datascope相比较，都遵循相同

的上市公司治理规则，组织惯例相近。第四，从并购治理来看，迈瑞采取了"高路式+低路式"的并购方式。虽然，迈瑞高管对伙伴式的并购策略并不赞同，迈瑞高管团队认为中国企业通常采用的伙伴式的并购策略不仅影响公司研发的决策效率，而且造成更多资金上的浪费，对于并购后整合并没有太大的帮助。更倾向于采取低路式的治理方式。但是，在实际的并购后整合中，笔者发现在管理团队和销售团队的整合过程中，迈瑞通过调整公司管理层，将自身的战略目标传递给Datascope，执行在欧美市场扩展占有率的战略计划，同时，通过加强Datascope一线销售人员对迈瑞的深度了解，将企业文化传递给Datascope。而对于Datascope的研发团队，由于其具备较强生命信息监护产品领域的研发创新能力，迈瑞采取了高路式的并购整合策略，完全保留了其研发团队。

表9-8　　　迈瑞并购Datascope案例并购双方非正式制度
距离的典型证据举例及构念形成（部分）

证据事例（典型援引）	二级主题	构念/程度
……2006年9月，迈瑞作为中国首家医疗设备企业在美国纽交所成功上市……	2006年迈瑞在美国上市	组织惯例方面非正式制度距离小
……2006年9月，迈瑞作为中国首家医疗设备企业在美国纽交所成功上市……而Datascope也是一家上市企业……	迈瑞和Datascope均是美国上市企业	组织惯例方面非正式制度距离小

通过上述对三个技术获取型跨国并购案例的非正式制度距离的比较研究，笔者发现，三个案例在并购双方的互信程度、双方企业战略目标的匹配度、双方的组织惯例差异、并购整合治理方式等非正式制度距离的构念主要维度特征上具有一些差异，相比之下，并购双方的互信程度上，卧龙和被并购企业ATB、均胜和被并购企业普瑞双方的互信程度较高，迈瑞和被并购企业Datascope之间的互信程度中等；双方的战略目标匹配度上，卧龙和被并购企业ATB、均胜和被并购企业普瑞双方的战略目标一致，匹配度较高，迈瑞和被并购企业Datascope的战略目标存在一定分歧，匹配度较低；双方的组织惯例差异上，三个案例的组

织惯例差异都不大，其中卧龙和被并购企业 ATB、均胜和被并购企业普瑞双方的组织惯例差异较小，迈瑞在美国上市，与并购的美国企业 Datascope 的组织惯例的标准化程度都较高，差异也很小；并购整合治理方式上，卧龙并购 ATB 后、均胜并购普瑞后采取的都完全是"高路"式治理（High Road，管理层有意地允许被并购者保留其完整的管理层和自治权），迈瑞并购 Datascope 采取了"高路+低路"相结合的治理方式（收购方允许被并购者部分保留其管理层和自治权，并将部分自己的管理体系和规章制度用于被收购企业）。总的来说，卧龙和被并购企业 ATB、均胜和被并购企业普瑞之间的非正式制度距离较小，迈瑞和被并购企业 Datascope 的非正式制度距离相对比较大，如表9-9所示。

表9-9　　　　　　三案例中并购双方非正式制度距离分析

变量维度 案例名称	维度特征				非正式 制度距离
	双方互信程度	战略目标	组织惯例差距	并购治理	
卧龙并购 ATB	高	一致	中等	高路式（High-way）	较小
均胜并购普瑞	高	一致	中等	高路式（High-way）	较小
迈瑞并购 Datascope	中等	有一定分歧	小	低路式（Low-way）	较大

二　新兴市场国家并购企业的研发

（一）并购前研发

在卧龙并购 ATB 的案例中，相关典型证据显示，整体上卧龙在小功率电机制造领域具备一定的研发能力，但是与国际电机龙头企业还存在较大差距，如表9-10所示。首先，卧龙主要是通过技术引进进入了小电机产业领域。卧龙从成立之初就与浙江大学合作，引进生产了 JW 小功率异步电机产品系列。此后，在该系列产品取得市场成功的基础上，卧龙不断迭代小功率电机研发制造经验，增强了在小功率电机产品方面的研发制造能力。其次，从产品的研发投入来看，从卧龙致力于突破的大电机产品领域来看，卧龙研发投入较小。其电机研发主要是通过并购。

表 9-10　　　卧龙并购 ATB 案例并购前研发的典型
证据举例及构念形成（部分）

证据事例（典型援引）	二级主题	构念/程度
……1985—1988 年，卧龙坚持科技兴厂……与浙江大学电机系进行技术挂钩，引进生产了 JW 系列异步电动机……先后承担了分马力电机"七五"规划部分项目……获国家标准计量局颁发的三级计量合格证书……	卧龙引进小型电机的生产技术	卧龙利用引进技术获得小型电机领域的产品开发技术
……1985 年，卧龙成立之初，与浙江大学电机系进行技术挂钩，引进生产了 JW 系列异步电动机……1989 年，又与浙江大学共同研制设计的"YCF 系列低噪声小功率轴流风机用三相异步电动机"获省科技进步三等奖……	起步之初卧龙与浙江大学联合研发陆续推出小功率电机产品	基于成熟产品研发生产经验的合作产品开发
……20 世纪 80 年代，卧龙从小电机起步……90 年代，卧龙进入延伸发展阶段……产品类型从分马力电机延伸到中小型电机……再到微电机，卧龙走了这样一条路……做到了低压中小型电机的全覆盖……	卧龙从小电机产品发展成为覆盖低压中小型电机产品	基于成熟产品研发生产经验的产品开发

在均胜并购普瑞的案例中，相关典型证据显示，第一，从研发投入来看，均胜在汽车功能件产品领域进行了研发投入。均胜创始人王剑峰与美国天合集团（TRW）有长期的合作经验，成立均胜之初从制造汽车功能件产品起步，并坚持与汽车制造主机厂商同步开发设计产品的经营战略。并购前均胜具备了汽车功能件产品领域较为成熟的产品研发经验。第二，从原产品研发来看，均胜的汽车功能件产品研发，主要是依靠自主研发。基于汽车功能件产品领域的成熟经验，均胜在宁波、长春和上海等地设有产品研发中心，并成功收购中德合资企业上海华德塑料制品有限公司。在汽车功能件领域，均胜拥有 50 余项自主知识产权的发明专利、实用新型专利和外观设计专利，拥有较强的研发能力，如表 9-11 所示。第三，在新产品开发方面，均胜曾设立子公司博声电子致力于开发汽车电子产品。但是，其产品只停留在车载导航、DVD 等低端汽车电子设备。其产品并不能直接为汽车主机厂供货，而仅能服务于汽车售后市场。在两三年时间内，投入了数千万元，因不能实现技术上

的突破,在汽车电子领域的新产品研发一直没有取得突破。

表9-11　　　　　均胜并购普瑞案例并购前研发的典型
证据举例及构念形成（部分）

证据事例（典型援引）	二级主题	构念/程度
……汽车功能件领域的研发主要集中在国内……均胜在宁波、上海、长春设有产品开发中心……研发的领域包括产品先期模拟、产品设计开发、模具设计开发、工装设备设计开发、工艺技术开发、软硬件开发、电子信息开发等,具备与国内外客户同步开发项目的能力……	均胜在功能件领域研发投入大、研发能力强	原有产品已形成成熟的研发平台、研发强度大
……汽车零部件是均胜的主业……截至2011年3月31日……均胜有2项发明专利正在申请公示;3项发明已受理;取得44项实用新型专利……取得3项外观设计专利……（均胜）在自主研发的同时……充分了解客户需求的基础上能更好地服务客户……产品得到客户的极大认可……	均胜在汽车功能件零部件领域取得了数十项专利	在汽车功能件零部件领域拥有较强的研发基础

在迈瑞并购Datascope的案例中,相关典型证据显示,如表9-12所示,首先,从研发投入来看,迈瑞在新产品研发方面投入较大。并购前,迈瑞每年将销售收入的10%投入研发。其次,迈瑞在原产品研发方面始终坚持自主研发。迈瑞的创始人徐航、李西廷、成明和等高管团队都高度重视迈瑞自主知识产权产品的研发。虽然,企业成立之初主要靠代理国外知名品牌的医疗器械产品,但是,通过代理积累起"第一桶金"后,公司迅速集中力量投入自主研发产品中。在新产品开发方面,迈瑞具备较强的研发能力。成立第一年就研发出自主知识产权的国内首台血氧饱和度监护仪。其后,每年迈瑞都有新产品问世。另外,由于迈瑞是中国成立较早的从事医疗器械产业的企业,而其本身又具有较强的创新和研发能力。2002年,迈瑞受国家科技部委托组建了"国家医用诊断仪器工程技术研究中心"。2006年,该中心暨迈瑞研发基地正式挂牌成立。迈瑞由此成为一家拥有国字号研发平台的民营企业。迈瑞内部还有相当完备的研发系统。其技术研发部门一方面具备快速的市场反应能力,能够及时将客户需求反馈到产品设计和测试过程中,提升产品质量,降低产品成本;另一方面,迈瑞内部建立了技术研发部门与相

关业务和规划部门紧密的配合机制，将内部研发资源高度集约化。在并购 Datascope 前，迈瑞已经具备了监护等相关产品的设计和生产能力。

表 9-12　　迈瑞并购 Datascope 案例并购前研发的典型证据举例及构念形成（部分）

证据事例（典型援引）	二级主题	构念/程度
……1992 年，成立仅 1 年，迈瑞就成功研制出国内首台血氧饱和度监护仪，并从单参数做起，逐渐扩展到双参数、多参数监护仪……1993 年，迈瑞推出国内首台多参数监护仪。同年，在数字超声领域，迈瑞自主研发的国内首台经颅多普勒脑血流诊断仪就投入市场……	迈瑞在刚成立的两年内陆续推出国内领先的新产品	迈瑞具备很强的新产品研发能力

通过上述对三个并购案例并购企业并购前研发的比较研究，笔者发现，三个案例中从研发投入、原产品研发和新产品开发三个主要维度特征上反映出，并购企业并购前研发类型不尽相同，如表 9-13 所示。首先，在卧龙并购 ATB 的案例中，卧龙的并购前研发，更多的基于引进技术的一种利用型研发。卧龙创始人陈建成通过与浙江大学合作，利用对方在小功率异步电机领域的成熟技术，生产制造了系列产品。随后，卧龙通过一系列的迭代研发过程，拓展了卧龙在小功率电机领域的产品线。而在大型电机的研发制造中，卧龙虽然通过并购武汉湖北电机，但是，由于其技术能力有限，并没有在大功率电机产品的研发中取得突破。因为，卧龙自身的技术能力更多的是集中在中低端的小功率工业电机领域。其次，在均胜并购普瑞的案例中，其并购前研发是基于汽车功能件研发制造基础的经验型研发。均胜在汽车功能件领域起步较早，均胜创立之初从汽车零部件制造起步，有一定的技术能力。同时，均胜创始人与美国天合集团有较长时间的合作关系，对国内外汽车零部件产业较为熟悉，通过与国际知名汽车品牌主机厂的合作，在功能件研发、设计和制造方面，积累了较为丰富的经验。均胜还通过国内并购，在国内多地设置了研发中心，积极拓展其在汽车功能件甚至汽车电子产品领域的产品线。但是，在汽车电子领域的研发投入不甚理想。所生产的汽车电子产品多为低端产品，并不能成为汽车主机厂的供货。最后，在迈瑞

并购 Datascope 的案例中，迈瑞在并购前研发是凭借自身研发能力，坚持自主知识产权产品研发策略的探索型研发。虽然，公司以代理国际知名品牌的医疗器械产品起家，早期的产品还有模仿国外同类产品的痕迹，但是，公司每年坚持推出自主研发的新产品。并购前，迈瑞就已经具备了监护等相关产品的设计制造能力。

表9-13　　　　　　　　三案例并购双方并购前研发分析

企业名称\变量维度	维度特征			并购前研发
	研发投入	原产品开发	新产品开发	
卧龙	较小	技术引进	存在"瓶颈"/难以突破	利用型研发
均胜	中等	自主研发	难以突破	经验型研发
迈瑞	较大	自主研发	部分突破	探索型研发

（二）并购后研发

在卧龙并购 ATB 的案例中，相关典型证据显示，并购后卧龙充分吸收 ATB 在电机产品领域的技术优势，与 ATB 开展合作研发，共享研究团队，小功率和大功率电机产品领域都拓展了竞争优势，如表9-14所示。首先，从被并购企业的技术类型来看，ATB 技术对于卧龙来说具有很强的互补性。卧龙在小功率电机产业领域居于国内领先地位，但是与国际知名电气产业龙头还有较大差距。ATB 不仅是欧洲知名品牌，其在小功率电机和大功率电机产业领域，较之卧龙都有较为明显的优势。因此，并购完成后，卧龙有效吸收了 ATB 在小功率电机产品方面的技术优势。同时，通过共建武汉制造基础，获取了 ATB 的大功率电机技术，对卧龙电机产业产品的研发进行了补充。其次，从技术获取方式来看，卧龙和 ATB 采取了合作研发的方式。双方研发团队通过对部分电机产品实施全球统一设计、交换验证产品设计方案等方式，在卧龙和 ATB 之间实现同一种产品型号统一的设计方案，实现了技术研发领域的交互式合作。最后，卧龙与 ATB 通过共建焦作事业部、武汉制造基地，以及建立与 ATB 大电机产品技术内部共享机制等方式，双方研发团队共同努力在技术研发领域建立了研发成果共享、成熟产品技术共享的研发格局。

表9-14　　卧龙并购 ATB 案例双方并购后研发的典型
证据举例及构念形成（部分）

证据事例（典型援引）	二级主题	构念/程度
……由于欧洲的劳动力成本比较高……ATB 在欧洲生产小电机没有这种优势……所以并购以后 ATB 把小电机系列，撇成两半，一半在中国生产，一半继续在欧洲生产……我们这里专门为它设立了焦作事业部，一个独立核算的经营单位，用来消化吸收它的技术……	ATB 将部分小电机系列技术转移到中国生产	卧龙利用并购进行技术协同
……让 ATB 在武汉建立一个厂专门弄大中型电机……把 ATB 的大中型电机……我们卧龙这里生产电机，也切成两块，小的一块大的一块，那么大中型电机，都移到武汉去……	卧龙通过融合 ATB 大型电机技术弥补大型电机技术短板	卧龙利用并购获取互补性技术

在均胜并购普瑞的案例中，相关典型证据显示，如表9-15所示，均胜并购普瑞是为了获取普瑞在汽车电子产品领域的替代性技术，并充分利用对方在汽车电子领域的研发和欧洲市场的销售优势。首先，从被并购方的技术类型来看，普瑞在驾驶控制系统、空调控制系统、传感器、电子控制单元 ECU 等核心汽车电子产品领域拥有核心技术，具备较强的研发制造能力。相对于均胜下属博声电子原有的低端汽车电子产品来说，普瑞拥有均胜所不具备的汽车电子核心产品的替代性技术。均胜并购普瑞能够有效突破欧美大型汽车零部件供应商在汽车电子产品领域的技术壁垒。同时，均胜停止了对博声电子的投入。其次，从技术获取方式来看，均胜直接利用被并购企业的汽车电子产品的成熟技术和产品知识。最后，在研发团队的整合方面，均胜采取了"拿来主义"的利用方式。进行了"技术+市场"、研发团队和平台三个方面全方位的利用。均胜利用了普瑞汽车电子产品技术，通过成熟产品迅速进入高附加值、市场空间大的汽车电子领域。并且通过技术人员交流的方式，将普瑞汽车电子产品的研发技术人员引入宁波制造基地，提升均胜汽车功

能件和汽车电子产品的制造质量。均胜利用和发挥德国研发平台的优势,将德国研发基地作为汽车电子高端产品的研发基地。

表9–15 均胜并购普瑞案例双方并购后研发的典型
证据举例及构念形成(部分)

证据事例(典型援引)	二级主题	构念/程度
……汽车电子领域的研发依托于国外的研发中心。均胜将德国普瑞公司作为汽车电子领域的研发核心。位于德国巴特诺伊施塔特市的研发中心,核心竞争力涵盖产品概念设计、结构设计、软硬件开发与测试、传感器技术、工业工程技术、模具和工装技术等领域……	均胜依托普瑞德国研发中心获取汽车电子领域的新技术	新领域研发依托并购平台获取外部技术
……并购完成后,均胜可以直接使用普瑞拥有的所有技术专利,真正避开了技术壁垒。如果均胜要依靠自主研发去达到这样的技术水平,不仅需要很大的投入,实现的难度也非常大……	均胜利用普瑞的专利获取新技术,避开技术壁垒	均胜利用并购获取替代性技术

在迈瑞并购 Datascope 的案例中,相关典型证据显示(见表9–16),迈瑞并购 Datascope 不仅获取其在生命信息监护领域的产品技术,同时,还扩展了公司产品从监护仪延伸到麻醉、呼吸等领域其他的产品线。首先,从被并购企业的技术类型来看,Datascope 对于迈瑞来说同时具有互补性和替代性技术。在生命信息监护领域,迈瑞有一定的生产设计能力,在整合了 Datascope 的技术优势后,迈瑞又研发制造了新的监护产品,实现了产品升级,在国际市场对自身的原有产品形成了替代效应。另外,迈瑞并购 Datascope 后,还开发了 Netguard 等新的监护产品,扩充了迈瑞的产品线。其次,迈瑞对 Datascope 的研发团队进行了低路式整合,促使双方在技术层面的融合。保留了其生命信息监护产品的研发团队。保证了 Datascope 在融合迈瑞资金优势的同时,借助迈瑞研发团队的高效率和新产品研发速度,推出符合欧美市场需求的生命信息监护产品。最后,迈瑞并购 Datascope 也为迈瑞构建全球研发网络奠定了基石。2008年,迈瑞就在德国、法国和意大利等欧洲多地设立了子公司。迈瑞逐步建立起能够及时响应全球市场需求的研发网络,包括

遍及中国、美国和欧洲的八大研发中心、十个研发平台以及49个研发创新实验室。

表9-16 迈瑞并购Datascope的案例双方并购后研发的典型证据举例及构念形成（部分）

证据事例（典型援引）	二级主题	构念/程度
……这是我们海外并购的一个重要方向……并且，现有（监护仪）产品的补充、从低端产品到高端产品的升级……以及全新产品线的建立……这些都是并购的主要成果……	迈瑞通过并购扩充高端监护仪产品线	迈瑞利用并购获取互补性技术
……在交易完成后，迈瑞获得Datascope众多的监护产品，其中包括创新化无线监测解决方案NetGuard……	迈瑞通过并购扩充监护仪产品线，研发新的监护仪产品	迈瑞利用并购获取互补性技术
……监护领域……迈瑞借由并购成为全球第三大监护制造商……遥遥领先其他国内外企业……公司产品从监护仪延伸到麻醉、呼吸等领域……	迈瑞通过并购扩充麻醉、呼吸等领域产品线	迈瑞通过并购平台研发扩充新产品线
……同时获得了Datascope在欧洲的分支业务……同年，其德国、法国和意大利子公司成立……研发投入遥遥领先……八大研发中心，共1700余名研发工程师，十个研发平台以及49个研发创新实验室，在核心产品上技术实力储备雄厚……	迈瑞并购Datascope后构建全球研发网络	迈瑞构建全球研发网络

通过上述对三个并购案例并购企业并购前研发的比较研究，笔者发现，并购企业的并购后研发明显地区别于其并购前研发类型，如表9-17所示。首先，在卧龙并购ATB的案例中，并购完成后，卧龙在工业电机产业领域实现了全产品线的突破。卧龙在小功率电机和大功率电机产品方面均获取了ATB的互补性技术，提升了其自身小功率电机的产品质量，实现了大功率电机技术的突破。并且，卧龙与ATB之间达成了大功率电机产品研发制造的共享机制。依托卧龙在国内发展积累的资源基础，双方通过分离ATB小电机技术共建事业部、获取ATB大功率电机技术共建武汉制造基地等方式有效共享高端产品和成熟产品的技术知识，改变了卧龙并购前以技术引进为主要的产品研发形式。使卧龙在高端电机产品和大功率电机产品领域的研发和设计能力增强了。双方通

过频繁的技术交流加强新电机产品研发的协同性和统一性,在技术研发领域表现为鲜明的探索型技术研发类型。其次,在均胜并购普瑞的案例中,并购后均胜摆脱了仅仅依靠汽车功能件产品领域的迭代升级的发展格局。一方面,均胜获取了汽车电子高端产品的核心技术,替代了其自身的低端汽车电子产品,不再徘徊于为汽车售后服务提供DVD等外设型的汽车电子产品。另一方面,均胜充分利用德国技术团队的技术能力和德国研发制造基地的资源优势,提升了自身产品的质量,打破了欧美高端汽车零部件供应商的技术和销售渠道的壁垒。最后,在迈瑞并购Datascope的案例中,笔者发现迈瑞并购后研发既有利用型研发也具备探索型研发的特征。一方面,迈瑞利用了Datascope在生命信息监护产品领域的技术和品牌双重优势,提升了其自身生命信息监护产品的质量和品牌,拓展了其自身高端监护产品的欧美市场。另一方面,迈瑞整合了Datascope研发团队的力量,并在后续并购活动中构建了全球研发网络,及时收集全球不同区域对高端医疗器械产品的需求,不断研发出响应不同市场需求的新产品,并丰富了多个领域的产品线,形成了新的竞争优势。

表9-17　　　　　　　三案例中并购双方并购后研发分析

变量维度 企业名称	维度特征			并购后研发
	被并购方技术类型	技术获取方式	研发团队/网络	
卧龙	互补性技术	双方合作研发	研发团队共享	探索型研发
均胜	替代性技术	利用并购方技术	研发团队利用	利用型研发
迈瑞	互补性技术/ 替代性技术	双方技术融合	研发网络整合	利用—探索型研发

三　新兴市场国家并购企业的知识基础

在卧龙并购ATB的案例中,相关典型证据显示,卧龙在小功率工业电机设计、研发和制造领域积累了一定的知识基础,如表9-18所示。首先,从成熟产品相关知识(能力)的视角观察。卧龙通过技术引进方式,从小功率电机的生产制造起步。经过10余年的发展,卧龙在国内进行了一系列的并购活动,卧龙在微分电机、振动电机等产业细分领域，在国内市场已经处于领先地位。其次，在新产品相关知识（能力）方面，卧龙在大功率电机产品能力方面几乎是空白，其小功率电机的产品质量与 ATB 高品质的工业电机产品相比较，存在比较大的差距。相对于 ATB 的电机产品，卧龙电机属于中低端的产品。最后，在跨国并购经验方面，卧龙有两次跨国并购经验，一是其通过分步式股权收购的方式并购了意大利点动力公司，并在微特电机等领域开展了技术合作；二是 2008 年对美国艾默生机电版块的并购，虽然没有成功，但是这次失败经验促使卧龙了解了跨国并购的国际规则。这些并购经验构成了卧龙较为独特的知识基础，对于成功并购 ATB 具有重要作用。

表 9-18　　卧龙并购 ATB 案例并购企业知识基础的
典型证据举例及构念形成（部分）

证据事例（典型援引）	二级主题	构念/程度
……在 ATB 收购之前，我们有过国际并购失败的经验……ATB 并不是我们第一家并购的企业……在 2008 年……美国艾默生集团，那个时候我们是竞标的，那一次我们是最早的一次并购……	卧龙高管并购美国艾默生的历史经验	拥有跨国并购知识
……2002 年开始，先在国内做了大量的并购，我们之所以能够成功，首先我们有国内并购的经验和国内并购整合这样的经验……那么我们在那个时候实际上是练练兵……国内相关并购经验	卧龙高管从国内并购获取并购经验	拥有跨国并购知识
……卧龙是在小微电机方面比 ATB 这边强……大型电机我们几乎是空白……	卧龙大型电机领域技术空白	卧龙在新产品领域知识基础弱

在均胜并购普瑞的案例中，相关典型证据显示（见表 9-19），均胜在汽车功能件产业领域具备一定的知识基础。首先，均胜在功能件产业领域，具有较强的成熟产品相关知识。均胜具有较强的汽车功能件产品的研发能力，其在汽车功能件产品领域坚持与国际知名主机厂协同研发，拓展自身的品牌影响力。在国内部分汽车功能件的细分市场确立了领先地位，陆续晋升为大众、通用等国际知名汽车厂商的供应商。其次，在汽车电子产品领域，均胜的相关知识和能力较弱。受制于国外汽车零部件厂商的技术壁垒，以及自身研发力量不足等因素，均胜在汽车

电子领域并没有产生新的知识。最后，从跨国并购经验来看，均胜具备国内并购的经验，但是并不具备成功的跨国并购经验。

表9-19　　　　均胜并购普瑞案例并购企业知识基础的
　　　　　　　　典型证据举例及构念形成（部分）

证据事例（典型援引）	二级主题	构念/程度
……这种机械结构你可以仿造，但是软件，电子整合在一起的功能，就很难复制……我们就决定到国外去通过并购的方式，突破这个技术"瓶颈"……	均胜依靠自有的技术能力很难突破新产品技术瓶颈	不具备新产品的相关技术知识
……均胜始终坚信"卓越源于创新"的理念……坚持以研发为基础，大力培养同步开发设计的能力，在汽车功能件领域取得了国内领先的地位……	均胜在汽车功能件领域已具备成熟的技术	具备成熟产品的相关技术知识

在迈瑞并购Datascope的案例中，相关典型证据显示，如表9-20所示，迈瑞具备较强的知识基础。首先，从成熟产品相关知识（能力）来看，迈瑞高管从创办企业之初，就注重自主知识产权产品的开发。在体外诊断、超声等产品领域，迈瑞都率先研制成功相关领域国内首台具有自主知识产权的产品，并在随后的发展过程中，不断完善和丰富了相关领域的产品线，依靠高性价比，在与国外知名厂商的产品竞争中取得优势。其次，在新产品相关知识（能力）方面，迈瑞具备较强的新产品研发能力。从成立第一年开始就不断推出自主知识产权的产品。在企业国际化经验方面，1999年迈瑞就开始实施国际化战略。迈瑞在发展过程中不仅构建了符合欧盟CE和美国FDA标准的研发管理流程，其生产产品从20世纪初期就陆续获得欧盟CE和美国FDA的认证。在2006年迈瑞还在美国西雅图设立了超声领域的研发中心，对美国超声领域和相关医疗器械市场需求具有深入的了解。并与Datascope有长期的产品代工和ODM方面的合作关系。这些不仅使迈瑞对Datascope有一定的了解，也为后续成功并购积累了相关的知识基础。

通过上述对三个案例并购企业知识基础的比较研究，笔者发现，并购企业的知识基础与企业的并购前研发投入、企业跨国并购经验和国际合作经验等都具有相当程度的关联关系，如表9-21所示。首先，企业

表9-20　迈瑞并购 Datascope 案例并购企业知识基础的典型证据举例及构念形成（部分）

证据事例（典型援引）	二级主题	构念/程度
……非常重视国际客户的需求……迈瑞的监护仪在进入欧洲时，欧洲小国都有自己的语言，尤其是东欧和北欧，语言繁杂……而迈瑞的监护仪的多语言版本超过20种……凭借这个优势……迈瑞很好地把握住了ODM大客户，不仅赢得了大订单……	迈瑞凭借多语言版本监护仪产品赢得大客户	迈瑞具有成熟的多语言监护仪产品相关技术知识
……2006年，我们在美国西雅图设立研发中心……主要是做超声检验这块……西雅图是超声的发源地……我们也就把研发中心设在那些技术人才的家门口，这个叫筑巢引凤……	迈瑞在西雅图设立超声检验的研发中心	迈瑞拥有超声领域的技术支持

表9-21　三案例中并购企业知识基础的典型证据举例及构念形成

变量维度 企业名称	维度特征			知识基础
	成熟产品相关知识	新产品相关知识	跨国并购经验知识/与国外企业合作经验	
卧龙	中等	不具备/弱	较强	中等
均胜	较强	不具备/弱	中等	中等
迈瑞	强	部分具备/较强	较强	强

知识基础与并购前研发投入有相当程度的关联。在卧龙并购 ATB 和迈瑞并购 Datascope 的案例中，卧龙和迈瑞在成熟产品相关的知识分别是中等和强，卧龙和迈瑞的知识基础则分别是中等和强。这表明，企业在并购前成熟产品领域的研发投入是构成企业知识基础的重要因素。而均胜并购普瑞的案例中，并购前均胜在成熟产品的相关知识较强，而其在新产品相关知识方面弱，同时，其不具备成功的跨国并购经验知识，仅具备中等程度的与国外企业合作的经验。因此，其知识基础为中等。其次，跨国并购企业的知识基础跟企业并购前跨国并购经验知识和国外企业合作经验知识也有很强的关联性。在均胜并购普瑞和迈瑞并购 Datascope 的案例中，均胜和迈瑞在跨国并购经验知识和国外企业合作经验方面分别为中等和较强。相对应的均胜和迈瑞的知识基础分别为中等和强。而卧龙虽然具备丰富的国内并购经验和成功跨国并购经验，但是其

在成熟产品的相关知识相对一般，其产品主要是低端的小功率电机产品，因此，影响了其知识基础。综上所述，企业知识基础由企业在并购前成熟产品相关知识所决定，是企业并购前研发投入的显性结果，同时也受到企业跨国并购经验知识和国外企业合作经验的影响。

第四节 研究结论与讨论

新兴市场国家企业往往处于技术追赶阶段，以中国为主要代表的新兴市场国家面向发达国家开展的这种"蛇吞象"式的技术获取型跨国并购，试图通过跨国并购获取发达国家被并购企业的创新资源，推动企业自身的发展，并进而带动整个产业的发展。究竟是什么因素影响了技术获取型跨国并购的学习效益？众多学者对可能影响技术获取型跨国并购学习绩效的因素进行了大量的研究，试图打开学习机制的黑箱。

本章围绕"新兴市场国家如何在制度距离和技术能力两种因素的交互影响下更好地开展技术获取型跨国并购学习"这一核心问题，通过对中国跨国企业卧龙、均胜、迈瑞等向发达国家的技术获取型跨国并购的多案例比较研究，对新兴市场国家技术获取型跨国并购的内在学习机制进行探讨。如表9-22所示，研究得出的主要结论有如下三点。

表9-22 新兴市场企业技术获取型跨国并购组织学习的整体模型

变量维度 \ 案例名称	卧龙并购 ATB	均胜并购普瑞	迈瑞并购 Datascope
正式制度距离	较大	大	大
非正式制度距离	较小	较小	较大
并购前研发	利用型研发	经验型研发	探索型研发
知识基础	中等	中等	强
并购后研发	探索型研发	利用型研发	利用—探索型研发
学习模式	后探索式学习	后利用式学习	后利用—探索并举式学习

首先，新兴市场国家在面向发达国家开展技术获取型跨国并购的学习过程中，往往面临着较大的制度距离，对新兴市场国家的制度学习构

成了一定的挑战，并购企业采取了一系列措施以应对双方的正式制度距离并不断缩小双方的非正式制度距离。其中，三个案例中并购双方的正式制度距离都比较大，发达国家法律法规完善，经过长期发展，政治制度运行平稳，社会结构相对稳定，具有制度上的优势。而新兴市场国家制度正处于不断完善和调整的过程中，双方关于企业的知识产权保护、转移、管理层激励、员工裁聘等各方面的法律法规差异非常大，这对新兴市场国家企业进行并购整合和企业跨国治理也提出了巨大的挑战，案例中企业通过借助专业的第三方咨询机构以及在跨国并购整合过程中快速学习尽可能克服"外来者劣势"，一方面保留了被并购企业完整的管理层和自治权，另一方面依据当地的法律法规来调整被并购企业的组织架构和人员并相应采取有效的激励方式。此外，并购企业也利用并购前的合作，加强与被并购方管理层、工会、员工等层面的沟通交流等多种方式增加双方高管、管理层人员和基层员工间的互信，促进双方企业战略目标的匹配，案例中卧龙和均胜均采取高路式（相对完整地保留被并购企业的管理层和自治权）的并购治理方式，迈瑞采取混合治理的方式（部分保留被并购企业的管理层和一定程度的自治权，后期不断将并购方的管理层引入并购后期治理），不断减少双方企业的非正式制度距离。

新兴市场国家面向发达国家企业开展技术获取型跨国并购，自身已具备一定的技术能力，但与发达国家企业相比仍具有较大差距，很多企业在并购后充分利用被并购企业的研发平台、团队和技术，进一步加强自身技术能力。其中，①卧龙在并购前通过浙江大学的技术引进小功率电机产品成熟技术，进入小电机产业领域，在该系列产品市场成功的基础上，卧龙不断迭代小功率电机研发制造经验，并购前是典型的利用型研发，已具备了一定程度上在小功率电机产品方面的中等程度的研发能力和知识基础，并购后卧龙从 ATB 获取大型电机的互补性技术，通过与 ATB 共享技术研发团队、合作研发以及通过频繁的技术交流不断加强大型电机方面的研发和投入，并购后卧龙在国内外都设立了小型电机和大中型电机的研发和制造中心，充分利用 ATB 的技术和团队加强自身的研发能力和知识基础，并购后卧龙的研发转变为探索性研发。②均胜在并购前在汽车功能件领域研发投入大，研发能力强，已形成成熟的研发平台，具备与国内外客户同步开发项目的能力，但功能件领域的开发容易被复制，而且降价的趋势也很明显，相比之下电子技术附加值高，难以复制，但技术主要掌握在国外大型汽车零部件供应商手中。均胜在电子件领域投入了较大的研发资金仍然无法突破，并购前是典型的经验型研发。并购前，均胜具备了中等程度的成熟产品领域的知识基础，并购后均胜直接利用对方并购企业普瑞的汽车电机领域的专利获取新技术，避开技术壁垒，不再重复研发。在研发布局上，均胜将功能件和应用型研发放在国内进行，利用并购企业普瑞的平台进行汽车电子件等高端技术和前瞻技术领域开发，充分利用对方的研发平台获取替代性技术，并购后均胜的研发是典型的利用型研发。③迈瑞在并购前已经将销售收入的 10% 投入到研发，拥有系统的研发支撑体系，在医用诊断仪器工程技术领域已经具备了很强的新产品开发能力，并购前是典型的探索性研发，并且在该领域已具备了很强的知识基础，并购后迈瑞通过并购企业 Datascope 的产品和技术扩充监护仪产品线，研发新的监护仪产品，同时通过并购扩充麻醉、呼吸等领域产品线，获取了一系列互补性技术和替代性技术，进一步增强企业的知识基础，同时，迈瑞保留 Datascope 技术人员，并与 Datascope 进行合作研发，并购后利用、探索并举，是典型的利用—探索型研发。

　　结合企业技术获取型跨国并购学习过程中不同的制度距离和技术能力，本书总结出了三种有效实现跨国并购的学习模式，分别是后探索式学习、后利用式学习以及后利用—探索并举式学习，其中，①以卧龙为代表的并购企业在并购前通过技术引进方式进入相关领域，研发强度小，通过技术迭代开展利用型研发，具备中等能力的知识基础，并购后，虽然并购企业与被并购企业双方正式制度距离较大，但跨国并购双方非正式制度距离小，企业在跨国并购中利用双方较小的非正式制度距离，并购后加大研发投入，以探索式学习吸收东道国先进的技术并进一步探索拓展新技术，这种模式是典型的后探索式学习。②以均胜为代表的并购企业在并购前在成熟产品领域研发投入大，研发能力强，已形成成熟的研发平台，在成熟产品领域具有很强的知识基础，但在新产品和新技术领域自身难以突破，并购后，虽然并购企业与被并购企业双方的正式制度距离大，但跨国并购双方非正式制度距离小，此时企业在跨国并购中基于自身的技术能力和双方较小的非正式制度距离，直接利用东道国的先进技术避开技术壁垒，不再重复研发，充分利用对方的研发平台获取替代性技术，在研发布局上，将应用型研发放在国内进行，利用并购企业的研发平台将高端技术和前瞻技术领域开发放在国外进行，这种模式是典型的后利用式学习。③以迈瑞为代表的并购企业在并购前已具有很强的知识基础，拥有系统的研发支撑体系，并购前研发强度很大，已经具备了很强的新产品开发能力，并购后虽然并购企业与被并购企业双方正式制度距离和非正式制度距离都很大，但企业凭借自身很强的技术能力，跨越制度距离障碍，把东道国被并购企业先进的研发网络和自身的研发网络相结合，不仅利用东道国先进的技术，而且积极探索拓展新技术。

第十章

新兴市场技术获取型跨国并购的逆向学习机制研究

近年来，以中国为代表的新兴市场国家跨国企业快速发展，并开展了大量面向发达国家企业的技术获取型跨国并购。根据联合国贸易和发展会议（UNCTAD）的数据，近年来中国企业跨国并购增速迅猛，并且以面向美国和西欧等发达国家的技术获取型跨国并购为主，以2015年为例，中国企业境外并购总额为1213亿美元，中国对欧洲企业的并购总额超过300亿美元，较2014年同期的188亿美元增长了60.1%，其中高科技行业占据最重要的地位。然而，与热火朝天的技术获取型跨国并购相对应的是，多数企业并未获得预期的学习效益。

究竟是什么因素影响了技术获取性跨国并购的学习效益？众多学者对可能影响技术获取型跨国并购学习绩效的因素进行了深入的研究，试图打开学习机制的黑箱，这些研究主要可分为两大类，其中一类是基于技术能力的相关因素，其中包括吸收能力，知识规模，双方的技术差距、研发投入等对跨国知识转移的影响。另一类强调制度环境的影响，包括心理距离、外来者劣势、文化距离、制度距离等对跨国公司知识转移和逆向学习的影响。

上述众多研究成果都是基于实证研究，采用"自变量—因变量"之间的因果逻辑分析方法，强调技术能力或制度环境的单一因素或少数因素对技术获取型跨国并购逆向学习效益的影响，从而导致了研究结果的局限性。事实上，技术获取型跨国并购的逆向学习是一种复杂的内在学习机制，企业的跨国技术获取会受到跨国的正式制度、非正式制度、

第十章 新兴市场技术获取型跨国并购的逆向学习机制研究

企业自身的研发投入、知识基础等多重情境因素的协同影响。虽然一些基于案例的定性研究能通过归纳演绎和逻辑推理，从少数个案中分析多重因素的影响，但往往由于样本条件的限制而导致研究结果的普适性面临挑战。因此，深入剖析技术获取型跨国并购逆向学习的多重影响因素的组合作用，不仅有利于完善新兴市场国家的逆向跨国并购学习理论，也有利于指导复杂情境下企业逆向跨国并购的学习实践。

定性比较方法融合了定性和定量研究的优点，通过实证研究及与理论的不断比较，不仅考虑到个案的异质性和复杂性，也综合了多个案例的共性特征，基于多样本数据分析出现象的多重条件组合，是一种全新的研究方法。本书将定性比较分析（Qualitative Comparative Analysis，QCA）引入新兴市场国家的逆向跨国并购学习绩效的研究中，旨在解决上述问题，分析影响企业技术获取性跨国并购创新绩效的不同前因条件构型，更深入地分析新兴市场国家企业技术获取型跨国并购逆向学习绩效的影响机制。

第一节 理论分析与文献回顾

新兴市场国家的技术获取型跨国并购理论与传统的发达国家跨国并购研究具有很大的情境差异性，相比于发达国家，新兴市场国家的正式制度水平往往比较低，非正式制度水平较高，制度距离是影响跨国并购逆向学习绩效的重要因素；而且，新兴市场国家企业要通过跨国并购获取发达国家的战略资源并提升自身创新能力，技术能力是实现知识获取、吸收、转化和利用的核心支撑。在新兴市场国家向发达国家企业进行技术获取型跨国并购的复杂情境下，制度距离和技术能力的复杂协同作用更为凸显，众多因素究竟是如何综合影响企业的逆向学习绩效呢？为了能够系统地分析技术获取型跨国并购逆向学习的内在机制，本书需要对影响新兴市场国家技术获取型跨国并购逆向学习的因素进行综合的分析。

一 制度距离

制度距离是衡量不同国家制度环境差异的重要指标，可用于比较母国和东道国在国家制度环境存在的差异。基于诺思（North）的制度理论的制度架构分析框架[1],制度距离又被分为正式制度距离和非正式制度距离[2],其中,正式制度距离往往指的是国家间的政治、法律等规章制度的差异,非正式制度距离指的是国家间社会文化、意识形态以及行为规范等规范和认知方面的差异。[3] 新兴市场国家的正式制度水平往往比较低,非正式制度水平较高,因此企业在面向正式制度水平较高的发达国家开展技术获取型跨国并购的逆向学习过程中,母国和东道国的制度环境差异巨大,企业不仅会遭遇"外来者劣势",还会面临"新进入者劣势"[4],企业对发达东道国并购企业先进技术、经验和知识的吸收、利用和整合程度效果会受到两国正式制度距离和非正式制度距离的影响。

(一)正式制度距离

诺思把正式制度定义为一个国家正式颁布的政治规则、法律、经济规则及契约等,因此两国正式制度距离指的是国家间的政治、法律等规章制度的差异。相比于正式制度水平较高的发达国家,新兴市场国家正式制度水平往往较低,表现为知识产权保护缺失、法律监管相对薄弱,市场存在较多制度漏洞。相较而言,具备较高技术能力的发达国家往往具备较高的正式制度水平,产权保护法律体系严格,母国和东道国之间的正式制度距离往往较大。因此,新兴市场国家企业在面向发达国家开展技术获取型跨国并购进行逆向学习时,双方之间存在较大的正式制度距离,在知识产权保护制度等正式制度上存在较大差异,发达国家企业的知识产权保护制度非常严格,其先进的技术知识并不容易轻易溢出。新兴国家企业并购过程中即使是百分之百控股,也不是自然而然就获得了对方企业的知识产权和先进技术。因此,两国的正式制度距离会影响新兴市场国家技术获取型跨国并购的逆向学习效果。

---

[1] North, D. C., *Institutions, Institutional Change and Economic Performance*, New York: Cambridge University Press, 1990.

[2] Estrin, S., Baghdasaryan, D., Meyer, K. E., "The Impact of Institutional and Human Resource Distance on International Entry Strategies", *Journal of Management Studies*, 2009, 46 (7): 1171–1196.

[3] 阎大颖:《制度距离、国际经验与中国企业海外并购的成败问题研究》,《南开经济研究》2011年第5期。

[4] 刘娟:《跨国企业制度学习研究述评与展望》,《外国经济与管理》2015年第2期。

(二) 非正式制度距离

诺思把非正式制度定义为嵌入于一国社会文化及意识形态中，源于社会传递并成为文化传承的社会习俗、行为规范及价值观等[1]，两国间的非正式制度距离被定义为国家间社会文化、意识形态以及行为规范等规范和认知方面的制度差异。由于社会文化和意识形态相近，部分新兴市场国家和发达国家之间的非正式距离较小，如巴西和美国，中国和新加坡等。通常，当一国的正式制度水平较弱，非正式制度作为替代将会发挥更为重要的作用，相比于发达国家，新兴市场国家往往拥有较高水平的非正式制度架构。虽然多数发达国家和新兴市场国家在非正式制度架构上有一定的差距，但很多新兴市场国家的跨国企业善于利用非正式关系网络架构缩短双方的制度距离，如与东道国政府相关部门、行业协会等官方、半官方机构建立网络联系获取东道国合法性地位，或者放弃东道国企业的经营控制权以增加双方的信任，或者通过双方企业的项目合作等方式，通过双方人员的交流沟通以缩短双方的非正式制度距离，较小的非正式距离有利于企业提高在发达国家逆向学习的效果。

二 技术能力

技术获取型跨国并购是企业获取外部知识资源的捷径，企业的技术能力则是获取外部战略资源并提升自身创新能力过程中最核心的支撑。萨拉（Zahra）和乔治将其分为获取、吸收、转化和利用四个过程：获取，是企业有效辨识并通过跨国并购获得战略性资源企业的能力；吸收，是并购企业获得目标企业后进一步分析、了解和学习被并购企业的先进技术等战略性资源的过程；转化，是并购企业利用现有知识与被并购企业先进技术相结合的能力；利用，是指并购企业扩展和杠杆化利用被并购企业的先进技术和能力形成新的能力的过程。[2][3] 新兴市场国家通过逆向跨国并购获取发达国家被并购企业的技术等战略性资源后，更主要的是如何吸收、转化、利用后提升自身创新能力的过程。技术能力

---

[1] North, D. C., *Institutions, Institutional Change and Economic Performance*, New York: Cambridge University Press, 1990.

[2] Zahra, S. A. and George, G., "Absorptive Capacity: A Review, Reconceptualization, and Extension", *Academy of Management Review*, Vol. 27, No. 2, 2002, pp. 185–203.

[3] 吴先明：《我国企业跨国并购中的逆向知识转移》，《经济管理》2013年第1期。

对知识的消化、转化与利用以产生新知识具有重要的影响,企业并购前的研发投入、知识基础及并购后的研发投入是技术能力的重要表征。企业吸收、转化和利用跨国并购的技术知识的能力,与企业并购前的研发投入、知识基础及并购后的研发投入有密切的关系。

(一) 并购前研发投入

学习是一个逐渐深入和递进的过程,当并购企业拥有与被并购企业的先进技术或知识产权相关的知识,逆向学习的创新绩效会较好。如果被并购企业的技术知识的相关领域与并购企业属于不同的领域,并购企业的逆向学习会比较困难。科恩(Cohen)和利文索尔(Levinthal)将吸收能力定义为企业识别新的外部信息价值并加以学习吸收的能力。[①] 吸收能力实际就是一种学习能力,R&D 从投入的角度衡量了跨国母公司的学习和吸收能力。吸收能力可以通过增加研发投入来提高,如果企业在并购前就具有较大强度的研发投入,这既有利于企业在并购过程中的"信息认知",从而也有利于提升企业分析、辨认、了解和处理从发达国家企业获得的信息和惯例,有利于并购企业更好地识别和吸收目标企业的关键知识和技术诀窍等战略性资源。

(二) 知识基础

知识基础观理论 (KBT) 认为,知识是企业核心的战略性资源,复杂而隐含的知识资源,是企业的核心竞争力的重要表征,因此企业的知识基础规模在某种程度上代表了企业的转化能力。通常来说,企业知识基础越强,其技术转化能力就越强。在企业的技术性跨国并购过程中,知识基础是并购企业对于行业背景、市场知识、技术能力等知识的掌握程度,在技术获取型跨国并购的技术知识转化过程中展示出重要作用,决定着企业创新绩效的差异。首先,知识在并购企业之间双向流动,并购企业的知识基础越强,知识元素各种组合的数目越多,并购企业自身具备的资源和能力在学习过程中越能充分发挥和渗透,越有利于双方企业的知识和能力之间的协同作用,转化创新的效果越好。其次,知识基础越强,并购企业能更好地将自身知识与目标企业的知识相结合,进而

[①] Cohen, W. M. and Levinthal, D. A., "Absorptive Capacity: A New Perspective on Learning and Innovation", *Administrative Science Quarterly*, Vol. 35, No. 1, 1990, pp. 128 – 152.

获得创新的规模效应，增强转化效果。

（三）并购后研发投入

在技术获取型跨国并购中，企业不仅需要吸收和转移目标企业的知识和能力，而且需要具备再创新的能力。并购企业获得被并购企业的相关技术和战略性资源后，结合自身的资源和能力，对相关技术和知识进行重构，根据并购企业自身的市场环境和消费者需求发展新知识、新能力。新兴市场国家母公司在并购发达国家先进企业后，将自身拥有的资源和能力与被并购企业资源和能力进行重构，形成一种特有的、动态的持续创新能力，这个重构的过程就依靠并购后的研发投入来完成。这主要包括两种机制：一是通过并购后联合研发反馈机制，新兴国家企业并购发达国家企业后，由于并不能直接使用被并购企业的技术专利，母国企业往往以建立联合研发中心或新项目的方式进行合作研发，然后将最新的研发成果和技术反馈回母国企业；二是信息传递机制，新兴市场国家在并购发达国家企业后，不仅获得了接近国外创新型竞争者研发基础设施知识中心和研发成果的平台，也为企业提供了了解不同国家消费者的偏好产品标准和未来创新趋势等信息，这些重要的技术和非技术类信息以各种渠道反馈给并购企业，促使企业扩大研发投入，整合国外知识和技术，从而将自身的技术能力和并购企业的技术能力进行重构，创造出新知识和新技术能力。总的来说，众多学者对影响新兴市场国家技术获取型跨国并购的逆向学习绩效的影响因素进行了广泛的分析，指出制度距离和技术能力均是影响跨国并购逆向学习的重要因素。但由于研究方法的局限，先前更多的是基于制度距离或技术能力的单一因素分析对逆向学习绩效的影响，在新兴市场国家逆向跨国并购的复杂情境下，两者究竟是如何综合影响企业的创新绩效呢？定性比较分析方法擅长发掘多重影响因素之间复杂的非线性关系和组合构型，利用归纳法从研究发现中构建和发展新理论的一种全新的研究方法[1]，因此，本书基于先前的文献研究基础，利用定性比较分析方法（QCA）进一步发展新兴市

---

[1] Campbell, J. T., Sirmon, D. G. and Schijven, M., "Fuzzy Logic and the Market: A Configurational Approach to Investor Perceptions of Acquisition Announcements", *Academy of Management Journal*, Vol. 59, No. 1, 2016, pp. 163–187.

场国家技术获取型跨国并购逆向学习效益的内在机制。

第二节 研究方法与研究样本

一 研究方法

本章使用定性比较分析方法（Qualitative Comparative Analysis, QCA）对研究问题进行剖析。定性比较分析方法综合了案例研究和定量研究两种研究方法的优势，探究前因条件组合如何推动了某种被解释现象的出现。[1] 近年来，国际上将定性比较研究方法应用于管理学领域的学者越来越多，并有大量应用定性研究比较方法的高水平论文发表于管理学国际顶级期刊和主流期刊，相比之下，国内管理学领域应用该方法的研究还比较少。[2] 本章使用模糊集定性比较（fsQCA）研究方法来分析技术获取型跨国并购的逆向学习，原因在于：

首先，定性比较分析方法（QCA）是基于布尔运算的韦伯式的思想实验，可用于分析样本量不大但却有多样性构型的条件组合问题。对于 K 个影响因素，有着 2^k 个可能的构型，而逻辑条件组合的数量则高达 $3^k - 1$ 个。这些条件组合都是可能的跨个案模式，定性比较研究基于归纳逻辑，通过基于理论的简单反事实和基于经验的复杂反事实条件集合，通过对一致性和覆盖度两个重要参数的观察，最终分析出简化的前因逻辑条件组合，得到现象的理论化解释。在企业技术获取型跨国并购的逆向学习中，存在技术能力和制度距离两个维度下的多个影响因素，以往主流研究采取的回归分析方法，要求各变量相互独立，主要探究的是技术能力或制度距离的单个或少数变量的主效应和调节效应，但无法解释多重交互作用，因此具有较大的局限性。[3] 定性研究方法擅长发掘多重影响因素之间相当复杂的非线性关系和组合构型，因此可以分析技

---

[1] Fiss, P. C., "Building Better Causal Theories: A Fuzzy Set Approach to Typologies in Organization Research", *Academy of Management Journal*, Vol. 54, No. 2, 2011, pp. 393–420.

[2] 张驰等：《定性比较分析法在管理学构型研究中的应用：述评与展望》，《外国经济与管理》2017年第4期。

[3] 程聪、贾良定：《我国企业跨国并购驱动机制研究——基于清晰集的定性比较分析》，《南开管理评论》2016年第6期。

术能力和制度距离的多个影响因素如何组合会引致技术获取型跨国并购良好的创新绩效。

其次，模糊集定性比较（fsQCA）研究基于集合论的方法，将案例概念化为因素集合，案例之间差异就转变为因素间组合方式的差异，因此模糊集定性比较研究方法是一种很好的分类理论和构型研究的实证数据归纳研究方法。在操作过程中，它通过非完全隶属或非完全不隶属的模糊集合概念，将变量校准为 0—1 连续的数值，从而将研究精确程度从某一条件是否存在提升到某一条件存在的程度对结果变量的影响。在本章的研究中，技术获取型跨国并购的逆向学习的创新绩效差异受到技术能力和制度距离等多个因素影响，技术能力的知识基础、研发投入，制度距离的正式距离、非正式距离等前因条件并非是是与否的二分变量，而是有程度水平差异的技术能力和制度距离大小的程度变量，因此，模糊集的定性比较分析更适合本章的研究问题。

二　研究样本与数据收集

本章从 BVD–Zephyr 全球并购交易分析数据库中选取了 2000—2016 年中国上市公司的技术获取型跨国并购案例作为分析样本，另外，本章所涉及的创新绩效和技术能力的相关数据（并购企业的专利数据、研发投入、营业收入等相关数据）均来自国泰安数据库，非正式制度距离的相关数据源于霍夫施泰德（Hofstede）所开发的六维度文化比较模型的相关数据，正式制度距离的数据来源于世界银行开发的全球治理指数（Worldwide Governance Indicators，WGI）的相关数据。剔除了数据严重缺失的公司样本后，本书最终得到 108 家样本企业的 240 次并购事件。

第三节　新兴市场跨国并购逆向学习机制的研究发现

一　变量定义

（一）被解释变量

本章的被解释变量是技术获取型跨国并购逆向学习的效益，即母国企业通过跨国并购逆向学习的创新绩效。由于技术并购主要是为了获得目标公司的技术进而提升并购企业的创新能力，参考国内外学者对创新绩效的衡量方法[①]，本书采用并购后企业的发明专利授权数量来衡量企业并购后的创新绩效。

(二) 解释变量

(1) 正式制度距离指的是母国与东道国间的政治、法律等规章制度的差异。参考考夫曼 (Kaufmann)、李元旭等学者[②]，本书引用世界银行开发的全球治理指数 (WGI)，其包含民主议政指数 (Voice and Accountability)、政治稳定指数 (Political Stability and Violence)、政府效能指数 (Government Effectiveness)、法制环境指数 (Rule of Law)、监管治理指数 (Regulatory Quality)、腐败控制指数 (Control of Corruption) 六个子维度，可以全面反映国家的政治、法律、规章在内的正式制度质量，通过对各国正式制度的六个维度特征量化后，本书采用科格特 (Kogut) 和辛格 (Singh) 的公式[③]，构造东道国与母国的正式制度距离：

$$CD_{jk} = Ln \sum \{(D_{ij} - D_{jk})/V_i\}/5 \qquad (10-1)$$

其中，j 和 k 分别代表东道国和母国，D_{ij} 和 D_{jk} 分别代表东道国和母国某个维度的量化特征值，V_i 代表某个维度的方差。

(2) 非正式制度距离指的是母国与东道国间的社会文化、意识形态以及行为规范等规范和认知方面的制度差异。本书采用霍夫施泰德[④]的文化距离指数来量化母国和东道国的非正式制度。其包含权利距离 (Power Distance)、个人主义 (Indicidualism)、男性主义 (Masculinity)、不确定性规避 (Uncertainty Aviodance)、长远规划 (Long-term Orientation) 和放纵 (Indulgence) 六个子维度，可以综合反映一国的社会文化、意识形态以及行为规范等非正式制度质量，通过对各国非正式制度的六个维度特征量化后，本书采用科格特和辛格的公式 [同式 (10-1)]，构造东道国与母国的非正式制度距离。

[①] 温成玉、刘志新：《技术并购对高技术上市公司创新绩效的影响》，《科研管理》2011年第5期。

[②] 李元旭、刘鼷：《制度距离与我国企业跨国并购交易成败研究》，《财经问题研究》2016年第3期。

[③] Bruce, K., Harbir, S., "The Effect of National Culture on the Choice of Entry Mode", *Journal of International Business Studies*, Vol. 19, No. 3, 1988, pp. 411–432.

[④] 具体评价指标参见 Hofstede 文化距离指数：http://geert-hofstede.com/countries.html。

(3) 并购企业的知识基础是指并购企业在并购前自身所拥有的知识技术存量和结构，参考阿胡亚（Ahuja）和凯蒂娅（Katila）对知识基础的衡量方式[①]，本书以主并企业并购前拥有的发明专利授权数来测度并购企业的技术知识基础。

(4) 并购企业的研发强度是指并购企业在研发上的投入占总资产或营业收入的比例，参考阿胡亚和凯蒂娅等学者的定义[②]，本书以并购企业的研发投入占营业收入的比例来衡量。其中，并购前的研发强度是指企业在并购前年研发投入均值占年营业收入均值的比例，并购后的研发强度是指企业在并购后的年研发投入均值占年营业收入均值的比例。

(三) 变量赋值

由于创新绩效、制度距离及技术能力的相关变量数据不符合定性比较分析的布尔逻辑运算的数据要求，因此在进行定性比较研究前需要将它们转换为模糊集合，本书参照拉金（Ragin）的方法[②]，将创新绩效、制度距离、技术能力的相关变量通过校对转换为模糊集合。本书运用定性比较研究软件 fsQCA 2.0，选取模糊集的运算方法，将创新绩效、制度距离、技术能力等普通数据转换成介于 0 和 1 的集合数据。各变量的完全隶属门限、转折点和完全不隶属门限分别如表 10-1 所示。

表 10-1　　　　　　　　变量选择与赋值

	变量	完全隶属门限	转折点	不完全隶属门限
创新绩效	并购后发明专利数 CXJX	377	47.5	10
制度距离	正式制度距离 ZSZD	9.48	6.68	4.14
	非正式制度距离 FZSZD	4.11	2.44	1.51
技术能力	并购企业知识基础 ZSJC	188.5	31	6
	并购前研发强度 YFQDPRO	0.04	0.01	0
	并购后研发强度 YFQDAFTER	0.07	0.03	0.01

---

① Gautam, A. and Riitta, K., "Technological Acquisitions and the Innovation Performance of Acquiring Firms: A Longitudinal Study", *Strategic Management Journal*, Vol. 22, No. 3, 2001, pp. 197-220.

② Ragin, C. C., *Redesigning Social Inquiry: Fuzzy Sets and Beyond*, Hoboken, New Jersey: Wiley Online Library, 2008.

二 结果与分析

笔者采用 fsQCA 2.0 软件分析 240 起企业跨国并购样本的数据,识别出影响企业跨国并购逆向学习绩效的前因条件构型,对创新绩效结果一致性门槛值设定为大于等于 0.8,选择标准分析,输出复合方案、吝啬方案和中间方案三种结果,参照克里利(Crilly)等学者[①]及费斯(Fiss)[②]的方法,本书结合吝啬方案和中间方案汇报分析结果。一致性(Consistency)是布尔运算逻辑条件组合与实证数据的逻辑条件组合之间的关系程度,当一致性趋于 1 时,说明运算条件组合和实际案例构型已经基本一致,但是当低于 0.75 时,运算条件结果已经很难解释实际案例。[③] 方案覆盖度(Solution Coverage)指所有逻辑条件组合对于案例现象的总体解释程度。唯一覆盖度(Unique Coverage)是每个逻辑条件组合对于案例现象的解释程度。由此得出影响企业跨国并购逆向学习绩效的初始前因条件构型,即复杂解,当一个变量同时出现于吝啬方案和中间方案中,则将其记为核心条件;若变量仅出现在中间方案,而未出现在吝啬方案中,则将其记为边缘条件。本章的研究结果如表 10-2 所示。

表 10-2 企业跨国并购逆向学习高创新绩效的前因条件构型

	C1	C2	C3
ZSZD			●
FZSZD	⊗		⊗
YFQDPRO	⊗	●	·
YFQDAFTER	●	●	
ZSJC		●	●
Consistency	0.77	0.79	0.82

[①] Crilly, D., Zollo, M. and Hansen, M. T., "Faking It or Muddling Through? Understanding Decoupling in Response to Stakeholder Pressures", *Academy of Management Journal*, Vol. 55, No. 6, 2012, pp. 1429–1448.

[②] Fiss, P. C., "Building Better Causal Theories: A Fuzzy Set Approach to Typologies in Organization Research", *Academy of Management Journal*, Vol. 54, No. 2, 2011, pp. 393–420.

[③] 王菁等:《政府补贴体现了"竞争中立"吗——基于模糊集的定性比较分析》,《当代经济科学》2016 年第 2 期。

续表

	C1	C2	C3
Raw Coverage	0.21	0.47	0.13
Unique Coverage	0.08	0.35	0.02
Solution Consistency	0.77		
Solution Coverage	0.59		

注：(1) 圆圈●或•代表前因存在，圆圈⊗或⊗代表前因不存在；大圆圈●或⊗代表核心条件，小圆圈•或⊗代表辅助条件；空白区域代表"无关紧要"；(2) Consistency 为一致率，Raw Coverage 为覆盖率，Unique Coverage 为净覆盖率，即由该构型独立解释、不与同一被解释结果的其他构型重合的覆盖率；Solution Consistency 为总体一致率，Solution Coverage 为总体覆盖率。

表 10-2 显示了企业跨国并购逆向学习的模糊集定性比较分析结果。本书采用拉金和 Fiss 的模型，所有方案的一致性均大于或等于 0.77，体现了较好的一致性，方案的唯一覆盖度（Unique Coverage）也揭示出每个条件组合对解释企业跨国并购逆向学习创新绩效的解释程度，所有方案均大于 0.02。表 10-2 的总体覆盖度总体得分（Solution Coverage）为 0.59，说明理论构型的所有条件组合解释了结果中 59% 的样本。

（一）后探索式学习（~FZSZD * ~YFQDPRO * YFQDAFTER）

方案 C1 的核心条件是母国企业并购前的研发强度小，并购后的研发强度大，并且跨国并购双方非正式制度距离小，此时正式制度差异和并购企业的知识基础是无关紧要的条件。这意味着这些技术获取型的跨国并购企业虽然在并购前的研发强度不大，甚至知识基础可能也较弱，但在并购后，由于并购双方的非正式制度距离较小，企业双方基于规范和认知的制度距离很小，双方企业内部的规则、惯例和认知之间的差异较小，有利于搭建大量技术互动架构或合作研发网络，学习东道国先进的技术架构和研发成果，因此跨国并购后母国企业会进一步加大研发投入强度，加快吸收被并购企业的先进技术，促成并购双方合作研发网络的重新架构，以推动跨国并购的逆向学习和创新能力的快速提升。海尔正是践行这一路径的典型企业，企业初期，海尔依靠引进德国利勃海尔的冰箱技术，通过内部管理和名牌战略在国内竞争中站稳市场，20 世纪90年代后,伴随着海尔的国际化战略的发展,2001年,海尔收购了意大利迈尼盖蒂公司,由于中意两国的规制和认知的非正式距离并不大,这有利于海尔充分开展双方的合作研发创新,此后,海尔并购了非正式制度距离较小的日本三洋白色家电、新西兰厨电领先企业Fisher & Paykel等一系列海外先进企业,通过兼并、收购、联合研发等手段整合世界一流的研发资源,形成了海尔以开放创新为特色的创新系统。

(二)后利用—探索并举式学习(YFQDPRO * YFQDAFTER * ZSJC)

方案C2的核心条件是并购企业具有很强的知识基础,并且并购前和并购后的研发强度都很大,此时制度距离的两个维度正式制度距离和非正式制度距离均是无关紧要的条件。这意味着当技术获取性跨国并购企业自身具备非常强的技术能力,即企业自身的知识基础强且并购前后的研发投入大时,并购双方的制度距离对于并购企业获取发达东道国先进的研发能力、技术优势已经不再是一个重要的障碍,并购企业凭借自身的强大的技术能力,有效地跨越了制度距离障碍,把东道国被并购企业先进的研发网络和自身的研发网络相结合,快速地把东道国被并购企业的技术优势融合到自己的产品研发过程中,实现跨越制度距离的快速学习整合,是技术能力主导的学习机制。以万向为例,2001年、2003年、2007、2009年、2013年,万向先后收购了美国UAI公司(汽车零部件制动系统世界排名第四)、美国洛克福特公司(万向节全球最大供应商)、美国AI公司、DS公司(汽车转向轴的所有资产及全部专利)、A123系统公司(美国规模最大的锂电池制造企业)等多个汽车零部件、新能源汽车系统产业的美国企业,从制度距离看,无论是正式制度还是非正式制度,美国和中国之间的制度距离都很大,并购后万向美国子公司淡化企业的母国色彩,遵循美国的制度、规制,进行东道国本地化治理,跨越了中美之间在正式制度和非正式制度距离上的巨大差距。上述被并购企业多数拥有万向所需的关键技术或研发能力,与万向的技术相关性非常高,万向凭借多年来高强度的研发投入、多点多层面的创新体系(万向研究所、万向本部和外部联合研发中心三大部分构成的研发和创新体系)所形成的技术创新能力和技术吸收能力,通过跨国并购成功地撬动并整合全球创新资源,逆向学习和吸收先进技术和知识,专利拥有量以年120项以上数量递增,实现年开发新产品由30项增长到1000项，新产品产值率由20%增长到68%。

（三）后利用式学习（ZSZD * ~ FZSZD * YFQDPRO * ZSJC）

方案 C3 的核心条件是并购企业具有很强的知识基础，并且并购双方的正式制度距离大，非正式制度距离小，辅助条件是并购前的研发强度大，此时并购后的研发强度是无关紧要的条件。这意味着虽然并购双方存在较大的正式制度距离，可能会影响双方共建研发网络或重构东道国新技术架构，但由于并购企业自身具备较强的技术能力，在双方企业非正式制度距离较小的情况下，并购企业可利用双方企业内部的规则、惯例和认知之间的较小差异优势促进双方的互动交流，利用自身的技术优势，在自己的研发网络之内利用东道国的先进技术优势，或将自身的技术架构向东道国技术架构靠拢，进而整合双方的技术架构，从而实现在自身知识基础上的技术获取为目标的协同和学习。中集收购新加坡来福士是这一路径的典型案例，由于海洋工程装备制造是一个长周期行业，进入门槛和风险巨大，此前主要海工大单基本被韩国、新加坡等传统海工强国企业所瓜分，通过并购龙头企业实现快速学习是一条切入行业的有效方式，中集集团自 2008 年开始通过要约收购等方式进入来福士，2013 年 2 月，中集海洋工程完成了对中集来福士海洋工程（新加坡）有限公司全额收购，由于中国和新加坡非正式制度距离较小，中集利用 4 年的时间完成了对中集来福士的业务和管理整合，中集将自身的技术、管理、资金优势与烟台莱佛士的技术优势相结合，成功地实现了逆向学习和快速进入。

覆盖度得分，意味着构型组合对于案例的解释程度，同时笔者也可以根据覆盖度判断每个组合构型的重要程度。在表 10-2 中，方案 C2 的唯一覆盖率（Unique Coverage）是三个组合中最大的，高达 0.35，远远超出了其他组合的覆盖率，这意味着方案 C2 的条件组合是所有条件组合中最为重要的，是技术获取型跨国并购企业逆向学习的主要方式，即并购企业具有很强的知识基础，并且并购前和并购后的研发强度都很大，而制度距离相对企业的技术能力来说是无关紧要的条件。由此可见，技术获取性跨国并购企业在逆向学习过程中，最主要的方式还是凭借自身的技术基础，跨越制度距离障碍，把东道国被并购企业先进的研发网络和自身的研发网络相结合，快速地把东道国被并购企业的技术优势融合到自己的产品研发过程中，实现跨越制度距离的快速学习整合，实现逆向学习和创新能力的提升。

三 稳健性检验

为了验证以上研究结果是否稳健，参考贝尔（Bell）的稳健性检验方法①，在对结果高水平的前因条件构型研究的同时，也对其反面也就是结果低水平的前因构型进行检验，以保证研究结果的可信度。因此，笔者进一步对逆向学习绩效不高或者低创新绩效的条件构成展开分析。

稳健性检验结果见表10-3。方案 E1 和方案 E2 的一致性均大于0.86，体现了良好的一致性。表10-3 的覆盖度总体得分 0.64，解释了企业跨国并购逆向学习创新绩效不高或者低创新绩效结果中 64% 的样本。表 10-3 的结果显示，导致创新绩效不高或者低创新绩效的条件构型有两条路径，其中方案 E1 的核心条件是并购后研发强度低、企业知识基础弱，辅助条件是并购前的研发强度低，此时制度距离是无关紧要的条件，而且方案 E1 的覆盖率为 0.33，远远超过另一种方案；方案 E2 的核心条件是双方的正式制度距离和非正式制度距离大，并购企业知识基础弱，辅助条件是并购前的研发强度小，并购后的研发强度是无关紧要的条件。

表10-3　企业跨国并购逆向学习不高或低创新绩效的前因条件构型

	E1	E2
ZSZD		●
FZSZD		●
YFQDPRO	⊗	⊗
YFQDAFTER	⊗	
ZSJC	⊗	⊗
Consistency	0.87	0.88
Raw Coverage	0.58	0.31

---

① Bell, R. G., Filatotchev, I. and Aguilera, R. V., "Corporate Governance and Investors' Perceptions of Foreign IPO Value: An Institutional Perspective", *Academy of Management Journal*, Vol. 57, No. 1, 2013, pp. 301-320.

续表

	E1	E2
Unique Coverage	0.33	0.07
Solution Consistency	0.86	
Solution Coverage	0.64	

注：同表10-2。

根据贝尔的稳健性检验方法，导致高水平结果与低水平结果的前因构型不同，稳健性检验通过，显然本章的检验结果（路径 C1、C2、C3 和方案 E1、方案 E2 显著差异）可以证明结果的稳健性。而且本章研究的稳健性检验还表明，方案 E1 是结果创新绩效低的主要条件构型，这进一步证明了企业的技术能力在技术获取型跨国并购逆向学习中的核心影响作用。

第四节 研究结论与讨论

通过使用模糊集的定性比较研究方法，本章考察了企业跨国并购过程中有效的逆向学习方式的条件构成。由于企业跨国并购的情境复杂性，其逆向学习的绩效受到多种因素协同作用的影响，相比于传统的回归研究往往只关注某个单独因素的影响，模糊集的定性研究方式可以分析出多个因素组合的影响结果。

首先，在企业跨国并购逆向学习的条件构型的研究中，本章总结出了三种有效实现跨国并购逆向学习的模式：后探索式学习、后利用式学习以及后利用—探索并举式学习，其中，后探索式学习的条件构成是并购前的研发强度小，并购后的研发强度大，并且跨国并购双方非正式制度距离小，这表明企业在跨国并购中利用双方较小的非正式距离，并购后加大研发投入，以探索式学习吸收东道国先进的技术并进一步探索拓展新技术；后利用式学习的条件构成是并购企业具有很强的知识基础，并且并购双方的正式制度距离大，非正式制度距离小，辅助条件是并购前的研发强度大，此时并购后的研发强度是无关紧要的条件，这表明此时企业在跨国并购中基于自身的技术能力和双方较小的非正式距离，利用东道国先进的技术轨迹基础进行学习创新;后利用—探索并举式学习的条件构成是并购企业具有很强的知识基础,并且并购前和并购后的研发强度都很大,这表明企业凭借自身很强的技术能力,跨越制度距离障碍,把东道国被并购企业先进的研发网络和自身的研发网络相结合,不仅利用东道国先进的技术,而且积极探索拓展新技术。三种学习方式中,最主要的学习模式是后利用—探索并举式学习。

其次,本书发现,虽然制度距离和技术能力都是影响企业跨国并购逆向学习绩效的重要前因条件,但相比而言,企业自身技术能力对于企业的技术获取型跨国并购的逆向学习,是必要的前因条件。在上述的三种学习构型中,企业的技术能力均是核心条件之一,当企业并购前研发投入较小,双方非正式距离较小时,企业技术能力以并购后较大的研发投入的方式开展后探索式学习;当双方的正式距离较大,非正式距离较小时,由于企业具备较强的技术基础和并购前较强的研发投入,可以开展利用式学习;而当企业自身拥有非常强的技术能力,即具备很强的技术基础和较大的研发投入(无论并购前后),企业甚至可以跨越双方的制度差距,通过后利用—探索并举式学习模式进行逆向转移。

最后,本书发现,正式制度距离和并购后的研发投入之间,可能具有互替性。参考彭娟研究中验证互替性条件的方法[①],当两个要素不能共存于任何一个导致结果的构型中,可以推断两者存在互替性。本章案例中,三种前因构型,无论哪一种,正式制度距离和并购后的研发投入两个变量均无法共存,由此笔者推断两者具有互替性。因此,双方正式制度距离过大,会抑制母国企业并购后的研发投入,也可能影响母国企业和东道国企业双方合作研发网络的架构。

本章的贡献主要在于:第一,本章拓展了对技术获取型跨国并购的逆向学习的机制的认识,虽然已经有大量研究围绕着企业跨国并购逆向学习绩效的影响因素问题展开了理论和实证研究,但是这些研究成果主要是基于单个因素或者少数因素开展,然而,企业技术获取型跨国并购的逆向学习绩效,是复杂情境下多个因素组合的影响结果,与以往研究

---

① 彭娟:《基于构型理论的人力资源系统与组织绩效的关系研究》,博士学位论文,华南理工大学,2013年。

相比，本章采用模糊集定性比较研究方法，使分析多重前因构型组合如何影响逆向学习绩效成为可能，并得出了企业在不同情境因素下获得较高创新绩效的三种逆向学习的路径，揭开了技术获取型跨国并购逆向学习的"黑箱"。第二，以往研究主要是从技术能力或制度距离的单一维度展开研究，但哪个维度对于技术获取型跨国并购逆向学习的创新绩效具有更为重要的影响，双方并没有相关对话，也没有得到一致性的结论。本章通过三种构型的比较，发现技术能力是技术获取型跨国并购逆向学习的必要因素，是最核心的影响因素。该研究结论不仅对先前的理论研究具有一定贡献，而且对于企业开展技术获取型跨国并购实践也有着重要启示。第三，研究进一步分析了正式制度距离与并购后的研发投入之间的关系，探究由于正式制度距离对于企业并购后研发投入的影响，拓展了现有文献对企业跨国并购逆向学习绩效的影响因素研究。

第十一章

情境差异性与中小企业进入海外市场的模仿方式研究

模仿是中小企业进入海外市场的一种重要战略。由于企业海外扩张往往是在相当大的不确定性和不完全信息下的决策,中小企业进入海外市场时常常模仿其他企业的进入模式。

现有研究主要从企业海外扩张中模仿行为的存在性、模仿的动机及具体的模仿方式等角度进行研究。虽然学者对于企业进入海外市场的模仿方式有广泛的认知和探讨,但现有文献对为何会存在差异化模仿方式的研究还较少。围绕着企业海外市场进入的差异化模仿方式这一问题,已有文献主要从空间和产业环境等视角对其成因和影响因素展开理论和实证研究[1],如海外市场的环境不确定性水平[2]、产业的竞争程度[3]等会影响企业的模仿方式选择等,但仍存在以下不足:首先,先前的多数研究只聚焦于某个层次或某个方面,如仅从海外市场环境的视角出发研究对模仿行为的影响,或只关注产业层面的影响,较少有文献综合组织环境不同层面的情境条件进行系统分析。而企业海外扩张中的模仿行为是

---

[1] Wu, X., Liu, X. and Huang, Q., "Impact of the Institutional Environment on the Choice of Entry Mode: Evidence from Chinese Enterprises", *China: An International Journal*, Vol. 10, No. 1, 2012, pp. 28 – 50.

[2] Lu, J. W., "Intra – and Inter – organizational Imitative Behavior: Institutional Influences on Japanese Firms' Entry Mode Choice", *Journal of International Business Studies*, Vol. 33, No. 1, 2002, pp. 19 – 36.

[3] Chang, S. J. and Rosenzweig, P. M., "Industry and Regional Patterns in Sequential Foreign Market Entry", *Journal of Management Studies*, Vol. 35, No. 6, 1998, pp. 797 – 821.

第十一章 | 情境差异性与中小企业进入海外市场的模仿方式研究

一种复杂现象，可能是由于多种原因和情境因素引起的，模仿方式选择基于情境差异性的归因有很大的差异，只聚焦于某个层面的情境分析使先前研究没有得出一致性的结论，不能清晰地解释差异性模仿方式的来源。其次，先前的研究大多假设企业在进入国际市场时面临着相似的压力和不确定性，较少考虑到企业之间的异质性，事实上企业在进入国际市场时采取差异化的模仿行为可能也会受到企业自身特征的影响，只关注环境的某些情境因素的影响不利于企业海外扩张的战略目标的实现。最后，先前的实证研究都是基于某个国家或区域的部分行业开展海外扩张的模仿行为及影响因素的研究，受到方法和数据的局限，很难综合多种情境因素进行综合分析。模仿方式选择受到哪些关键的边界条件的影响，现有的研究尚缺乏一个通用的框架和分析方法解释企业在何种情境下对不同的模仿方式应该作出怎样的选择。

因此，整合多种理论和分析视角来研究中小企业海外扩张中模仿行为及其影响因素，并对相关的理论和实证研究进行集成研究，以探讨和解释模仿方式的边界条件就显得非常有价值。正是基于上述考虑，本章采用元分析方法来构建多种情境因素的分析模型，探索中小企业海外市场进入模仿方式异质性的来源。

第一节 理论分析与研究假设

制度理论强调和聚焦组织的相似性。迈耶（Meyer）和罗恩（Rowan）[①] 提出，在高度复杂的制度环境中，组织逐渐与制度环境同形，以获取在特定环境下的合法性。迪马吉奥和鲍威尔（Powell）[②] 进一步强化了组织之间日益彼此相似的过程，并提出了导致组织同形的三种机制，其中一种重要的机制就是制度性模仿。在国际商务领域，企业进入国际市场的过程中存在巨大的风险和不确定性，模仿其他企业的海外扩

[①] Meyer, J. W. and Rowan, B., "Institutionalized Organizations: Formal Structure as Myth and Ceremony", *American Journal of Sociology*, Vol. 83, No. 2, 1977, pp. 340–363.

[②] Paul, J. D. and Powell, W., "The Iron Cage Revisited: Institutional Isomorphism and Collective Rationality in Organizational Fields", *American Sociological Review*, Vol. 48, No. 2, 1983, pp. 147–160.

张行为，能够有效降低不确定性，获取合法性，因此制度理论对企业进入海外市场的模仿现象也具有很好的解释力。先前众多学者研究了海外扩张中模仿行为的存在性、模仿的动机及具体模仿方式，如基于企业的合法化需求角度解释了企业会模仿被更多企业所采纳的结构、实践和决策[1]，以及为规避不确定性风险模仿成功企业等。[2] 尽管众多文献关注了企业进入海外市场过程存在不同的模仿方式这一重要问题，但对企业为何会存在差异化模仿方式的研究仍不足。多数学者只聚焦于某个层次或某个方面，而且先前的研究大多假设企业在进入国际市场时面临着相似的压力和不确定性，较少考虑到企业之间的异质性。因此，通过系统的情境分析来研究企业海外扩张中差异性的模仿方式选择，具有重要的理论意义。

一　企业海外扩张过程中的进入方式模仿

模仿是对不确定环境的一种有效回应。企业在海外扩张过程中，海外市场的经济、政治、市场、文化等制度环境和母国的制度环境有着巨大的差异，企业在向海外扩张时，面对海外市场的不确定性，倾向于模仿其他企业的进入模式。除制度理论外，利伯曼（Lieberman）进一步从基于社会学的信息理论和基于经济学的竞争对抗理论对这种企业海外市场进入时的模仿行为进行了解释。[3] 基于社会学的信息理论研究提出，在决策环境面临高度不确定性时，社会因素对决策的影响作用在不断提升，企业转向将其他企业的决策作为行动的信息和合法性来源。基于经济学的竞争对抗理论研究提出，企业对外直接投资的先行者的投资行为会被相同行业的竞争对手所模仿，这是为了防止先行者垄断市场的一种竞争回应，因此产生了基于寡占回应需求的海外市场进入模仿行为。

众多学者观察到企业在海外扩张过程中存在不同的进入模仿方式，

---

[1] Marvin, B. L. and Shigeru, A., "Why Do Firms Imitate Each Other?", *Academy of Management Review*, Vol. 31, No. 2, 2006, pp. 366-385.

[2] Andrew, D., Ajai, S. G. and Shige, M., "The Timing of International Expansion: Information, Rivalry and Imitation Among Japanese Firms, 1980-2002", *Journal of Management Studies*, Vol. 45, No. 1, 2008, pp. 169-195.

[3] Marvin, B. L. and Shigeru, A., "Why Do Firms Imitate Each Other?", *Academy of Management Review*, Vol. 31, No. 2, 2006, pp. 366-385.

并对诸多进入模仿方式进行了归类,其中比较有代表性的是两大类,即基于频数的模仿和基于特征的模仿[1],其中基于频数的模仿强调企业倾向于模仿其他企业更高频率实施的海外市场进入模式,而基于特征的模仿是一种具有辨识能力的模仿[2],进行海外扩张企业某些特征,如组织规模、组织绩效、产业同行、关联企业等特征,是其他企业在跟随进入海外市场的重要参考标准。

(一) 基于频数的模仿

基于频数的模仿是指企业在向海外扩张过程中倾向于模仿其他企业更高频率实施的市场进入模式。基于频数的模仿是一个纯粹的社会化模仿,其中企业模仿的是其他较多企业已经实施的进入模式。在制度环境面临高度不确定性时,企业模仿其他企业的行为有利于获得合法性与信息。面对国际市场的不确定性和海外市场的制度风险,模仿其他企业已经执行过的进入模式,能有效降低不确定性风险。之前学者的实证研究也证明在企业国际化扩张中基于频数的模仿效应的存在,即制度环境内其他企业的进入会提高焦点企业进入的合法性,减少市场的不确定性。

(二) 基于特征的模仿

希梅诺(Gimeno)等学者提出,虽然企业在海外扩张中会模仿其他企业,但不同企业在面对模仿压力时受到的影响是有差异的。企业倾向于模仿那些与它们有社会联系的企业,如基于组织规模、组织绩效、产业同行、关联企业等某些特征开展模仿。基于相似规模的模仿是指企业海外扩张过程中,规模上的相似性提高了焦点企业对其他企业的模仿概率。基于绩效的模仿是指在企业海外扩张过程中,企业会模仿那些被组织决策者认为是成功的企业,即有更高能见度和声誉的海外扩张企业。基于竞争对手的模仿是指竞争者会通过以相似的行动跟踪和反击先前企业的海外扩张。由于竞争行为的高度可见性和对企业战略地位、竞

---

[1] Andrew, D., Ajai, S. G. and Shige, M., "The Timing of International Expansion: Information, Rivalry and Imitation Among Japanese Firms, 1980 – 2002", *Journal of Management Studies*, Vol. 45, No. 1, 2008, pp. 169 – 195.

[2] Gimeno, J., Robert, E. H., Brent, D. B. and William, P. W., "Explaining the Clustering of International Expansion Moves: A Critical Test in the U. S. Telecommunications Industry", *Academy of Management Journal*, Vol. 48, No. 2, 2005, pp. 297 – 319.

争力和利润水平的重要影响，企业的海外扩张非常容易引起竞争对手的模仿。基于关联企业的模仿是指企业倾向于模仿那些和它们有社会联系的组织，这种紧密联系包括隶属于同一个集团的企业[1]、公司董事会之间的联系等。

二 情境差异性与模仿方式选择

虽然学者们对于企业海外市场进入的模仿方式有广泛的认知和探讨，但现有研究对于企业海外扩张中为何会存在差异化模仿方式研究仍不足。[2] 模仿方式的选择对于情境差异性的归因有很大的差异，企业在向海外扩张过程中，海外市场的经济政治环境、产业竞争环境、企业的资源能力都会影响企业海外市场风险、产业竞争格局和企业应对风险的能力，因而影响企业选择不同的模仿方式。因此，基于情境差异的比较对于更好地认识企业海外市场进入的模仿方式选择具有重要的意义。

（一）海外市场的经济与政治环境

海外市场的环境分析有助于更好地理解企业海外投资过程中环境对企业模仿方式的影响。一方面，海外市场的经济、政治、文化制度都与母国有着较大差距，企业在海外扩张时需要降低制度环境的高度不确定性，因此，海外市场的 FDI 政策、税率、宏观经济政策等制度规则的不确定性越高，企业越倾向于模仿被认为是有更强的合法性或更成功的模板，以降低海外市场进入时的风险。另一方面，海外市场的经济环境也会影响企业海外扩张过程中的模仿方式，因为经济和市场风险越大，企业在海外扩张过程中面临的不确定性就越大，企业对其他进入企业尤其是具有某些特征企业就会越关注，就越有可能去模仿他们的市场进入。具体的模仿方式上，海外市场高度不确定的情境因素下，企业会尤其关注具有相似规模的企业，一旦相似规模的企业扩张传递出可行性和合法化的信号，因此潜在的市场进入者就有可能去模仿进入；并且，在高度

---

[1] Zhu, D. H. and Chen, G., "CEO Narcissism and the Impact of Prior Board Experience on Corporate Strategy", *Administrative Science Quarterly*, Vol. 60, No. 1, 2015, pp. 31 – 65.

[2] Chan, C. M., Makino, S. and Isobe, T., "Interdependent Behavior in Foreign Direct Investment: The Multi – Level Effects of Prior Entry and Prior Exit on Foreign Market Entry", *Journal of International Business Studies*, Vol. 37, No. 5, 2006, pp. 642 – 665.

不确定性环境下,企业会更留意成功企业的行动以降低海外新市场的经济风险和合法化风险,谋取高额利润,绩效高的企业的进入更容易引起其他企业的模仿进入;此外,在海外市场高度不确定性情境下,企业之间的紧密联系会导致实践中更强的合法性。[1]

基于上述分析,本章提出如下假设:

假设11-1:相较于所在海外市场的经济与政治环境风险较小的企业,所在海外市场的经济与政治环境风险较大的企业在进入海外市场时更倾向于模仿相似规模、成功企业及关联企业的市场进入模式。

(二)产业集中度

一个企业是否会受到竞争变化格局的影响,是基于一个企业的产业环境特征。和其他企业的进入影响相比,产业竞争对手的进入不仅会增强合法性,可能还会改变一个产业的竞争格局。产业环境对企业行为的影响已经被之前的许多研究所关注,如寡占垄断条件如何影响竞争在国际化扩张中的模仿行为。竞争对手在国际化扩张中引起了一系列的寡占行为。当竞争对手进行国际化扩张决策时,企业在高度集中的产业内会有快速模仿的可能性,其他学者也证明了产业集中度与企业海外扩张的模仿是正向相关的。[2]

企业的国际化扩张能改变一个企业在母国和海外市场的竞争均衡格局[3],是一个高度可视化的行为,如果企业不跟随竞争者进入海外市场,就可能会失去竞争优势,而相反竞争对手则有可能积累新的能力、经验及市场份额。当产业的竞争对手数量不断增多,企业的海外扩张对其他企业的影响就会不断变小,企业很难应对大量竞争对手的集体行动。相反,在高度集中的产业环境下,企业对竞争对手的行动会尤其敏

---

[1] Paul, J. D. and Powell, W. W., "The Iron Cage Revisited: Institutional Isomorphism and Collective Rationality in Organizational Fields", *American Sociological Review*, Vol. 48, No. 2, 1983, pp. 147–160.

[2] Yu, C. J. and Ito, K., "Oligopolistic Reaction and Foreign Direct Investment: The Case of the U. S. Tire and Textiles Industries", *Journal of International Business Studies*, Vol. 19, No. 3, 1988, pp. 449–460.

[3] Mitchell, W., Shaver, J. M. and Yeung, B., "Foreign Entrant Survival and Foreign Market Share: Canadian Companies' Experience in United States Medical Sector Markets", *Strategic Management Journal*, Vol. 15, No. 7, 1994, pp. 555–567.

感。一方面，竞争对手的海外市场进入会对其他企业的进入提供合法化；另一方面，竞争对手的进入也会对焦点企业的海外扩张施加最直接的竞争压力，而所施加的竞争压力的强度与企业所在的产业集中度正向相关。因此，企业在高度集中的产业环境下，更容易跟随竞争对手进入海外市场，以对抗竞争对手的市场竞争威胁。

基于上述分析，本章提出如下假设：

假设11-2：相较于所在产业集中度较小的企业，所在产业集中度较大的企业在进入海外市场时更倾向于模仿竞争对手的进入模式。

（三）企业资源

海外市场已成为企业传递竞争优势的一个重要舞台，但也必然要承担由于巨大的不确定性而引起的成本。由于海外市场语言、文化、卖方、供应商及制度环境的差异，市场进入中的不确定性程度可能会成为国际化扩张的重要障碍。

以往众多研究显示，企业在面对一个全新市场时，是否进行模仿基于企业所拥有的资源。[1] 跨国投资研究发现，相比于在无形资产上的优势，那些具有规模、利润或是市场优势的企业更容易进行模仿。[2] 因为具有规模或市场上的相对竞争优势的企业具备化解海外市场进入的不确定性和风险的能力，具有较好的利润水平的企业往往具有更强的信贷能力和更好的声誉，具备更好的融资能力来应对环境的不确定性，委托代理人也往往有更强的理由说服企业所有者，跟随其他企业进入海外市场。

基于上述分析，本章提出如下假设：

假设11-3：相较于规模及利润等资源能力较弱的企业，规模及利润等资源能力较强的企业在进入海外市场时，更倾向于实施基于频数的模仿。

---

[1] Haleblian, J. J., McNamara, G., Kolev, K. and Dykes, B. J., "Exploring Firm Characteristics that Differentiate Leaders from Followers in Industry Merger Waves: A Competitive Dynamics Perspective", *Strategic Management Journal*, Vol. 33, No. 9, 2012, pp. 1037-1052..

[2] Andrew, D., Ajai, S. G. and Shige, M., "The Timing of International Expansion: Information, Rivalry and Imitation Among Japanese Firms, 1980-2002", *Journal of Management Studies*, Vol. 45, No. 1, 2008, pp. 169-195.

第十一章 | 情境差异性与中小企业进入海外市场的模仿方式研究

第二节 研究方法

本章采用元分析方法来构建多种情境因素的分析模型，探索模仿方式异质性的来源。相比于其他研究方法，元分析具备以下三方面的优势，能有效拓展先前的研究局限：第一，元分析通过对众多同一研究情境的汇总再分析，汇集了尽可能多的研究样本，而这些样本往往能够从不同的情境角度进行分析，通过元分析对多种情境进行系统归类，可以比较变量单一关系之间的差异，进而探究造成差异的内在情境因素，进而明确多种差异性模仿方式选择的关键边界条件。第二，通过潜在调节变量的亚组分析，元分析将对变量关系起到调节作用的因素纳入分析，能有效梳理以往研究中可能对模仿方式产生影响异质性水平的变量，并纳入整体的分析框架，从而进一步拓展先前的研究视角。第三，元分析的研究方法有效克服了单一研究样本量相对较小，国家、行业、文化背景相对单一等随机性因素可能造成的影响，从而能够揭示出这种跨越不同研究背景、地区、产业等因素研究所蕴含的一般规律，进行更为准确的估计。

一 研究文献筛选

为了筛选研究文献，笔者考察了那些研究模仿进入海外市场的论文和期刊，本章用于元分析的相关实证文献均来源于国外高被引 SSCI 期刊，为保证研究结果的可靠性，笔者对元分析的样本选取有着严格的标准。一方面，本书以澳大利亚墨尔本大学管理学系的安妮—威尔（Anne - Wil）教授编撰的《论文质量清单》（Journal Quality List）第 52 版（2014 年 2 月更新）中 Wie 2008 和 Abdc2013 两项排行均为 A 类期刊以上（含 A 类）的相关期刊为基础。另一方面，为了保证排行的客观公正性，本书还同时参考了 Web of Science 数据库中最新发布的《期刊引用报告》（JCR Social Sciences Edition 2014）中管理学类期刊的 5 年影响因子在 1.5 以上的期刊，具体见表 11 - 1。本书通过以下渠道获得了已发表的研究海外扩张中的模仿对象选择的实证研究成果。首先，笔者在 ABI/INFORM、Wiley、EBSCO、JSTOR、ScienceDirect 等数据库中通过多个关键词搜索到于 1988—2012 年发表的有关模仿进入海外市

表 11-1 元分析的实证研究样本

序号	作者	期刊	年份	产业	样本数
1	Haverman	ASQ	1993	金融、房地产	313
2	Martin et al.	ASQ	1998	汽车、零部件	6512
3	Henisz and Delios	ASQ	2001	制造业	857210
4	Gimeno	AMJ	2005	电信	1900
5	Pamela R. Haunschild	ASQ	1993	交通设备/批发贸易/商业服务	327
6	Douglas, E.	MIR	2007	混合	5770
7	Pierre-Xavier	JIM	2006	混合	291
8	Yu. Chwo-Ming. J	JIBS	1988	混合	275
9	Christine M. Chan	JIBS	2006	电子	156451
10	Wilbur Chung	JEMS	2004	电子	10948
11	Lu	JIBS	2002	制造业	1194
12	Mauro F. Guillen	JIBS	2003	制造业	4400
13	Sea-Jin Chang	JMS	1998	化学、电子	652
14	Andrew Delios	JMS	2008	制造业	4404
15	Monica Yang	JOM	2006	金融服务	6465
16	Jun Xia	SMJ	2007	制造业	174
17	Terry, L. and Annes	SMJ	1992	制造业	281
18	Guillen	AMJ	2002	制造业	4440
19	Sea-Jin Chang	SMJ	2001	制造业	816
20	Jerayr Haleblian	AMJ	2006	银行业	6714
21	Gerald Yong Gao	JIBS	2010	混合	433

杂志缩写说明：AMJ（Academy of Management Journal，《美国管理学会学报》），ASQ（Administrative Science Quarterly，《管理科学季刊》），JIBS（Journal of International Business Studies，《国际商业研究杂志》），JEMS（Journal of Economics and Management Strategy，《经济与战略管理杂志》），JIM（Journal of International Management，《国际管理杂志》），JOM（Journal of Management，《管理杂志》），JMS（Journal of Management Studies，《管理研究杂志》），MIR（Management International Review，《国际管理评论》），SMJ（Strategic Management Journal，《战略管理杂志》）。

场的论文。其次，为了避免根据"模仿"（Imitat*）这个关键词进行检索的遗漏，笔者在社会科学引文索引中，搜索了"模仿"论文中引用频率排名前三的文献。然后，对这一系列期刊的摘要进行手动搜索。最后，为了找到以上搜索中可能遗漏的文献，笔者补充搜索了通过以上三步所收集论文的参考文献。[①]

从上述论文中进一步筛选元分析用的论文时主要遵循以下三条原则：①必须是企业模仿进入海外市场的实证研究论文。②只选择文献中报告了R-簇效应的文章，比如相关系数或者通过推导能够计算出相关系数的数据，有部分论文没有被采纳，因为其结果仅包含了多元模型。③为了解决概念上的重复问题，本书确保研究的独立性，没有重复样本。如果发现采用同一研究样本进行相同变量的实证分析的多个文献，只取其中一个文献进行分析；如果数据库相同但变量不同，则分别保留各效应值。通过上述两个阶段的文献整理，笔者最终获得了21篇可供分析的已发表在SSCI高被引期刊的文献。

二 变量选择和研究数据搜集

在这21项研究中，每篇论文均由两位处理数据的作者分别审读，并就其关联性、样本量、自变量和因变量的信度和效应量等进行编码。样本量直接选自入选论文的研究方法和研究结论部分；研究变量源自原文中变量测量的描述。[②] 对于本章选择的相关变量，笔者参考过去已有的相关研究的定义，具体如表11-2所示。为了保证所获得数据的可靠性，笔者根据表11-2对变量所描述的情形分别进行独立数据编码并交叉核对。在一些文献中可能会出现针对相关变量关系在同一维度上的多个数据，这时采用取均值的方法来获得所需要的数据。[③] 为避免编码错误，两位研究者对编码结果进行了核对，对于编码显著不一致的结果，通过小组复核重新确定。

---

① Raymond，V. W. 等：《组织间和组织内知识转移：对其前因后果的元分析及评估》，《管理世界》2012年第4期。

② Raymond，V. W. 等：《组织间和组织内知识转移：对其前因后果的元分析及评估》，《管理世界》2012年第4期。

③ 程聪、谢洪明：《市场导向与组织绩效：一项元分析的检验》，《南开管理评论》2013年第6期。

表 11-2　　　　　　　　　　元分析的相关变量描述

潜变量	显变量	定义	来源
频数模仿	其他企业进入海外市场的频率	模仿其他企业更高频率实施的市场进入模式	March, 1981
特征模仿	相似规模	基于企业组织结构和规模上的相似性模仿进入海外市场	Hannan 和 Freeman, 1977; Haveman, 1993
	组织绩效	基于企业更高能见度和声誉模仿进入海外市场	Burns 和 Wholey, 1993; Scott, 1992; Haunschild, 1997
	竞争对手	竞争对手的进入导致焦点企业模仿进入海外市场	Flowers, 1976; Knickerbocker, 1973
	关联企业	焦点企业与先前进入企业隶属于同一个集团，或双方的董事会管理层有联系	Head 等, 2002
	海外市场的经济政治环境	以海外市场国家国民生产总值（GDP）和制度环境衡量	Chung 和 Song, 2004; Heniszand 和 Delios, 2001
	产业集中度	以产业前四家或八家企业集中率衡量	Delios 等, 2008
	企业资源	以企业总资产、利润水平来衡量	Delios 等, 2008

本章以相关系数或偏相关系数 r 作为计算效应值的源数据。有 8 篇文献提供的是回归系数 b 和 t 值，然后通过计算公式获得效应值 r 及标准误差 SE，有 13 篇可以直接获得效应值 r 和标准误 SE 或标准差。用 t 值进行转换的公式如下：

$$r = \sqrt{\frac{t^2}{t^2 + df}}, \quad df = N_c + N_e - 1 \quad\quad (11-1)$$

为了保证数据的一致性，本书首先把不同文献的统计量转换成单一的效应值，采用对相关系数进行 Fisher's Z 转换获得初始效应值，为保证稳定性，本书将初始效应值与原先的相关系数进行比较，并修正那些和相关系数差异非常大的初始效应值。在计算整体效应值时，进一步考虑相关系数所对应的样本大小，为了保证每项研究对总体效应值的贡献程度与其样本在总样本中所占的比例相一致，采取对每个效应值以其标准误平方的倒数为权重（Inverse Variance Weight，方差倒数权重）的方法进行加权计算，具体公式为：

$$SE_i = \frac{1}{\sqrt{n-3}}, \quad i=1, 2, 3, \cdots \tag{11-2}$$

$$ES = E(r) = \frac{\sum W_i ES_i}{\sum W_i}, \quad i=1, 2, 3, \cdots \tag{11-3}$$

本书共获得了 37 个效应值，其中包括 14 个基于频数的模仿效应值，23 个涉及基于特征的模仿效应值。

第三节 模型检验与结果分析

一 异质性检验

异质性检验是元分析不可或缺的一部分，通过异质性检验可以评估多个研究是否具有显著差异。目前学者广泛采用 Q 检验来考察研究的异质性，如果 Q 检验结果显著，则说明多个独立的研究具有异质性，需要对纳入元分析的研究采取删除偏差最大的研究样本、调节变量控制分析等方法进行再一次异质性检验，一直到异质性检验结果不显著为止。

本章的异质性分析结果如表 11-3 所示，数据显示，企业海外扩张中的模仿类型的效应值 95% 置信区间（CI）均在 0 水平线的右侧（95% CI 下限大于 0），这表明本章所获得的效应值具有较高的可信度水平。在元分析中 Q 值和 I^2 值是检验研究结果异质性水平高低的重要

表 11-3　　　　　　　　模仿方式的元分析检验

变量	效应值样本数	样本容量	样本加权效应值 r	δr^2 (P)	95% CI 下限	95% CI 上限	异质性检验 Q 值	I^2	df (Q)	组间差异 Q 值	p
模仿类型	37	2289458	0.050***	0.000	0.036	0.064	2059.688	98.3	36	—	—
频数模仿	14	1055189	0.053***	0.000	0.051	0.055	178.6	92.7	13	382.42	0.000
特征模仿	23	1234269	0.079***	0.000	0.077	0.080	1498.67	98.5	22		

注：*** 表示 p < 0.001。

指标，本章模仿类型的 Q 值远大于效应值样本数（Q = 2059.688 > 效应值样本数 37），I^2 值为 98.3，高于 60%，这表明模仿类型存在显著异质性，需要进一步的检验。

当效应值异质时，通常有两种处理方式：一是删除偏差最大的效应值，直到异质性不显著后用固定效应模型分析；二是采用考虑了研究内和研究间变异的随机模型分析。笔者在整体分析和亚组分析时都通过随机模型分析方法确保分析结论更可靠。

二　模仿方式分析

首先本章检验了企业进入海外市场的模仿方式。研究将模仿类型按照基于频数的模仿和基于特征的模仿两个亚组进行元分析，分析结果如表 11 - 3 所示。从表 11 - 3 中数据可知，基于频数的模仿和基于特征的模仿对于焦点企业的模仿进入均有显著的正向影响。其中，基于特征的模仿效应（r = 0.079，p < 0.001）要大于基于频数的模仿效应（r = 0.053，p < 0.001），亚组间差异效应显著（Q = 382.42，p < 0.001）。

三　模仿方式的情境调节效应分析——异质性的来源

根据表 11 - 3 异质性的分析结果，笔者确认了企业进入海外市场的模仿方式存在显著异质性，需要进一步检验。对于异质性检验显著的变量关系，在删除其中一项偏离最大的效应值后，异质性检验结果仍然显著，并且纳入元分析的效应值个数仍然大于十项，笔者可以推断该变量之间的关系存在其他潜在变量的调节作用，因此进一步对调节变量进行分析就非常必要。根据上述思路，笔者采用二阶异质性检验对模仿的类型做进一步分析，具体方法为：首先删除变量关系中的最大偏离值，然后再次检验不同亚组下的模仿方式与焦点企业进入之间的异质性水平，检验结果发现二元变量关系异质性水平仍然都是显著的。影响企业进入海外市场的模仿方式的差异性不应归咎于统计误差，这意味着这些效应量来源于不同 r 值的特征群。在元分析中，通常把所研究样本的情境特征视为不同相关关系的潜在调节因素。接下来，为了更好地探究企业进入海外市场模仿方式差异性的来源，本章将不同的情境因素，即海外市场的经济政治环境、产业集中度和企业资源作为调节变量纳入两类不同的模仿方式分析中，分析不同情境下企业进入海外市场模仿方式选择的差异性机制。本书对上述不同情境的作用分析结果如表 11 - 4 所示。

第十一章 | 情境差异性与中小企业进入海外市场的模仿方式研究

表 11-4　　　　　　模仿情境的调节作用的元分析

变量	调节变量	效应值样本数	样本容量	样本加权均值 r	δr²	95% CI 下限	95% CI 上限	Q 值	I²	df (Q)	Q 值	p
\multicolumn{13}{c}{海外市场环境}
频数模仿	有	10	1041030	0.053***	0.000	0.051	0.054	131.71	93.200	9	409.810	0.000
特征模仿	有	11	1207178	0.080***	0.000	0.078	0.081	1322.84	99.200	10		
\multicolumn{13}{c}{产业集中度}
频数模仿	有	5	172825	0.064***	0.000	0.060	0.069	65.62	93.900	4	33.170	0.000
特征模仿	有	16	1224919	0.079***	0.000	0.077	0.081	1441.24	99.200	15		
\multicolumn{13}{c}{企业资源}
频数模仿	有	9	1035159	0.057***	0.000	0.041	0.074	119.02	93.300	8	383.690	0.000
特征模仿	有	16	1205879	0.041**	0.004	0.013	0.068	1382.87	98.900	15		

注：**表示 p<0.01，***表示 p<0.001。

首先，本章考察了海外市场的经济政治环境差异对不同模仿类型的差异性影响。研究发现，海外市场经济政治环境对基于频数的模仿进入和基于特征的模仿进入均有显著的调节作用（两者均 p<0.001），其中，海外市场的经济政治环境对基于特征的模仿进入的调节作用（r=0.080，p<0.001）大于对基于频数的模仿进入的影响（r=0.053，p<0.001）。可见，海外市场环境对基于频数的模仿进入和基于特征的模仿进入均有显著的调节作用，且海外市场环境情境因素对基于特征的模仿的调节作用更强。这表明，相较于所在海外市场的经济与政治环境风险较小的企业，所在海外市场的经济与政治环境风险较大的企业更倾向于模仿相似规模、成功企业及关联企业的市场进入模式，这证实了假设 11-1。在企业进入经济与政治环境风险较大的海外市场时，典型的包括巴西、印度尼西亚、越南、菲律宾等国家，一些成功企业的进入往往会引起其他企业的模仿进入，如 2011 年中兴通讯并购了巴西的 CELESTICA 公司，短短几年，广东美的、深圳英飞拓、株洲时代等众多企业纷纷并购巴西企业，模仿效应非常明显。

其次，本章考察了产业集中度差异对不同模仿类型的影响。研究发现，产业集中度对基于频数的模仿进入和基于特征的模仿进入均有显著的调节作用（两者均 $p<0.001$）。其中，产业集中度对基于特征的模仿进入的调节效应（$r=0.079$，$p<0.001$）大于基于频数的模仿进入的调节效应（$r=0.064$，$p<0.001$）。可见，相较于所在产业集中度较小的企业，所在产业集中度较大的企业更倾向于模仿竞争对手的市场进入模式，这证实了假设11-2。产业集中度往往代表着行业内企业的竞争寡占垄断程度，典型可见在汽车、家电、通信等制造行业，一家企业的海外市场进入往往会引进竞争对手的模仿性市场进入，如华为和中兴，海尔、美的和格力，一汽、上汽和东风汽车等行业竞争对手之间，在相近的时间内，其海外市场进入行为经常呈现出非常相似的模仿性进入行为。

最后，本章考察了企业资源差异对不同模仿类型的影响。研究发现，企业资源差异对基于频数的模仿进入和基于特征的模仿进入均有显著的调节作用（两者均 $p<0.01$），其中企业情境因素对基于频数的模仿进入的影响（$r=0.057$，$p<0.001$）大于基于特征的模仿进入的影响（$r=0.041$，$p<0.01$）。可见，相较于规模及利润等资源能力较弱的企业，规模及利润等资源能力较强的企业在进入海外市场时，更倾向于实施基于频数的模仿，这证实了假设11-3。高频率的海外市场进入，向更多的企业传递了积极的海外市场进入信号，获得其他企业的认可和模仿。具有丰裕的资源能力和良好的企业管控能力的企业更有能力规避可能遭遇的外部制度风险，进而模仿企业企业的海外市场进入模式。典型案例是随着一批企业通过海外市场整合全球创新资源，越来越多的企业凭借自身资源和能力，通过跨国并购、绿地投资等方式进入海外市场，获取技术、品牌等各类战略性资源，如万向仅在美国就并购了30多个技术型企业，华为在全球布局了26个研发中心，而且越来越多的企业正通过海外扩张整合全球资源。

第四节 研究结论与讨论

一 研究结论

元分析通过对情境差异性视角下企业进入海外市场的差异化模仿方式的多项研究进行定量集成分析，揭示了这种跨越不同研究背景、地区、文化及产业等因素的研究所蕴含的一般规律，能够为企业进入海外扩张的差异化模仿方式研究提出新的见解，为后续研究提供新的研究视角。

关于海外市场情境分析的结果表明，海外市场的经济政治环境调节了企业海外扩张的差异化模仿方式。相较于所在海外市场的经济与政治环境风险较小的企业，所在海外市场的经济与政治环境风险较大的企业更倾向于模仿相似规模、成功企业及关联企业的市场进入模式。制度理论强调，在环境面临高度不确定性时，制度性压力因素对进入方式的影响作用在不断提升，企业转向将其他企业的决策作为行动的合法性来源，为减少环境的高度不确定性风险，企业更倾向于模仿相似规模、关联企业或具有更好的声誉绩效的成功企业，以提高海外市场进入的模仿效率。

关于产业集中度的分析结果表明，相较于所在产业集中度较小的企业，所在产业集中度较大的企业更倾向于模仿竞争对手的海外市场进入模式。笔者认为，这从产业特征的角度揭示了基于特征的市场进入模仿方式。基于寡占回应的海外市场进入导致了相互模仿，因此产业集中度越高，企业海外市场进入行为越会被相同行业的竞争对手所模仿。

关于企业资源分析的结果表明，相较于规模及利润等资源能力较弱的企业，资源能力较强的企业更倾向于实施基于海外市场进入频数的模仿。这表明，具有更强的资源能力的企业可以规避可能遭遇的外部制度风险，更能利用其他企业高频率海外市场进入传递的合法性进行模仿。对于上述分析结果，笔者认为，这从企业资源特征的角度揭示了差异化模仿方式选择的情境特征。企业在面对一个全新市场时模仿方式的决策，和企业所拥有的资源基础高度相关，企业自身规模资源和盈利能力越强，就越倾向跟随其他企业海外扩张的步伐。

二 研究贡献

（一）理论贡献

第一，本书发现情境因素是企业海外市场进入模仿方式差异的关键条件变量，有助于解释企业进入海外市场的差异化模仿方式。尽管众多文献关注了企业海外市场进入模仿方式差异这一重要问题，证实了基于频数的模仿和基于特征的模仿方式，但先前研究对于模仿方式差异的条件研究不足，缺乏一个通用的框架解释企业在情境差异视角下模仿方式的选择问题。本书通过元分析研究发现，企业海外市场进入的模仿方式的异质性的来源是市场环境、产业和资源的情境差异性，模仿方式选择受到海外市场经济政治环境、产业集中度和企业资源差异性的影响。情境差异是海外扩张差异化模仿方式的重要边界条件，海外市场的政治经济风险越大，企业海外市场进入越倾向于对先入企业的特征包括相似规模、组织绩效及关联企业的进入模式进行模仿；产业集中度越高，企业的海外市场进入越倾向于对竞争对手等先入企业特征进行模仿；企业自身规模资源和盈利能力越强，企业越倾向于以频数模仿进入海外市场。

第二，本书对企业海外市场进入的模仿情境因素进行了系统的分析。先前研究对于模仿的情境分析，多数学者只聚焦于某个层次或某个方面，如海外市场环境对其模仿行为的影响，或只关注产业层面的影响，较少有文献从组织环境的不同层面，即海外环境、产业集中度和企业资源等角度对模仿的情境条件进行综合分析，而且模仿情境的作用效果的结论也是有分歧的。本章的元分析研究，通过对海外扩张中组织空间环境的各个方面，即海外市场环境、产业特征和企业资源等层面进行系统分析，整合了之前的相关研究。

第三，本书运用元分析方法对企业海外市场进入的模仿方式的情境差异性进行研究，是对该研究领域方法的补充。尽管已经有学者在企业海外市场进入的模仿研究领域对相关文献进行了定性回顾，但尚缺对大量实证研究的结果进行定量总结的研究，尤其是关于企业海外市场进入模仿方式的情境因素研究。本章采用元分析方法对现有的相关实证文献进行归纳，整合了企业海外市场进入过程中模仿的各类情境因素，元分析的方法有助于解释企业海外市场进入模仿方式的异质性的来源，较好地融合了之前研究在模仿情境的多种差异化视角，对前期研究进行了有益补充。

(二) 实践启示

首先，企业在海外扩张过程中，模仿方式的选择具有相对的情境依赖性，采取模仿战略谋求在海外发展的企业，要充分关注和分析所依赖的差异化的海外市场情境、产业情境和企业资源情境因素。

其次，企业海外扩张过程中基于情境差异的模仿方式分析为跨国企业海外扩张制定合理的模仿战略提供了具有启发意义的路径，企业应依据相应情境适当地选取模仿方式，如在进入经济与政治环境风险较大的海外市场时，可以相应地模仿一些已成功企业的海外市场进入方式，以增加进入海外市场的合法性，而不应在受到其他企业海外扩张的压力下盲目模仿；在产业集中度较大的情况下，应充分关注竞争对手的海外扩张策略，并及时跟进竞争对手的海外市场进入，以确保自身竞争力。

最后，企业在以模仿方式进入海外市场的过程中，也应积极培养自身的能力，尽可能整合海外扩张的相关资源要素，以更好地规避和应对海外扩张中的风险和挑战。

三 未来展望

由于鲜有国内该领域实证研究的文献，本章研究文献来源主要是国外高被引SSCI期刊的相关实证论文，这也导致研究结论具有一定情境局限性。建议未来的研究进一步关注新兴经济体国家，尤其是中国企业海外扩张模仿情境的相关数据。此外，建议引入其他研究方法，如将元分析和结构方程模型相结合的方法（MASEM）进行更深入的模仿的情境因素的分析，深入研究发达国家与新兴经济体国家海外扩张模仿方式差异性及环境因素的作用机制差异。

第十二章

打造全球产业创新高地的国内外比较与对策研究

随着新冠肺炎疫情的全球蔓延以及中美贸易摩擦的持续升级,美国等对我国高新技术企业和高校限制愈演愈烈,加快建设"三大高地"至关重要。美国、日本、德国、韩国等发达国家在新产业布局上走在世界前列,具有先发优势,我国应借他山之石,加快建设新兴产业高地,进一步支撑战略性新兴产业发展,促进传统产业转型升级,建设高质量发展的重要窗口。

第一节 国外中小企业创业创新扶持政策的比较

美、德、日、韩四国在中小企业产业创新高地建设扶持政策体系中各有特色,全景式地研究和剖析各国基于国家战略、产业政策以及政策工具等层面对中小企业创业创新扶持政策的特色、发展演变趋势,以及国别间的政策模式、演变趋势和政策特色的比较分析,基于宏观、中观和微观上提出我国中小企业创业创新扶持政策的启示及建议,如在宏观层面上应从国家顶层设计的战略高度构建中小微企业的扶持,在中观层面应抢占智能制造等先进制造业、"互联网+"等新兴产业发展制高点,在微观层面制定全方位的中小微企业政策体系,有利于为中小企业的发展营造良好的外部环境,切实地促进中小微企业的健康持续快速发展。

一 各国从宏观层面对中小企业创业创新扶持的顶层战略的比较

21世纪以来,各国政府从国家顶层战略设计的层面,对中小微企业进行扶持,具体如表12-1所示。

表12-1 国家顶层战略及对中小企业创业创新扶持的具体内容比较

	美国	德国	日本	韩国	中国
创新战略	先进制造业国家战略	高技术战略,"工业4.0"	知识产权立国创新战略、机器人新战略	创造经济	转型升级、"两创""智能制造2025""互联网+""一带一路"
实施机构	先进制造国家项目办,涉及政府、学术界、国家实验室、各类企业	官产学研合作:国家工程院、联邦教育研究部,领先企业,大学和科技机构,行业协会	综合科学技术会议(CSTP),协同各政府部门,官产学联合机制	未来创造科学部、地方政府、大型企业、科技小微企业	国家各部委、各地方政府、相关企业
启动时间	2009年	2006年	2001年	2013年	2012年
重点产业	清洁能源、生命科学、生物医药、纳米技术、智能电网、节能环保等	2006:节能环保、光学技术、生物智能、新能源新材料;2010:气候与能源、营养健康、交通、安全、通信;2013:新增工业ICT	生命科学、信息通信、环境、纳米技术、新材料等	将科技、信息通信技术应用于全部产业,促进产业之间、产业和文化的结合	传统产业转型升级、战略新兴产业培育
科技小微企业作用	重要主体,科技小微企业永久性税收减免	"隐形冠军",大企业和小微企业协同搭建全新价值链	新兴产业开发的大前端,新技术重要应用节点	创造经济主力军,大中小微企业合作发展同伴成长	重要性日益凸显
特色平台	创新生态系统	公共技术研发体系	大学科技城	创造经济革新中心	有待培育

美国大力推进先进制造业国家战略,不仅将知名的高等院校、国立

和公共科研院所、大型制造业标杆企业纳入计划的实施进程，同时，将中小微企业作为重要主体纳入国家创新战略的整体政策体系。美国通过一系列法规政策和国家层面的政策性机构保障该计划的落实。从该项计划的政策目标来看，明确了对科技型中小微企业的战略原则和具体措施，如永久性税收减免等政策对先进制造业领域中小微企业扶持的针对性非常强。从该项计划的运行构架来看，美国旨在建立国家先进制造业创新生态系统，而中小微企业作为最为重要的创新物种被纳入该创新生态系统。

德国以高技术战略规划和"工业4.0"计划从顶层战略明晰了对中小微企业扶持的重点和方向，"德国高技术战略2020"、"工业4.0"有效引导了对中小微企业在生物、纳米、微电子、纳米电子、光学、微系统、材料、装备、ICT产业、智能制造等领域和交叉领域的关键技术开发和商业化的财政和金融政策的扶持，对中小微企业的创业创新领域做出了明确的导向。在创新战略的引导下，金融和财政资源对小微企业的创新支持的流向有载体、有方向，为政府各部门扶持中小微企业提供清晰的重点领域，德国富有特色的公共技术研发体系为政策目标的实现提供了重要平台支撑，大企业和小微企业协同发展模式为价值链升级提供了保障，培育了一大批中小微企业的"隐形冠军"。

日本实施国家创新战略的过程中，不仅积极引导和强化大学、大型企业在高技术领域的基础科学研究和产业应用研究，同时，通过积极构建各类平台，将创新成果向科技型中小微企业进行辐射，形成了对科技型中小微企业的整体性的扶持格局，打造以筑波科学城为代表的"技术城市"集聚高技术产业，集成学术、产业和居住功能的"技术城市"，加强官产学研的协同，扶持高技术产业的发展。

韩国"创造经济"（Creative Economy）的国家战略将科技、信息通信技术（ICT）应用到全部产业上，促进产业和产业、产业和文化之间的结合，推动新产业发展，通过激励创业创新的社会环境，让风险投资企业和科技中小微企业成为创造经济的主力军并大力开拓全球市场，韩国通过"创造经济革新中心"这一特色平台，加强科学技术和信息通信技术的创新能力，以大中小微企业协同发展和同伴成长开拓新产业和新市场的新增长动力。

中国政府实施了转型升级、大众创业万众创新、"智能制造2025"、"互联网+"、"一带一路"等国家战略，高度重视和扶持中小微企业，促进传统产业转型升级，培育战略新兴产业。

二 各国从产业中观层面对中小微企业创业创新扶持的政策比较

产业政策可以弥补市场在调整产业结构方面的不足，由于市场机制不能预测国内外未来新需求的产生和行业变动，政府通过制定产业政策，引导和重点扶持相关产业领域的中小微企业的创立和发展，缩短产业结构升级的时间，促进产业结构的合理化。20 世纪70 年代以来，各国纷纷加强了对中小微企业的扶持力度，各国重点发展产业的演变趋势及对中小微企业扶持的比较如下（见表12-2）。

表12-2　各国重点发展产业演变趋势及对中小企业创业创新扶持的比较

	20世纪70年代前	20世纪70年代	20世纪80年代	20世纪90年代	21世纪初	金融危机后
美国	中小企业扶持政策完善和公平环境打造	重点扶持信息经济、风险投资等新兴产业；纳斯达克市场发展了计算机、生物技术、电子通信、医药等高科技小微企业，成为高技术产业摇篮；政产学研平台搭建，高技术成果快速商业化				先进制造业国家战略（清洁能源、生命科学、生物医药、纳米技术、智能电网、节能环保等）；创新成果基于工业互联网的创新生态系统向小微企业转移
德国	营造自由竞争的环境	高度重视小微企业的技术创新和技术进步		扶持小微企业和新创企业	2006年：高科技战略，重点扶持节能环保、光学技术、生物智能、新能源新材料	2010年修订德国2020高技术战略，重点扶持气候与能源、健康营养、交通、安全、通信产业；2013年将工业ICT引入十大重点，推出德国工业4.0
日本	不断完善对中小企业的扶持	新能源、电子信息、先进机械制造、生命科学等产业	超高性能计算机、电动汽车、资源再生利用等产业	知识密集化高精尖产业		重点扶持电子信息、智能制造、机器人、生命科学、纳米技术与材料等产业，将科技小微企业纳入国家创新系统；2015年发布"机器人新战略"

续表

	20世纪70年代前	20世纪70年代	20世纪80年代	20世纪90年代	21世纪初	金融危机后
韩国	劳动密集型轻工业政策	资本密集型重化工业政策	技术密集型工业政策	扶持技术创新和小微企业	重点扶持风险投资行业	2013年：创造经济创新战略

美国产业结构的演变反映其对中小微企业扶持的日益重视。20世纪70年代至21世纪初，美国逐步重视中小微企业在创新方面的重要作用，将中小微企业纳入国家创新系统。20世纪70年代起联邦政府对信息经济、风险投资等新兴产业的系列扶持政策，小企业管理局从高技术产业领域挑选了部分高风险、高回报、发展前景良好的中小微企业进行针对性扶持，1971年，专为具有高成长性的初创期科技型小企业提供融资服务的资本市场——纳斯达克（NASDAQ）成立。纳斯达克成为计算机、生物技术、电子通信、医药等高科技产业科技型小企业融资的重要市场，成为美国高技术产业的摇篮，2008年国际金融危机以后，美国对中小微企业的政策扶持朝着生态化、网络化、系统化的方向发展，2012年初，美国推出了"先进制造业国家战略计划"，快速增加在新兴材料、综合型创新载体、先进制造业的创新技术以及大数据软硬件系统等领域的资金投入。

20世纪70年代开始，德国政府高度重视和扶持中小微企业的技术创新和技术进步。近年来，德国以高科技战略为基本导向，在2006年、2010年，先后实施了《德国高技术战略》《德国2020高技术战略》，将节能环保、光学技术、生物智能、新能源、新材料、气候与能源、健康营养、交通、安全、通信等领域列为新兴战略产业进行重点扶持，2013年后进一步将工业ICT纳入重点扶持领域在这一系列高科技战略规划中，小微企业既是政府政策的重点扶持对象，又是项目合作的重要载体，德国政府引导中小微企业围绕多个高科技产业领域创新发展，并提供财政、金融等各种创新支撑，营造了中小微企业创业发展的良好环境。

日本的科技型中小微企业扶持政策与日本各个时期的产业政策紧密

结合。日本的产业政策在战后经历几次调整和升级，从第二次世界大战后的先进机械、重化工、纺织、电子信息，到 20 世纪 70 年代重点扶持新能源、电子信息、先进机械制造、生命科学等产业，70 年代末 80 年代初的超高性能电子计算机、新能源、深海海底石油遥控开发设备、电动汽车、资源再生利用，及至 90 年代开始的智能制造、机器人、生命科学等，日本政府也相应侧重于对相关产业领域的科技型企业进行重点扶持。因此科技型中小微企业的扶持政策与产业政策表现出相似的延续性、承接性、发展性。

韩国的中小微企业扶持政策的演变，是根据韩国的产业政策而发展起来的，韩国的产业政策从 20 世纪 60 年代的劳动密集型轻工业政策，再到 70 年代的资本密集型重化学工业政策，到 80 年代以后的技术密集型工业政策，到 2000 年以后突出高新技术的产业政策，推动了韩国小微企业扶持政策也经历了从 60 年代弥补中小企业缺点的经营稳定型政策转为 70 年代中小微企业行业保护和结构改善优化型政策，到 80 年代创业支援与扶持为主的政策，到 90 年代扶持技术创新和小微企业为主的政策，再到 2000 年以后重点扶持中小微企业的演变趋势。2013 年以后，韩国进一步加大了创造经济的扶持力度。

第二节 深圳创新发展的经验及启示

深圳以超前理念布局创新产业、营造创新环境、集聚创新要素、培育创新企业，形成了"4 个 90%"的创新模式（90% 的研究机构、90% 的研发人员在企业，90% 的研发资金、90% 的发明专利出自企业），实现了从跟随式创新向引领式创新的转变。

一 深圳、浙江创新发展之比较

（一）创新投入之比：深圳研发投入约为浙江的 3/4，占 GDP 比重超过 4%

2017 年，深圳全社会研发投入 927 亿元，占 GDP 比重 4.13%，相当于浙江（1260 亿元）的 73.5%，占比高于浙江（2.43%）1.7 个百分点，研发投入强度在全球仅次于以色列。2018 年，深圳市政府研发投入将增加 1 倍。

（二）创新主体之比：深圳高新企业总量与浙江相当，质量和增速远超浙江

2017年深圳市场主体306万户，其中企业达177万家，浙江有196万家企业。2017年深圳高新技术企业1.12万家，多于浙江的9152家，而且一年新增高新技术企业3193家，远超浙江的2010家。特别是，深圳拥有像华为、腾讯等世界级企业，2017年华为销售收入6036亿元，净利润475亿元，相当于浙江4万家规上工业企业盈利的1/10；腾讯销售收入2378亿元，净利润715亿元。

（三）创新人才之比：深圳人才总量与浙江相当，人才层次更高、年龄结构更优

2017年年底，深圳人才总量510万，占常住人口的40.7%。而浙江人才总量530万，占常住人口的9.4%。深圳累计引进海外留学人员10万人、"孔雀团队"87个、"国千"人才274人。2017年引进的人才平均年龄27.07岁，其中35岁以下的占九成以上；"孔雀计划"人才近九成在40岁以下，97%拥有博士学历。

（四）创新绩效之比：深圳PCT国际专利、高技术制造业发展遥遥领先

2017年深圳专利授权量9.43万件，其中发明专利授权量1.89万件。浙江专利授权量21.4万件，其中发明专利授权量2.87万件。但是，深圳2017年PCT国际专利申请量达2.05万件，占全国的43.1%，华为、中兴、腾讯分别为4024件、2963件和600件，而浙江PCT仅为1196件。2017年深圳高技术制造业增加值5302亿元，而浙江1762亿元，仅为深圳的1/3。

二 深圳创新发展的"四个密钥"

深圳把打造可持续发展的全球创新之都作为奋斗目标，大手笔实施涵盖创新硬件、基础设施、人才引进、空间载体、产业布局等方面"十大行动计划"，着力构建"基础研究+技术攻关+成果转化+科技金融"的全过程创新生态链。其中，知识产权、人才政策、创新平台和科技金融是核心密钥。

（一）知识产权密钥

深圳提出"不保护知识产权，就没有人创新"，实行最严格的知识

产权保护制度，以市场化方式创新知识产权运营机制，全面打造"1+1+5+N"知识产权运营模式。第一个"1"是筹建南方知识产权运营中心，打造集知识产权许可、知识产权交易、知识产权股权投资等平台于一体的运营实体。第二个"1"是设立知识产权运营基金，基金规模20亿元，其中政府出资5亿元作为引导基金，加快知识产权成果产业化。"5"是培育5家国家级的知识产权运营机构。"N"是培育不同类型的知识产权运营新业态。

（二）人才政策密钥

深圳持续创新人才政策，形成了完整的人才政策法规体系总体框架：第一层次是《深圳特区人才工作条例》。第二层次是两项计划，即以人才培养、激励、服务和体制机制改革为重点的"鹏城英才计划"，以人才引进为重点的"鹏城孔雀计划"。第三层次是若干项配套措施，包括金融人才队伍建设、柔性引才用才、创新型青年企业家培育等。第四层次是若干项操作规程，涵盖人才工作站管理、创新创业人才奖的实施细则等。2017年深圳引进人才26.3万人，增长42.5%，接收应届毕业生连续4年创历史新高；新增全职院士17名，累计34名。

（三）创新平台密钥

在广深科技创新走廊的规划下，深圳积极构建"四核十八节点"的创新空间格局，"四核"即深圳空港新城、深圳高新区、深圳坂雪岗科技城和深圳国际生物谷，目标是打造全球顶尖科技产业创新平台。2017年新增创新载体189个，其中，重点实验室、工程实验室、工程中心、企业技术中心共141个。尤其是，深圳将高等教育视为最大"短板"，坚持把引进大院名校作为头号工程，不仅创立南方科技大学、深圳技术大学（筹），还引进北大、清华、人大、哈工大、香港中文大学、香港科技大学、美国佐治亚理工学院等20多所名校。深圳正在成为全国重要的高等教育中心。

（四）科技金融密钥

深圳以科技金融的深度融合加速科技成果转化，建立从实验研究、技术开发、产品中试到规模生产的全过程科技创新融资模式，设立50亿元天使投资引导基金，全面撬动资本市场要素投向科技创新，帮助企业加快跨越产品中试和上市、企业创业生存两个"死亡之谷"，目标是建成科技金融深度融合先行区。

三 深圳创新发展的重要启示

最大启示是：深圳已成为践行习近平总书记"三个第一"重要论断的先行区，人才已成为高质量发展的第一资源，创新已成为高质量发展的第一动力，靠企业自主创新、靠人才驱动创新、靠市场推动创新。以浙江省为例，建议认真对标深圳的创新实践，寻差距、找短板，实施科技新政，打造"产学研用金、才政介美云"十联动的创新创业生态系统，争创创新发展的"排头兵"。

（一）全力打造知识产权生态省

知识产权是创新基石。学习借鉴深圳实行最严格的知识产权保护制度，加快知识产权立法，制定知识产权保护政策举措，发挥杭州、宁波知识产权法庭的示范效应，创建知识产权生态最优省。

（二）制定实施更优的招才引才政策

人才是第一资源。借鉴深圳做法，建议浙江省制订实施"鲲鹏计划"，大力引进各类人才，力争到2022年浙江人才总量超过1000万。

（三）加快培育创新型企业

企业是创新主体。制订实施"高新技术五年倍增计划"，力争2022年浙江全省高新企业达到2万家。深入推进"凤凰行动"计划，支持高新企业上市和并购重组。加快科技创新成果转化，五年推动1万项授权发明专利产业化。

（四）推动金融特色小镇和高新技术类特色小镇联动发展

特色小镇是创新平台。支持玉皇山南基金小镇等金融特色小镇、云栖小镇等高新技术类小镇加强合作发展，推动金融与高新技术产业深度融合，支持杭州加快打造国际金融科技中心，提高金融服务科技创新的效率和水平。

（五）着力抓好一批打基础、利长远的科技实事

高水平建设西湖大学，高水平建设之江实验室，加快打造杭州城西科创大走廊，力争建成世界一流的开放型、平台型、枢纽型创新基地。

（六）发挥优势加快追赶

杭州、宁波等中心城市和深圳的差距很大。经济总量：杭州GDP（12566亿元）+宁波GDP（9847亿元）<深圳GDP（22438亿元）。

创新方面：R&D 经费支出，杭州（402 亿元）+ 宁波（231 亿元）<深圳（926 亿元）；发明专利授权量，杭州（9872 件）+ 宁波（5382 件）<深圳（1.89 万件）。杭州要发挥"互联网+"科技创新的优势，宁波要发挥先进制造业技术创新的优势，引领浙江全省创新发展。

第三节 发达国家打造新材料产业高地的国际经验及启示

一 美国、日本、德国、韩国新材料产业战略布局

世界各国特别是一些发达国家为抢占未来经济发展制高点，都把发展新材料作为产业进步、国民经济发展和保证国防安全的重要推动力。据有关权威机构测算，2019 年全球新材料产业规模已达 2.82 万亿美元，年均增长超过 10%。从全球新材料产业空间分布看，主要集中在美国、欧洲、俄罗斯、日本、韩国、中国。美国新材料发展起步早、领域全、优势大；日本主要在 IT 先进材料、纳米材料等领域保持领先；欧洲在光电学、结构材料等方面具备优势；韩国的显示材料、高密度存储材料，俄罗斯的航空航天材料等均走在全球前列；亚洲新材料市场正在崛起。

（一）美国新材料产业战略布局

1. 制定新材料产业发展战略

在国家层面把新材料列为影响经济繁荣和国家安全的六大类关键技术之首，把新材料发展置于国家战略高度。先后制定了关键材料战略（2010 年）、材料基因组计划（2011 年）、先进制造业国家战略计划（2012 年）、材料基因组计划战略规划（2014 年）、国家制造创新网络战略规划（2016 年）等一系列政策，明确新材料的发展方向、发展重点，推动了其国内新材料产业变革，为相关领域起到了引领和支撑作用。

2. 推动新材料产业一体化集群

美国拥有数量众多的全球知名新材料相关研发企业，如埃克森美孚、陶氏化学、3M、美铝、康宁等；材料相关的知名高校则有西北大学、麻省理工大学、斯坦福大学、加利福尼亚大学伯克利分校等；同时还有硅谷高新技术产业集群、波士顿生物技术产业集群等一大批新材料产业一体化集群。通过政府保障机制将高校、科研机构的科研成果直接就地进行产业化转化，共同推动产业变革，直接造就了美国在全球新材料研发制造领域的霸主地位。

3. 注重发挥新材料产业区域比较优势

从区域空间分布来看，美国新材料产业遍布全境，并无明显失衡，新材料产业集团遍地开花。东部、中部、西部、南部从事新材料及先进制造业相关人口数量比较平均。从新材料产业结合区域特色来看，威奇托作为全美飞机制造中枢，包括西雅图等地新材料产业发展主要以航空航天材料为主，奥格登、托莱多、大急流城、底特律因为汽车制造产业链占主导地位，所以新材料研发上主要以高性能合金、新型金属材料为主导。圣荷西（硅谷）、棕榈湾、波特兰则以半导体先进材料著称，如表12-3所示。

表12-3　　　　　　　　美国新材料产业相关政策

战略及产业政策	发布时间	发布部门	涉及材料或内容
关键材料战略（2010）	2010年12月	国家能源部	大力推动清洁能源发展，解决材料供应领域安全问题
材料基因组计划	2011年6月	奥巴马政府	投资超过1亿美元，使美国企业开发、生产和应用先进材料的速度提高到目前的两倍
关键材料战略（2011）	2011年12月	国家能源部	重点支持风轮机、电动汽车、太阳能电池、能效照明等清洁能源技术中用到的稀土及其他关键材料
先进制造业国家战略计划	2012年2月	国家科学技术委	确定了纳米材料、纳米制造等8个主要支持领域
材料基因组计划战略规划	2014年12月	国家科学技术委	重点研究包括生物材料、催化剂、光电材料、储能系统、轻质结构材料、有机电子材料等材料
国家制造创新网络战略规划	2016年2月	总统行政办公室、国家科学技术委	组建材料制造创新研究所，加快发展先进合金、新兴半导体、碳纤维复合材料等重点材料领域

(二) 日本新材料产业战略布局

1. 抓住若干新材料领域给予重点发展

将高温超导、纳米技术、功能化学、碳纤维、高性能 IT 等新材料技术在内的 10 大尖端技术确定为未来产业发展主要战略领域，并给予大力扶植。2018 年，作为其国内最主要的新材料发展领域，日本半导体厂商在全球市场的份额占比已经达到 52%，超过了半数。2019 年全球前十名的半导体生产设备厂商中，日本占据 4 家（东京电子、爱德万测试、斯科半导体、日立高科），总营收达到了 158 亿美元。

2. 通过法律制度助推新材料产业发展

日本政府高度重视新材料技术的发展，把开发新材料列为国家高新技术的第二大目标。为此，早在 1995 年，日本政府就制定了《科学技术基本法》，2016 年开始实施为期 5 年的科学技术基本计划。为推动循环经济，建立循环型社会，日本制定了一系列相关法规如《环境基本法》《循环型社会形成推进基本法》《资源有效利用促进法》《绿色购入法》等，为新材料的研发、实用化起到了积极的推动作用。

3. 推动主导产业走集群式发展道路

从 21 世纪初开始，日本政府便推行了新的产业与区域发展政策，即产业集群政策。产业集群政策的目标是通过营造企业创新环境，提高创新能力，推动全国各区域利用本区域特色资源，发展新产业和创建新企业。在发展新材料作为主要战略思想的引导下，日本政府特别选择某些具有地理区位特征优势的新兴产业、企业进行重点扶植，起到一个导向的作用。日本集群政策不仅着力于促进区域创新，促进企业合作，同时也有利于形成产业集群，提升区域综合经济实力，如表 12-4 所示。

表 12-4　　　　　　　　日本新材料产业相关政策

战略及产业政策	时间	发布部门	涉及材料或内容
超级钢材料开发计划	1997—2007 年	文部省及经产省	提升低碳素钢铁强度；提升钢铁材料耐热温度，并延长寿命
纳米材料工程计划	2001—2008 年	经产省	发展纳米材料技术，建立纳米材料数据库，开发纳米玻璃、纳米涂导等新材料

续表

战略及产业政策	时间	发布部门	涉及材料或内容
日本产业结构展望2010	2010年3月	日本政府	将包括高温超导、纳米、功能化学、碳纤维、IT等新材料技术在内的10大尖端技术产业确定为未来产业发展主要战略领域
制造业白皮书2015	2015年3月	经产省	将3D打印产业项目确定为未来重点发展领域
第五期科学技术基本计划（2016—2020）	2016年1月	日本内阁会议	日本政府未来5年将确保研发投资规模占GDP比例的4%以上，促进新材料综合实力提升

（三）韩国新材料产业战略布局

1. 注重新材料产业整体战略规划

韩国在2001年就成为世界上第5个材料出口国，之后推出"Fast-Follower"战略，全力冲刺四强。2012年，韩国政府推出纳米融合2020项目。2016年，推出韩国3D打印产业振兴计划（2017—2019年），支持3D打印材料、技术发展，目标是在2019年使韩国成为3D打印技术的全球领先国家；同年12月宣布了材料工业发展的第四个总体规划，支持计划包括100种新材料的研发，并计划在2021—2025年的五年内投入1782亿韩元用于新材料领域建设。

2. 做先驱者而非追随者

石墨烯可以广泛应用在许多不同的领域包括太阳能电池、半导体、透明面板、发光材料等。虽然石墨烯是国外科学家首先发明的，但毫无疑问韩国在石墨烯产业研发创新上是一个"最早的行动者"。2016年，韩国是拥有国内和国际石墨烯专利最多的国家：来自三星225项专利，LG180项，成均馆大学147项，韩国科学技术高等研究院（KAIST）129项，以及首尔国立大学78项。在石墨烯应用领域相关的透明面板、发光材料等领域，韩国走在世界前列。

3. 集中研发生产力量

在韩国引以为傲的半导体高新材料产业领域，有关企业的厂址大多集中在韩国的京畿道，这其中就包括国际影响力巨大的三星电子、SK海士力等。韩国政府在产业规划时，有意将这些关于制造半导体产业的企业聚集到一起,目的是因为工厂聚集性提高的同时,也便利了产品密集生产与研发。各种生产相关半导体产业零部件的企业同步聚集在周围,相关的配件设施也分布在周围,大大方便生产的同时也可以节约综合成本,如表 12-5 所示。

表 12-5　　　　　　　　韩国新材料产业相关政策

战略及产业政策	时间	发布部门	涉及材料或内容
纳米融合 2020 项目	2012 年 6 月	韩国知识经济部教自科学技术部	到 2020 年将投入 5130 亿韩元(约人民币 28.2 亿元)推动纳米材料产业发展
第三次科学技术基本计划	2013 年 7 月	韩国政府	将在 5 个领域推进 120 项国家战略技术(含 30 项重点技术)的开发,其中 30 项重点技术包括先进技术材料等
3D 打印技术产业发展的总体规划	2014 年 10 月	韩国政府	加强 3D 打印材料等技术开发,完善基本产业环境建设
韩国未来增长动力计划	2016 年 8 月	韩国政府	集中支持新一代半导体、纳米弹性元件、生态材料、生物材料
韩国 3D 打印产业振兴计划(2017—2019 年)	2016 年 12 月	韩国政府	支持 3D 打印材料、技术发展,目标是在 2019 年使韩国成为 3D 打印技术的全球领先国家

(四)德国新材料产业战略布局

1. 制定针对性的发展战略和政策

早在 2006 年,德国政府就正式出台了《德国高技术战略》文件,明确提出加强新材料技术在内的 17 项高新技术科技创新的相关政策,此后在 2010 年、2016 年、2018 年又数次进行修改完善。德国政府也希望通过制度支持以期更好推动新材料产业发展,为其提供引导、支持和保障。首先是专利保护制度,该制度鼓励企业积极参与发明创造,并尽快将成果推广或运用转化;其次是政府对企业的研发提供完善的资金和政策支持计划,包括一系列针对研发资金的税务减免、对研发人员进行资助和技术的转让支持。

2. 重视技术研发和领先

德国在国家层面十分重视新材料领域相关的高新技术研究，将其整个开发与基础研究过程都作为德国联邦政府的一项硬性任务。同时德国也极其重视技术研发的创新渠道和路径，为确保新材料技术的领先地位，充分发挥新材料在德国经济和国防中的支撑作用，将新材料列为本国优先发展的关键技术。2019年，德国颁布《国家工业2030》战略计划，希望通过国家适度干预扶持重点材料领域，确保德国工业在新一轮竞争中始终处于领先地位。德国高水平研究所数量也非常巨大，包括知名的海姆霍茨大研究中心联合会、德国马普学会、莱布尼茨研究联合会、佛朗霍夫协会等，并有诸如拜耳、汉高、赢创工业等科研、产出能力较强的企业为产业发展做引导。

3. 立足本土优势发展区域特色材料

德国新材料发展和本土产业基础有密切联系，进而顺应区域特色，大力发展对口新材料。慕尼黑、斯图加特、科隆、汉诺威等地是汽车和汽车配件工业生产基地，因此这里也成为先进制造业、新能源技术、高性能合金、智能交通技术等聚集地。德国南部地区主要集中电子制造业相关的高新技术企业，而近1/3的机器及装备制造业先进企业则主要集中在斯图加特地区。法兰克福、达姆斯达特地区结合历史发展，成为制药业、生物技术、化工新材料等聚集地，而图宾根地区是医疗设备制造业中心，如表12-6所示。

表12-6　　　　　　　德国新材料产业相关政策

战略及产业政策	时间	发布部门	涉及材料或内容
德国2020高技术战略	2010年7月	经济和技术部	重点推出含新材料在内的11项"未来规划"
纳米材料安全性研究项目	2012年6月	德国联邦环境部	了解各类纳米材料可能对周边环境产生的影响，通过定量化方法对纳米材料进行安全风险评估
原材料经济战略研究项目	2012年11月	德国联邦教研部	开发能够高效利用并回收原材料的特殊工艺，加强稀土、钢、镓、铂族金属等的回收利用

续表

战略及产业政策	时间	发布部门	涉及材料或内容
关于实施工业4.0战略的建议	2013年4月	德国联邦教研部、联邦经济和技术部	推动以智能制造、互联网、新能源、新材料、现代生物为特征的新工业革命
数字战略2025	2016年3月	德国联邦经济和能源部	确定了实现数字化转型的步骤及具体实施措施，其中重点支柱项目包括工业3D打印等
德国国家工业2030	2019年2月	德国联邦经济和能源部	通过国家适度干预扶持重点材料领域，确保德国工业在新一轮竞争中始终处于领先地位

二 发达国家打造产业高地的启示与政策建议

（一）超前谋划新材料产业战略布局和全球定位

美国、日本、德国、韩国在新材料领域的一条重要经验，就是通过制定战略性产业发展战略、有关规划以及相关推动措施来带动新兴产业发展。以浙江省为例，要在总结《新材料产业"十三五"发展规划》《"十三五"材料领域科技创新专项规划》实施经验的基础上，深入实施《浙江省加快新材料产业发展行动计划（2019—2022年）》，重点以编制"十四五"发展规划为契机，围绕国家战略和重大工程项目需求，深入思考浙江省新材料产业高地建设的整体布局、全球定位、重大平台、重大项目，科学规划新材料前沿研究、应用研究和市场化的创新链、价值链和产业链，明晰全球视野中的对标目标和赶超目标，为实现浙江全球新材料创新中心的建设目标提供战略引领。

（二）谋划建设"新材料国家实验室"

以浙江省为例，借鉴之江实验室创建国家实验室的经验，全面整合中科院宁波材料所、浙江大学国际纳米技术研究院、浙江大学可持续能源研究院、浙江工业大学先进材料研究中心、杭州电子科技大学磁性材料研究院、浙江理工大学高分子材料表界面实验室等新材料创新资源，吸收国内外高能级开放平台的先进理念和管理模式，举全省之力建设1—2个学科交叉融合、综合集成、对标世界一流的"新材料国家实验室"，以国家实验室要求进行高强度建设，探索和形成实验室建设的

"浙江模式"。由省委、省政府出题进行重大技术攻关,实现浙江省新材料由跟踪为主转向跟踪和并跑、领跑并存。在省内高校院所建设2—3个材料领域国家一流学科,培育和引进5名左右的材料领域的两院院士,在全球招聘一批在新材料领域的海内外领军人才,为实验室建设提供坚实的人才和智力支撑。

(三)突出"三大高地"的深度融合

以浙江省为例,"三大高地"既要形成支撑浙江现代产业体系的"三足鼎立"之势,也要形成"双循环"的协同融合模式。发展方向上,依托计算机科学、软件开发、大数据管理、网络信息等一系列前沿学科,重点在数字经济需求材料、新能源汽车材料与生物医用材料、化工新材料等领域进行精细布局,使新材料产业研发成为助推数字经济、生命健康产业的重要动能。产业模式上,建立和优化链路关系,在发展新材料的同时,同步结合数字经济、生命健康领域当前最为或缺的薄弱环节或未来具有广泛市场的开拓增长点,从需求出发,带动新材料产业链从研发到生产走嵌实矩阵。人才培养上,加大企业与高校、科研机构的紧密互动,注重培养在数字经济、生命健康、新材料等领域交叉融合的复合型、跨学科的通用人才。

(四)打造支持新材料产业全链条的政策集成体系

以浙江省为例,一是围绕政策痛点进行研究,统筹优化新材料领域的科研、创新、投资、金融、财税、人才、管理等措施,尽快制定《支持建设新材料产业发展的政策意见》。利用国家及省先进制造产业投资基金等资本平台,引导社会资金投入,支持共性关键技术研发、公共创新平台和示范项目建设,为特色新材料发展提供政策支持、发展平台及政策保障。二是加快产业集聚环境建设,结合浙江省杭州、宁波等区域新材料发展特色,通过制定相关引导政策、利用财政基金完善集聚区内基础设施建设与研发环境建设,协调好各地区新材料产业之间的利益关系。三是围绕"五大新区""五大科技城",依托浙江大学和中科院宁波材料所等核心力量,尽快搭建一批具有影响力的新材料创新平台,培育和扶持一批新材料龙头骨干企业,将研究成果更好转换为产品,利用产业化服务平台加强企业与科研机构之间的交流与合作,加快科研成果转换的规模化、市场化。

(五）打造新材料产业服务"一带一路"窗口

以浙江省为例，坚持新材料产业"走出去"战略，把新材料产业作为浙江省对外开放的"特色名片"。加强与国内其他新材料发展特色国家、地区的交流与合作，学习和借鉴成功经验，拓宽发展思路，力争在新材料关键领域、卡脖子核心技术、重大科学装置等方面进行突破。大力开拓"一带一路"、东盟、非洲等新兴市场，提升新材料技术、新材料产品等出口比重，逐步提高浙江省新材料产业的国际知名度和影响力。推动"一带一路"新材料领域的国际科技合作，与"一带一路"沿线国的政府、企业或相关机构合作，联合共建研究中心或实验室、国际技术转移机构、科技创新园区、新材料技术标准机构等平台。

第十三章

中小企业国际化与创新战略的调研与对策研究

当前全球经济格局的深度调整和国内经济环境的剧烈变化为我国中小微企业跨国并购带来了全新的机遇和挑战。本书以浙江省为例，针对并购过程中出现的新情况和新问题，结合124宗浙江省中小企业跨国并购案例，通过深入相关企业访谈，对浙江中小企业跨国并购提出新建议，以期为我国中小微企业实施跨国并购产生启发。

第一节 中小企业跨国并购的战略机遇与风险应对调查研究

中小企业跨国并购正在形成一波新高潮，如何把握这一重大战略机遇，培育世界水平的本土跨国公司，构建未来经济发展新引擎是当前的重大课题。通过对浙江省124宗中小企业跨国并购案例的深入访谈调研，笔者发现中小企业跨国并购正面临重要的战略机遇。

一 中小企业跨国并购的战略机遇研究

（一）中小企业跨国并购的战略特征

企业海外并购的对象多为发达国家海外制造行业的战略资产，并购主体多为发展"瓶颈"显现的成熟行业的企业，并购形式多为产业链上下游纵向控股型并购，获取和整合海外优质战略性资产意图明显。

1. 并购规模——总体强劲，单个较小，并购对象多为海外战略资产

近年来，浙江中小企业跨国并购涉及金额总体呈快速上升趋势。据

案例分析，2005—2012年浙江省中小企业跨国并购的新增并购金额增长了7000%以上，年均增长70.5%。相比总金额，浙江省中小企业实施的跨国并购大多数还是比较小规模的并购，整体上热衷于收购廉价资产。一方面是由于浙江中小企业整体上规模还较小，对运营状况良好、价格高昂的潜在收购对象望而却步；另一方面也反映了浙江省多数中小企业通过跨国并购实施全球化战略的学习和试水的心态。

2. 并购主体——地区差异显著，成熟企业为主，企业发展"瓶颈"显现，海外扩张需求迫切

从并购企业的年限特征上看，浙江省中小企业在进行跨国并购时，成立年限主要集中在11—20年（占42.5%），另6—10年、21—30年和30年以上的分别占16.7%、15.8%和13.3%。调研发现，这些国内并购重组经验，受国内市场饱和、生产要素成本不断攀升影响，企业发展遭遇"天花板"，迫切需要通过国际并购突破发展"瓶颈"。预计接下来若干年，随着企业的不断发展和壮大，国内资源和发展"瓶颈"的制约及后金融危机触发的并购机遇的推动，浙江省中小企业跨国并购的发展将出现新的并购高潮。

在跨国并购主体来源地区分布上，浙江省十一个地市中小企业跨国并购的发展很不均衡。并购数量上，杭州、宁波、绍兴位列前三；并购金额上，台州、杭州、绍兴位列前三。

3. 行业区位——制造业纵向并购，集聚发达经济体，控股倾向强烈，获取和整合海外优质战略资产意图明显

从跨国并购投资的区位看，浙江省中小企业跨国并购主要集中在发达国家和地区（美国、德国、中国香港/日本、欧洲、美洲和亚洲）。从海外投资企业行业看，浙江省中小企业实施跨国并购集中在制造业，尤其是汽车及其零部件制造业，73%左右。接下来是信息软件行业。进一步分析发现，行业差异呈现了明显的地区产业集群特征。杭州中小企业制造业跨国并购主要集中在通用设备制造业和电气机械制造业，宁波集中在化学原料、化学制品制造业和交通运输设备制造业。

调查发现，浙江中小企业倾向于沿着产业链上下游，在经济技术发达的国家和地区进行纵向并购（占总数的56.47%），以获取目标企业的核心技术、品牌、国际市场网络及研发能力等优势资源，从而控制包

括高附加值环节的完整产业价值链，提高产品附加值、升级价值链的内生性需求迫切。案例分析证实浙江省44%的企业跨国并购的动机是为获取目标市场，31%的企业跨国并购的目标是为获取先进技术，19%的企业是为获得知名品牌，6%的企业是为获取自然资源等，而几乎所有（92%）的企业都有以海外并购推进全球布局，作为企业国际化的跳板的动机。并且，浙江中小企业在跨国并购过程中倾向于对并购企业控股。57.5%对并购企业实现了100%控股，20%对并购企业实现了50%以上的控股，这有利于中小企业对并购标的进行有效的整合，带动本土相关业务。

（二）中小企业跨国并购的效益

不仅表现在部分企业快速获得了战略性资源，更重要的是凸显了其对于培育世界水平的本土跨国公司的战略价值，是浙江经济未来发展的新引擎。

通过强劲的中小企业跨国并购增长趋势，并购案例调研发现，浙江中小企业的跨国并购具有显著的并购效益和重要的战略价值。

中小企业通过跨国并购快速获取了品牌、技术、市场、渠道等战略性资产，为其在全球价值链的升级奠定了重要基础。吉利等中小企业通过跨国并购获得了目标企业的国际知名品牌的使用权，然后利用知名品牌的市场影响力、分销网络以及整合进来的生产体系，迅速增加母国企业产品在海外市场的销售量，促进海外业务量在企业总业务量比重的迅速上升；万向等中小企业通过跨国并购获得了先进技术、研发资源和研发团队，提升了技术水平和研发能力，取得相应技术上的协同效应；宁波华翔等中小企业通过跨国并购推进了分销渠道、客户关系、供应链等方面的全球布局，并通过整合全球供应链，降低了采购成本和运营成本；卧龙等中小企业在并购扩张中形成了独特的"反向OEM模式"，即收购国外知名品牌，把产品转移到国内生产，再贴上所收购的品牌返销国际市场，实现了供应链升级。

更重要的是，跨国并购带动了中小企业家国际化经营理念的转变，推动了中小企业与国际惯例、国际规则的接轨，有利于打破中小企业发展瓶颈，是培育世界水平的本土跨国公司的必由之路，更是浙江经济未来领跑全国的新增长引擎。本土中小企业成长到一定阶段后，内部资源和能力难以满足企业继续成长的需求,企业发展也会陷入停滞。若要突破发展的"天花板",中小企业必须通过外部扩张获取所需的资源和技术,以打破企业发展"瓶颈",促进企业的进一步发展成长。通过跨国并购,中小企业不仅获得了海外并购的实体和相应的战略性资产,更倒逼企业转变国际化观念、思维和经营理念,强迫企业与国际惯例和国际规则接轨,快速网罗全球人才。从培育世界水平的本土跨国公司的角度,在当前经济全球化的背景下,只有实行跨国并购,才能快速实现全球布局、全球资源配置和全球市场拓展,使企业真正成为有国际竞争力的跨国公司。通过海外并购,企业不断改进其技术水平、组织设计和管理技能,而当这些知识和技能传递到国内并扩散至本土产业集群的时候,区域产业整体层面的竞争力都将得到提升,因此跨国并购将是未来浙江经济领跑全国新的增长引擎。

二 中小企业跨国并购的运作分析

通过企业调研,笔者发现自身条件限制、国内市场配套不到位和国际环境持续恶化等因素造成目前中小企业跨国并购运作和整合过程中的巨大风险。

(一)中小企业开展跨国并购和有效整合的障碍分析

制度不完善,管理水平低。浙江中小企业大多是家族制企业,很多中小企业相对注重设备和技术的提升而忽略了对公司内部治理的考虑,企业缺乏良好的管理体制和监督机制。企业制度缺位,管理水平不高,影响了中小企业整体实力的发展,也制约了企业实施跨国并购的步伐。信息不对称,并购风险大。并购过程中的信息不对称往往是导致并购失败的致命风险。特别是中小企业在实施跨国并购时,要获取标的企业的准确信息更是难上加难。很多中小企业自身缺乏进行海外调研的能力,过分依赖国外中介机构,即使进行了长时间的认真调查,也只能取得"相对翔实"的信息,真正的"价值底牌"永远攥在被并购方手中。专业人才少,经营管理难。跨国并购是一项复杂的系统工程,涉及国际投资、国际金融、国际会计、国际法规和惯例以及东道国的政治法律、社会制度、文化风俗等许多领域的知识,但中小企业大都缺乏这方面的人才,以致在跨国并购过程中经常处于被动的地位。而且,并购后的整合也需要能够胜任跨国经验的管理人才。省内中小企业在成功收购国外企业后,一般都只能在国外聘请专业经理人进行管理。因为中小企业内部,很难选派通晓外语,熟悉国际惯例,有良好经营策略胆识的高级管理综合型人才。

(二) 中小企业跨国并购市场配套分析

国内中介机构乏力。整个跨国并购的过程,从咨询、融资到评估等都离不开中介机构的参与。但是,国内中介机构无论是实力还是经验都明显欠缺,部分甚至还从未接触过跨国并购业务。目前,绝大多数中小企业跨国并购都过度依赖于国外中介机构。这些外资中介机构虽然具有专业化资质及丰富的跨国并购经验,但本土化水平不高,无法从中国经济发展角度出发,而且也不排除国外中介机构处于本国利益的考虑,而将自身经营存在问题的企业介绍给中国中小企业。缺乏配套金融保险服务。关于跨国并购中的贷款融资、投资保险、信用担保等重要环节,国内相关的配套金融机构还很缺乏,服务效率普遍较低。特别是在贷款融资方面,要受国内贷款担保额度的限制,特别是外币贷款不仅要受国内贷款额度的限制,还要受特定外汇额度的限制。这很大程度上限制了中小企业的融资能力,无法为境外并购项目提供强有力的资金支持。并且,跨国并购比国内并购面临更多的不确定性,需要建立境外投资保证制度来协助企业规避风险。但国内的境外投资保险尚处于试验阶段,难以满足中小企业跨国并购的需求。

(三) 中小企业跨国并购国际环境挑战

国际经济环境的不断恶化,海外市场的不断萎缩,汇率市场的剧烈波动,对于并购企业的海外经营本身就是一个巨大的挑战。而与国际上第五次跨国并购潮"强强联合"的主流不同,浙江中小企业的跨国并购对象常常是陷入经营困境的企业。由于我国中小企业发展水平相对国外较为落后,其所急需的战略资产也带有一定特殊性,比如在发达国家已经落后但却在国内十分稀缺的技术专利等。另外就是壳公司。由于在国内上市比较困难,中小企业也倾向于通过跨国并购借壳上市。比如万向通过收购美国 UAI 公司,间接获取了上市融资能力。

尽管金融危机令许多西方企业资产大幅贬值,但金融危机本身是一个很好的淘汰机制,市场竞争作为一个优胜劣汰的过程,那些经不起金融危机考验的企业,很可能基本面上出现了问题,或者由于不能适应后金融危机时代的竞争环境，本身已面临衰亡的命运。此外，如果经营管理水平更高的西方发达国家企业都难以整合，我国中小微企业要带其走出经营困境，其难度无疑是更加巨大。

（四）中小企业跨国并购的政策诉求

审批程序相对复杂。虽然国家对中小企业跨国并购的审批较以前有所放松，审批权也不断下放，但调研中企业普遍反映目前的审批规定对于中小企业跨国并购上市融资、市场准入、外汇管理等方面仍有一定的限制，审批程序持续时间较长。调研过程中很多并购企业对于政府政策层面出台相应的税收优惠政策、海外并购企业回归的落地支持、土地支持等政策有着强烈的诉求。提出希望政府能给予跨国并购企业与引进的外资企业相同的税收优惠政策，在企业并购后，支持企业将并购海外企业在本土落地，在土地政策等方面支持企业将海外研发基地、生产基地等移到本土，帮助企业降低生产成本，有效整合全球供应链。

三 中小企业跨国并购的对策建议

境外审批制度改革红利巨大，这为中小企业的发展又带来新的战略机遇。建议各级政府进一步解放思想，先行先试，简化境外投资的审批手续，进一步改善企业境外投资服务。

政府政策支持对于中小企业跨国并购的运作和整合具有重要的制度影响力。如何进一步推动浙江中小企业跨国并购的发展，培育世界水平的本土跨国公司，支持中小企业在全球整合资源并"反哺"国内、回归国内是当前的政策重点。

（一）加强并购专题研究，形成学习共享机制

中小企业毫无疑问是国际跨国并购市场竞争中的新玩家，传统跨国并购理论和方法常常难以指导当前的并购实践，政府在指导和管理中小企业跨国并购活动时也面临着巨大的挑战。项目建议由主管部门牵头，协同相关学术研究机构开展专题中小企业跨国并购研究，加强对国外发达国家跨国并购经验的系统梳理，开展对典型中小企业跨国并购的跟踪研究，不断完善和更新国外不同地区的投资环境及产业匹配等信息，不断总结发现企业跨国并购过程中出现的新问题、新情况，为政府决策和企业实践提供有益参考。同时，为避免中小企业在跨国并购实践过程中由于缺乏经验而频频碰壁，建议构建企业间并购经验交流和分享的平台、设立促进并购企业经验交流的激励机制、加强并购企业团队和专业管理人才的定期和不定期的学习和培训,进一步形成企业间知识或经验共享的机制。

(二) 大力发展中介服务,健全社会化服务机制

浙江省金融办于 2007 年开始对在浙江开展 IPO、再融资和上市公司重组并购等业务的中介机构进行信誉评价,并对部分优秀中介机构进行表彰。虽然浙江非常注重为上市企业打造优质中介服务体系,但鲜有省内机构提供专业的跨国并购中介服务。省内企业跨国并购过程中,往往只能依赖于国外中介机构。因此,要大力发展和完善跨国并购相关的本土中介服务,为企业境外投资提供资信调查、信用评级、行业风险分析、国别信息信用管理咨询与培训等服务。培育面向企业境外投资和跨国经营的社会化服务机构,鼓励服务机构"走出去"设立境外服务站点,加强信息、法律、维权等境外服务。

(三) 扶持中小企业组建集团,推进跨国并购,培育世界级跨国公司

浙江以中小企业为主,比较缺乏能带动中小企业"走出去"的领军企业。建议浙江在有跨国经营需求并具备很强规模实力的本土企业中,选择一批企业予以重点扶持,引导企业加快制定实施品牌、资本、市场、人才、技术国际化战略和跨国经营发展计划,加强对跨国经营的领军企业的培育,重点联系和大力支持,实施发展领军型中小企业跨国公司的激励政策,支持金融、保险、中介服务机构等各类企业通过契约、协议等形式结成风险共担的跨国并购联合体或战略联盟,组建集团公司推进跨国并购,增强规模优势,共同开发市场,培育世界水平的本土跨国公司。

(四) 支持被并购企业回归国内,"反哺"国内,支持企业在全球整合资源,构建新的价值链

政府努力搭建回归发展平台,出台一系列政策支持和鼓励跨国并购企业回归浙江、"反哺"浙江。建议省政府依托产业集聚区和各类国家级、省级经济开发区(园区)以及青山湖科技城、未来科技城等平台,主动引回一批拥有国际品牌、掌握核心技术的企业回归投资高端制造业、战略性新兴产业和现代服务业,发展集"研发设计、运营管理、集

成制造、营销服务"于一体的总部经济,进而推动浙江企业转型升级和产业整体价值链的提升。给予跨国并购企业与引进的外资企业相同的优惠政策,支持企业将并购海外企业在本土落地,有效整合全球资源,在全球重构企业的价值链,不断培育新的利润来源,以及成长、发展空间。

第二节 中小企业制造标准国际化的调研及对策研究

2015年,习近平总书记在第39届国际标准化组织大会(ISO大会)贺信中,深刻论述了标准化在人类文明进步和全球治理体系中的重要地位,指出国际标准是全球治理体系和经贸合作发展的重要技术基础,向全世界宣布了中国实施标准化战略的决心和战略思想。李克强总理在这次会议指出,标准化水平高低反映了一个国家产业核心竞争力乃至综合实力的强弱,要把标准化放在更加突出的位置,以标准全面升级推动产业升级,形成新的竞争优势,推动产业迈向中高端。在发达国家重振制造业和"工业4.0"大背景下,制造标准的战略地位和竞争优势日益凸显,加快制定和实施标准国际化战略已成为发达国家的一致行动,德国、美国、日本等发达国家纷纷实施了各具优势与特色的标准国际化战略,借助标准国际化将制造产品迅速推向国际市场,保持自身制造全球领先地位。在全球化标准时代,应借鉴德、美、日有益经验,抓住《中国制造2025》实施的战略机遇,加快推进中小企业制造标准先进化、国际化、系统化,助推"中小企业制造"走标准提升、质量提升、效益提升的升级之路。

一 中小企业制造标准国际化存在的突出问题

(一)国际标准有效供给能力不足

目前,大部分中小企业制造标准难与"德国制造""日本制造""美国制造"同台竞技。一是标准"老迈"现象比较突出,中小企业制造品的"标龄"普遍高出德国、美国、日本等发达国家1倍以上,有些标龄甚至长达30—40年。二是国际采标率不高,"中小企业制造"标准参数与国际标准对标不够,美国、英国等采用国际标准和国外先进标准的比率超过80%,德国、日本甚至高达90%,浙江只有58%。三是缺乏国际先进标准的话语权,国际标准90%以上掌握在发达国家手中，浙江省主导制定的国际标准只有 27 个，占国际标准总量的比重不足 1‰。四是标准存在滞后现象，特别是在战略性新兴产业领域，有些标准化沿用"后补型"方法，未能发挥标准引领和带动作用。五是标准推广不够，有些标准存在标出多门、体系混乱、交叉重复、缺乏权威性的问题，现行标准缺乏应对市场变化的活力，满足于行业内部循环，没有与外部市场需求，特别是没有与国际市场需求形成良性循环。

（二）标准国际化市场机制不够健全

由于历史原因，浙江省标准国际化的驱动力量仍主要由行业部门等行政力量主导，标准制定、标准管理、激励措施、市场动态跟踪等明显不足，缺乏应对市场需求快速变化的活力和时效性。目前，70%的中小企业制造标准为一般性产品和服务标准，即便企业自主制定的标准，也要到政府部门备案甚至审查性备案。企业参与标准国际化的意愿较弱，目前仅 40%左右的企业采用国际标准，龙头骨干企业的标准参数与国际对标不够。部分国家标准、行业标准、地方标准不以企业标准为基础，而主要依靠科研院所力量，导致标准与生产有所脱节、标准制定与应用推广有所脱节。政府支持的科研计划立项到科研成果产出，标准计划立项到标准批准发布，是两条互不相关、各自独立的链条，导致不少科技成果未能及时进入标准化程序。

（三）标准国际化战略谋划不够

2016 年以来，发达国家纷纷加入或主导跨太平洋伙伴关系协定（TPP）、跨大西洋贸易与投资伙伴协定（TTIP），不仅争夺国际标准话语权和主导权，而且通过"标准互认""标准联盟"合围我国制造。德国实施"国际标准控制型战略"，德国"工业 4.0"的 8 个优化行动，标准化列于首位，每年制定（修订）标准 1500 个，累计发布标准 2.5 万个。美国在控制部分国际标准主导权的基础上进一步争夺国际标准话语权，推行"美国标准战略"，制定了 10 万多项技术标准，维护美国制造大国地位和贸易利益。日本大力实施标准化赶超战略，先后实施《日本标准化战略》《日本国际标准综合战略》，以空前的力量争夺国际标准竞争制高点。与德国 DIN 标准、美国 ANSI 标准、日本 JIS 标准相比，中国制造标准存在一定程度的滞后，作为中国制造板块中具有一定优势的中小企业制造，标准国际化程度同样不高，总体处于后发劣势位置,面临发达国家的"标准合围"和"标准锁定",缺乏富有长远前瞻的战略谋划。

(四)标准国际化组织对接不够

德国、美国、日本等是世界上较早开展标准化活动的国家和ISO常任理事国,它们利用在标准国际化舞台上的先发优势主导国际标准化活动,用自身标准、技术、程序等影响国际标准化过程,甚至去整合和覆盖其他国际标准。据统计,美国参与了80%的ISO技术委员会,承担了140多个ISO技术委员会和500多个工作组召集人工作;德国以积极成员资格参加了97%的ISO/TC组织;日本一直积极争取ISO/IEC委员会主席、召集人和秘书职务。浙江省实质性参与标准国际化活动比较少,落户浙江省的国际标准化技术委员会仅有3个,远少于广东、江苏等省份,企业参与国际标准化组织活动的情况不仅无法与国际上的跨国企业相比,即便与华为、中兴、大疆等本土的深圳企业相比,也存在较大差距,难以在国际标准制定过程中发出有力的"浙江声音"。

二 加快推进中小企业制造标准国际化的对策建议

(一)制订实施"中小企业制造标准国际化行动计划"和"中小企业制造标准引领工程"

抓住《中国制造2025》战略机遇,密切跟踪全球特别是发达国家先进制造的动态变迁和"工业4.0"标准演化态势,制定实施"中小企业制造"标准国际化战略,力争在某些重点领域形成稳定的对国际技术标准有较强影响力的战略目标。①实施"标准国际化行动计划",拓宽参与国际标准化活动的领域范围,提高主导制定国际标准比例,提高国内标准与国际标准水平一致性程度,增强标准国际化对中小企业制造国际竞争力的保障、支撑和引领功能。②实施"中小企业制造"标准引领工程,推动"浙江标准"上升为国家标准、国际标准,以"浙江标准""走出去"带动"中小企业制造""走出去"。③探索设立"浙江省标准创新奖",奖励对浙江省经济社会发展产生重大影响的标准国际化项目。

(二)建立领军企业、行业组织、产业联盟主攻国际标准的市场化机制

划清政府与市场参与标准制定的边界,建立以市场为主导的标准化

工作管理模式和运行机制，破除与标准化不相适应的行业壁垒、部门分割、制度障碍和政策碎片化，加快建立统一协调、运行高效的标准化管理体制。支持企业参与研制和采用先进技术标准，鼓励社会组织、行业协会、产业联盟等参与标准国际化活动，特别是支持广大龙头骨干企业主动变革、创新技术、力攻标准。打通制造业先导技术转化为技术标准的通道，依托浙江省产业协同创新联盟，在重点领域布局一批技术标准研发基地，与科技基础设施建设、科技计划立项、标准化技术组织建设相衔接，支持研制制造业转型升级的关键技术标准。借鉴华为（NGN国际标准）、海康威视（SAVC安防标准）、海尔（"防电墙"国际标准）等标准国际化经验，建立领军企业主攻标准的机制，探索基于海外并购的国际标准导入路径，推进国际标准自主创新、研制与推广。

（三）加快推进战略性新兴产业和制造业数字化、网络化、智能化的标准国际化

"德国制造"标准国际化主攻电气工程、汽车制造、精密工程、机械工程等领域，"日本制造"标准国际化主攻信息技术、环境保护、制造技术、产业基础技术等领域，"美国制造"标准国际化主攻机械制造、电气电子、新材料、生物工程等领域。对此，应探索中小企业制造标准国际化"弯道超车"战略及技术路线。①在标准尚未定型、用户尚未锁定的物联网、大数据、云计算、跨境电商等新兴产业领域，以及MBD（数字化定义技术）、AM（添加制造）、3DP（3D打印）等重点制造领域，加快标准国际化赶超步伐。②实施"企业国际化对标工程"，支持"中小企业制造"品牌企业和龙头企业对美、日、德等国际领军企业进行对标、采标，精准扶持每个细分行业的"第一"和"唯一"，加快对数字化、网络化、智能化制造技术、标准、产业化的布局。③紧扣浙江省信息、环保、健康、旅游、时尚、新金融、高端装备七大万亿产业以及数控机床、电气机械、机电器件等先进制造业，开展标准国际化攻关，加快构建"中小企业制造"标准体系，提高国际先进标准采标率，引领制造业提质增效升级。

（四）建立"标准研制、标准推广、标准更新""三位一体"的标准国际化路径

瞄准浙江省制造业转型升级需求和未来发展趋势，积极吸纳全球先

进制造标准并与之衔接。深入谋划重点制造业领域的技术创新路线，实施制造业共性技术创新行动计划，突破一批能引领产业高端发展、市场前景好的核心关键技术标准。在重点领域科技计划中，遴选产业化目标明确、预期效果显著、技术基础扎实的项目，在立项、实施、验收等过程中，试行与技术标准修订的全过程互动机制，为科技计划提供标准化技术支撑，确保创新技术及时转化为标准。积极采用国际先进标准，强化强制性标准制定与实施，推动浙江省产业采用国际先进标准形成支撑产业升级的标准群。紧扣区域产业特点，加强信息、环保、高端装备等计量标准建设，支撑技术创新和行业升级。创新中小企业制造标准认证模式，鼓励国内外高水平认证机构开展中小企业制造认证，与国际认证机构加强合作，加快推动认证"走出去"。

（五）积极开展标准国际化双边和多边合作

探索与国际标准组织合作的路径，主动介入 ISO/IEC（国际标准委员会）、DIN（德国标准化学会）、CEN（欧洲标准化委员会）、CENELEC（欧洲电工标准化委员会）、ANSI（美国标准学会）、NIST（美国标准技术研究院）、JISC（日本工业标准调查会）等标准组织，开展双边和多边标准国际化合作，拓宽浙江省制造标准"走出去"的通道。借鉴美国 ANSI 标准、日本 JIS 标准、德国 DIN 标准国际化经验，支持跨国性龙头骨干企业、行业联盟和社团组织参与或主导国际标准研制，推动本土优势标准抢占国际标准制高点。

第三节　加快商品市场转型升级推动中小企业国际化和创新发展的调研与对策研究

改革开放以来，"建一座市场、兴一个产业、活一片经济、富一方百姓"是区域经济的典型模式。商品市场的发展层次和水平对于中小企业国际化和经济高质量发展至关重要。浙江是市场大省，本书通过对浙江省商品市场转型升级推动中小企业国际化的调查研究，提出相应对策建议。

一　商品市场对中小企业国际化和创新发展的作用

"改革发展看浙江，浙江优势在市场。"改革开放 40 多年来，商品市场对浙江经济发展发挥了十分重要的作用。早在20世纪80年代初期，浙江就诞生了以桥头纽扣市场为标志的第一批商品交易市场，此后义乌小商品市场等一大批专业批发市场崛起。先后诞生了首个国际商贸城、首个网上交易市场、首个市场上市公司、首个连锁市场、首个市场指数。浙江商品市场经历了萌芽、初创、扩张、提高、规范发展等各个阶段，为全国市场的发展提供了完整的参考样本和模式借鉴。可以说，市场既是浙江经济率先崛起的至宝，也是浙江经济走在前列的法宝，更是浙江经济的标志和骄傲。当前，全省各地商品市场顺应经济转型升级的大势，依然在全省经济大局中扮演着举足轻重的角色。

（一）商品市场交易总额连年创新高

2018年浙江省3759家商品市场共实现市场成交额2.19万亿元，增长1.95%。单从市场本身的贡献看，商品市场成交额占浙江省GDP的比重近40%，是全国平均水平的2倍以上。新增百亿级市场5家，达到39家，"温州菜篮子农副产品批发市场""杭州运河钢材市场""桐乡毛衫城""嘉兴中国石油化工品交易市场""海宁家纺装饰城"5家市场实现百亿级突破。在2017年"中国商品市场百强""网上网下融合市场30强""引领产业市场30强"榜单中，浙江省有38家省内市场、5家省外浙商市场入围"中国商品市场百强"，是全国入围商品市场数量最多、规模最大、交易额份额最高的省份。"网上网下融合市场30强""引领产业市场30强"榜单中，浙江省分别有13家和14家市场入围，远远领先全国。

（二）龙头市场的引领作用不断增强

浙江省38家省重点市场2018年实现成交总额7612亿元，增长5.03%，占全省实体市场成交总额的比重，由2017年的33.7%上升到34.7%。其中，义乌中国小商品城是全球最大的小商品集散中心，2018年市场成交额1358.42亿元，增长10.8%。柯桥区的中国轻纺城是全国规模最大、经营品种最多的纺织品集散中心，2018年市场成交额1214亿元，增长12.3%。永康的中国科技五金城是全国五金行业的龙头市场，2018年实体市场实现成交额480.2亿元，比上年增长5%。海宁中国皮革城是中国规模最大、最具影响力的皮革专业市场，已建成以海宁为总部，辐射东北、华北、华东、川渝、新疆等地的连锁市场网络，年交易额超过 200 亿元、客流量 1400 多万人次。

（三）市场业态和商业模式迭代创新

各地商品市场顺应贸易流通方式变革和产业结构升级新趋势，因地制宜探索创新市场业态和商业模式。如义乌中国小商品城积极探索"义乌好货"全新商业模式，选择国内节点城市建立核心供应商库，采取"仓储＋展陈＋体验"于一体的形式进行布局，拓展终端销售渠道。永康科技五金城全面构建"永康五金直销中心＋尚五金电商平台"O2O 双线发展模式，以"五金优选"电商自营平台为中心、集成众多"永康五金直销中心"品牌实体店和体验店，在全国各地设置多个直销店，通过"线下体验"来实现"线上购买"。海宁中国皮革城与韩国理智约株式会社联合搭建"漂洋过海"跨境电商平台，消费者通过"漂洋过海"可以购买到正宗的韩国时尚商品，海宁的皮革产品可以通过这一平台销往韩国，为韩国消费者带去海宁的时尚力。

（四）商品市场质量效益稳步提升

浙江省市场数量由 2014 年最高时的 4488 家，减少到 2018 年年底的 3759 家，但市场成交额每年保持稳定增长，场均成交额由 2017 年的 5.63 亿元，提高到 2018 年的 5.84 亿元，同比增长 3.73%。值得指出的是，市场经营主体结构正在不断优化。以义乌为例，截至 2018 年 12 月底义乌市场经营主体总数突破 45 万户，其中新设市场主体超 10 万户，增长 37.8%。小商品市场上"60 后""70 后""80 后""90 后"经营主体数量占比分别为 17.9%、36.4%、33.2%、9.5%，呈现年轻化趋势，高中及以上学历经营主体占比达 60% 以上。

二 商品市场转型升级带动中小企业国际化和创新发展的典型模式

近年来，各地从实际出发，持续推进商品市场转型升级，涌现除了一批具有代表性且值得推广的模式。从调研情况看，主要有几下五种：

一是改革战略先试助推型。通过国家层面先行先试的改革举措，创新商品市场的交易功能。义乌小商品市场是最典型的代表。近年来，义乌市通过承接国际贸易综合改革试点、跨境电商综合试验区、国际邮政互换局、义新欧班列等一系列国家级改革试点，有效地带动了小商品市场的有机更新和开放型经济快速发展。2018 年义乌市实现出口 2521.6 亿元，较 2010 年增长 10 倍以上，约占全省出口的 1/8；出口集装箱突破百万标箱，约占宁波舟山港出口集装箱的 1/7；邮政快递包裹业务量超 29 万件，增长 56%；跨境网络零售出口占全省的 44%；市场主体总量突破 48 万户，约占全省的 1/15、全国的 4‰，是全国市场主体数量最多的县域。

二是产业集群联动提升型。依托当地特色产业集群的转型升级，实现产业与市场联动提升和有机更新，有代表性的是永康科技五金城、绍兴中国轻纺城等。永康市紧紧围绕"打造中国乃至世界先进制造业基地"的目标，加快推进工业设计、科技创新、智能制造，2018 年车业、门业、杯业、电动工具、电器厨具等八大五金产业产值达到 667.3 亿元，不锈钢保温杯、电动车产量和出口量居全球第一，10 多种产品销量居全国之最，100 多种产品销量居全国前三位。与产业升级相适应，永康科技五金城积极培育品牌展会，中国五金博览会交易额从首届的 3 亿元，发展到 23 届的 155.6 亿元，展会业态从最初的现货交易发展到集产品展示、商品交易、信息交流、技术合作、网络会展、指数发布于一体。2018 年，永康国际会展中心举办各类展会 36 次，交易总额突破 200 亿元。

三是多元平台功能带动型。通过打造研发、设计、展示、制造等多种功能平台，实现产业与市场的联动升级和有机更新，有代表性的是桐乡濮院毛衫市场。濮院以建设省级特色小镇为依托，通过打造"交易市场＋功能平台"，带动毛衫块状产业发展提升。近年来，按照政府主导、企业主体、市场运作的理念，濮院规划建设了毛衫创新园、时尚中心、轻纺城、时尚文化创意区等一批重大平台型项目，集聚了生产制造、市场交易、创意设计、展示发布、质量检测、科技创新等产业高端要素，并引进韩国设计师团队常驻小镇，有力地带动了毛衫产业和市场的转型升级。2018 年园区年产毛衫 7 亿多件，占全国市场份额的 60%以上，市场交易额超过 500 亿元。目前，濮院正谋划以专业化、智能化、时尚化、国际化的思路，高质量打造"中国时尚第一镇"和"世界级针织时尚产业集群"。

四是商业模式创新撬动型。充分运用互联网思维和技术，迭代创新市场商业模式，推动市场持续繁荣和有机更新，最具典型性的是四季青服装市场。早在 2002 年，在经历传统市场的黄金发展期后，四季青就开始探索网络经济，多年来经历自主开发中外服装网、四季青服装网、四季青卖家摩街版、四季青买家分销版等电商平台。2017年，公司整合有效资源，通过对服装业态的划分，街区内资源（货品及人员）的合理利用，并融合到以"网红直播"为主的营销渠道中，为四季青服装产业的流通提供新的血脉。目前，市场内拥有10个直播间、3000平方米的物流仓储中心、800平方米的商品样衣展示中心。四季青服装市场已形成以"实体市场+电子商务"相融合的创新型商业模型。一个拥有3250多万网商，海量信息和交易量的充满想象力的大市场。

五是进口商品市场崛起型。抓住国家扩大进口战略的机遇，依托独特的开放功能优势，积极打造"买全球、卖全球"的"世界超市"，以青田、义乌最具代表性。青田县依托遍布全球的华侨资源规划建设侨乡进口商品城。目前一期已建成运营四个市场，铺面300余间，吸引来自60个国家和地区的161家侨资企业入驻，主要经营各类国外原装进口商品，现有5万多种国外商品进场销售。短短3年时间，进口商品城市场成交额连年快速增长，2018年市场交易额突破20亿元，2019年预计可以超过40亿元，2020年将达到80亿元。正在打造中的第五市场——世界红酒中心，将汇集来自全世界近300家红酒企业入驻，将打造中国进口红酒价格指数、世界中国进口红酒交易所、国际红酒博览会等项目。规划建设中的二期市场共26.9万平方米，计划建造一个集旅游、购物、娱乐体验于一体的环球购物中心。

三 商品市场发展的挑战与问题的调研

我们要清醒地看到随着经济转型步伐的加快和互联网经济的冲击，商品市场自身的局限性日益凸显，浙江省商品市场体制机制、市场规模、传统业态的优势在弱化，加快商品市场有机更新势在必行。突出表现在：

一是市场同质。浙江整体的市场体系建设不够完善，布局不够科学，结构不尽合理，一些地方仍停留在原有低、小、散的格局，重复建设不同程度存在。如湖州织里镇有性质、功能、定位相近，且不属于同一投资主体的织里国际童装城（新市场）和织里童装市场（老市场）两大市场，原本计划建新市场后取代老市场，新市场建成后，老市场反而通过审批进行了重新改造，结果新市场没有人气。

二是产品低端。浙江省商品市场为产业集群提供了交易途径和市场信息，而产业集群为商品业市场提供了独特的资源、积累了市场的人气和流量，带动了市场规模的扩大。但浙江省一些地方传统产业转型升级滞后也导致了商品市场销售的产品仍难以避免低端复制、同质化竞争等问题，市场交易过多依赖低端产业、低技术和低附加值产品的特征较为明显，形成了产业结构和商品市场双向低端锁定的问题。

三是功能单一。大多数商品市场的交易方式依然以现场、现金、现货"三现"为主的传统交易方式，商流、物流、资金流合一，网上平台更多的只是展示功能，线上、线下融合的交易方式尚未取得实质性突破。与此同时，多数商品市场仅停留在商品交易这一单一功能上，缺乏研发创新、创意设计、价格发布、质量检测、品牌服务、知识产权保护等多元化的功能平台，市场对产业转型升级的带动作用不强。

四是外拓无序。一方面，外省同类市场的兴起与浙江省市场形成激烈竞争，缩小了浙江省市场的辐射空间。像山东临沂专业市场的崛起，打出了"南有义乌、北有临沂"的旗号。另一方面，浙江市场资源在外无序使用，据调查，全国范围内有120多个"义乌市场"，但大多是简单的复制，如何使这些市场与浙江省市场产生良性互动，形成有效互补，推动浙货在省外的销售，是亟待解决的问题。

四　加快商品市场转型升级推动中小企业国际化和创新发展的对策建议

商品市场是浙江经济高质量发展不可或缺的重要引擎支撑。当前，要紧紧抓住国家实施扩大进口战略和建设强大国内市场的有利时机，以提升商品市场功能为核心，分类别推进各类商品市场转型升级，加快打造浙江市场新优势。

一是加快推进市场主体升级，打造创新创业的大平台。

商品市场一直以来是浙江人民创新创业、发家致富的大舞台和催化剂。要针对当前市场经营主体年龄偏大、文化程度不高等问题，有针对性地引导和支持年轻人、大学生到商品市场创业，逐步优化经营者的年龄和文化结构。引导和支持品牌企业、有实力的制造企业、国内外大贸易商入驻市场经营，激发市场竞争活力。全推进商品市场"亩均论英雄"改革，综合产业、税收、销售额、物流、品牌、辐射等要素，制定科学有效的评价体系，倒逼市场经营户提升层次、提高质量。借鉴"凤凰行动""雄鹰行动""雏鹰行动"等成功经验，制订实施商品市场经营主体升级行动计划，培育一大批竞争力强的市场经营主体。

二是加快推进商品结构升级，打造"浙江制造"走向全球的大平台。

引导市场主体更多地经营有品牌、高质量的浙江制造产品，支持市场经营者自创品牌，争创知名商标、著名商标、驰名商标，使市场成为品牌商品的集聚地。积极举办各类高层次的展销会、博览会、交易会，积极打造"浙江制造"走向世界的重要共享式通道。加强省内外浙商市场的战略合作，引导市场从零星个体向组织性、结构性对外发展转变，形成集群网络、浙货优势，推动"浙江制造销天下"。同时，要依托市场商品信息和采购需求高度集聚的优势，促进商品交易市场与各类产业集聚区、物流园区、电子商务园区的融合互动。

三是加快推进交易场景升级，打造高端消费体验的大平台。

引导商品市场走精品、名品之路，选择一批条件较好的商品市场推进交易场景的体验式改造提升，把商品市场打造成为集批发、购物、休闲、娱乐、饮食于一体的现代化时尚购物综合体。完善旅游接待功能，开发旅游服务，积极开展与旅游公司合作，打造一批具有地方特色的高端消费体验和旅游购物中心。同时，顺应国内消费升级和扩大进口的机遇，大力推进国际贸易便利化改革，支持义乌、青田打造成为"买全球、卖全球"的"世界超市"。

四是加快推进市场功能升级，打造引领产业结构升级的大平台。

大力发展"互联网＋实体市场"，通过建立网上专业平台、网上商城或应用第三方平台，建设线上线下一体化的智慧化商品市场。大力发展"创新＋实体市场"，在浙江全省产业特色鲜明的产地型商品市场，推广建设产业创新服务综合体，加快集聚一批创新平台和创新要素，加强知识产权保护力度，提升市场服务产业转型的能力。大力发展"创意设计＋实体市场"，积极引进工业设计、文化创意等专业机构，经常举办产品创意设计大赛、创新产品展示发布等活动，提升商品市场品质品位。大力发展"信用＋实体市场"，运用数字化技术和平台，大力开展信用市场建设，建立经营者信用记录数据库，引导经营者积累信用资产，把商品市场打造成为"信用浙江"的重要窗口。

五是加快推进市场运营升级，打造商品市场健康运营的大平台。

借鉴推广义乌小商品城、绍兴中国轻纺城、永康科技五金城等以国有平台公司运营市场的成功经验，鼓励和支持有条件的国有市场运营公司或专业化团队以股份合作、委托经营等形式，对经营状况不佳的市场进行统一运营，优化市场功能布局，形成科学合理的商品市场体系。有序推进商品市场兼并重组、优胜劣汰，加快淘汰一批"低小散"市场，破解低水平同质化竞争问题，促进生产要素向优质市场集聚。

第四节　以国内国际双循环为契机，加快打造"数字贸易枢纽港"的建议

推动形成以国内大循环为主体、国内国际双循环相互促进的新发展格局，是浙江"十四五"发展必须牢牢把握的战略大局。近年来，全球经济正在经历数字化转型，跨境数据流动不断赋予全球化发展新动能，数字贸易已成为全球经济增长的重要驱动力，也是全球城市竞争的新焦点。"十四五"时期浙江必须以国内国际双循环为契机，高起点谋划打造面向全球的"数字贸易枢纽港"，确立浙江省在国内数字贸易中的龙头地位和国际枢纽地位。

一　数字贸易是发展的大趋势大机遇

数字贸易是数字经济时代最重要的贸易形式，通常是以数字通信技术为驱动力，依托互联网为供求双方提供交互所需的数字化电子信息的商业模式。数字贸易最早由美国国际贸易委员会（USITC）在2013年7月的《美国与全球经济中的数字贸易Ⅰ》中正式提出，他们认为数字贸易主要包括四方面内容：一是数字化内容，如音乐、游戏等；二是社交媒体，如社交网络网站、用户评价网站等；三是搜索引擎；四是其他数字化产品和服务，如软件服务、在云端交付的数据服务等。中国信息通信研究院发布的《数字贸易发展与影响白皮书（2019）》报告中，数字贸易分为两大类：一类是贸易方式的数字化，包括电子商务、线上广告、数字海关、线上物流等新模式和新业态；另一类是贸易产品的数字化，包括基础数据、数字产品和数字服务。

世界贸易组织（WTO）《2018 世界贸易报告》指出，数字技术创新正深刻改变世界贸易模式、贸易主体和贸易对象，将对国际贸易产生重大影响。目前，超过一半的全球服务贸易已实现数字化，超过 12%的跨境货物贸易通过数字化平台实现。国内主要城市也正在加紧布局数字贸易的战略高地。上海在 2019 年 7 月发布了《上海市数字贸易发展行动方案（2019—2021 年）》，提出将聚焦云服务、数字内容、数字服务的行业应用和跨境电子商务 4 个重点领域。北京市 2020 年 9 月 7 日发布了《北京市关于打造数字贸易试验区的实施方案》，立足中关村软件园国家数字服务出口基地打造"数字贸易港"和数字经济新兴产业集群；立足朝阳金盏国际合作服务区打造数字经济和数字贸易国际交往功能区；立足自贸区大兴机场片区打造数字贸易综合服务平台。

二 打造"数字贸易枢纽港"，浙江具有得天独厚的优势

信息技术正在深刻地影响传统贸易方式，传统贸易体系正在向以数字贸易为代表的新型国际贸易体系升级，企业跨境贸易、跨境综合电商服务、跨境电商政务监管也都逐渐向数字化转型，在这一过程中浙江具有得天独厚的优势。据浙江省外管局和省商务厅数据显示，2019 年浙江省国际数字贸易进出口为 2057.73 亿元，其中数字内容贸易进出口为 1006.23 亿元，增长 69.01%，数字平台贸易（跨境网络零售）进出口为 1051.5 亿元，增长 29.8%。

一是数字经济的产业优势。数字经济是浙江省"一号工程"，是数字贸易的基础。2019 年，全省数字经济总量达到 2.7 万亿元，增长 15.6%，占 GDP 比重达 43.3%，比 2018 年提高 1.76 个百分点，数字经济总量居全国第四位；其中，数字经济核心产业增加值增长 14.5%，对 GDP 增长贡献率达到 19.6%。全省数字经济业务收入超千亿元企业 1 家，超 200 亿元企业 11 家。累计拥有数字经济高新技术企业 6488 家。2020 年，数字经济持续强劲增长，互联网和相关服务企业营业收入增长 20.3%。

二是跨境电商的功能优势。跨境电商是数字贸易的主要形态。2020年受新冠疫情影响，全球贸易整体低迷，但以跨境电商为代表的贸易数字化转型趋势越发明显。浙江省跨境电商综试区总数达到 10 个，居全国第一，新增 17 个省级产业集群跨境电商试点。跨境电商、新零售、

移动支付等新业态加快发展，2019年全省网络零售额达1.98万亿元，增长18.4%，占全国的17%；跨境网络零售出口增长35.3%。杭州、宁波、衢州3个城市列入新零售标杆创建城市。得益于产业链优势，浙江也是亚马逊、Wish、eBay、中国制造网、敦煌网等国内外跨境电商平台的主要业务区域。

三是阿里巴巴的平台优势。阿里巴巴是全球企业间（B2B）电子商务的著名品牌，是全球国际贸易领域内最大、最活跃的网上交易市场和商人社区，是国内三大数字服务供应商之一，旗下有速卖通、淘宝海外、天猫国际、淘宝全球购、1688进口货源平台等国际贸易平台，并在全球加紧布局eWTP（世界电子贸易平台），并通过发展大数据（阿里云）、智能物流（菜鸟）及数字金融（蚂蚁金服）等服务，推动了跨境电子商务面向数字贸易的转型，也使浙江省成为全国跨境电商平台优势最为明显的省份。阿里电商平台2019财年销售额达3234亿元，增长51%，占整体销售额的85.82%。

四是数字治理的制度优势。政府数字化转型的先发优势构筑了数字贸易的良好制度保障。近年来，浙江省以政府数字化转型引领经济社会数字化转型，加快建设"掌上办事""掌上办公"之省，"浙里办"实名注册用户超过3000万，政务服务网上可办率100%，掌上可办率80.5%，"跑零次率"97.4%，352项民生事项实现"一证通办"，40个跨部门"一件事"实现网上掌上联办，均居全国前列；积极拓展城市大脑应用领域和场景，城市智慧化管理水平不断提高，成为面向数字贸易培育新业态、新模式的重要治理基础。

三 面向全球打造"数字贸易枢纽港"的若干建议

从目标定位看，"十四五"时期，要加快把浙江省建设成为全球范围内要素高效流动、数字规则完善、龙头带动强劲、总部高度集聚的国际"数字贸易枢纽港"，力争到2025年，浙江数字贸易进出口总额达到1000亿美元，其中，数字贸易出口额达到600亿美元，年均增速达到15%左右；打造5家估值超过百亿美元，有全球影响力、资源配置力和创新驱动力的数字贸易龙头企业；集聚一批引领数字贸易发展、具备价值链整合能力的数字跨国公司；规模以上的数字贸易企业达到1000家。重点抓好以下几项工作：

一是加快打造数字贸易总部集聚功能。全力打造应用云计算、大数据、物联网、人工智能等先进技术，聚焦制造业、金融、医疗、运输、文化创意等重要领域的全球数字贸易总部基地，吸引和聚焦一批数字跨国企业总部，并支持其在浙建立亚太乃至全球创新中心、研发中心、运营中心、应用中心、数据中心和培训中心。同时，重点关注数字贸易新模式、新业态，加快培育一批国际竞争力强、发展潜力大的"独角兽"级创新企业。

二是建立健全数字贸易高水平监管体系。在保护知识产权、个人隐私等方面加快探索和国际通行规则接轨的数字贸易监管举措，同时在数据流通、数据安全、网络内容监管等方面形成本地特色的监管体系，积极开展事中事后监管技术建设和试点示范。探索推动与各国数字贸易规则、监管、便利化等方面形成谅解和合作，加快搭建数字知识产权海外维权渠道和争议解决机制。

三是在自贸试验区新片区设立数字贸易保税区。数字贸易保税区中的企业在引进境外数字版权时，实行增值税优惠政策。开展数字贸易开放试点，允许数字保税区内符合条件的企业提供跨境数据库服务，探索企业向境外提供境内运营所产生的数据或在境外存储相关数据的相关监管措施。同时，允许境外先进的数字服务商在数字保税区提供新型业态的数字服务，加强境内外合作并进行压力测试。

四是积极参与国内外的数字贸易规则构建。研究纽约、伦敦、东京等全球主要城市数字贸易的发展规划，深入分析 TPP、TISA、TTIP 中有关数字贸易的文本，明确各方的立场和态度，了解各方的利益关切，找寻利益共同点。努力提升数字贸易产品或服务的定价影响力，在数字贸易上形成完备的定价体系和定价标准，力争形成一系列在国际上有影响力的数字产品，并努力形成标准化的定价体系。

五是探索建立数字贸易仲裁中心。围绕解决数字贸易争端问题，积极向司法部和高级人民法院等相关机构争取，先行研究建立数字贸易法院或数字贸易法庭的可能性，致力于解决数字贸易领域的仲裁案件，并建立数字贸易案例库，为其他城市解决数字贸易争端提供范例；探讨与国际主要城市建立数字贸易仲裁合作关系，将浙江打造成为具有国际影响力的数字贸易仲裁中心。

第四篇

应对高易变性的中小企业技术创新战略研究

　　数字时代，中小企业面临资源环境约束加大、低端产能过剩的挑战，又存在创新能力亟待增强、新发展动能亟待培育、供给侧结构性矛盾亟待解决等突出难题。持续变革，破除定式，中小企业基于数字技术的快速创新和飞速迭代彰显了技术创新战略的核心范式。本篇系统分析了应对高易变性的中小企业技术创新战略，全方位架构中小企业应对高易变性的技术创新模式，研究率先提出对中小企业创新创业应转向生态化扶持，要着力构建共生的创业创新生态系统。本篇深入探讨了政府、企业、科研机构和用户的"产学研用"融合创新机制，探索提出了"区域核心链"式的创业创新生态系统理论，详细分析了期望绩效反馈效果对企业研发行为的影响机制。提出工业互联网背景下智能制造产业应构建全价值链集成、全产业链重塑的生态系统，打造全球产业创新高地，以及后疫情时期中小企业创新扶持的政策等系列对策建议。

第十四章

期望绩效反馈效果对中小企业研发行为的影响

本章基于组织行为理论、社会资本和代理理论，以中国制造业中小企业为研究样本，对企业期望绩效反馈和公司研发行为之间的关系进行了理论探讨和实证检验，并进一步考察了资本市场的绩效压力和分析师关注度的调节作用。研究结果表明：第一，当中小企业未实现组织期望绩效时，实际绩效低于组织期望绩效程度越大，刺激管理者从事问题搜寻的力量就越大，企业研发投入行为将增加。第二，较高的资本市场绩效压力促使风险规避和自利的管理者有更强的动机减少或延迟研发投入。当中小企业未实现组织期望绩效时，相较于资本市场绩效压力较低的公司，资本市场绩效压力较高的公司，期望绩效反馈对研发投入行为正向影响作用减弱。第三，分析师关注度能有效地降低管理者与股东之间的信息不对称，当未实现组织期望绩效时，相较于分析师关注度较低的公司，分析师关注度较高公司的期望绩效反馈对研发行为的正向影响作用增强。

第一节 研究背景

长期以来，我国制造业处于世界制造产业链的中下游，竞争优势建立在巨大的市场内需、具有产业保护性质的外贸政策、开放的经济形式和低廉的劳动力成本等基础之上。在经济数字化全球化的趋势下，无论是在国际还是国内市场，都面临着资本与技术的挑战，制造业原有的竞争力正在被削弱，新的竞争力还尚未形成，如何配置有限的资源，提升企业核心竞争力，实现企业价值持续增长是企业必须面对的战略问题。技术创新是企业在市场竞争中获得竞争优势的重要途径，而 R&D 投资是技术创新的关键，研发投资有助于形成企业的无形资产，提升企业竞争能力，从而提高企业的市场价值。企业的研发行为对组织创新和组织学习具有至关重要的作用，它是企业获得长期竞争优势的内在动力和根源。[1]

企业研发投入行为是企业提高竞争优势的重要途径，面对激烈竞争和复杂的环境，为促进企业长远发展，企业应如何配置研发投入？从股东角度来看，股东更偏好于能增加企业长期价值的研发行为。由此可见，企业的研发行为对于最大化企业财务绩效和股东长期利益具有重要影响。企业对研发投入行为战略性选择问题最终转化为配置资源实现企业财务绩效和社会绩效的问题。

现有文献对企业研发投入行为进行了大量研究，如组织学习、组织惯例或期望绩效反馈等在一定程度上影响了企业的研发行为；[2] 技术机会、竞争地位、需求增长或潜在利润都能导致更高的研发投入。[3]

值得注意的是，虽然已有文献关注到组织期望绩效反馈对企业研发投入行为的重要影响，但是这些研究成果主要基于股东长期利益的视角，考察组织实际绩效高于或低于组织期望绩效时，企业研发投入行为的变化。[4] 然而，鲜有文献基于财务绩效和社会绩效双重视角，审视企业在"问题"搜寻中如何对研发投入行为进行战略选择。管理者行为决策受限于有限理性，倾向于将历史和同行业领先者绩效作为组织期望绩效和比较基准，根据实际绩效与期望目标间的差距作为判断企业战略行为成功与否的标准，进而影响管理者后续投资行为。具体而言，当公

---

[1] Penrose, E. T., *The Theory of the Growth of the Firm*, New York: Oxford University Press, 1995.

[2] Chen, W. R. and Miller, K. D., "Situational and Institutional Determinants of Firms' R&D Search Intensity", *Strategic Management Journal*, Vol. 28, No. 4, 2007, pp. 369 – 381.

[3] McGrath, R. G. and Nerkar, A., "Real Options Reasoning and a New Look at the R&D Investment Strategies of Pharmaceutical Firms", *Strategic Management Journal*, Vol. 25, No. 1, 2004, pp. 1 – 21.

[4] Chen, W., "Determinants of Firms' Backward – and Forward – Looking R&D Search Behavior", *Organization Science*, Vol. 19, No. 4, 2008, pp. 609 – 622.

司绩效低于组织期望绩效时,将会刺激管理者从事问题搜寻,增加企业研发投入;而当企业绩效超越组织期望绩效时,表示企业已实现期望目标,管理者倾向于维持原有决策。这些研究成果对进一步研究企业在"问题"搜寻过程中的行为决策奠定了基础。

本章基于组织行为理论、社会资本和代理理论,拟重点探讨以下问题:在我国经济转型的大背景下,企业在"问题"搜寻过程中,面对股东、政府和公众等多重利益诉求下,将如何配置资源促进企业增长?资本市场因素(企业未来短期绩效预期以及分析师关注度)又会产生何种影响?为回答以上问题,本章以中国制造业企业为研究样本,从理论与实证角度分析了公司实际绩效与组织期望绩效之间的绩效差距对公司研发行为的影响,并从资本市场的绩效压力和分析师关注度视角进一步探索绩效差距与公司研发投入行为之间的关系。本章的研究贡献主要体现在:第一,拓展了现有文献对期望绩效反馈效果的认识,分析了实际绩效低于组织期望绩效程度对企业研发投入行为的影响。虽然已有学者探讨了实际绩效与组织期望绩效之间的差距对研发行为的影响,但是这些研究主要基于股东利益最大化视角,然而结合非股东的其他相关者的利益要求。本章正是基于这一动因,考察企业在"问题"搜寻过程中,管理者如何协调股东、政府和公众等各利益相关者之间关系,权衡企业财务绩效和社会绩效,进行企业战略决策。第二,资本市场绩效压力和分析师关注度的调节作用。资本市场的绩效压力将导致管理者和股东间的代理问题,在较高的资本市场短期绩效压力下,风险规避和自利的管理者有更强的动机减少或延迟研发投入;分析师关注度能降低管理者与股东之间的信息不对称,减少代理问题,较高的分析师关注度有利于增强股东对管理者投资行为的监督,使资源更多地配置于能提高股东长期利益的研发项目上,减少捐赠支出。第三,已有关于期望绩效反馈效果和企业行为的研究成果都是基于西方的组织情境而得来的,由于我国与西方公司在组织结构上存在较大的差异,这些研究成果是否适合我国的组织仍有待研究。第四,过于关注公司是否实现外部绩效目标并且以此作为判断管理者领导力的标准,必然会导致管理者和股东间的代理问题,管理者为了短期利益和社会声誉,减少或延迟研发投入行为。

余文内容安排如下:第二部分是理论分析与研究假设;第三部分为

研究设计，包括研究样本、变量定义和模型设计等；第四部分检验了期望绩效反馈与研发行为之间的关系，同时检验了资本市场的绩效压力以及分析师关注度对两者关系的调节效应，并且进行稳健性检验；结论部分为研究结论与启示。

第二节 理论分析与研究假设

一 期望绩效反馈与企业战略性行为

企业是各种资源的集合体，有价值、稀缺、不可模仿和不可替代的异质性资源和能力是企业获得可持续竞争优势的源泉，这种异质性资源和能力既可以由企业内部培养和积累，也可以是外生的，由外部环境赋予。组织行为理论指出在有限理性的限制下，企业更多地依赖于过去的经验和组织惯例进行决策[1]，先前有研究表明一些组织惯例决定了企业资本性支出的总体水平[2]；企业资源配置情况很大程度上取决于同样类别的历史支出水平，管理者通常只对历史支出水平进行了微小调整。因此，相较于绩效优良的企业，较差绩效的企业为了摆脱当前困境，将更有动力改变原有的发展模式，积极从事投资活动以实现企业绩效的持续增长。笔者认为，在企业寻找"出路"的过程中，实际绩效低于组织期望水平的程度将驱动管理者对资源配置情况做出较大的调整，从而增加研发投入行为以改善企业绩效。

首先，研发行为对组织创新、组织学习和获取长期竞争优势至关重要，关系到股东的长期利益。企业研发行为是形成与积累知识、技术能力的重要途径，这种存量型的资源与能力被视为企业在竞争中获取长期利润的关键决定因素，有助于企业取得、吸收及应用新技术知识，进而促进技术升级，对竞争对手的模仿形成一种隔绝机制，最终使企业绩效得以改善。

---

[1] Schwenk, C. R., "Cognitive Simplification Processes in Strategic Decision – making", *Strategic Management Journal*, Vol. 5, No. 2, 1984, pp. 111 – 128.

[2] Catherine, A. M., "Capital Investment as Investing in Organizational Capabilities: An Empirically Grounded Process Model", *Academy of Management Journal*, Vol. 44, No. 3, 2001, pp. 513 – 531.

其次,当企业绩效低于组织期望绩效时,企业将迫切地搜寻新的方法,改变资源配置以使绩效高于期望绩效这一参照点。组织行为理论认为,组织绩效低于期望绩效时,表示组织存在改善的必要性,管理者将寻求改善绩效的措施,引导组织从事广泛的策略性及惯例变革,这种问题驱动所发展的反馈行动,经常须配合相关的投资活动,从而带动组织的成长。这个决策过程注重"满意",或者优于参照点,当绩效低于参照点时需要行动,而当绩效高于参照点时则视作满意,不需要行动。组织行为模型意味着组织行为是由相对于期望目标的绩效缺陷,即"问题"驱动;[1] 组织对实际绩效是否实现期望的反应是相异的:一方面,当管理者发现组织绩效低于期望水平时,将启动"问题"搜寻,以提高绩效水平。这些组织行为包括了创新活动、组织变迁、新的资本结构以及风险承担等;另一方面,当实际绩效高于组织期望水平时,将降低管理者改变现状的动力,造成组织惰性。

因此,针对以上分析,笔者认为当企业实际绩效低于组织期望绩效时,企业将增加研发投入以直接或间接提高企业长期绩效,据此提出如下假设:

假设14-1:当企业绩效低于组织期望绩效时,随着企业实际绩效低于组织期望程度的增大,公司研发投入将增加。

二 期望绩效反馈与研发、捐赠关系之间的调节机制

(一) 资本市场的绩效压力

资本市场关于企业未来短期绩效的预期是一种来自企业外部并且对企业而言又十分重要的短期绩效目标。很多学者将分析师关于企业未来绩效的预测作为资本市场对企业短期绩效期望的代理变量。[2][3] 分析师预期与企业管理者预期之间的绩效差距将对管理者的后续决策行为形成一定的绩效压力。在不确定性和信息不对称情景下,外部绩效压力对研

---

[1] Levitt, B. and March, J. G., "Organizational Learning", *Annual Review of Sociology*, 1988, pp. 319 – 340.

[2] Fried, D. and Givoly, D., "Financial Analysts' Forecasts of Earnings: A Better Surrogate for Market Expectations", *Journal of Accounting and Economics*, Vol. 4, No. 2, 1982, pp. 85 – 107.

[3] O'Brien, P. C., "Analysts' Forecasts as Earnings Expectations", *Journal of Accounting and Economics*, Vol. 10, No. 1, 1988, pp. 53 – 83.

发投入行为的影响力主要来源于投资者、分析师和管理者之间的复杂动态博弈。

首先，分析师与管理者对公司绩效预期存在分歧，并且分析师对企业未来绩效预测具有一致的乐观性倾向。在持续经营下，管理者根据行业领先者和历史绩效水平设置参考点，在估计内外部环境的变化基础上，建立内部期望绩效。分析师预测是由分析师的推测产生，不是依据真实参照物而设置的绩效目标其预测结果受分析师的信息、个人经历和认知能力的影响，分析师预测的系统性偏差具有乐观性倾向和"羊群效应"。分析师即使他们并不认同于前者的观点，也会趋向于与先前分析师发布类似的预测，其预测虽然向投资者提供了丰富的预测和评级报告，但是这些预测可能显示出过多一致的乐观性倾向。

其次，实现或超越分析师预期，有利于提高公司在资本市场上的声誉、巩固管理者职位和提高管理者薪酬，而未实现分析师预期目标，企业将受到来自资本市场的惩罚（如资本成本上升、股票发行受限等），损害企业声誉和管理者个人利益。分析师对上市公司的预测和关注直接影响投资者的决策行为。投资者更愿意将资金投向那些实现分析师预测目标的上市公司。换言之，公司实现或超越分析师预期时，公司股价上涨，增加管理者个人财富，降低被解雇的风险。然而，一旦企业实际绩效低于资本市场绩效期望时，这种出乎投资者和分析师预料的负面信息将被放大，企业面临的外部压力将增强，分析师和市场对这种未预料的绩效表现将会出现过度反应，如公司股价大幅下跌、总经理薪酬减少和离职率增加。未达到投资者和分析师期望对任何公司都会产生不利影响，对于历来绩效优良的公司而言，这种负面影响尤为严重，股价下挫幅度将增大。[①] 管理者出于增强公司外部合法性和自身利益的考虑，有动机采取各种手段和方式实现这种非现实的预测目标。

最后，基于代理理论，厌恶风险和追求个人利益的管理者，在外部短期绩效压力下，将减少研发投入以提高短期绩效，实现外部预期绩效

---

① Douglas, J. S. and Richard, G. S., "Earnings Surprises, Growth Expectations, and Stock Returns or Don't Let an Earnings Torpedo Sink Your Portfolio", *Review of Accounting Studies*, Vol. 7, No. 2 - 3, 2002, pp. 289 - 312.

目标。企业研发投入不同于大规模生产的惯例工作，是一个不确定性和研发失败可能性都相当高的长期过程，增加研发投入不能立刻带来企业绩效的增长，反而由于增加了公司当期费用而使企业绩效看上去更加糟糕。自利的管理者，可能夸大短期绩效，将可能择机减少那些不会对短期绩效立刻产生负面影响的支出，减少企业研发投入，则成为他们提高短期绩效的最佳选择方式之一。

因此，基于以上分析，提出如下假设：

假设 14 - 2：资本市场绩效压力负向调节期望绩效反馈与研发投入之间的正相关关系。当未实现组织期望绩效时，相较于资本市场绩效压力较小的公司，资本市场绩效压力较高公司的期望绩效反馈对研发投资的正向影响作用减弱。

（二）分析师关注度的调节作用

分析师作为企业重要外部监督者，对公司的关注程度（分析师关注度）能降低管理者与股东之间的代理成本，减少管理者的短视行为，维护股东利益。笔者认为，在分析师关注度高的企业中，管理者为了避免被董事会和投资者发现其减少研发投资的短视行为，将可能在下一期增加而不是减少研发投入，此时由于实际绩效低于组织期望绩效而驱动的研发投资将增加。然而，分析师关注度对企业慈善捐赠行为的影响结果则可能出现两种情况，基于社会资本的视角，相较于分析师关注度较低的企业，分析师关注度较高的企业中，由于实际绩效低于组织期望绩效而驱动的慈善捐赠行为将增强；而基于代理成本的视角，相较于分析师关注度较低的企业，分析师关注度较高的企业中，由于实际绩效低于组织期望绩效而驱动的慈善捐赠行为将减弱。

这主要因为：首先，分析师具有成为公司外部监督者的专业知识和信息收集途径。詹森（Jensen）和梅克林（Meckling）认为，监督活动"应该由那些在该领域具有相对优势的专门机构和个人承担"。[①] 分析师拥有优于一般投资者的信息收集途径，综合历史信息或股票市场信息、经理人披露的公司过去绩效和未来发展前景的信息、产业和宏观信息，

[①] Jensen, M. C. and Meckling, W. H., "Theory of the Firm: Managerial Behavior, Agency Costs and Ownership Structure", *Journal of Financial Economics*, Vol. 3, No. 4, 1976, pp. 305 - 360.

向投资者发布公司绩效预期和股票买入、增持、中性、减持和卖出的评级。其次,分析师关注能有效地降低管理者与公司所有者之间的信息不对称,对管理层具有间接约束作用。分析师关注程度越高的公司,在多重交织的信息渠道网络覆盖下,其真实面貌越会被更全面、多角度地揭示和解读,管理者所掩盖的负面信息就越可能被挖掘。这一过程实质上构成了对信息收集和处理的介入,为降低投资者与管理者之间的信息不对称提供了有效途径。当管理者被密切监督的时候,将较少涉及机会主义行为。张纯等学者指出,分析师关注降低信息不对称程度,进而提高外部投资者对公司监督。[1] 分析师持续不断地将新信息纳入所关注公司未来前景的评估中,将上市公司暴露于投资者等监督之下,从而降低信息不对称,提高公司股票的流动性。

综上所述,分析师关注能影响公司的研发投入和慈善捐赠行为。研发投入是具有一个不确定性和风险极高的长期投资过程,管理者为此还需要承担更多的风险,增加研发投入,减少短期投资行为并不是管理者的最优选择。不同于管理者对研发投入的消极态度,分析师和投资者认为企业的研发行为能给企业带来长期收益,一旦发现管理者有短视行为,则会降低公司股价和市场价值。在分析师大量关注的情况下,管理者为了避免其短视行为被分析师和投资者发现,则可能将更多的资源配置在研发投入上。因此,笔者认为,由实际绩效低于组织内部期望绩效而驱动的研发行为因预测分析师的关注而增强。

假设14-3:分析师关注度正向调节期望绩效反馈与研发投入之间的正相关关系。当未实现组织期望绩效时,相较于分析师关注度较小的公司,分析师关注度较高公司的期望绩效反馈对研发投资的正向影响作用增强。

第三节 研究方法

一 研究样本和数据来源

本章以2007—2012年在深沪A股上市的所有制造业上市公司为基

---

[1] 张纯、吕伟:《信息披露、信息中介与企业过度投资》,《会计研究》2009年第1期。

础样本库。为确保样本选择的合理性,根据以下筛选标准进行严格筛选:①剔除 ST、PT 公司的样本。②剔除数据存在严重缺失的公司样本。本章所使用的数据包括公司治理层面的特征数据(高管薪酬,机构、股东和高管持股等数据)、企业基本特征数据(年龄、规模、市场份额、所在行业等)、企业绩效(ROA)和分析师基本数据(绩效预测和预测次数)等基础数据,所有数据主要来自国内三大权威数据库:CSMAR、CCER 和 Wind 数据库。同时结合上市公司年报、巨潮资讯网和东方财富网等国内专业网站进行了数据核对。通过上述筛选步骤以及结合研究所需,本章最终获取了 2007—2012 年共 592 家公司非平衡面板样本。

二 模型设定

为了检验本章的理论假设,笔者将待检验的回归模型设定为:

$$S_{i,t+1} = a + \beta_1 I_1 (P_{i,t} - A_{i,t}) < 0 + \beta_2 I_1 (P_{i,t} - A_{i,t}) < 0 \times Moderators_{i,t+1} + \beta_3 Moderators_{i,t+1} + \beta_4 (1 - I_1)(P_{i,t} - A_{i,t}) \geq 0 + \beta'_5 K_{i,t} + \varepsilon_{i,t}$$

(M₁)

$$S'_{i,t+1} = a + \beta_1 I_1 (P_{i,t} - A_{i,t}) < 0 + \beta_2 I_1 (P_{i,t} - A_{i,t}) < 0 \times Moderators_{i,t+1} + \beta_3 Moderators_{i,t+1} + \beta_4 (1 - I_1)(P_{i,t} - A_{i,t}) \geq 0 + \beta'_5 K_{i,t} + \varepsilon_{i,t}$$

(M₂)

其中,$S_{i,t+1}$ 是模型(M₁)的被解释变量,表示公司 i 第 $t+1$ 年的研发密度,该数值越大则意味着研发投入越高。$I_1(P_{i,t} - A_{i,t}) < 0$ 是解释变量,表示公司 i 第 t 年未实现组织期望绩效的程度,$P_{i,t}$ 代表企业实际绩效水平,$A_{i,t}$ 代表组织期望绩效,该数值越小则意味着企业未实现组织期望的程度越大,问题搜寻的驱动力越大。调节变量(Moderators)包括了资本市场绩效压力(Earning Pressure)和分析师关注度(Coverage)。模型中还控制了可能对研发密度造成影响的变量 X,包括分析师评级(Analysts' Rating Score)、利润增长率(Profit Growth Rate)、高管持股比例(Manager Ownership)、独立董事比例(Board Indep.)、企业破产风险(Bankrupty Distance)、资产负债率(Firm Leverage)、现金持有量(Cash)、公司年龄(Firm Life)、公司规模(Firm Size)。另外,本章的模型中还控制了前一期的研发密度以及年度和行业虚拟变量。

三 关键变量定义

（一）被解释变量

本章的被解释变量是研发密度。研发密度（R&D Intensity），本书参考陈[①]、金特里（Gentry）和沈（Shen）[②]的做法，以公司 i 第 $t+1$ 年研发支出与第 $t+1$ 年销售收入的比值表示研发密度（R&D Intensity）。

（二）主要解释变量

本章的解释变量是企业未实现组织期望绩效时，实际绩效与期望绩效间的差距 $[I_1(P_{i,t} - A_{i,t}) < 0]$。以 $(P_{i,t} - A_{i,t})$ 计算实际绩效与组织期望绩效之间的差距，P 代表企业实际绩效水平，选取总资产回报率（ROA）来衡量。A 代表根据历史和社会期望绩效的线性组合计算而得的期望绩效，本章借鉴西尔特（Cyert）和马奇[③]、格雷夫（Greve）[④]的研究进行测量，具体计算式（14-1）：

$$A_{i,t} = a_1 HA_{i,t} + (1 - \alpha_1) SA_{i,t} \qquad (14-1)$$

其中，HA 为企业 i 历史期望，采用 $t-1$ 年企业 i 的总资产回报率衡量；SA 为企业 i 所在行业内除企业 i 外其他企业第 t 年总资产回报率均值，a_1 代表权重，介于0—1，从0开始，每增加0.1进行赋予权重，选取"log - likelihood"最大值的 a_1，本章汇报 a_1 等于0.5的检验结果。$(P_{i,t} - A_{i,t})$ 为实际绩效 $P_{i,t}$ 和组织期望绩效 $A_{i,t}$ 之间的绩效差距，如果 $(P_{i,t} - A_{i,t}) < 0$，则认为企业 i 在 t 年的实际绩效低于组织期望绩效；$(P_{i,t} - A_{i,t}) > 0$，则认为企业 i 在 t 年的实际绩效高于组织期望绩效。进一步，设置虚拟变量 I_1，当公司实际绩效低于组织期望绩效时等于1；$I_1(P_{i,t} - A_{i,t}) < 0$ 表示未实现组织期望绩效时的绩效差距，其值皆小于0，其值越小表示实际绩效低于组织期望绩效程度越大，绩效驱动

[①] Chen, W., "Determinants of Firms' Backward - and Forward - Looking R&D Search Behavior", *Organization Science*, Vol. 19, No. 4, 2008, pp. 609 - 622.

[②] Gentry, R. J. and Shen, W., "The Impacts of Performance Relative to Analyst Forecasts and Analyst Coverage on Firm R&D Intensity", *Strategic Management Journal*, Vol. 34, No. 1, 2013, pp. 121 - 130.

[③] Cyert, R. M. and March, J. G., "A Behavioral Theory of the Firm", *Journal of Marketing Research*, Vol. 1, No. 1, 1963.

[④] Greve, H. R., "A Behavioral Theory of R&D Expenditures and Innovations: Evidence From Shipbuilding", *Academy of Management Journal*, Vol. 46, No. 6, 2003, pp. 685 - 702.

力越大；虚拟变量 $1-I_1$，当公司实际绩效高于组织期望绩效时等于 1；$(1-I_1)(P_{i,t}-A_{i,t})\geq 0$ 表示实现组织期望绩效时的绩效差距，其值皆大于 0，其值越大表示实际绩效高于组织期望绩效程度越大，绩效驱动力越小。

（三）调节变量

1. 分析师关注度（Coverage）

该变量用给定时间段中对某家上市公司进行预测的分析师数量来衡量，其计算方法是将特定年份发布的有关该公司预测的分析师数量进行加总而得。

2. 资本市场绩效压力

本章以每年年初为界限，在此之前分析师发布的关于特定企业和年份的每股收益预测均值作为资本市场绩效预期。绩效压力代表着分析师和经理人对特定年份企业绩效预期的差距。基于历史绩效水平对公司未来绩效进行预测具有一定的可行性，但是仅依据历史绩效则没有考虑对企业未来绩效可能有影响的新信息。经理人期望不仅受历史绩效水平的影响，也将受到行业内领先企业和新信息的影响。本书依据张（Zhang）和希梅诺[①]的方法测量资本市场绩效压力。首先，根据第 t 年每股收益的变化率（$\Delta EPS_{it}/P_{it-1}$）和第 $t+1$ 年超额收益率（$CRET_{it+1}$）预测企业第 $t+1$ 年的每股收益变化率（$\Delta EPS_{it+1}/P_{i,t}$），如式（14-2）所示。其中，$\Delta EPS$ 为每股收益变动额，P 为股票价格。

$$\Delta EPS_{it+1}/P_{it} = \alpha_t + \beta_{1t}(\Delta EPS_{it}/P_{it-1}) + \beta_{2t}CRET_{it+1} + \varepsilon_{it} \quad (14-2)$$

其次，根据估计系数 $\hat{\alpha}_t$、$\hat{\beta}_{1t}$ 和 $\hat{\beta}_{2t}$ 计算每股收益的期望变动额（EPS）、潜在每股收益（Potential EPS）和资本市场绩效压力（Earning Pressure），见式（14-3）—式（14-5）。

$$E[\Delta EPS_{it+1}] = [\hat{\alpha}_t + \hat{\beta}_{1t}(\Delta EPS_{it}/P_{it-1}) + \hat{\beta}_{2t}CRET_{it+1}] \times P_{it} \quad (14-3)$$

$$PotentialEPS_{it+1} = E[F_{it+1}] = EPS_{it} + E[\Delta EPS_{it+1}] \quad (14-4)$$

$$EarningPressure = (F_{it+1} - E[F_{it+1}])/P_{it} \quad (14-5)$$

（四）控制变量

本章主要包括以下控制变量：①分析师评级（Analysts' Rating

---

① Zhang, Y. and Gimeno, J., "Earnings Pressure and Competitive Behavior: Evidence from the U.S. Electricity Industry", *Academy of Management Journal*, Vol. 53, No. 4, 2010, pp. 743-768.

Score），以特定公司指定年份所有证券分析师评分的均值来测量，将来自证券分析师的评分进行1—5分标准化，给予最高1分和最低5分的标准分值（1分=买入、2分=增持、3分=中性、4分=减持、5分=卖出），得分越低越靠近1分则表示证券分析师给予该公司的评级越正面。②利润增长率（Profit Growth Rate），本年末利润增长额与上年末利润比值。③高管持股比例（Manager Ownership），定义为年报中披露的高级管理人员，含总经理、总裁、CEO、副总经理、副总裁、董秘和年报上公布的其他管理人员持股数量总和占总股数的百分比。④独立董事比例（Board Indep.），独立董事人数与董事会规模的比值。⑤企业破产风险（Bankrupty Distance），采用奥尔特曼（Altman）构建的变量Z-score模型计算企业的综合风险值，Z=1.2×营运资金/总资产+1.4×留存收益/总资产+3.3×息税前利润/总资产+0.6×股票总市值/负债账面价值+0.999×销售收入/总资产，其值可以系统反映和评价企业的资产规模、财务结构、折现能力、获利能力、偿债能力以及资产使用效率与效益，分析和判别企业运行状况和财务困境，诊断和预测2年内企业破产的可能性。⑥资产负债率（Firm Leverage），定义为负债总额与年末总资产的比值。⑦现金持有量（Cash），为年末现金持有量与年末总资产的比值。⑧公司年龄（Firm Life），公司上市的年数。⑨公司规模（Firm Size），定义为期末资产总额的自然对数。另外，本章的模型中还控制了前一期的研发以及年度和行业虚拟变量控制其他未观察到因素的影响。变量具体定义如表14-1所示。

表14-1　　　　　　　　　　变量定义

变量名称	变量定义
R&D Intensity	公司研发支出与销售收入的比值
I_1 (P-A) <0	I_1，当公司实际绩效低于组织期望绩效时等于1，I_1 (P-A) <0表示公司未实现组织期望绩效时，实际绩效与期望绩效的差距，其值皆小于0，越小表示实际绩效低于组织期望绩效程度越大
(1-I_1) (P-A) ≥0	(1-I_1)则表示公司实际绩效高于或等于组织期望绩效时为1；(1-I_1) (P-A) ≥0表示公司实现组织期望绩效时，实际绩效与期望绩效的绩效差距，其值皆大于0，越大表示实际绩效高于组织期望绩效程度越大

续表

变量名称	变量定义
Pressure	资本市场对特定年份企业绩效的预期和经理人预期间的差距
Coverage	给定时间段中对某家上市公司进行预测的分析师数量来衡量，其计算方法是将特定年份发布的有关该公司预测的分析师数量进行加总后取自然对数
Analysts' Rating Score	以特定公司指定年份所有证券分析师评分的均值来测量，将来自证券分析师的评分进行 1—5 分标准化，给予最高 1 分和最低 5 分的标准分值（1 分 = 买入、2 分 = 增持、3 分 = 中性、4 分 = 减持、5 分 = 卖出），得分越低越靠近 1 分则表示证券分析师给予该公司的评级越正面
Profit Growth Rate	本年末利润增长额与上年末利润比值
Manager Ownership	年报中披露的高级管理人员，含总经理、总裁、CEO、副总经理、副总裁、董事长秘书和年报上公布的其他管理人员持股数量总和占总股数的百分比
Board Indep.	独立董事人数与董事会规模的比值
Bankrupty Distance	企业破产风险 = 1.2 × 营运资金/总资产 + 1.4 × 留存收益/总资产 + 3.3 × 息税前利润/总资产 + 0.6 × 股票总市值/负债账面价值 + 0.999 × 销售收入/总资产
Firm Leverage	年末负债总额与总资产的比值
Cash	年末现金持有量与年末总资产的比值
Firm Life	公司上市的年限
Firm Size	期末资产总额的自然对数

第四节 研究结果与分析

本章检验思路如下：首先，分析期望绩效反馈对研发投入的影响。其次，分析资本市场因素对期望绩效反馈和研发投入关系的调节机制，即分析资本市场绩效压力和分析师关注度对两者关系的调节效应。最后，对期望绩效反馈与研发投入行为之间的关系，资本市场因素的调节机制进行了稳健性检验。在正式检验前，笔者对数据做如下处理：为避免异常值的影响，对主要连续变量在 1% 水平下进行缩尾处理；并对变量进行了相关统计分析，如表 14-2 所示，进一步对所有进入模型的解

表 14-2　描述性统计和相关系数

	均值	标准差	1	2	3	4	5	6	7	8
1. R&D Intensity	0.003	0.019	1							
2. $(1-I_1)(P-A) \geq 0$	0.213	14.13	0.236***	1						
3. $I_1(P-A) < 0$	-0.037	0.222	0.049**	0.003	1					
4. Pressure	0.035	0.065	-0.014	0.104***	-0.202***	1				
5. Coverage	1.762	1.097	0.052**	0.077***	0.140***	0.031*	1			
6. Board Size	2.175	0.191	0	0.001	0.035***	0.067***	0.123***	1		
7. CEO Duality	0.238	0.426	0.064***	-0.006	-0.024*	-0.030*	0.059***	-0.132***	1	
8. Separation	6.211	8.405	-0.033*	-0.004	-0.008	-0.014	0.013	0.052***	-0.059***	1
9. CEO Ownership	3.274	9.381	0.054***	-0.004	0.028**	-0.045***	0.080***	-0.121***	0.417***	-0.206***
10. First Shareholder's Ownership	36.08	14.66	0.001	-0.016	0.047***	0.055***	0.096***	-0.036**	-0.051***	0.137***
11. Firm Leverage	0.458	0.268	-0.107***	0.066***	-0.232***	0.326***	-0.153***	0.098***	-0.149***	0.080***
12. Cash	19.41	16.56	0.110***	0.039***	0.054***	-0.140***	0.203***	-0.084***	0.177***	-0.077***
13. Marketing Intensity	0.184	0.176	-0.063***	0.209***	-0.295***	-0.019	-0.085***	-0.089***	0.061***	0.004
14. Profit	0.233	0.155	0.054***	0.029**	0.072***	-0.247***	0.269***	-0.061***	0.158***	-0.011
15. Firm Size	21.46	1.156	-0.032*	-0.033**	0.132***	0.203***	0.366***	0.275***	-0.173***	0.082***

	9	10	11	12	13	14
9. CEO Ownership	1					
10. First Shareholder's Ownership	-0.225***	1				
11. Firm Leverage	0.274***	-0.047***	1			
12. Cash	-0.026**	0.029**	-0.515***	1		
13. Marketing Intensity	0.178***	-0.167***	0.198***	-0.009	1	
14. Profit	0.178***	-0.028**	-0.406***	0.400***	0.336***	1
15. Firm Size	-0.175***	0.203***	0.159***	-0.195***	-0.304***	-0.187***

注：变量 R&D Intensity, Donation Intensity 和 Pressure 是第 t+1 年数据；其他变量是第 t 年数据；*** 表示 $p<0.001$，** 表示 $p<0.01$，* 表示 $p<0.05$。

释变量和控制变量进行方差膨胀因子（VIF）诊断，结果显示 VIF 均小于 2，可排除多重共线性问题。面板数据模型进行估计时，为了避免可能存在的异方差、时序相关和横截面相关等问题，采用了 Driscoll - Kraay 标准差进行估计。

一　回归检验结果

表 14-3 检验了期望绩效反馈与研发投入行为之间的关系，模型 M_1 首先进入控制变量作为基准模型，在后续的模型 M_2 的检验中，以未实现组织期望绩效时，实际绩效与组织期望绩效的差距 $[I_1(P_t - A_t)<0]$ 作为解释变量进行回归。模型 M_2 的检验结果显示，当未实现组织期望绩效时，绩效差距 $[I_1(P_t - A_t)<0]$ 与研发行为是显著的负相关关系（$\beta = -0.020$，$p<0.01$），即企业实际绩效低于组织期望绩效程度越大，研发投入行为越强，支持了本章假设 14-1。而当企业实现绩效期望时，绩效差距 $[(1-I_1)(P_t - A_t) \geq 0]$ 与研发行为是显著的负相关关系（$\beta = -0.011$，$p<0.01$），即企业实际绩效高于组织绩效预期的程度越大，研发投入行为越低。

表 14-3　　期望绩效反馈与研发投入行为关系检验结果

	M_1	M_2	M_3	M_4	M_5
$I_1(P_t - A_t)<0$		-0.020***	-0.024***	0.003	0.002
		[0.002]	[0.001]	[0.307]	[0.634]
$I_1(P_t - A_t)<0 \times$ Pressure$_{(t+1)}$			0.804***		1.162***
			[0.005]		[0.001]
$I_1(P_t - A_t)<0 \times$ Analysts Coverage$_{(t)}$				-0.776**	-0.963***
				[0.014]	[0.005]
$(1-I_1)(P_t - A_t) \geq 0$		-0.011***	-0.011***	-0.009***	-0.009***
		[0.003]	[0.002]	[0.004]	[0.003]
Pressure$_{(t+1)}$	0.007	0.004	-0.148**	0.004	-0.215***
	[0.466]	[0.651]	[0.013]	[0.621]	[0.002]
Analysts Coverage$_{(t)}$	0.000	0.000	0.000	0.008**	0.010***
	[0.176]	[0.101]	[0.209]	[0.010]	[0.004]

续表

	M_1	M_2	M_3	M_4	M_5
Analysts' Rating Score$_{(t)}$	0.000	0.000	0.000	0.000	0.000
	[0.580]	[0.743]	[0.825]	[0.738]	[0.862]
Profit Growth Rate$_{(t)}$	-0.000***	-0.000***	-0.000***	-0.000***	-0.000***
	[0.003]	[0.004]	[0.006]	[0.002]	[0.003]
Donation Intensity$_{(t)}$	0.365***	0.398***	0.435***	0.249*	0.267*
	[0.007]	[0.007]	[0.005]	[0.069]	[0.059]
R&D Intensity$_{(t)}$	-0.554***	-0.559***	-0.562***	-0.568***	-0.574***
	[0.003]	[0.003]	[0.003]	[0.003]	[0.002]
Manager Ownership$_{(t)}$	-0.023**	-0.021**	-0.020**	-0.020**	-0.017**
	[0.019]	[0.015]	[0.014]	[0.011]	[0.011]
Board Indep.$_{(t)}$	0.016***	0.017***	0.017***	0.017***	0.017***
	[0.007]	[0.007]	[0.004]	[0.005]	[0.002]
Distance from Bankrupty$_{(t)}$	0.000	0.000*	0.000**	0.000**	0.000***
	[0.132]	[0.064]	[0.037]	[0.026]	[0.006]
Firm Leverage$_{(t)}$	-0.010***	-0.010***	-0.010***	-0.009***	-0.008***
	[0.000]	[0.000]	[0.000]	[0.000]	[0.001]
Cash$_{(t)}$	0.000**	0.000*	0.000*	0.000*	0.000**
	[0.040]	[0.076]	[0.064]	[0.057]	[0.046]
Firm Size$_{(t)}$	-0.002***	-0.002***	-0.002***	-0.002***	-0.003***
	[0.008]	[0.007]	[0.004]	[0.004]	[0.002]
Firm Life$_{(t)}$	0.018***	0.018***	0.018***	0.019***	0.019***
	[0.001]	[0.002]	[0.001]	[0.001]	[0.001]
_cons	0.026*	0.027**	0.034**	0.008	0.014**
	[0.061]	[0.038]	[0.012]	[0.232]	[0.037]
R^2	0.2917	0.3010	0.3046	0.3087	0.3156
F	54.567	69.906	9985.317	718.356	1.2e+05
N	1078	1078	1078	1078	1078

注：***p<0.01，**p<0.05，*p<0.10；上述模型均是经过 Driscoll - Kraay 标准误调整后的结果，括号内为 p 值。

模型 M_3 报告了资本市场绩效压力对绩效差距 $[I_1(P_t - A_t) < 0]$

与研发投入行为（R&D Intensity）之间关系调节作用的检验结果。结果表明，当企业实际绩效低于组织期望绩效时，绩效差距与研发投入行为是显著负相关关系（β=-0.024，p<0.01），并且资本市场绩效压力和绩效差距的交互项与研发投入行为是显著的正相关关系（β=0.804，p<0.01）。为了形象地说明资本市场绩效压力的调节作用，绘制了资本市场绩效压力的调节效应图（见图14-1）。图14-1中，企业未实现组织期望绩效时，横轴从右至左，随着公司实际绩效低于组织期望绩效程度的增加，绩效驱动力逐步增强，与资本市场绩效压力较小的公司相比，资本市场绩效压力较大的公司，绩效差距驱动研发投入行为的幅度减弱。本章假设14-2得到了验证，表明当企业未实现组织期望绩效时，资本市场绩效压力会促使管理者将关注点转移到实现外部短期绩效目标上，减少或延迟研发支出以提高当前绩效的短视行为成为管理者最优选择。

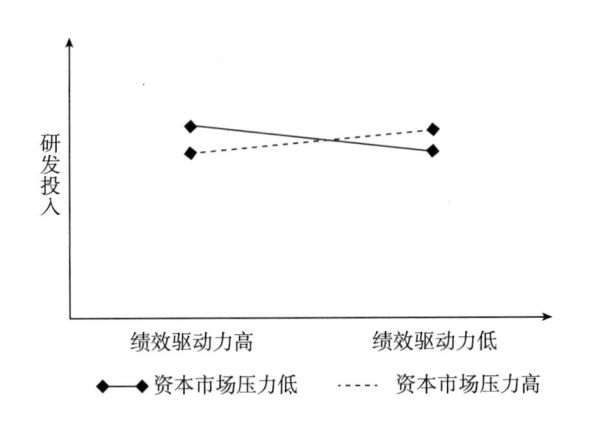

图14-1 资本市场绩效压力对期望绩效反馈与研发投入行为的调节作用

模型M_4报告了分析师关注度对绩效差距$[I_1(P_t-A_t)<0]$与研发投入行为（R&D Intensity）之间关系调节作用的检验结果。结果表明，分析师关注度和组织期望绩效差距的交互项与研发行为是显著的负相关关系（β=-0.776，p<0.05）。为了形象地说明分析师关注度的调节作用，绘制了分析师关注度的调节效应图（见图14-2）。图14-2中，企业未实现组织期望绩效时，横轴从右至左，随着公司实际绩效

低于组织期望绩效程度的增加，绩效驱动力逐步增强，与分析师关注度较小的公司相比，分析师关注度较大的公司，绩效差距驱动研发投入行为的幅度增强。假设14-3得到了验证，表明分析师关注度降低股东与管理者之间的信息不对称程度，对管理者减少或延迟研发投入的短视行为具有一定监督作用，较高的分析师关注度促使管理者在"问题"搜寻过程中，更加关注对股东长期具有重要作用的研发行为上。

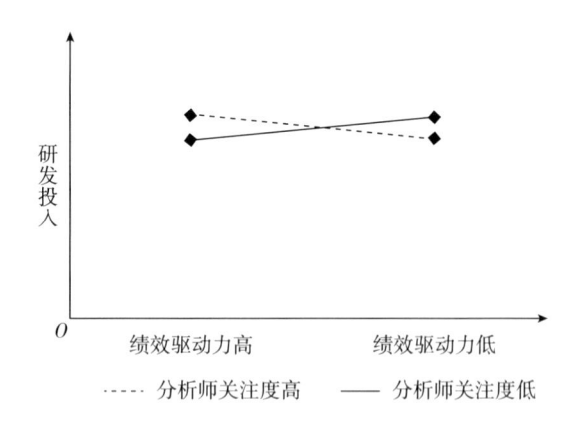

图14-2　分析师关注度对期望绩效反馈与研发投入行为的调节作用

二　稳健性检验

前文的分析已经很好地支持了本章提出的研究假设，为了结果的稳健性，本章采取以下方法进行稳健性检验。

第一，组织期望绩效的替代变量。上文中借鉴西尔特和马奇[1]、格里夫[2]的研究进行测量，即根据式（14-6）计算组织内部期望。

$$A_{i,t} = a_1 HA_{i,t} + (1-\alpha_1) SA_{i,t} \tag{14-6}$$

其中，HA为企业i历史期望，采用$t-1$年企业i的总资产回报率衡量；SA为企业i所在行业内除企业i外其他企业第t年总资产回报率均值，α_1代表权重，介于0—1，从0开始，每增加0.1进行赋予权重，

---

[1] Cyert, R. M. and March, J. G., "A Behavioral Theory of the Firm", *Journal of Marketing Research*, Vol. 1, No. 1, 1963.

[2] Greve, H. R., "A Behavioral Theory of R&D Expenditures and Innovations: Evidence From Shipbuilding", *Academy of Management Journal*, Vol. 46, No. 6, 2003, pp. 685-702.

上文汇报 α_1 等于 0.5 的检验结果。此处，汇报 α_1 等于 0.4 的检验结果。主要检验结果如表 14-4 所示。

表 14-4　期望绩效反馈与研发投入关系的稳健性检验结果

	因变量：研发投入行为			
	M_1	M_2	M_3	M_4
$I_1 (P_t - A_t) < 0$	-0.015***	-0.018***	0.002	0.001
	[0.003]	[0.001]	[0.438]	[0.785]
$I_1 (P_t - A_t) < 0 \times \text{Pressure}_{(t+1)}$		0.680***		0.915***
		[0.003]		[0.000]
$I_1 (P_t - A_t) < 0 \times \text{Analysts Coverage}_{(t)}$			-0.593**	-0.721***
			[0.024]	[0.009]
$(1 - I_1)(P_t - A_t) \geq 0$	-0.014***	-0.014***	-0.011***	-0.011***
	[0.000]	[0.000]	[0.001]	[0.000]
$\text{Pressure}_{(t+1)}$	0.004	-0.125***	0.005	-0.168***
	[0.654]	[0.009]	[0.590]	[0.002]
$\text{Analysts Coverage}_{(t)}$	0.000*	0.000	0.006**	0.007***
	[0.091]	[0.168]	[0.017]	[0.006]
$\text{Analysts' Rating Score}_{(t)}$	0.000	0.000	0.000	0.000
	[0.738]	[0.815]	[0.706]	[0.804]
$\text{Profit Growth Rate}_{(t)}$	-0.000***	-0.000***	-0.000***	-0.000***
	[0.003]	[0.006]	[0.002]	[0.003]
$\text{Donation Intensity}_{(t)}$	0.403***	0.460***	0.267*	0.314**
	[0.007]	[0.005]	[0.057]	[0.037]
$\text{R\&D Intensity}_{(t)}$	-0.559***	-0.562***	-0.565***	-0.570***
	[0.003]	[0.003]	[0.003]	[0.002]
$\text{Manager Ownership}_{(t)}$	-0.021**	-0.020**	-0.020**	-0.017**
	[0.016]	[0.015]	[0.011]	[0.012]
$\text{Board Indep.}_{(t)}$	0.017***	0.017***	0.017***	0.017***
	[0.007]	[0.005]	[0.006]	[0.003]
$\text{Distance from Bankrupty}_{(t)}$	0.000*	0.000**	0.000**	0.000***
	[0.063]	[0.036]	[0.031]	[0.009]

续表

	因变量：研发投入行为			
	M_1	M_2	M_3	M_4
Firm Leverage$_{(t)}$	-0.010***	-0.009***	-0.009***	-0.008***
	[0.000]	[0.000]	[0.000]	[0.001]
Cash$_{(t)}$	0.000*	0.000*	0.000*	0.000**
	[0.080]	[0.061]	[0.051]	[0.037]
Firm Size$_{(t)}$	-0.002***	-0.002***	-0.002***	-0.003***
	[0.008]	[0.004]	[0.004]	[0.002]
Firm Life$_{(t)}$	0.018***	0.018***	0.019***	0.019***
	[0.002]	[0.001]	[0.001]	[0.001]
_cons	0.026**	0.034**	0.013*	0.021**
	[0.042]	[0.012]	[0.091]	[0.012]
R^2	0.3008	0.3043	0.3069	0.3129
F	77.665	5.9e+04	683.422	4.3e+04
N	1078	1078	1078	1078

注：***p<0.01，**p<0.05，*p<0.10；上述模型是均经过 Driscoll - Kraay 标准误调整后的结果，括号内为 p 值。

第二，本章借鉴陈[①]的方法，将分析师关于企业每股收益的预测乘以股份总数后除以总资产替代原先资本市场期望绩效的测量，重新检验企业未实现组织期望绩效时，资本市场绩效压力在绩效差距与研发投入行为、慈善捐赠行为之间的调节效应。表 14-5 中，模型 M_1—模型 M_3 以研发投入行为为因变量。模型 M_1 和模型 M_3 表明未实现组织期望绩效时，企业会增加研发投入和慈善捐赠以提高绩效。检验结果显示，未实现组织期望绩效时，在资本市场绩效压力下，绩效差距对研发投入行为的正向影响会减弱，这进一步支持了本章的上述结论。

第三，考虑到样本的时间选择也可能产生误差，以 2009—2012 年面板数据重新进行分析（限于篇幅，未汇报回归结果），检验结果表明各模型的解释力更强，且变量的主效应和交互项的显著性水平更高。

---

① Chen, W., "Determinants of Firms' Backward - and Forward - Looking R&D Search Behavior", *Organization Science*, Vol. 19, No. 4, 2008, pp. 609-622.

表 14-5　资本市场绩效压力的稳健性检验结果

	因变量：研发投入行为		
	M_1	M_2	M_3
$I_1\ (P_t - A_t) < 0$	-0.013**	-0.014**	0.002
	[0.016]	[0.010]	[0.438]
$I_1\ (P_t - A_t) < 0 \times \text{Pressure}_{(t+1)}$		0.134*	0.044
		[0.054]	[0.536]
$I_1\ (P_t - A_t) < 0 \times \text{Analysts Coverage}_{(t)}$			-0.565**
			[0.030]
$(1 - I_1)\ (P_t - A_t) \geqslant 0$	-0.013***	-0.013***	-0.011***
	[0.000]	[0.000]	[0.000]
$\text{Pressure}_{(t+1)}$	0.011	-0.011**	0.004
	[0.191]	[0.035]	[0.505]
$\text{Analysts Coverage}_{(t)}$	0.001**	0.001**	0.007***
	[0.030]	[0.031]	[0.008]
$\text{Analysts' Rating Score}_{(t)}$	-0.001***	-0.001***	-0.001***
	[0.006]	[0.006]	[0.009]
$\text{Profit Growth Rate}_{(t)}$	-0.000***	-0.000***	-0.000***
	[0.000]	[0.000]	[0.000]
$\text{Donation Intensity}_{(t)}$	0.651***	0.628***	0.555**
	[0.002]	[0.002]	[0.014]
$\text{R\&D Intensity}_{(t)}$	-0.427***	-0.426***	-0.432***
	[0.002]	[0.002]	[0.002]
$\text{Manager Ownership}_{(t)}$	-0.040***	-0.040***	-0.039***
	[0.000]	[0.000]	[0.000]
$\text{Board Indep.}_{(t)}$	0.049**	0.049**	0.049**
	[0.018]	[0.018]	[0.018]
$\text{Distance from Bankrupty}_{(t)}$	0.000	0.000	0.000
	[0.620]	[0.635]	[0.405]
$\text{Firm Leverage}_{(t)}$	-0.013***	-0.013***	-0.012***
	[0.000]	[0.000]	[0.000]
$\text{Cash}_{(t)}$	-0.000***	-0.000***	-0.000***
	[0.004]	[0.004]	[0.005]

续表

	因变量：研发投入行为		
	M₁	M₂	M₃
Firm Size$_{(t)}$	-0.001**	-0.001**	-0.001*
	[0.049]	[0.049]	[0.052]
Firm Life$_{(t)}$	0.014***	0.014***	0.014***
	[0.000]	[0.000]	[0.000]
_cons	0.010	0.011	-0.003
	[0.136]	[0.118]	[0.771]
R²	0.1335	0.1336	0.1353
F	291.150	333.819	6.5e+04
N	1219	1219	1219

注：***p<0.01，**p<0.05，*p<0.10；上述模型均是经过 Driscoll - Kraay 标准误调整后的结果，括号内为 p 值。

第五节　研究结论与讨论

本章基于组织行为理论、社会资本和代理理论，以 2007—2012 年中国制造业企业为样本，考察了当企业未实现组织期望绩效时，由实际绩效与组织期望绩效间的差距而形成的驱动力对研发投入行为的影响，以及资本市场绩效压力与分析师关注度的调节机制。本章研究发现：

首先，当企业未实现组织期望绩效时，随着实际绩效低于组织期望绩效的增大，企业研发投入将增加。结果表明公司实际绩效与组织期望绩效的差距将对管理者的后续决策行为形成一定的绩效驱动力，实际绩效低于组织期望绩效程度越大，刺激管理者从事问题搜寻的力量就越大，企业将会增加研发投入行为，促进企业财务绩效的增长，满足股东长期利益的要求。

其次，企业未实现组织期望绩效时，期望绩效反馈与研发投入行为的关系将受制于资本市场绩效压力的影响。当企业未实现组织期望绩效时，相较于资本市场绩效压力较低的公司，资本市场绩效压力较高的公司，组织绩效反馈对研发投入正向影响作用减弱，这表明源于资本市场的绩效压力将会促使管理者更为关注资本市场的绩效目标，减少对当前绩效不会立刻产生正向影响的研发支出，管理者的这种短视行为损害股东长期利益。

最后，分析师关注度在期望绩效反馈与研发投入行为的关系中也起了调节作用。分析师作为股东利益的代表者，有效地降低管理者与股东之间的信息不对称，有利于加强股东和董事会对管理者之间监督，管理者为了避免其减少研发的短视行为被股东发现，将更多的资源配置于能够实现股东长远利益的研发行为。当未实现组织期望绩效时，相较于分析师关注度较低的公司，分析师关注度较高公司的期望绩效反馈对研发行为的正向影响作用增强。

本章的研究拓展了现有文献对期望绩效反馈效果的认识，分析了实际绩效低于组织期望绩效程度对企业研发行为的影响，考察企业在"问题"搜寻过程中，如何在财务绩效和社会绩效间进行权衡。本章对实践管理的指导意义体现在：企业未实现组织绩效期望时，将驱动企业进行"问题"搜寻，在此过程中，如果过于关注公司是否实现资本市场绩效目标并且以此作为判断管理者领导力的标准，必然会导致管理者在战略选择时更加注重实现资本市场设置的短期绩效目标而损害公司股东长远利益。因此，投资者和董事会应该考虑减少或者不以公司是否实现资本市场短期绩效期望作为考核管理者领导力的标准，将管理者从不断追逐外部期望目标的过程中解放出来，这样才能减少管理者为了实现资本市场绩效目标而发生的短视行为，降低管理者与股东间的代理成本。同时，由于分析师关注度能有效地降低管理者与公司所有者之间的信息不对称，对管理者具有间接约束作用，应进一步规范分析师市场，建立健全分析师独立性相关制度，充分发挥分析师这一外部治理机制的作用。此外，管理者制定企业发展战略和决策时，应协同股东和其他利益相关者的利益，提高企业核心竞争力，确保企业长期竞争优势，实现企业和社会的和谐发展。

第十五章

外部盈利压力会导致中小企业研发投资不足吗

本章考察了外部盈利压力影响中小企业投资不足的作用机制，并从监督和激励双重视角进一步探索分析师关注度和经理自由裁量权在两者关系间的调节作用。研究结果表明：第一，相较于经理人的经营期望，资本市场对企业经营期望越高，经理人所感知的外部盈利压力越大，越倾向于投资不足。第二，分析师关注度和经理自由裁量权对解决由外部盈利压力而产生的企业投资不足问题具有一定的监督和激励作用，相较于分析师关注度和经理自由裁量权低的公司，在分析师关注度和经理自由裁量权高的公司中，外部盈利压力对企业投资不足的影响均有所减弱，结果表明分析师关注度有利于降低投资者与中小公司之间的信息不对称，增强对经理人投资行为决策的监督；同时，赋予经理人一定自由裁量权能有效地激励经理人在外部盈利压力下按照自身意愿制定和实施投资决策。

第一节 研究背景

投资行为的有效性不仅关系着企业的经营风险和盈利能力，而且是实现企业价值最大化目标的重要手段。企业投资是一种投入在前，收益在后的行为，具有产出不确定、收益跨期性和信息不对称等特征。经理人可以利用所掌握的资源和个人权威，对投资方向、规模、方案的甄选等产生决定性影响。经理人如何有效地配置稀缺资源是公司重要的战略

第十五章 | 外部盈利压力会导致中小企业研发投资不足吗

性决策，对企业未来业绩和可持续发展起决定性作用。然而，因为代理冲突、信息不对称和不完备契约等使企业投资水平容易高于或低于最佳投资额，出现投资不足或过度投资的非效率投资现象。围绕着企业非效率投资这一问题，前期学者从管理者特质、企业特征、公司治理和市场环境等方面对企业非效率投资的成因和影响因素方面开展了大量的理论和实证研究。①②③

前期学者对企业过度投资问题的研究成果颇为丰富，但是对企业投资不足问题的研究却显得相对较少。然而，在我国企业中同时存在过度投资和投资不足现象，并且从张功富和宋献中④、周伟贤⑤的研究结论中，笔者发现，相较于过度投资，投资不足更为普遍。研究资本市场对企业投资行为影响的文献，主要集中在资本市场的"硬约束"，如融资约束对企业投资不足的影响，而从资本市场的经营期望视角对企业非效率投资行为的"软约束"研究仍较为匮乏。虽然有学者已经关注到经营期望和企业非效率投资的关系，检验了企业实际业绩状况与组织内部经营期望的差距对企业投资效率的影响⑥，但是却忽略了企业还将面对外部的各种期望，如分析师盈余预测。企业能否实现或超越分析师经营期望将影响企业在资本市场上的声誉、股价、管理者薪酬和离职率。⑦而经理人对实现资本市场期望目标难易程度的感知将成为一种外部盈利压力影响经理人的后续投资决策。在我国战略转型的关键时期，面对外部盈利压力时，企业是否会通过扭曲投资行为以实现外部经营预期？厘

---

① 罗琦等:《融资约束抑或过度投资——中国上市企业投资—现金流敏感度的经验证据》,《中国工业经济》2007 年第 9 期。
② 杨华军、胡奕明:《制度环境与自由现金流的过度投资》,《管理世界》2007 年第 9 期。
③ 姜付秀等:《管理者背景特征与企业过度投资行为》,《管理世界》2009 年第 1 期。
④ 张功富、宋献中:《我国上市公司投资：过度还是不足？——基于沪深工业类上市公司非效率投资的实证度量》,《会计研究》2009 年第 5 期。
⑤ 周伟贤:《投资过度还是投资不足——基于 A 股上市公司的经验证据》,《中国工业经济》2010 年第 9 期。
⑥ Arrfelt, M., Robert, M. W. and Hult, T. M. G., "Looking Backward Instead of Forward: Aspiration - Driven Influences on the Efficiency of the Capital Allocation Process", *Academy of Management Journal*, Vol. 56, No. 4, 2013, pp. 1081 - 1103.
⑦ Eli, B., Dan, G. and Carla, H., "The Rewards to Meeting or Beating Earnings Expectations", *Journal of Accounting and Economics*, Vol. 33, No. 2, 2002, pp. 173 - 204.

清外部盈利压力与企业投资不足之间的关系及其影响这种关系强弱的治理机制成为一个有理论和现实意义的研究问题。

与前人研究相比，本章所做研究的意义在于：第一，将资本市场的经营期望纳入企业投资不足的研究框架，考察了由内外部经营期望差距而形成的盈利压力与企业投资不足行为的关系，在一定程度上丰富了企业外部期望对企业投资决策方面的研究成果，为今后在中国情境下企业非效率投资的研究提供了一个新的研究视角。第二，从监督和激励双重视角探讨了分析师关注度和经理人自由裁量权对于外部盈利压力与企业投资不足两者关系的调节作用。分析师关注度有利于降低股东和经理人间的信息不对称，增强董事会、中小股东和债权人对企业投资行为的监督，减少经理人与股东之间的代理问题；自由裁量权高的经理人具有更大的决定权，受外部环境因素影响程度减弱。第三，已有关于外部盈利压力和企业战略行为的研究成果都是基于西方的组织情境而得来的，由于我国与西方公司在组织结构上存在较大的差异，这些研究成果在我国是否适合仍有待进行实证检验。

第二节 理论分析与研究假设

一 外部盈利压力与企业投资不足

管理者的领导力将持续不断地受到企业内外部利益相关者的评估。在这个过程中，分析师对塑造利益相关者对企业未来盈利水平的期望具有重要作用。分析师具备专业知识背景，拥有优于一般投资者的信息收集途径，综合历史信息或股票市场信息、企业披露的过去盈利和未来发展前景的信息、产业和宏观信息，向投资者发布公司盈余预测和股票买入、增持、中性、减持和卖出的评级报告。[1] 由于投资者受到信息渠道和认知能力的限制以及昂贵的信息成本，他们更加趋向于利用分析师盈余预测，推断企业未来盈利水平。然而，分析师的盈余预测普遍存在高

---

[1] Wiersema, M. F. and Zhang, Y., "CEO Dismissa: The Role of Investment Analysts", *Strategic Management Journal*, 2011, 32 (11): 1161–1182.

于企业内部经营预期的现象，显示出乐观性倾向和"羊群效应"。[1] 虽然一些成熟的投资者已经认识并且试图纠正这种经营预期的偏误，但就整个市场而言，分析师发布的企业盈余预测报告对投资者的期望将产生很大的影响。这种外部经营期望会进一步影响管理者的后续投资决策。未实现分析师和投资者的经营预期，将导致企业股价下跌，管理者薪酬减少，甚至管理者离职。[2] 未达到投资者和分析师经营期望对任何公司都可能会产生不利影响，对于历来业绩优良的公司而言，这种负面影响尤为严重，股价下跌幅度将增大。

管理者意识到实现外部经营预期的利害关系，将有动机采取各种方式实现或超越分析师和投资者的经营期望。虽然一些管理者采取忽略的方式，也有通过与分析师进行沟通或发布负面信息进行外部期望管理，还有采用盈余管理以提高短期盈利。除这些方式之外，企业管理者也可能通过减少投资，忽视企业长远发展，以夸大当前业绩。面对良好的投资机会，虽然增加资本性支出，提高企业投资效率有利于促进企业长期发展，然而企业投资具有产出不确定、收益跨期性的特征，增加投资不能使企业的业绩立刻提高，反而会增加折旧、租赁费用等，降低了企业当前盈利水平。经理人出于任期、声誉、薪酬等方面的考虑，将更关注于企业当前的业绩，并且利用所掌握的资源和个人权威，对投资方向、规模、方案的甄选等产生影响。因此，本书认为，经理人在外部盈利压力下将会减少、延迟或取消投资计划，提高了企业发生投资不足的概率和程度。据此，本章提出如下假设：

假设15-1：外部盈利压力与企业投资不足呈正相关关系。相比较于经理人的经营期望，外部经营期望越高，企业发生投资不足的概率、程度越高。

二 分析师关注度和经理自由裁量权的调节机制

外部盈利压力将会导致企业非效率投资行为。错失良好发展机会、

---

[1] Zhang, Y. and Gimeno, J., "Earnings Pressure and Competitive Behavior: Evidence from the U.S. Electricity Industry", *Academy of Management Journal*, Vol. 53, No. 4, 2010, pp. 743-768.

[2] Mishina, Y., Dykes, B. J., Block, E. S. and Pollock, T. G., "Why 'Good' Firms Do Bad Things: The Effects of High Aspirations, High Expectations and Prominence on the Incidence of Corporate Illegality", *Academy of Management Journal*, Vol. 53, No. 4, 2010, pp. 701-722.

投资不足等非效率投资行为可能受制于公司外部监督和内部激励程度的影响。有效激励和监督能减少经理人从所有者攫取私有利益的机会主义行为，以及大股东攫取小股东利益的隧道效应，有助于经理人和公司股东利益趋于一致和保护中小股东利益。因此，本章基于激励和监督视角，从分析师关注度和经理自由裁量权视角分析外部盈利压力与企业投资不足关系之间的调节机制。

（一）分析师关注度的调节作用

分析师关注度能有效地改善企业的信息环境，降低企业经理人、投资者和股东之间的信息不对称，对管理层具有间接约束作用。首先，当企业受到分析师关注程度越高，被挖掘并且向市场传播的信息量就越多，通常能吸引更多的潜在投资者，提高了投资者对信息的反应速度，降低了上市企业股权融资成本。分析师拥有优于一般投资者的信息收集途径，通过与企业经理人接触、实地调研等方式掌握上市公司大量及时准确的信息。分析师具备丰富的专业的知识背景，通过对公司招股说明书、中期报告、年度报告中的各项指标和数据进行综合分析，将复杂的信息加工处理，以简单的形式提供给广大的投资者。于是，无论是私人信息和公众信息都将随着分析师关注度的增加而增加。

其次，当经理人被密切监督的时候，将较少涉及机会主义行为。詹森和梅克林认为监督活动应该由那些在该领域具有相对优势的专门机构和个人承担。[①] 分析师关注程度越高的企业，经理人所隐藏的负面信息就越可能被披露和传递给投资者，减少公司盈余操纵、关联交易以及违规行为。这一过程实质上构成了对信息收集和处理的介入，为降低投资者与经理人之间的信息不对称提供了有效途径，有利于降低所有权和控制权相分离后的代理成本以及投资者监督公司、评估财务绩效而产生的成本。总之，分析师持续不断地将新信息纳入到所关注的企业中，将上市公司暴露于投资者等利益相关者的监督之下，提高了企业信息透明度。[②]

[①] Jensen, M. C. and Meckling, W. H., "Theory of the Firm: Managerial Behavior, Agency Costs and Ownership Structure", *Journal of Financial Economics*, Vol. 3, No. 4, 1976, pp. 305 – 360.

[②] 张纯、吕伟：《信息披露、信息中介与企业过度投资》，《会计研究》2009 年第 1 期。

综上所述，分析师关注度能对企业投资行为决策有着重要的影响。资本性投资是一种投入在前、收益在后的行为，具有产出不确定、收益跨时间性和信息不对称等特征，经理人为此还需要承担更多的风险。外部经营期望越高，经理人受到的盈利压力越大，即便公司具有良好的发展前景，增加投资并不是经理人的最优选择。但是，不同于经理人在良好发展机会时对投资的消极态度，分析师和投资者认为企业抓住良好投资机会，增加投入能给公司带来长期收益，一旦发现经理人有短视行为，则会降低公司股价和市场价值。因此，企业面临良好的投资机会时，大量分析师的关注，一方面有利于解决由于信息不对称而导致资金筹措困难的问题，另一方面加强了投资者对公司监督，经理人为了避免其短视行为被分析师和投资者发现，会减少投资不足，提高投资效率。据此，本章提出如下假设：

假设 15-2：分析师关注度负向调节外部盈利压力与企业投资不足之间的正相关关系。即相较于分析师关注度较低的公司，分析师关注度较高公司的外部盈利压力与投资不足之间的正相关关系有所减弱。

（二）经理自由裁量权的调节作用

经理自由裁量权在组织过程中的重要作用引起了经济学家和管理学家的广泛关注。经济学文献的关注焦点在于经理人自由裁量权可能产生的代理问题。威廉森（Williamson）认为，经理自由裁量权是经理人以牺牲股东利益为代价追求个人薪酬、权利、地位和声誉的自由度。根据代理理论，两权分离后经理人有动机追求个人利益。[1] 然而，不同企业经理人追求个人利益的自由度存在一定差异。在投资者缺乏警惕或者监督机制不完善（如董事会独立性较差），股权分散等的情况下，经理人将有更多的自由度去实现个人利益最大化。公司监督机制越完善，经理人以股东利益为代价的自利行为越能得到有效的抑制。

不同于经济学文献中的分析，管理学文献将关注点集中于经理人进行战略选择的行为空间，以及对企业业绩的影响。经理自由裁量权，反

---

[1] Jensen, M. C. and Meckling, W. H., "Theory of the Firm: Managerial Behavior, Agency Costs and Ownership Structure", *Journal of Financial Economics*, Vol. 3, No. 4, 1976, pp. 305 – 360.

映了经理人对企业战略决策和产出的影响程度。经理人和企业利益相关者的博弈形成了经理人的行为空间。米勒（Mueller）和尹（Yun）[①]研究发现，自由裁量权高的经理人具有更大的决定权，并且受到董事会和大股东控制的程度减弱，跨越各种障碍按照自身意愿去制定和实施投资决策的能力或权利增强，提高了经理人对企业决策的潜在影响力和贡献。由此可见，赋予经理人适当的自由裁量权，可以激发经理人的竞争意识和创造性，并且对于未实现外部经营期望而受到董事会问责的程度将降低。然而，在经理自由裁量权较小的情况下，环境和组织因素将对公司战略和产出有着更为重要的影响力。

当企业未实现分析师经营预期，将会导致公司评级下调，负面评级将会引起投资者、大股东和董事会的密切关注，影响经理人薪酬和职位的稳固。作为风险厌恶和自利的经理人，将有动机通过减少投资，提高短期盈利水平实现外部经营预期。因此，外部盈利压力对经理人后续决策行为的影响力将受到经理自由裁量权的影响。据此，本章根据代理理论和战略管理理论提出两个相互对应的假设：

假设15-3a：经理自由裁量权正向调节外部盈利压力与企业投资不足之间的正相关关系。即相较于经理自由裁量权较低的公司，经理自由裁量权较高公司的外部盈利压力与企业投资不足之间的正相关关系有所增强。

假设15-3b：经理自由裁量权负向调节外部盈利压力与企业投资不足之间的正相关关系。即相较于经理自由裁量权较低的公司，经理自由裁量权较高公司的外部盈利压力与企业投资不足之间的正相关关系有所减弱。

第三节 研究方法

一 样本选择和数据来源

本章选取2007—2012年制造业企业为研究样本，所有数据主要来

[①] Mueller, D. C. and Yun, S. L., "Managerial Discretion and Managerial Compensation", *International Journal of Industrial Organization*, Vol. 15, 1997.

自国内三大权威数据库：CSMAR、CCER 和 WIND 数据库，剔除 ST、PT 类公司以及数据存在严重缺失的公司样本，并结合上市公司年报、巨潮资讯网和东方财富网等国内专业网站进行了数据核对，本章最终获取了 2007—2012 年共 3006 个样本观测值。

二　模型设定和变量说明

本章将在控制市场监管标准要求、两权分离、高管薪酬、机构持股比例、高管持股比例、企业破产风险、产权比率、内部期望绩效反馈、长期负债率、资本性支出、企业规模、行业、年份等其他可能影响企业投资不足的因素的基础上，考察外部盈利压力对企业投资不足的影响。

为了检验假设 15-1，本章构建模型（M_1）：

$$Under = \beta_0 + \beta_1 GAP + \beta_2 AC + \beta_3 DU + \beta_4 FO + \beta_5 QF +$$
$$\beta_6 PB + \beta_7 SP + \beta_8 CP + \beta_9 IS + \beta_{10} MO + \beta_{11} BD +$$
$$\beta_{12} ER + \beta_{13} PA + \beta_{14} LEV + \beta_{15} CA + \beta_{16} SIZE + \varepsilon \quad (M_1)$$

为了检验假设 15-2 至假设 15-3，本章在模型 M_1 的基础上加入 GAP 分别与 AC、DU 的交互项，构建模型（M_2）：

$$Under = \beta_0 + \beta_1 GAP + \beta_2 GAP \times AC + \beta_3 GAP \times DU +$$
$$\beta_4 AC + \beta_5 DU + \beta_6 FO + \beta_7 QF + \beta_8 PB + \beta_9 SP +$$
$$\beta_{10} CP + \beta_{11} IS + \beta_{12} MO + \beta_{13} BD + \beta_{14} ER +$$
$$\beta_{15} PA + \beta_{16} LEV + \beta_{17} CA + \beta_{18} SIZE + \varepsilon \quad (M_2)$$

其中，Under 是反映企业投资不足的变量，本章采用两种方式度量：①企业是否发生投资不足（Under1）。参考阿雷费尔特（Arrfelt）等学者[1]的方法，以 Tobin's Q 作为企业成长性的代理变量，当企业的 Tobin's Q 高于所在行业的中位数，则归于高成长组；反之则将其归于低成长组。当高成长组内企业的投资水平低于低成长组内企业平均投资水平时，认为该企业发生投资不足，Under1 取 1；否则，取 0。②企业投资不足的程度（Under2）。参考理查森（Richardson）的做法，构建预期投资模型估计年度适度投资水平，回归模型负的残差为投资不足；

---

[1] Arrfelt, M., Robert, M. W. and Hult, T. M. G., "Looking Backward Instead of Forward: Aspiration-Driven Influences on the Efficiency of the Capital Allocation Process", *Academy of Management Journal*, Vol. 56, No. 4, 2013, pp. 1081-1103.

反之则投资过度。

GAP 是外部盈利压力的代理变量，本章依据松本（Matsumoto）、张和希梅诺[①]的测量方法，根据第 t 年每股收益的变化率（$\Delta EPS_{it}/P_{it-1}$）和第 t+1 年超额收益率（$CRET_{it+1}$）预测企业第 t+1 年的每股收益变化率（$\Delta EPS_{it+1}/P_{it}$），再根据估计系数计算每股收益的期望变动额（E[ΔEPS_{it+1}]）、潜在每股收益（$PEPS_{it+1}$）和外部盈利压力（GAP_{it+1}）（限于篇幅，文中未列出计算公式）。

AC、DU 和 FO 是调节变量。AC 是反映分析师关注度的变量，用给定时间段中跟踪同一上市公司的分析师人数加 1 后取自然对数来衡量。分析师人数的计算方法是，在某一会计年度中，如果有 i 个不同的分析师为某一个上市公司发布了 j（j≥i）篇研究报告，本书就认为在此会计年度中，有 i 个分析师关注该公司。如果没有找到某一上市公司某一个年度的任何分析报告，就认为该公司在此年度没有受到分析师关注。DU 和 FO 是反映经理人自由裁量权的变量。DU 代表两职兼任，定义为当总经理兼任董事长时，取 1，其他为 0。FO 代表股权集中度，定义为第一大股东持股比例。

市场监管标准如盈亏平衡、股权融资要求等对企业投资行为可能造成的影响。因此，本章在控制变量中对市场监管标准因素加以控制。在 2006 年 5 月中国证监会发布的《上市公司证券发行管理办法》中，针对配股不再有净资产收益率方面的严格规定，而针对增发和可转换债券则规定最近 3 个会计年度加权平均净资产收益率平均不低于 6%。本章依据孙铮等（1999）和陆宇建等（2003）关于上市公司为了获得再融资权而将净资产收益率维持在略高于 6% 与 10% 狭窄区间的研究结论，设置业绩资格标准虚拟变量（QF），当具有增发、可转换债券行为的上市公司前三年净资产收益率的均值位于 6%—10% 时，赋值为 1，其他为 0。当上市公司出现财务状况或其他状况异常，如最近两个会计年度审计结果显示的净利润均为负值时，证券交易所有权对其股票交易实行

---

① Zhang, Y. and Gimeno, J., "Earnings Pressure and Competitive Behavior: Evidence from the U. S. Electricity Industry", *Academy of Management Journal*, Vol. 53, No. 4, 2010, pp. 743–768.

退市风险警示。上市公司股票被实行退市风险警示后，首个会计年度审计结果表明公司继续亏损，交易所有权决定暂停其股票上市交易。因此，一些企业将可能进行盈余管理、减少投资实现当前盈亏平衡或是微小盈利。本书设置盈亏平衡虚拟变量（PB），当上市公司每股收益位于0—0.1时，赋值为1，其他为0。

模型中各变量的操作性定义如表15-1所示。

表15-1　　　　　　　　　　变量操作性定义

变量类型	变量名称	变量符号	变量定义
被解释变量	发生投资不足	Under1	当高成长组内企业的投资水平低于低成长组内投资水平的均值时，认为企业发生投资不足，Under1取1；否则，取0
	投资不足程度	Under2	参考Richardson（2006）关于自由现金流与投资效率的研究思路，构建预期投资模型估计年度适度投资水平，回归模型负的残差取绝对值为投资不足
解释变量	外部盈利压力	GAP	参考Matsumoto（2002），Zhang and Gimeno（2010）的测量方法
	分析师关注度	AC	关注同一上市公司的分析师人数加1后取自然对数
	两职兼任	DU	当总经理兼任董事长时，取1，其他为0
	股权集中度	FO	第一大股东持股比例
控制变量	盈亏平衡	PB	当上市公司每股收益位于0—0.1时，赋值为1，其他为0
	融资资格	QF	当具有增发、可转换债券行为的上市公司前三年净资产收益率的均值位于6%—10%时，赋值为1，其他为0
	两权分离	SP	实际控制人拥有上市公司控制权比例与所有权比例之差
	高管持股	MO	年报中披露的高级管理人员持股数量总和占总股数的百分比
	高管薪酬	CP	高管前三名薪酬总额取自然对数
	机构持股	IS	机构持股数量与流通股股数之比
	破产风险	BD	参考Altman构建的Z模型计算企业破产风险
	产权比率	ER	负债总额与所有者权益总额的比率
	期望绩效反馈	PA	公司实际绩效与公司内部期望之间的差距
	长期负债	LEV	年末非流动负债与总资产的比值
	资本性支出	CA	资本支出与年营业收入之比
	企业规模	SIZE	期末资产总额的自然对数

第四节 研究结果与分析

一 描述性统计

表 15-2 对主要变量进行了描述性统计。在企业发生投资不足方面,在全样本中,有 62.30% 的企业发生投资不足,通过对比外部盈利压力大组样本和小组样本可以看出,小组样本的均值（0.603）在 10% 的显著性水平下显著低于大组样本的均值（0.635）。在企业投资不足程度方面,在全样本中,企业投资不足的均值为 0.509,进一步对比外部盈利压力大组样本和小组样本,小组样本的均值（0.435）在 1% 的显著性水平下显著低于大组样本的均值（0.563）。在随后的相关性统计分析中,外部盈利压力与投资不足在 1% 的显著性水平下呈现正相关关系（限于篇幅,未列出相关系数表）。以上分组检验和相关性统计分析结果,初步支持了外部盈利压力越大,企业发生投资不足的概率和程度都将有所提高。

表 15-2　　　　　　　　变量的描述性统计

变量	全样本 均值（1）	标准差	外部盈利压力大的样本 均值（2）	标准差	外部盈利压力小的样本 均值（3）	标准差	t 检验 （3）-（2）
Under1	0.623	0.485	0.635	0.482	0.603	0.489	-0.031*
Under2	0.509	0.913	0.563	1.009	0.435	0.758	-0.128***
FO	36.179	14.672	35.799	14.835	36.931	14.318	1.132***
DU	0.224	0.417	0.243	0.429	0.188	0.391	-0.056***
AC	1.554	1.132	1.525	1.177	1.610	1.034	0.084***
PB	0.182	0.386	0.188	0.391	0.170	0.376	-0.018
QF	0.036	0.185	0.033	0.179	0.040	0.197	0.007
SP	6.400	8.611	6.234	8.519	6.728	8.784	0.494**
BD	5.578	13.006	5.478	14.780	5.768	8.643	0.290
ER	1.199	1.361	1.274	1.532	1.057	0.940	-0.217***
MO	8.971	19.392	10.280	20.830	6.457	15.986	-3.824***

续表

变量	全样本		外部盈利压力大的样本		外部盈利压力小的样本		t检验
	均值（1）	标准差	均值（2）	标准差	均值（3）	标准差	(3)-(2)
CP	13.484	0.906	13.454	0.929	13.542	0.858	0.088***
IS	31.912	23.179	30.161	22.950	34.960	23.268	4.800***
PA	0.371	25.387	0.603	32.337	-0.002	0.059	-0.606
LEV	0.547	2.079	0.598	2.546	0.444	0.184	-0.154***
CA	0.062	0.060	0.060	0.061	0.066	0.058	0.006***
SIZE	21.408	1.208	21.342	1.266	21.540	1.071	0.198***

注：***表示$p<0.01$，**p表示<0.05，*表示$p<0.10$。

二 回归结果与分析

（一）外部盈利压力与企业投资不足

本章利用模型M_1检验外部盈利压力对企业投资不足的影响。表15-3第1列和第6列显示了假设15-1的回归检验结果。在第1列，本章报告了针对企业投资不足可能性的检验结果，发现GAP的回归系数为3.808，并在5%的显著性水平下显著；在第6列，本章报告了针对企业投资不足程度的检验结果，GAP的回归系数为0.751，在5%的显著性水平下显著。检验结果显示，在控制其他影响因素的情况下，相较于经理人的经营期望，外部经营期望越高，企业越可能发生投资不足，而且投资不足的程度也将越高。在第2列至第5列和第7列至第10列的检验中，外部盈利压力与企业投资不足之间的关系没有发生显著的变化，检验结果再次支持了假设15-1。

（二）分析师关注度和经理自由裁量权的调节效应

在假设15-1的基础上，本章根据模型M_2对假设15-2至假设15-3进行进一步的检验，基于监督和激励双重视角，考察分析师关注度、经理自由裁量权对外部盈利压力和企业投资不足关系的影响，假设15-2的检验结果列示在表15-3的第2列至第5列、第7列至第10列。表15-3的第2列和第7列描述了加入外部盈利压力和分析师关注度交互项（GAP×AC）分别对企业发生投资不足概率、投资不足程度的检验结果。结果显示，GAP的系数显著为正，交互项GAP×AC的系数分别为-0.159和-0.042，两者分别在10%和5%的显著性水平下

表15-3　回归检验结果

	因变量：Under1							因变量：Under2				
	1	2	3	4	5	6	7	8	9	10
GAP	3.808** (0.013)	3.095** (0.047)	4.124** (0.011)	5.113*** (0.003)	4.499** (0.017)	0.751** (0.049)	0.739* (0.057)	0.762* (0.051)	0.878* (0.050)	0.826* (0.063)
GAP×AC		-0.159* (0.095)			-0.206* (0.050)		-0.042* (0.029)			-0.035** (0.028)
GAP×FO			0.230** (0.011)		0.222** (0.019)			0.054** (0.012)		0.048*** (0.010)
GAP×DU				-5.725** (0.044)	-6.132* (0.055)				-1.138** (0.015)	-0.679* (0.066)
AC	-0.122 (0.162)	-0.140 (0.114)	-0.126 (0.149)	-0.130 (0.137)	-0.156* (0.081)	-0.044*** (0.000)	-0.045*** (0.000)	-0.048*** (0.000)	-0.045*** (0.000)	-0.048*** (0.000)
FO	-0.004 (0.362)	-0.004 (0.360)	-0.002 (0.657)	-0.004 (0.380)	-0.002 (0.708)	-0.003** (0.011)	-0.003** (0.024)	-0.003** (0.019)	-0.003** (0.007)	-0.003** (0.025)
DU	-0.111 (0.466)	-0.121 (0.424)	-0.122 (0.423)	0.023 (0.887)	0.002 (0.993)	0.057 (0.171)	0.055 (0.180)	0.058 (0.164)	0.092** (0.037)	0.077* (0.064)
PB	0.398** (0.030)	0.415** (0.024)	0.366** (0.047)	0.404** (0.028)	0.395** (0.034)	0.077*** (0.003)	0.078*** (0.004)	0.076*** (0.004)	0.077*** (0.003)	0.077*** (0.005)

第十五章 外部盈利压力会导致中小企业研发投资不足吗

续表

	因变量：Under1					因变量：Under2				
	1	2	3	4	5	6	7	8	9	10
QF	-0.235 (0.433)	-0.239 (0.426)	-0.244 (0.415)	-0.227 (0.451)	-0.238 (0.433)	0.074* (0.058)	0.073* (0.065)	0.073* (0.053)	0.075* (0.056)	0.073* (0.058)
SP	-0.004 (0.601)	-0.004 (0.584)	-0.003 (0.638)	-0.004 (0.560)	-0.004 (0.560)	-0.005** (0.033)	-0.005** (0.037)	-0.005** (0.035)	-0.005** (0.032)	-0.005** (0.039)
MO	-0.004 (0.438)	-0.004 (0.395)	-0.004 (0.389)	-0.004 (0.396)	-0.005 (0.304)	-0.000 (0.510)	-0.000 (0.494)	-0.000 (0.524)	-0.000 (0.522)	-0.000 (0.516)
CP	-0.034 (0.673)	-0.036 (0.659)	-0.035 (0.666)	-0.030 (0.710)	-0.034 (0.679)	-0.015 (0.189)	-0.018 (0.129)	-0.015 (0.170)	-0.014 (0.207)	-0.017 (0.133)
IS	-0.001 (0.657)	-0.002 (0.623)	-0.002 (0.602)	-0.001 (0.715)	-0.002 (0.628)	0.001** (0.049)	0.001* (0.069)	0.001** (0.039)	0.001** (0.042)	0.001* (0.051)
ER	-0.027 (0.765)	-0.038 (0.678)	-0.026 (0.770)	-0.027 (0.764)	-0.044 (0.631)	0.013 (0.449)	0.015 (0.403)	0.008 (0.702)	0.013 (0.471)	0.010 (0.640)
PA	-2.712*** (0.007)	-2.899*** (0.005)	-2.658*** (0.008)	-2.666*** (0.009)	-2.839*** (0.007)	-0.230** (0.024)	-0.241** (0.012)	-0.232** (0.024)	-0.225** (0.026)	-0.239** (0.015)
LEV	0.783 (0.215)	0.845 (0.185)	0.767 (0.223)	0.744 (0.241)	0.822 (0.197)	0.095 (0.676)	0.086 (0.702)	0.103 (0.673)	0.103 (0.656)	0.099 (0.683)

续表

	因变量：Under1					因变量：Under2				
	1	2	3	4	5	6	7	8	9	10
DB	-0.004 (0.482)	-0.004 (0.493)	-0.004 (0.461)	-0.005 (0.424)	-0.005 (0.417)	-0.005*** (0.000)	-0.005*** (0.000)	-0.005*** (0.000)	-0.005*** (0.000)	-0.005*** (0.000)
CA	-22.041*** (0.000)	-22.025*** (0.000)	-22.076*** (0.000)	-22.180*** (0.000)	-22.153*** (0.000)	-0.254 (0.195)	-0.254 (0.200)	-0.225 (0.238)	-0.271 (0.171)	-0.238 (0.219)
SIZE	0.006 (0.947)	0.017 (0.856)	-0.007 (0.942)	-0.001 (0.994)	-0.001 (0.988)	-0.008 (0.709)	-0.002 (0.901)	-0.007 (0.740)	-0.007 (0.738)	-0.002 (0.931)
_cons	2.595 (0.198)	2.439 (0.230)	2.837 (0.159)	2.678 (0.184)	2.752 (0.175)	0.406 (0.318)	0.330 (0.396)	0.453 (0.272)	0.393 (0.326)	0.376 (0.337)
Pseudo R2	0.2236	0.2247	0.2262	0.2251	0.2289	0.0527	0.0554	0.0573	0.0538	0.0598
Wald (2/F)	312.03	308.74	313.26	314.16	313.61	149.326	124.694	108.113	67.272	98.66
N	1749	1749	1749	1749	1749	3006	3006	3006	3006	3006

注：（1）各模型都包括行业、年份变量；（2）括号内为 p 值；（3）*** 表示 p<0.01，** 表示 p<0.05，* 表示 p<0.10。

显著，这说明较高的分析师关注度会削弱外部盈利压力对企业投资不足的正向影响，检验结果支持了假设15-2。表15-3的第3列和第8列描述了加入外部盈利压力和股权集中度交互项（GAP×FO）后分别对企业发生投资不足概率、投资不足程度的检验结果。结果显示，GAP的系数显著为正，交互项GAP×FO的系数分别为0.230和0.054，两者都在5%的显著性水平下显著，这说明较高的股权集中度会增强外部盈利压力对企业投资不足的影响。第4列和第9列描述了加入外部盈利压力和两职兼任交互项（GAP×DU）后分别对企业发生投资不足概率、投资不足程度的检验结果。结果显示，GAP的系数显著为正，交互项GAP×DU的系数分别为-5.725和-1.138，两者都在5%的显著性水平下显著，这说明总经理和董事长两职兼任会减弱外部盈利压力对企业投资不足的正向影响。检验结果支持了假设15-3b。

三 稳健性检验

为了确保研究结论的稳健性，本章采取以下方法进行稳健性测试。第一，本章采用第一股东与第二至第五大股东持股比例之比替代第一大股东持股比例，考察经理自由裁量权在外部盈利压力与企业投资不足之间的调节效应。当第一大股东与第二至第五大股东持股比例之比越小时，股权制衡程度越高，大股东对董事会、经理人的控制程度越小，经理自由裁量权也将越大，重新测量后的结果与表15-3中的检验结果一致（限于篇幅，文中未列报），即相较于第一大股东与第二至第五大股东持股比例之比较小的公司，第一大股东与第二至第五大股东持股比例之比较大的公司，外部盈利压力对企业投资不足的正向影响会增强，支持了本章的上述结论。第二，为了进一步排除由于市场再融资标准而导致的外部市场的其他压力对回归结果的影响，本章首先剔除当年在证券市场配股、增发、可转换债券的上市公司样本以及该上市公司前三年的样本，比如公司i在t年有配股或增发或发行可转换债券行为，剔除公司i第t、t-1、t-2和t-3年的样本，重新测量后的结果与表15-3中的检验结果基本一致（限于篇幅，文中未列报）。其次，本章设置再融资行为虚拟变量，当公司i在t年有配股、增发或发行可转换债券行为，则第t、t-1、t-2和t-3年为1，其他为0，重新测量后的结果与表15-3中的检验结果基本一致（限于篇幅，文中未列报）。这进一步支持了本章的结论。

第五节　研究结论与讨论

本章以 2007—2012 年我国制造业企业为研究样本，检验了外部盈利压力与企业投资不足之间的关系，并进一步考察了分析师关注度与经理自由裁量权在两者关系间的调节机制。本章主要研究结论如下：①相较于经理人的经营期望，外部经营期望越高，企业发生投资不足概率、程度越高，这说明外部盈利压力将对经理人的后续投资行为具有一定的影响，导致自利和风险规避的经理人更关注当前的业绩，作出非效率投资决策。②企业外部盈利压力对企业非理性投资决策的影响效应会受到外部监督和内部激励程度的影响。本章分析了分析师关注度和经理自由裁量权对外部盈利压力与企业投资不足两者关系间的调节机制。结果显示，相于分析师关注度低的公司，分析师关注度高的公司，外部盈利压力对企业投资不足正向影响减弱，这意味着分析师关注度能有效地降低经理人与投资者之间的信息不对称，有利于投资者和董事会对经理人的监督，减少企业投资不足这一非理性投资行为；相较于经理自由裁量权较低的公司，经理人拥有较高自由裁量权的公司抵制外部环境因素对投资影响的能力增强，可以在一定程度上减弱外部盈利压力引发的企业投资不足问题。

第十六章

创新生态系统构建的国内外经验及启示研究

信息经济时代，大数据、智能制造、移动互联和云计算技术的应用使产业经济形态和模式持续创新和变化。成熟的创新生态系统，对抢占新一轮经济发展制高点，培育创新企业具有重要支撑作用。

国内外创新生态系统构建的经验，给我们的共性启示是，在构建和完善良好的创新生态系统时，可从系统、制度、网络和文化四个方面入手：构建并完善"区域核心链"式的创新生态系统，增强系统的自组织功能，促进创业要素集聚和自由流动，"内孵"和"外引"持续推动系统的创新产出，从而加速区域的产业升级和经济转型。

近年来，随着国际经济进入深度转型和调整期，中国宏观经济也在经历着深刻变革。在持续30多年的快速增长之后，中国经济站在了爬坡过坎、转型升级的关键点，从要素驱动、投资驱动转向创新驱动。长期以来，创业一直被认为是助推创新的重要力量。鼓励大众创业，实施创新驱动战略，是推动中国经济，同时也是推动浙江经济转型升级的动力源泉。浙江拥有创新的肥沃土壤。创业创新的过程不仅是创造财富的过程，也是推动经济、社会和文明前进的过程。在全民创业创新的大潮推动下，经济和社会快速发展。

进入信息经济时代，大数据、智能制造、移动互联和云计算技术的应用使产业经济形态和模式持续创新和变化。而成熟的创新生态系统，有助于创新资源的汇聚和重组、商业模式的创新、创新成本的显著下降、创业组织的健康成长以及各类创新成果的持续产出，对区域经济的可持续发展具有重要的支撑作用。构建成熟的创新生态系统，对抢占新一轮经济发展制高点，培育创新企业具有重要支撑。

第一节　创新生态系统的构成要素及国内外经验

在深入调研北京中关村、上海张江、武汉东湖、深圳4家国家级自主创新示范区建设情况的基础上，广泛研阅美国、加拿大、日本、欧洲和以色列等国创新生态系统建设经验。就如何构建和完善良好的创新生态系统，加速推动经济持续、向好、健康发展，提出一些思路和对策性的建议。

一　创新要素集聚，具有鲜明的共性特征

综观国内外知名的创新生态系统的构建，创新要素集聚效应显著。美国硅谷形成了由大学与科研机构、风险资本机构、综合服务机构、人才库、创业精神和创业板市场构成的创业创新生态系统；巴黎大区创新中心将区域内的大学、科研院所和基础研究机构、标杆企业和中小微型工业企业系统整合，成为创新知识交互流动的创新生态系统；北京中关村也形成了包括领军企业、高校和科研机构、人才、科技资本、创业服务体系、创业文化六要素构成的创新生态系统。一个运行成熟的创新生态系统具有几个方面的特征：一是完善的风险资本支撑环境。美国硅谷集中了近1.5万个天使投资人。以色列特拉维夫集中了大量的风险投资，相当一部分属于"纯风险投资"，其中39%属于种子阶段和早期阶段的资金注入。二是创新繁荣，创新驱动效应显著。上海张江实施"聚焦张江"战略，园区集聚了中芯国际、辉瑞等近2000家科技型企业，科技中介服务机构56家，复旦大学等多所知名院校和研究机构以及一批国家级、省市级的公共研发机构和评测平台。三是同类型或互补型产业的集聚。澳大利亚悉尼科技园、布里斯班科技园和墨尔本Latrob University R&D Park等，聚集了一大批以信息技术为代表的互补产业。

二　创新支持条件完备，拥有完善的服务和支撑体系

全方位、全过程、立体化的高质量配套支持体系，对于创新生态系统的高速运转是必要条件。它们包括：一是激励创新的法律和政策环境完备。美国硅谷为创新构建了技术流动、技术许可、知识产权保护法、

员工流动的劳动法、保护企业商业秘密等完善的法律保障环境；深圳市实施普惠式的小额担保贷款政策，并通过创业孵化园，提供创业社保补贴、场租补贴、税费补贴、首次创业补贴、带动就业奖励等一揽子资助政策。二是创新基础设施齐全。芬兰 Jyvaskyla 产业生态系统，边界与行政区边界一致，系统内的能源实现了以 Rauhalhti 电厂为源头的四层级式能源梯级利用系统；丹麦卡伦堡生态工业园 Asns 电厂和卡伦堡市政两个核心企业，为园区提供公共服务和能源供应。三是创业配套服务完善。为处于种子期、初创期的小微型企业和风险企业提供创新孵化和加速的设施完备。北京中关村拥有联想之星、创业邦、创业家、3W 咖啡等众多创业孵化和服务机构，开展各类创业服务。加拿大达特茅思市伯恩赛德工业园设置了工业效率中心，统一发布园区内物资流及企业信息，并为企业提供培训教育等综合性服务。

三　创业组织网络拓展，构成了生态化的组织形态

创业创新生态系统内部创业主体之间呈现出网络化、生态化的自组织特征。一是开放式的网络连接结构。基于大数据、云计算的创新型经济正在崛起，亚马逊的 Amazon Web Service（AWS）云服务是云计算领域的领军型企业，同时也构建了一个独特的连接"线上"和"线下"的创业创新生态系统。其为创业企业提供虚拟机、计算、存储、网络、快速建立商业化应用、数据管理和拓展服务等。二是创业组织呈现产业链式连接。Facebook 生态系统内的创业企业呈现出产业链式的疯狂成长。其衍生的创业公司包括：社交游戏公司 Zynga、广告公司 Wildfire、求职服务的公司 BranchOut 以及商务网站 Payvment，这些企业都迅速在其生态系统中呈产业链式的扩张，相当一部分企业已经是准 IPO 级企业。三是创新要素自由流动。阿里巴巴目前是全球最大的在线电子商务企业。其通过电子商务生态系统，将金融资源、信息资源、实体制造业的商品资源、物流供应商和独立软件提供商服务资源有机融通在一个系统内。四是创新要素重组和价值创新。谷歌 Google 的创新是致力于打造一个创新的生态系统，包括谷歌、第三方创新者、广告商和用户，通过谷歌平台，共同开发出融合了谷歌功能元素的新型应用产品，并向用户测试和营销其产品。

四 创新内生动力强劲，推动系统可持续发展

一是青年创业人才集聚。硅谷、纽约、巴黎、新加坡四地的创业者平均年龄低于35岁，加拿大温哥华、圣地亚哥、巴西圣保罗、伦敦、以色列特拉维夫五地创业的平均年龄也仅为36岁。二是毗邻创新源，受到创新辐射效应影响显著。美国西雅图不仅拥有亚马逊、微软、Avalara、Zillow等世界级企业巨头。同时，它毗邻硅谷，拥有地理位置优势，并在住房、教育、医疗、商业配套和娱乐等方面具有低生活成本的比较优势；日本筑波科技产业城，由筑波大学城为中心和外围六个技术园区组成。筑波大学城实施资源共享工程，设立科研机构的资讯交换中心，提供最新科研成果信息及知识产权交易等。三是形成了有型的创业创新文化。美国硅谷创业家的创业精神融汇、凝聚，形成了硅谷文化，其核心是崇尚创新、追求卓越、宽容失败。北京中关村经过20多年的积淀和传承，形成了"勇于创新，不惧风险，志在领先"的创业文化；四是创业创新培训、教育体系完善。新加坡自20世纪70年代，其经济发展局（Economic Development Board，EDB）就实施了青年海外培训计划即"职业化"创业教育。新加坡国立大学建立了"国大开创网"和国大创业中心等一批科研机构，承担国家的重点研究项目，直接服务于生产。

第二节 构建区域创新生态系统面临的挑战

一 创新生态系统内部的组织非结构化和驱动力

一是创新生态系统内部已形成了基于地域空间的产业集聚区，但各产业集聚区呈现点式分布，布局分散。改革开放以来，浙江省90%以上的县（市区），利用其有限的资源，形成了"一村一品、一地一业"特点明显、模式各异的块状经济。但是，这些产业集聚区不同程度呈现出散点式布局、工业园区单向度发展、产城融合度低、资源集约化效率低等特点。从系统的角度来看，各产业集聚区应聚合发展为功能综合集成的现代产业集群。二是产业集聚区转型升级的驱动力不足，创新驱动效应有待增强。浙江多数"块状经济"还是以普通机械加工、轻工纺织等劳动密集型产业为主，存在缺少核心技术支撑、产业层次较低、创新较弱、品牌不强的问题，处于全球价值链的低端环节。最新发布的

《中国区域创新能力报告（2014）》中，浙江省区域创新能力仅排名第五，企业创新能力、教育研发的投入对创新的支撑作用均有待提升。三是中小微企业资金不足，难以有效支撑高科技产业和战略型新型产业发展。浙江省民营经济活跃，但是和中小微企业相配套的金融服务没有跟上。中小微企业仍面临"融资难、融资贵"的发展困境。

二 创新生态系统的法制环境和制度支撑体系

一是扶持创新的法治环境和政策体系有待进一步完善。长期以来，浙江地方政府的"无为而治"，有效释放了民间的创新激情。但是，在发展以互联网为核心的信息经济中，政府如何顺势而为，积极引导与支持？政府如何在市场机制失灵的时候，制定好规则、实施有效监管，尽可能地引入法律的手段和经济的办法，推动浙江省抢占新一轮经济发展的制高点，是浙江地方政府应该重点研究的课题。同时，针对中小微企业创新能力不足的现状，浙江省如何根据经济环境和经济目标，制定鼓励小微企业创新创业和可持续发展的政策也亟待破题。二是创新成果转化机制薄弱，科技成果转化平台投入不足。从需求的角度看，由于技术成果转化投资成本高、周期长、风险大的特点，而浙江大部分民营企业受制于人才和资金的限制。一方面，企业的创新成果转化资金主要来源于自筹及银行贷款；另一方面，企业缺乏专门的技术人才，因此，企业缺乏技术成果转化的内在动力；从供给的角度看，在知识产权缺乏保护的环境下，由于技术成果转化的激励机制不健全、缺乏成果转化的中介机构，科研成果转化效率不高。

三 创新要素与创新主体的网络化集聚程度

一是信息技术的嵌入和跃迁是浙江省创业创新生态系统实现网络化集成过程中的难题。浙江省的信息技术产业仍存在"缺芯少魂"的产业软肋，缺少一批关键控制芯片设计和研发企业。此外，如何将物联网、云计算、大数据等新一代信息技术有效应用到智慧城市建设中，更好地促进城市经济的转型升级仍面临一定的挑战。二是互通互联的基础仍需不断增强。互通互联的基础是标准统一、平台统一和安全体系统一。浙江省已经实现了包括通信、交通、仓储物流和金融等基础设施领域的互通互联，但仍没有建立起网络化、标准化、智能化的公共信息资源平台。三是大型企业和中小微企业合理分工、功能互补、协同发展、网络化集聚的创业生态格局仍在建构过程中。有研究表明处于创业创新生态系统价值网络中的中小微企业存活率更高。中小微企业在创业创新生态系统中的框架中，被结合进销售渠道、服务网络、全价值链，形成统分结合的利益共同体。浙江省创业创新生态系统对于中小微创业的集聚能力有待进一步增强。尤其是系统内部依托阿里巴巴等旗舰型的大型企业平台和综合服务平台，整合市场、管理、技术、人才和资金服务，集聚中小微创业企业的机制有待进一步完善。

四 促进系统可持续发展的孵化和保障机制

一是创新型的创业孵化机制初现端倪，尚不能满足实际需求。截至2014年，浙江省共有省级科技企业孵化器76家，国家级科技企业孵化器44家。其中，催生出一批如杭州市高科技企业孵化器、浙大科技园、杭州高新区（滨江）、杭州未来科技城（海创园）等特色鲜明的创新型孵化器。这些孵化器集聚了成功企业家、天使投资人、平台型企业等推动产业资源、创业资本、高端人才等创新要素，以投资为主导，专业化服务为特色。然而，仍有大部分创业孵化器在浙江省发展时间尚短，经验还不够丰富，缺乏与专业技术相配套的专业化技术服务能力、投融资服务能力和组织管理能力，无法实现为在孵企业提供孵化前、孵化中以及延伸跟踪的服务。二是创业孵化器全程服务和综合保障机制有待完善，吸引以创新创业人才为核心的优质资源。与广东、上海、江苏相比，浙江省吸引集聚创新创业人才的区位优势、经济优势、体制机制先发优势呈弱化趋势。同时，浙江省大院名校少、大企业少，部分中心城市生活成本高，集聚创新创业人才的吸引力还不足。

第三节　创新生态系统构建的对策建议

在国内外创新生态系统模式比较研究的基础上，笔者认为可以从如下四个方面设计、构建、完善并持续化推动具有区域特色的创新生态系统建设工程。

一 从系统的角度，构建并完善"区域核心链"式的创新生态系统

一是建立基于"大区域内协同"的创新生态系统。形成以"中心城市+周边县市区"为格局的大区域内协同的创业创新生态系统；以"专业镇区"为要素单元，在大区域内合理布局构建创业企业群落、科研院所、产业共性技术平台、人才、风险资本、创业服务机构等产业生态系统的要素模块。继续深化完善以"专业镇区"为行政单位的创业创新生态系统要素模块的构建。二是加强系统内"创新核心"要素的构建。鼓励和引导行业支柱企业和高等院校、公共研究机构联合成立产业共性技术研发和创新联盟，参与重大科技项目。针对电子、医药、通用设备、专用设备、电气机械、汽车、金属制品等产业领域，搭建基础材料、关键设备、核心元器件及软件工具等公共技术和产业服务平台，增强创业创新生态系统的自主创新能力。三是完善以"科技加金融"为重点的全产业链式配套服务体系。在创业创新生态系统中引进科技金融机构和科技中介机构，重点是引进科技银行、知识产权中介机构、技术转移、天使投资人、风投公司、创投基金、信用中介机构、产权交易机构等。

二 从制度的角度，增强创新生态系统的自组织功能

一是建设"法制营商"环境，形成创新资源的集聚机制。构建省市区县，政策全方位、多角度、有效、协同的鼓励创新创业的政策支持体系。深化以"三张清单一张网"为抓手的网上政务改革，实施精兵简政。通过体制机制创新，健全法制建设，实施法制管理，建设"阳光、公平"的商业环境，促进创业创新要素加速向浙江集聚。二是深化"财税政策"改革，促进创新要素自由流动。设立"创业风险投资引导基金"，为风险投资等社会资本匹配杠杆资金。建立商业化模式运行，吸引更多社会资本参与风险投资。政府加强监管，明确"支持"和"导向"的职能，细化投资原则：投资对象、投资方式、基金运行规则，引导基金健康运行。二是加强"科技政策"创新，加速创新要素的价值再造与转化。重点是知识产权的保护，科技成果转化的创新政策。通过高校和科研院所的科技成果处置权管理改革、收益分配方式改革、设立科技成果转化岗等方式，加快推进高校科技成果转化和科技协同创新；提高科技服务业整体服务效率。引导企业与知识产权、科研成果中介组织建立创新成果的分享和交易网络，改善创新知识流动和产出效率，提升创新生态系统的技术创新内生动力。

三 从网络的角度，促进创新要素集聚和自由流动

一是重点突破"六维度"的信息技术领域，促进创新要素的网络聚集和流动。重点加强物联网、智慧城市、跨境电子商务、互联网金融、数字内容产业、云计算和大数据六个信息技术领域的研发投入与应用推广。改变创新企业的空间（实体）集聚模式为虚拟集聚，通过互联网（虚拟）集聚创业创新企业。二是依托"云平台"和"大数据"，建立"互通互联"开放式的创业创新生态系统。加强互联网络的基础应用设施的完善和升级，将互联网上的数据、信息、终端和人等创新要素有效连接起来，整合、汇聚、流通、衍生和创新信息资源。以阿里云等大数据平台为核心，建设"公共商业数据服务中心""工业经济信息网络平台"。三是构建和谐的"大平台+中小微网商"网络生态系统，促进创新要素的流动与重组。着重建立中小微网商促进中心，为中小微网商提供融资、法律、技术服务和政务服务等综合性服务，推动互联网产品、互联网应用服务的方式的创新。

四 从文化的角度，持续推动创新生态系统的创新产出

一是构建与完善教育体系。兴办创业型大学和创业型社区学院，培养具备"创业精神，创新能力"的创业创新人才。面向青年学生和社区大众开展创业创新教育，实施全民创业培训制度、创业咨询服务、创业导师和创业学徒制度等。将创业创新教育融入基础教育、专业教育、实践教育和职业教育，推动技术创新、高新技术转化、创意型创新和社会创新。二是建立创新价值的导向体系。倡导创新的价值观，激励创新，鼓励创业；创办创新类媒体，聚焦创新活动，传播创新的价值理念；通过举办创新大赛、讲座等，激发"大众创业，万众创新"的热情，推动创业创新氛围的形成；树立创新的标杆人物，宣传创新代表人物的创业创新经验和历程。三是营造"鼓励创新，宽容失败，激励创业"的人文氛围，集聚创新人才。通过建立"零成本"的创业创新基地和创业园区，优化城市综合创业环境，降低创业成本。向创业者提供大量高质量的公共服务，配套低成本的居住、教育、医疗、娱乐、交通、办公服务，低价甚至免费的互联网接口，实现低成本甚至零成本创业，吸引国内外优秀人才来浙江创业，特别是互联网创业。

第四节 加快构筑中小企业"智造生态系统"的政策建议

《中国制造 2025》国家战略背景下，智能制造（Intelligent Manufacturing，IM）是"互联网+工业""互联网+制造"的主攻方向。应率先建立"智能制造生态系统"（Intelligent Manufacturing Ecological System，IMES），从产业生态系统、创新动力系统、人才支持系统、共性保障系统、辅助系统五个子系统发力，推动"中国制造"向"中国智造"转变，推动《中国制造 2025》落地结果。

近年来，发达国家高度重视智能制造的生态系统构建，美国先后推出了"先进制造业伙伴（AMP）计划"和"工业互联网"。德国实施基于信息物理系统（Cyber-Physical System，CPS）的"工业4.0"。英国、法国、日本、韩国等国家都纷纷实施了本国的高端制造业发展战略。在"互联网+"的大背景下，高端制造业领域的争夺异常激烈。

2015 年，中国正式实施《中国制造 2025》国家战略，并计划通过三个十年计划，进入先进制造业国家行列，由制造大国转变为制造强国。浙江省在制造业、互联网产业两大领域都有基础和优势，如果能够加速制造业与互联网融合，那么就很可能率先蹚出智能制造的新路。浙江作为制造大省，应抢先一步，加快制订"浙江制造 2025 计划"，加快抢占智能制造高地。

国外研究表明，智能制造生态系统（Intelligent Manufacturing Ecological System，IMES）是由若干智慧型的制造企业（包括研发型企业和制造服务企业）及其上下游，以及客户群体，形成基于信息物理系统和工业互联网，实现数据、信息、知识等资源自由流动，进行全价值链集成和全产业链重塑的制造生态系统。本质上是"互联网+"背景下一种基于服务的跨平台的制造业互联网化、数字化、智能化的解决方案，在硬件上无缝连接智能制造企业中和企业间各现场设备，集成相互不兼容的操作平台和控制系统，通过统一的智能制造标准和通信协议将各智能设备无缝连接在一起；在软件上基于互联网和云计算技术，应用工业互联网，安全高效、综合集成各智能制造企业的管理系统，实现更高效的资源管理和成本控制。

一 智能制造产业生态系统：从三大核心产业切入，迅速搭建智能制造生态系统的主体架构

一是构建基于信息产业技术的"互联网＋制造业"云制造产业生态。借助浙江"互联网＋"信息经济的先发优势，融合数字化网络化制造技术、云计算、物联网等技术，将各类研发、设计、制造资源和能力虚拟化、服务化，搭建开放式、跨空间协同的智能制造能力和制造资源交易平台；利用物联网和大数据技术，推动全产业价值链的互联网化及产品全生命周期的制造服务化。促使制造业向上游拓展、向下游延伸，促进产品全生命周期和制造服务全流程，发展"制造业的服务化，服务业的制造化"。尤其要借鉴谷歌等智能工业领域整合经验，鼓励推动阿里巴巴等信息产业龙头企业利用信息技术、产业整合、资本运作等方面的优势，成为智能制造工业领域产业竞合的主导方；以柔性制造系统为基础、以电商平台为支撑，完美匹配客户及市场的定制需求的大数据，推动制造业向大规模、高效定制的智能制造新业态转型。

二是构建基于信息物理系统 CPS 的高端智能装备产业生态。建议浙江率先实施传统产业智能提升工程和智造装备产业优先扶持工程。将智能制造的核心技术，即 3D 打印等加式制造科技、纳米材料等先进材料技术、自动化机器人、动态实时传感器技术综合集成的信息物理系统 CPS，融入构建数字化、网络化、智能化制造和管理的柔性制造系统。重点发展新能源汽车及轨道交通装备、高端船舶装备、光伏及新能源装备、高效节能环保装备、智能纺织印染装备、现代物流装备、现代农业装备、现代医疗设备与器械、机器人与智能制造装备，加快打造数字工厂、智能工厂和无人工厂。对萧山、柯桥、永康等传统产业比重较大的地方，加快推进"机器换人"。

三是构建支撑智能制造的智能设施产业生态。在智能制造的产业链中，以大数据云计算产业、数字内容服务产业以及软件和信息服务业等为代表的软件产业和以机器人、通信设备、计算机应用设备、电子信息材料等为代表的硬件产业，无疑是智能制造产业的"大脑"和"身体"。浙江要依托良好的电子信息产业基础和创业创新"土壤"，进一步发展支撑智能制造发展的软件和硬件两方面的基础设施产业形态。在继续巩固并扩大电子元器件及材料、通信、计算机及网络、应用电子、软件与信息服务业等细分领域特色优势的基础上，关注新技术、新产业，进一步加快发展、优先发展机器人及关键核心零部件、光伏及新能源材料、高效节能环保材料等硬件基础设施产业，大数据和云计算产业、数字内容服务产业等软件基础支撑产业。

二 智能制造动力系统：抢占智能制造的核心技术，打造智能制造的持久竞争力

一是实施"智能制造业龙头引领计划"。鼓励龙头企业跨国并购和研发国际化，即通过海外并购、联合研发，赴美国、德国等智能制造业先进行列国家，在智能制造业先进材料、先进工艺和产业先进技术等智能制造的前沿领域，并购拥有核心智能制造技术和知识产权的企业，迅速形成智能制造产业的创新能力。充分尊重企业在自主创新中的主体作用，提升科技成果创新效率。扶持智能制造业领域的龙头企业在技术投入、自主创新、设备更新、工艺更新等创新活动。以智能制造产业的创新成果转化和应用为导向，高度重视龙头企业的创意和创新。

二是实施小微企业智能制造行动计划。浙江拥有大量的小微制造企业，"智造"转型过程中面临着与同类企业数据和资源的互联的硬件和软件方面的诸多"瓶颈"。应按照"网络互联、产业集聚、技术集成、要素集约、服务集中"的原则，建设小微智能制造和智慧服务产业集聚区。建设以智能制造小微企业集聚的产业科技园，依托信息物理系统技术实现浙江小微制造企业的全价值链整合。集成共性技术平台、检测展示、创业投资和政府扶持资金等优势资源，择优扶重，为小微智能制造企业的成长发展提供增值服务，包括为小微型企业提供物业管理等基础服务、订制政策咨询和工商行政事务办理等公共政策服务、个性化创投基金、融资方案等"一站式"科技金融服务等。遵循最小干预原则，基于企业工商登记制度，对成立5年内的智能制造、电子商务、电子信息加工业和智能制造服务等领域小微型企业实施"免三减二"政策，即三年全免税，两年减税；为小微型智能制造、制造服务企业提供海外并购、出口和贸易的法律咨询、财务咨询和顾问、资金审批和融资服务等；开办政策性银行，对商业银行实行"智能制造化贷款担保"，对小微企业智能化改造项目，实行全程型的融资服务。

三是孵化一批"智能制造领域"的核心技术和科技成果。对在智能制造领域，尤其高端装备制造业领域具有关键应用价值和潜力的核心技术和科技成果实施重点孵化。设立"智能制造创新能力孵化期"，对于在工业机器人、智能芯片、加式制造所需的纳米材料、信息物理系统、工业物联网等方面具有优势的企业，进行集中扶持，给予5—10年的"创新能力孵化期"，孵化创新成果。

四是加快组建政府性的投资引导基金。近年来，德国发展"工业4.0"，美国发展先进制造业和工业互联网，都不约而同意识到强大的"互联网能力"和"大数据处理能力"对于工业发展的强势推动作用，并都在相应领域加大投入资金进行原始创新和科技研发。浙江省要重点加大在"互联网"和"大数据处理"方面的科技创新研发投入，尤其是对基础研究、公益研究、产业共性技术研究和战略技术研究领域的支持力度。整合财政性科技投入，成立政府性投资引导基金，吸引民间资本协同投入，发挥其放大、辐射、引导的"乘数效应"，加快提升浙江省智能制造业领域的自主创新能力。

三 智能制造人才支持系统：实施"应急性"和"中长期"智造人才工程，构建智能制造产业的人才应用和储备体系

一是实施面向高层次人才的"应急性策略"。针对浙江省智能制造产业如工业机器人、高端数控机床等重点领域急需专业技术性人才和统筹装备制造经济管理的管理人才，在短期内采取引进和借用的方式。实施灵活的"海外引智""以智引智"政策，加强吸引外籍技术专家来浙江投资和创业，整合全球智能制造产业的人才资源，为浙江所用。

二是实施面向应用型人才的"发展性策略"。智能制造产业需要建立具有互联网、信息技术、机械工程、工业设计等专业交叉的梯队型技术性人才队伍，在近期和中期，针对上述技术性人才采取定向培养策略。对重点扶持的产业如机器人编程、信息物理系统等产业，出台人才培养相关的激励措施和定向培养等措施。

三是实施面向产业工人的"保障性策略"。在中长期，通过系统培训和职业教育，加强对智能制造产业技术性、实践型、创新型的产业技术工人的培养。浙江省可以借鉴美国在培养先进制造业领域产业工人方面的经验。2014年，美国为深入实施《先进制造业伙伴计划》和《美

国制造业复兴计划》，推出"学徒计划"，专门为制造业培训技工。浙江省可以建立"五合一平台"，充分发挥高校、科研院所、职业院校、企业和其他产业培训机构的平台作用，加大机械、自动化、信息计划等复合型产业技术人才的培养。为高端数控装备、机器人等智能装备制造业的运营、维护、管理、服务产业提供合格的产业工人。

四 智能制造保障系统：全方位打造智能制造的能力和智慧制造资源的共性平台

一是依托"特色小镇"构建开放型的智能制造平台。利用浙江正在着力打造的100个"特色小镇"，加快制造智能化和产业融合，变革传统制造产业价值链的生产模式、流程和组织。加大制造业企业的智慧化改造和升级，通过工业互联网进行虚拟集聚，通过机器换人导入物联网技术，实现制造硬件和管理生产信息软件的"双智慧化"。通过信息物理系统对松散的柔性制造单元进行分布式部署、耦合、集成使用，将柔性化的智造车间通过互联网形成互联网化的产业链。

二是构建智能制造应用全覆盖的公有云和私有云平台。未来浙江省要整合全球资源，依托云计算产业基础，以阿里云牵头成立的云计算联盟，将云计算产业生态小镇"云栖小镇""西溪谷""杭州云谷"等建成全球一流的大数据中心和云服务平台。一方面要面向中小微企业提供智能制造应用公有云平台，构建制造资源和制造能力池，提高整个社会制造资源和制造能力的使用率；另一方面要鼓励龙头企业构建基于企业网的私有云应用平台。构建龙头企业内部运行者、资源提供者和使用者之间的云服务平台，优化企业或集团资源和能力使用率，减少资源和能力的重复建设，降低成本，提高企业竞争力。

三是构建互联网化的"供应商—制造商—客户"全供应链智慧物流系统。构建综合交通运输体系，发展海空铁公联运、公路、航空、铁路、水路等交通运输方式的合理分工和有效衔接。建设物流综合平台，在省际、市际、商贸重镇、专业市场和产业集群区，建立集展示、交易、仓储、流通加工、运输、配送、信息功能于一体的综合交通运输枢纽和物流节点；基于物联网技术，打造"电商+物流"的现代物流模式，建设网络化、柔性化、智能化的畅通的物流信息链和物流管理体系，实现完全集成、互联互通、完美调控的供应链。

四是构建智慧化服务智能制造的政务生态系统。在智能制造业领域，浙江省应加快体制机制创新，加强各部门的协同和创新，迅速形成在智能制造业领域的战略优势和制造能力。设立智能制造业委员会，下设执行机构，负责智能制造业项目的执行和智能制造政策制定、落实和完善，并开展政府与企业、学术界之间的协同。实施《智能制造发展专项行动计划》，在投资研发、科技创新、教育培训、企业扶持、产品出口、税收改革、贸易等方面实施全方位的"打包政策"，为智能制造业提供全方位政策支持。

五 智能制造辅助系统：接轨国际，率先实施智能制造生态系统的网络安全机制和标准体系

一是前瞻制定与国际化接轨的智造生态系统的网络安全机制。建立具有高数据安全的网络安全机制。高数据安全的网络安全机制及服务体系的构建，不仅是工业互联网发展的内在要求，也是智能制造生态系统中的重要一环，是巨大的"蓝海市场"。由于智能制造生态系统的网络安全机制及服务体系具有公共性、排他性和外部性的公共产权属性，一方面浙江省政府要大力投入资金主导智能制造生态系统的网络安全机制的标准、规范的制定。另一方面要通过制定智能制造网络安全标准、形成规范和完善监督方面等加强引导，大力引导私人资本进入网络安全基础设施、机制设计的产业领域，形成特色鲜明的智能制造网络信息安全产业领域。

二是率先制定智能制造行业标准。智能制造战略的实施关键是建立一个人、机器、资源互通互联的网络化社会，各种终端设备、应用软件之间的数据信息交换、识别、处理、维护等必须基于一套标准化的体系。标准先行是智能制造战略的突出特点。浙江省应高度重视发挥标准化工作在智能制造产业发展中的引领作用，及时制定智能制造的标准化路线图。同时，还要着力实现标准的国家化和国际化，使浙江制定的标准得到国家的广泛采用，并与国际接轨，以夺取未来智能制造产业竞争的制高点和话语权。在智能制造生态系统的构建中，用标准引领信息网络技术与制造业的深度融合。由政府牵头组织行业联盟、行业协会、研究机构和企业共同协商建立统一的行业标准，如制定智能制造企业跨系统、跨平台集成应用标准，机器与机器互联的物联网行业应用标准等一系列的智能化制造标准体系。

第十七章

加快建设高质量创新型特色小镇的对策研究

新常态下,特色小镇建设作为浙江破解经济结构转型升级和动力转化现实难题的战略选择,是高端资源聚合、创新要素集聚的新载体,大项目落地、特色产业提升的新平台,是大型平台型企业辐射孵化中小微企业创业创新发展的聚集地。

第一节 高质量创新型特色小镇的建设目标

高质量建设特色小镇,关键是从中筛选一批高质量的创新型特色小镇进行建设,吸引创业人才、风险资本、产业要素集聚融合,使创新型"特色小镇"真正成为浙江经济的创新极。

高质量创新型特色小镇的建设目标。建设一批高质量创新型特色小镇,是浙江省创新驱动、转型发展的重要举措,是加速全球创新资源配置、高端产业集聚、经济快速转型的重要载体。因此,在未来3—5年甚至更长时间内,应持续推进创新型特色小镇的建设,明确发展目标,如表17-1所示。

总体来说,高质量创新型特色小镇的发展总目标是建成具备全球创新资源配置能力的重要创新枢纽,使特色小镇以优良的自然生态环境、包容的创新文化氛围,动态集聚全世界最优秀的人才、最顶尖的智慧、最具创意的"点子",不断提升技术制造能力,并与多层次市场及优势国际产业相联结,培育"顶级掠食者"创新型企业和一批科技型中小微企业"隐形冠军"。

表 17 – 1　　　　　创新型特色小镇建设评价指标

主要目标	一级评价指标	二级评价指标
新兴产业高地	产业特色	主导产业产值占比
		七大万亿级产业产值占比
	产业竞争力	装备制造业增加值占规上工业增加值比重
		高新技术产业增加值占规上工业增加值比重
		生产性服务业增加值占规上工业增加值比重
创新孵化高地	孵化数量	高新技术企业数量
		科技型中小微企业数量
	创新驱动	新产品产值率
		研发投入占销售收入比重
		企业全员劳动生产率
	两化融合	信息化指数
双创人才高地	创新人才数量	引进海外高层次创新创业人才数量
		引进培育主导产业相关高层次人才数量
		引进培育高技能人才数量
	创新人才平台	众创空间
		大学生创业园、留学生创业园
风险资本高地	质量规模	基金总额
		入驻投资机构数量
	资本成效	基金孵化企业数量

分目标一：打造新兴产业高地，实现全产业链融合和产业持续进化。

瞄准国际产业变革重点领域，紧扣七大万亿级产业，创新型特色小镇要找准、凸显、放大产业特色，重点发展高新技术产业和高端装备制造业，全面优化产业结构和空间布局结构。科学设计产业特色和产业竞争力评价指标，加快建设集聚新产业、新业态的产业高地。

分目标二：打造创新孵化高地，产生"顶级掠食者"型的创新企业和一批科技型"隐形冠军"。

创新型特色小镇应集聚国际、国内高端创新资源，构建有利于创新成果高效孵化的体制机制，依托虚实结合的众创孵化平台，鼓励新技术、新业态、新模式的探索和应用，加快制造数字化、设备网络化、生产智能化发展，重点培养产生极具创新力和竞争力的行业龙头，孵化一批成长性高、创新能力强的科技型中小企业隐形冠军。

分目标三：打造双创人才高地，动态柔性集聚全球创新人才。

创新型特色小镇要建立市场化的引才机制、开展社会化的多元人才评价方式、强化市场为主导的人才激励机制、运用市场机制共建平台、优化便利化的人才管理服务，构建一批全要素、开放式的新型创业服务载体，对应设定海外高层次人才、主导产业相关顶尖人才、高技能人才评价指标，将创新型特色小镇建设为高层次人才发展平台。

分目标四：打造风险资本高地，提供"全程接力式""一揽子"金融服务。

依托特色小镇优良的生态环境和鲜明的产业特色，努力将其打造成为具有强大的资本吸纳能力、人才集聚能力、创新转化能力、服务辐射能力的股权投资、私募金融、科技金融集聚区，并通过构建车库咖啡、创新工场、创客空间等新型孵化器、加速器，重点培育各类互联网金融、天使投资和创业投资、数量化和程序化金融等新兴金融业态，促进特色小镇的创新发展和可持续发展。

第二节 国外创新平台的基本情况和建设经验

适应经济新常态和创新驱动发展的创新平台聚合模式被赋予新的内涵，不仅具有系统性、开放性、动态性等基本特征，还呈现出嵌入性、共生性、自组织演进等独特特征。国外众多小镇在发展和建设的过程中，成为创新聚合发展的典范。

一 创新主体集聚，融合新兴业态的创新聚合平台

发达国家的创新平台偏安一隅却放眼全球，通过产业、文化、生态和政策的有机融合，以"产、城、人、文"的一体化吸引人才、留住人才，以持续专注的创新不断做强特色产业，拓展新兴产业。

（一）创新主体聚合——美国·格林尼治基金小镇

格林尼治（Greenwich）是美国康涅狄格州的一个小镇，面积只有174平方千米，据美国人口普查局的统计，格林尼治现有人口7.2万多人。位于东海岸的康州（Connecticut）南部，距离纽约曼哈顿仅40分钟的车程。小镇集中了500多家对冲基金，全球前十大对冲基金中就有4家位于该镇，小镇的基金所管理的资产达到3500亿美元，单单Bridge Water一家公司就掌管着1500亿美元的规模，被称为美国对冲基金大本营。

在被确定为纽约市的住宅卫星城镇后，小镇一边致力解决城郊连接的交通问题，一边有步骤地拓展了新型城镇建设和宜居环境打造，先后实施了有利于郊区发展的住宅政策，推动商业网点和其他生活配套形成集聚，以及致力于打造具备综合居住功能新城镇的扶持政策等，使其具有边缘城市的复合功能。互联网技术兴起后，由于小镇地处沿海，离海底光缆比较近，在此后拼毫秒级的对冲基金网速之争中也发挥出优势。

小镇拥有独一无二的人文环境，在格林尼治，无论是私立还是公立中小学都非常有名，周边坐落着著名的耶鲁、康州、费尔菲尔德大学以及多所大学，受到许多从事金融投资为主的财富人群和高端人才的青睐。其中包括摩根大通总裁之一史蒂夫·布莱克（Steven Black）；前百事集团两位总裁唐纳德·肯德尔（Donald Kendall）和克里斯托弗·辛克莱（Christopher Sinclair）；花旗银行董事长桑福德·韦尔（Sanford Weill）；前高盛集团总裁约翰·温伯格（John Weinberg）等。

经过几十年的发展，美国格林尼治小镇已经初具规模，再加上它优惠的税收政策，吸引了大批的经纪人、对冲基金人才等进驻，其就业人数较1990年已经翻了好几倍。此外，美国格林尼治小镇地理位置优越，毗邻纽约，许多居住在纽约州的年轻人都选择在此工作，也为小镇的金融发展提供了源源不断的优秀人才。

格林尼治凭借毗邻纽约的"地域优势"，税收优惠等"政策优势"，宜居环境的"生态优势"，先进医疗、优质教育的"服务优势"吸引了高端人才，大量风投资本和基金人才入驻，打造了一张"全球对冲基金之都"的金名片。

（二）创新模块交互——德国"阡陌小镇的全球创新巨擘"

德国的很多企业建立在远离市区的小镇，这其中不乏叱咤全球、屡创传奇的创新型企业，其中有相当一部分企业成为行业"隐形冠军"，比如印刷行业的大佬海德堡印刷公司位于海德堡古城，医疗器械的龙头企业西门子位于纽伦堡附近的厄尔兰根小镇，汽车全球领导企业奥迪总部就在巴伐利亚名不见经传的小镇英格尔斯塔特，拥有177年历史的润滑油制造企业卡尔倍坐落在鲁尔区的边缘小镇哈根。

坐落在大概只有足球迷才知道的德国中部小镇凯泽斯劳滕的德国传统化工巨头巴斯夫，率先走出了全球智能工厂的典范。巴斯夫位于凯泽斯劳滕小镇的试点智能工厂，生产的洗发水和洗手液已经完全实现自动化。通过射频码的利用，随着网上的测试订单下达，其生产流水线上的空洗手液瓶贴着的射频识别标签会自动与机器人进行通信，告知后者它需要何种肥皂、香料、瓶盖颜色和标记。在这样的流水线上，每一瓶洗手液都有可能跟传送带上的下一瓶全然不同。机器和产品通过无线网络完成所有的通信工作，唯一需要的人工输入就只是下达样本订单。

实践德国"工业4.0"的先驱，全球第一大汽车技术供应商——博世的伊门斯塔特工厂（Bosch Immenstadt Plant）就坐落在鲜为人知的阿尔卑斯山脚小镇布莱夏赫（Blaichach），给当地提供了3000多个就业岗位的博世工厂依山而建，主要以生产汽车刹车系统和汽车燃油供给系统零配件为主，其生产流水线也正在向更加智能化方向进发。

植根于小镇的德国企业，与当地的小镇经济和小镇社区融为一体，与当地政府、雇员互相依赖，互相支撑、长足发展。安静的小镇环境也有利于企业和员工静下心来，沉稳专注地致力于产品创新、市场创新和组织创新。小镇成就企业，企业辉映小镇。

偏安一隅的德国企业却放眼全球。在技术日新月异的互联网时代，德国企业率先将传统制造技术与互联网、物联网集成为智能制造系统，在以智能制造为核心的"工业4.0"时代，阡陌小镇的德国企业正打造为全球创新巨擘！

植根于小镇的德国企业，与当地的小镇经济和小镇社区融为一体，与当地政府、雇员互相依赖，互相支撑、长足发展。小镇企业凭借专注和持续的产品创新、技术创新、市场创新和组织创新，发展融合性的新业态、新模式，成为全球产业龙头。

（三）创新产业聚合——美国明尼阿波利斯"创新医疗产业中心"

明尼阿波利斯（Minneapolis）位于美国明尼苏达州东南部，明尼苏达河口附近，也是密西西比航线顶端的入口港，面积151.3平方千米，人口40.7万人（2014年），该城位列美国十大创新医疗器械产业中心前茅。

明尼阿波利斯一直以来都是医疗健康和生命科学领域的领导者，世界上最大的独立医疗器械巨头美敦力（Medrtnocis）、圣犹达、3M公司的总部都在此，波士顿科学公司（Boston Scientific）和柯惠医疗（Covidien）在此也都有较大的规模。全美最大的医疗保险机构United Health集团，以及美国最大的远程医疗公司和远程放射学服务提供商vRad（Virtual Radiologic）也都位于此地区。全美最好的医疗机构梅奥诊所距此仅1.5小时车程。

建立于1950年的美敦力（Medtronies）对产业的形成发挥了关键的作用，当地绝大部分中小医疗器械企业都是由美敦力直接或间接衍生而来。1994—1995年，明尼波利斯聚集了以专业化生产心血管疾病仪器、泌尿科疾病仪器以及诊断等医疗器械的50多家企业。除美敦力、3M等大型跨国公司外，集群内其余企业规模都在200人以下。

此外，明尼阿波利斯的科技环境对产业的形成和发展也有巨大的作用，据美国科普杂志《大众科学》统计，明尼阿波利斯的交通管理系统科技含量、能源利用效率、教育系统的科技含量、医疗设备的科技含量等均超过50%。明尼阿波利斯的中央商业区位于密西西比河西岸，有57层的互联网数据中心（IDC）大楼，明尼苏达州大学也是一个科技创新的中心，该校的公共科研项目排列全美前3名，已培养出14位诺贝尔奖奖金得主，其医学领域研究也负有盛名。

美国阿波利斯以医疗产业为特色，通过文化、教育、产业配套全覆盖的路径，融合医疗产业的高端创新要素，不断巩固并拓展创新性医疗健康产业领域的权威和先锋地位；阿波利斯的科技环境、产业支撑对持续推动医疗产业往高端、创新、融合的方向发展，起到了重要作用。

植根于小镇的企业，与当地的小镇经济和小镇社区融为一体，小镇和社区都获得了长足发展。此外，日本的大田汽车零部件小镇、德国斯图加特汽车城等小镇莫不是如此，成为持续创新的百年小镇。

二 彰显地域特色，大区聚合发展的创新聚合平台

在"大都市化"历史背景之下，小城镇成为大都市区域和地方空间的交界点，扮演着"枢纽角色"，起到了"衔接功能"，小镇协同大城，融合大区共生发展，形成了由大学与科研机构、风险资本市场、综合服务机构、高端人才等构成的创业创新生态系统。

（一）"创造经济革新中心"——韩国板桥科技谷

在韩国"创造经济"（Creative Economy）的创新战略下，政府实施的重要措施之一就是设立"创造经济革新中心"，即韩国版的众创空间。位于韩国板桥科技谷的京畿创造经济革新中心是该战略下最成功的典范。

京畿创造经济革新中心坐落在被称为"韩国硅谷"的京畿道盆唐区板桥科技谷产业园区内，距离首尔市中心约26千米，坐地铁可直达，是众多韩国游戏、娱乐和技术公司的发源地，包括NHN娱乐、纳克森（NEXON）等韩国游戏界巨头和三星泰科光电公司在内的634家企业入驻于此。这里聚集着韩国尖端IT技术和融合技术研究机构。京畿道地区生产总值约占全国的20%，具有全国中小企业之21%（70500个中小企业）和三星电子、LG、现代起亚车、SK、KT等韩国代表性企业，被称为"同伴成长"的核心地区。

"创造经济革新中心"由中央（韩国未来创造科学部）和地方两级政府与至少一家韩国大型企业合作设立，采取大企业集团和地方政府共同运营的模式。政府出政策、企业出资金和技术，共同扶持创新和初创企业，为创业者提供创业平台和成果转化平台。"京畿创造经济革新中心"由韩国电信巨头KT集团出资建设，中心的"一把手"等主要负责人均来自KT集团。京畿道政府和KT集团主要是共同出资来建立一个发展基金，基金用于对符合条件的新生企业进行投资。中央政府不参加基金的建设，主要负责整体推动中心的构建和运营。当入驻中心的新生企业中有商业创意，KT集团可以利用大企业的优势对其进行支持。比如，对它进行投资，与之共同开发，或者帮助新生企业与其他企业建立合作关系等。京畿道政府的支援方式，主要是为这些新生企业提供免费的办公场所。凡是认为自己有创意性产品或创业模式的人和团体，都可

以把自己的想法以文件形式在网站上提交申请，被选中的项目策划人会获得中心给予的6—12个月的资金和技术、设施等方面的支援服务。

京畿创造经济革新中心重点培育游戏产业、金融科技和物联网产业等以软件业为基础的融合性新产业。入驻企业可免费享用工作区域和办公设备。除了硬件服务之外，来自政府和大型企业的金融、咨询、法律支援，都为"创客们"解决在创业初期的各种困难。金融监督院、专利局等政府负责人常驻于京畿创造经济革新中心，因此"创客们"的构思转化成商品的过程中出现问题的话，都可以第一时间得到解决。

以尖端信息产业和技术研究设施聚集的板桥京畿创造经济革新中心正在打造以IT为基础的新型复合产业。

韩国板桥科技谷位于京畿道核心位置，毗邻首尔，地理位置独特，有助于其依托大城市，实现与世界经济中心的联系对接。政府和大企业搭建创新大平台，孵化、加速初创和小型企业，催生新产业、新业态、新模式，成为京畿道创新大区持续创新高产的源泉。

（二）创新要素聚合——"以色列硅谷"赫兹利亚

赫兹利亚（Herzliya）小镇面积26平方千米，距离创业者的天堂特拉维夫以北15千米，是一座充满科技和现代化的小城。小镇隶属特拉维夫区，处于以色列创业生态系统的核心地带——"硅壑"。很多在美国股票交易所上市的以色列软件公司和生物科技公司也坐落于此，包括惠普、Horizon Semiconductors、IBM、以色列柯达、摩托罗拉和德州仪器等。

小镇汇集了数量众多的全球顶级的创投加速器、企业孵化器、风险投资基金以及以色列首个私营非营利性高等教育学院——堪称以色列"麻省理工"的赫兹利亚跨学科研究中心IDC（Inter Disciplinary Center）。微软在全球范围内的第一个创业孵化器，同时，微软全球三大研发中心之一的The Windows Azure Accelerator也在这里创立。该孵化器为创业者提供850平方米的免费办公空间、30位创业导师、教练培训、法律支持等标准服务。此外，微软为初创企业免费提供两年高达6万美元的Windows Azure云平台接入服务。

此外，包括以色列顶尖VC基金JVP（Jerusalem Venture Partners，耶路撒冷风投合伙人基金），众多风头或私募基金都集中在这里。JVP

本身就是个孵化器，能够快速孵化各种项目产品原型和模型。而在整个特拉维夫大区，大大小小的创业孵化器和加速器就有200多个。形成了独特的创新生态环境（Ecosystem）。

案例总结：赫兹利亚小镇受到特拉维夫创新大区辐射效应的显著影响，拥有地理位置优势，并在住房、教育、医疗、商业配套和娱乐等方面具有低生活成本的比较优势。在产业集聚效应的作用下，聚合了风险资本、创新加速器、创业孵化器等高端创新要素，形成了小镇创新经济强劲的推动力。

这些特色小镇往往形成于大都市区域和边缘空间的交界点，既能承担大小城市间的"枢纽角色"，又能通过所依托的大城市实现与世界经济相联系、相对接，大都市在医疗、教育、人才、资本和公共配套等方面都给予这些特色小镇以极大倾斜，有利于实现小镇的人才集聚、产业优化和功能提升。此外，美国硅谷、芬兰于韦斯屈莱创新大区、加拿大伯恩赛德、日本筑波城等也都类似。

第三节 高质量创新型特色小镇建设的对策建议

一 打造新兴产业高地的路径

（一）聚特做强七大万亿级产业

一是打造"一镇一特"、全产业链集聚、全要素整合的产业高地。紧扣七大万亿级产业，每个创新型特色小镇找准、凸显、放大产业特色，建设以特色产业聚合的"众创工场"。二是打造产业引擎，产业链协同发展做强特色产业。鼓励"7+10"产业的领军企业和行业龙头在特色小镇发展服务化众创平台，引导和支持有条件的行业领军企业将内部资源平台化。建立基于产业链的协同发展计划，实现大中小微企业的共生发展。

（二）构筑开放协作的产业生态

一是构筑"开放、共享、协作"的产业生态系统，提供行业社交网络、专业技术服务平台及产业链资源支持，形成自组织、自滋养、自成长、自壮大的产业生态圈。二是借鉴以色列以信息产业和能源产业为基础的融合性新产业的经验，催生一批"互联网+健康""智能装备制造+外贸服务""智能观光旅游""产城融合的都市时尚"等融合性的新业态、新模式。

（三）催生精益服务的产业支撑

一是在特色小镇内部建立精益服务网络。大力发展并构造"互联网+服务资源平台"，逐步构建特色小镇与创业资金、工业设计、技术开发、供应链条等在内的创业资源对接平台。二是在特色小镇之间建立精益服务网络。"互联网+黏合点"为具有互联网基因的中小微企业提供 MVP（最小化可行产品）测试、企业主要产品当月 DAU（日活跃用户数量）等精益服务项目。三是为特色小镇向区域产业辐射提供精益服务，将网上技术市场延伸到特色小镇。

二 打造创新孵化高地的路径

（一）产生"创新顶级掠食者"企业和科技型中小微企业"隐形冠军"

一是不仅要培育出浙江生、浙江长的"参天大树"，更要能够吸引全球创新企业入驻特色小镇发展，要培育和催生更多阿里巴巴式的"创新顶级掠食者"企业。二是构建大中小企业之间分工协作关系，核心企业通过整合创新资源，建立利益分配链，实现与其他相关企业和机构在知识、信息、技术、渠道等方面的共享和相互依存，带动中小微企业在系统中获得更好的生长空间和竞争优势。

（二）虚实结合的众创孵化平台

一是利用互联网平台，建设虚拟众创空间，打破地理空间条件限制，促进众筹、众包等服务发展，提供人均创业产出效率。鼓励创客充分利用"云制造"吸取敏捷制造、网络化制造和服务化制造等先进制造模式的优势，快速对接创新链前端。二是借鉴美国"租金财务平衡式"孵化机制、以色列"管理公司参股式"孵化机制、法国为孵化项目配备顾问，针对创新创业团队在融资、辅导、宣传、技术等方面的迫切需求，引入专业团队建立"专业新型孵化器"。

（三）众创成果的高效孵化机制

一是加快建设以"互联网+"、智能制造技术为引领的新型的共性技术服务平台，建立科技创新服务平台、重点实验室和工程中心、科研院所、重点企业研究院等各类创新载体向创客开放共享的体制。二是借鉴美国"贝尔实验室",建立"市场导向+创新支撑+成果转化"的公共实验室。借助"互联网+"和"政务服务网"将政府实验室研究成果与企业相连,以创业需求为导向推进研发。

三 打造双创人才高地的路径

(一) 开通校院人才直通车

一是实施"百校百镇对接工程"。浙江全省百余所高校对接百个特色小镇,支持高校和科研院所科研人员在职创业,鼓励拥有知识产权的在编高校和科研院所科研人员进入特色小镇"在岗创业"。对于转化职务科技成果以股份或出资比例等股权形式产生收益的个人,暂不征收个人所得税,待其转让该股权时按照有关规定计征。二是实施"百院百园对接工程"。每个创业学院对接一个以上创业园区。在特色小镇开辟"众创学园",实施大学生创新创业引领计划。鼓励高校创业学院设立"实践型"创业课程,支持大学生"带着学分创业"。

(二) 建立O2O众创人才库

一是建立众创人才的"引育留用"的线下汇合机制。实施"上天"和"入地"两类人才的建库招引工程,建立"国千式"产业领军人才和"工匠型"技能引领人才的"众创人才库",建立高端人才研究机构和企业共享共聘机制,吸引"海归系"高层次人才创业;实施"国际创客培育和留用"计划,集聚重点行业发展、龙头企业急需、重大项目实施、关键技术转化、创新产品所需要的创业人才。二是构建跨空间的线上创客人才集聚的机制。借助互联网创客社区、打造"众创客厅",形成"全球创业者圈"的资源平台,吸引"新四军"和"三有三无"创客汇集特色小镇。

(三) 聚集阿里系浙商系创客

一是发挥阿里系、浙商系人才在产业集群内的创业衍生能力。在特色小镇为阿里系、浙商系企业高管、科技人员等提供资金、技术和平台,开展二次创业和内部创业,形成开放的产业生态圈。对自主创业的"创客",按规定落实创业担保贷款及贴息、创业补助和带动就业补助等扶持政策。二是借鉴日本中小企业诊断师制度经验,成立"中小微企业诊断师"队伍。组建一支创客顾问团、创业导师队伍,建立一批中小企业微创业创新辅导站,为特色小镇中的中小微企业进行诊断和辅导。

四 打造风险资本集聚高地的路径

（一）设立市场化的混合制产业引导基金

一是建立"公司+有限合伙"模式的混合型产业引导基金，建立"产业发展和投资引导母基金"，吸引"一带一路"海外资本和国内民间资本成立混合基金。通过负面清单管理、合伙协议约定、违约回购、第三方审计监管的方式，确保母子基金在设定轨道上运行。二是市场化运作产业基金，达到"以小博大"目标。坚持"一融合一对接"即技术与市场融合、创新与产业对接，通过融资担保、股权投资、委托贷款、跟进投资、投保贷一体化、助贷基金等市场化运作机制，孵化和加速重点产业发展。

（二）打造"全程接力式""一揽子"金融方案

一是推行"金融定制"。以互联网股权众筹等融资方式助力种子期创客企业；开辟私募基金机构集聚区，通过小微券商、小微证券服务机构辐射初创期小微型企业；培育发展创业投资机构和大力吸引天使投资人，引导PE/VC、天使投资等各种资本投向成长期的创业企业。二是知本换资本，拓展"知识产权"融资等多种创新融资方式。以知识产权交易为核心形态，通过知识产权证券、知识产权信托和知识产权融资担保等方式进行融资；开发科技保险、创新动产、创单等新型金融产品。

（三）合理设计创新创业风险分担机制

一是建立完善政府投资基金、银行、保险、担保公司等多方参与的风险分担机制，将创业企业纳入贷款风险补偿政策范围。二是鼓励设立"科技金融专营机构"，推行差别化信贷准入和风险控制制度。推行"首贷补偿机制"，探索建立创客企业库、天使投资风险补偿机制和风险资金池。

第十八章

新冠肺炎疫情对中小企业的影响及扶持政策建议：基于浙江省的调研分析

在世界经济增长持续放缓、国内经济下行压力加大、产业结构升级调整的背景下，2020年新春伊始新冠肺炎疫情突然暴发，世界卫生组织（WHO）将中国的新型冠状病毒感染肺炎疫情认定为国际关注的突发公共卫生事件（PHEIC），多重因素的影响导致中小企业面临严重的生存危机。

中小企业是国家经济发展和就业的重要支柱。据统计，目前我国中小企业总数约8000多万户（含个体工商户），占企业总数的99%，贡献了80%的城镇就业岗位、70%的GDP、60%的利润和50%的税收。据工信部测算，中小企业提供了全国约65%的发明专利、75%以上的企业技术创新和80%以上的新产品开发。中小企业数量庞大，创业及就业门槛低，是吸纳就业的"蓄水池"。以浙江为例，中小企业吸纳就业人数占全部企业的81.9%，其中，中型、小型企业吸纳就业人数分别占全部企业的29.3%、52.6%。中小企业的发展促进了就业、提高了居民收入。[①]

随着新冠肺炎疫情暴发，全国上下高度关注中小企业后疫情时期生存和发展状况。本书以浙江省中小企业为例，开展了在线问卷调查。调

[①] 陈恩才：《转型经济国家中小企业发展的外部环境分析》，《外国经济与管理》2003年第10期。

研显示，后疫情时期中小企业尤其是其中的四大类企业将面临"六难三无"的生存险境。一是人工、房租等固定成本挤占生存空间的中小企业。二是依托散户现金流水存续，顾客聚集型业态。三是已订立合同，面临合同履约压力的劳动密集型中小企业。四是同时受到上述三种制约因素影响的服务、消费和制造行业中小企业面临"六难三无"的生存险境，具体来说就是"付薪难、付费难、应税难、借贷难、复工难、物流难"，"无订单、无流水、无收入"，有"团灭式"大面积死亡的可能性。

在深入分析新冠肺炎疫情对中小企业影响基础上，研究提出，政府有必要整合各方资源，采取积极主动的应对策略，对上述中小企业进行的分阶段、抢救式的扶持政策，从而将疫情对经济的伤害降到最小，保障经济运行在合理区间，确保"六稳"的宏观经济调控预期，持续推动经济高质量发展。

第一节 新冠肺炎疫情对中小企业影响的综合分析

一 中小企业抗疫扛疫能力弱，易导致团灭式大面积死亡

历史经验表明，大疫过后都会出现一波中小企业集体死亡潮。[1] 2003 年 SARS、2009 年墨西哥 H1N1 猪流感、2014 年小儿麻痹疫情、2014 年西非埃博拉病毒疫情、2016 年寨卡病毒疫情等几次 PHEIC 和大型疫情过后，都不同程度重创了市场信心，对经济造成负面影响。这其中，首当其冲的都是中小企业。如 1918 年的西班牙流感疫情，导致占全球 20%—40% 的人口染病，死亡人数逾 4000 万，对当时全球经济造成毁灭性冲击，许多小企业破产，经济损失达 3300 多亿美元。2009 年墨西哥猪流感，冲击亚太经济，导致香港航空、旅游等行业受到重创，国泰航空股价当日下跌 8%，并波及中国猪肉加工业重挫 12%。2013 年 H7N9 禽流感直接导致禽肉养殖和加工上下游中小企业大面积猝死。

---

[1] John, V. and Erica, S., "Crisis Strategic Planning for SMEs: Finding the Silver Lining", *International Journal of Production Research*, Vol. 49, No. 18, 2011, pp. 5619–5635.

二 中小企业疫后生存能力弱，易导致就业"双源"打击

后疫情时期，中小企业疫后造血能力低下，易导致疫后猝死。一是中小企业自有资金少，抗风险能力差，疫后受到订单"断崖式"下降、客源断流等因素影响，断绝现金来源后，仍需照常支付房租、员工工资等成本费用，加剧了生存困境。二是疫后人力资源等核心要素供给不足。春节后3—4个月既是关键的农民工返工窗口期，也是中小企业用工高峰期。后疫情时期，受到疫区人员、农村务工人员"复工延期"等因素影响，将直接导致中小企业"用工荒、用工难、用工贵"。三是就业下降向贫困和农村地区反向传导效应凸显。贫困地区和农村务工人员是家庭经济支柱，就业下降反向传导效应导致大量贫困地区和农村务工人员家庭"因疫返贫"。

三 中小企业疫后恢复能力弱，易导致经济生态局部坏死

中小企业具有集群式、网络化、生态化发展鲜明特征[1]，中小企业上下游产业链长，生态复杂。一是疫后不能排除由于部分中小企业倒闭，引发生态连锁效应，形成企业破产潮、倒闭潮集中爆发的风险，并进一步发生交叉传染、混合传染现象。二是疫情影响还可能沿着产业链、价值链上下及横向传导，由此对经济生态中的金融、供应链行业企业进行传导性感染，进而导致破坏中小企业发展生态，影响经济高质量增长态势。中小企业生态一旦破坏，一部分创新型中小企业主需要经年才能恢复，甚至退出产业生态圈，从而导致创业创新生态难以修复[2]，影响社会经济预期。

第二节 浙江省中小企业新冠肺炎疫情影响的调研分析

疫情突袭下，本书对浙江省544家中小企业后疫情时期的生存状况进行了线上调研。

---

[1] 张玉明、段升森：《中小企业成长能力评价体系研究》，《科研管理》2012年第7期。
[2] 许晖等：《基于组织免疫视角的科技型中小企业风险应对机理研究》，《管理世界》2011年第2期。

一 调查企业的基本情况

线下经营的企业占61.8%,线上线下同时经营的企业占比32.5%,线上经营的企业占5.7%。调查涉及制造、信息技术服务、零售、餐饮住宿、娱乐、建筑、外贸等11个受疫情影响严重行业的中小企业。其中,制造业企业占比35.70%,信息技术服务业占16.2%(见图18-1)。

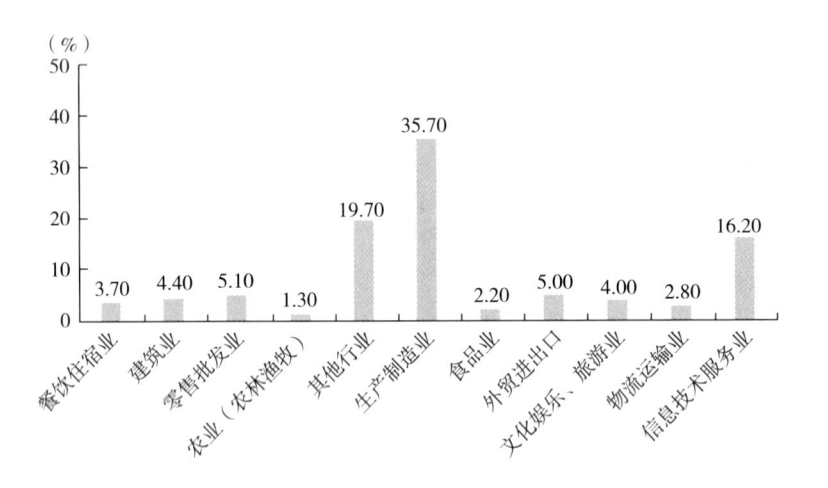

图18-1 调查企业行业分布情况

二 疫情期间中小企业生产经营面临的突出困难

面对新冠肺炎疫情突然袭击,又正值中国农历新年,大部分中小企业生产经营面临被迫停工停产资金短缺、防疫抗疫物资储备不足、复工复产难、收入断崖式下降的生存险境。

(一)相关防护物品储备严重不足

通过调查发现,36.8%的企业防疫抗疫相关防护物品储备不足,29.0%的企业没有储备。其中,储备不足的中小企业中,制造业储备物资短缺尤为突出,占45.88%;没有物资储备企业中,农林牧渔中小企业占比最高,达42.86%(见表18-1)。储备不足的中小企业占36.8%,集中在制造业企业。

表 18−1　　　　　防护物品储备基本情况及行业分析结果

储备情况	企业数（家）	百分比（%）	行业最高（%）
储备不足	200	36.8	制造（45.88）
储备充足	27	5.0	食品（16.67）
没有储备	158	29.0	农林牧渔（42.86）
有一定量的储备	159	29.2	物流运输（46.67）

（二）企业停工停产的损失

农历春节本是消费旺季，但新冠肺炎疫情影响导致中小企业被迫停工停产，55%的企业停产一天预计损失 10 万元以下，26.1%的企业日损失 10 万—50 万元；生产计划停滞，导致中小企业已签订的合同订单无法按期履约，资金周转不畅，产生资金缺口。其中，23.0%的企业资金缺口 30%以上，急需融资，34.9%的企业资金缺口 10%—30%，需要融资。在调查中发现物流运输业、食品业资金缺口 30%以上的中小企业均占 33.33%。疫情期间及至后疫情时期 3—12 个月，中小企业都会处于停业（产）和半停业（产）状态，没有任何营业收入，甚至发生现金断流现象（见表 18−2）。

表 18−2　　　　　中小企业资金缺口基本情况及行业分析结果

资金缺口情况	企业数（家）	百分比（%）	行业最高（%）
略有资金缺口（10%—30%），需要融资	190	34.9	农林牧渔（57.1）
没有资金缺口，无须融资	112	20.6	外贸进出口（33.3）
有较大资金缺口（30%以上），急需融资	125	23.0	物流运输、食品（33.3）
资金缺口较小（10%以内），无须融资或资金需求小	117	21.5	文化娱乐、旅游（36.4）

（三）复工复产困难

在疫情冲击下，仅 2.2%的中小企业应国家和地方政府防疫抗疫的应急需求下未停工停产。而针对新冠肺炎病毒传播速度快、人传人等一系列传播特征，各地政府紧急采取隔离措施，使春节过后复工返工人员回流困难，中小企业复工时间也随着疫情发展推迟延后，65.6%的中小企业仍未复工，12.9%的中小企业只有极小部分工人复工。应保障民生等基本需求，28.6%的农林牧渔中小企业已经复工，8.3%的食品行业中小企业未停工停产。预计3月及3月以后复工的行业中，外贸进出口业中小企业占比最高达14.8%（见表18-3）。

表18-3　　　　中小企业复工复产基本情况及行业分析结果

复工情况	企业数（家）	百分比（%）	行业最高（%）
未复工	357	65.6	建筑（75.0）
极小部分复工	70	12.9	文化娱乐、旅游（27.3）
一部分复工	47	8.6	外贸进出口（14.8）
未停工停产	12	2.2	食品（8.3）
已经复工	58	10.7	农林牧渔（28.6）

（四）第一季度营业收入大幅下降

调研显示，2020年第一季度中小企业收入大幅下降，严重影响企业的正常生产经营活动；疫情期间及至后疫情时期3—6个月，大部分中小企业不但没有产出和营收，还要面对房租、贷款、人力成本等一系列成本压力。调查显示，54.20%的企业预计2020年第一季度营业收入比上年同期下降30%以上，21.00%的企业预计第一季度营业收入下降20%—30%，合计24.70%的企业预计第一季度营业收入下降20%以内（见图18-2）。受疫情冲击最大的行业属餐饮住宿行业，调查结果明确显示餐饮住宿行业中小企业第一季度预计收入比上年同期下降30%以上所占比例为85%。

（五）疫情造成中小企业成本急剧攀升

其中为防疫抗疫所支付的成本占23.90%；为保障企业员工在疫期及后疫情时期生产经营的身体健康状况，根据防疫抗疫的要求，中小企业需花费大量资金，造成企业成本急剧上升。其中，占企业成本最大的支出是人力成本，占44.50%；疫情阻断了供应链，上下游企业之间的供应关系受损，导致相应的原材料成本上升，占8.60%，物流成本上升,占 7.40%(见图 18-3)。

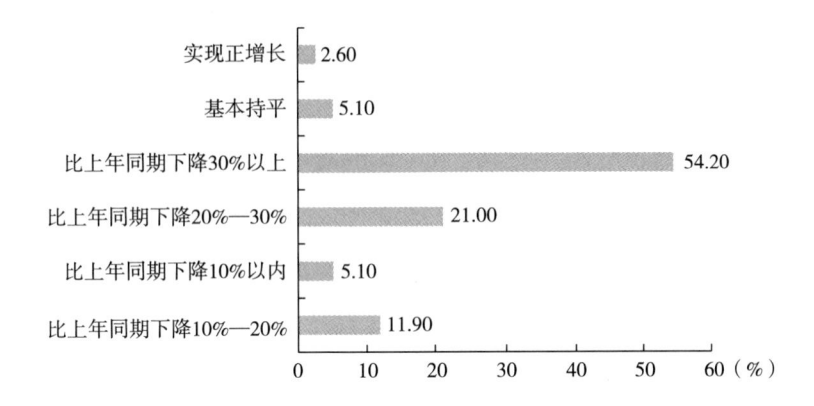

图 18-2 中小企业第一季营业收入度基本情况

类别	百分比
实现正增长	2.60
基本持平	5.10
比上年同期下降30%以上	54.20
比上年同期下降20%—30%	21.00
比上年同期下降10%以内	5.10
比上年同期下降10%—20%	11.90

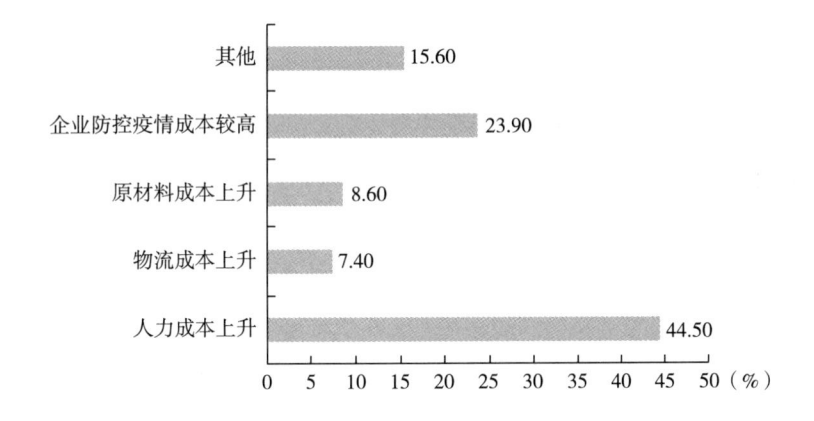

图 18-3 中小企业成本上升的基本情况分析

类别	百分比
其他	15.60
企业防控疫情成本较高	23.90
原材料成本上升	8.60
物流成本上升	7.40
人力成本上升	44.50

三 中小企业后疫情时期的政策诉求

受到疫情冲击,大多数中小企业期盼由政府主导,充分整合金融行业、各行业协会、大型企业的资源,推出组合式的扶持政策,包括:在疫情期间阶段性降低或延期支付社保费用,酌情对疫情防控期间贷款利息进行补贴,以及对受影响严重行业或企业加大减税降费力度等政策诉求(见图 18-4)。71.51%的中小企业期盼政府对受疫情影响严重的中小企业加大减税降费力度。62.08%的中小企业迫切期望阶段性降低或延期支付员工社保费用。55.28%的中小企业希望得到用工补贴,并对疫情防控期间企业贷款利息进行补贴。32.08%的中小企业渴望得到中长期贷款,30.38%的中小企业希望政府提供纾困资金,29.81%的中小企业急切希望降低能源成本。22.64%的中小企业希望降低物流费用。

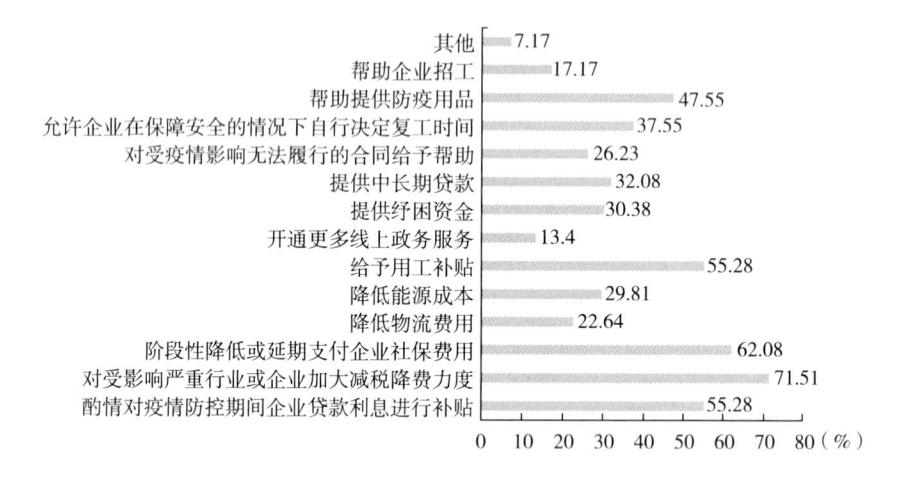

政策诉求	比例(%)
其他	7.17
帮助企业招工	17.17
帮助提供防疫用品	47.55
允许企业在保障安全的情况下自行决定复工时间	37.55
对受疫情影响无法履行的合同给予帮助	26.23
提供中长期贷款	32.08
提供纾困资金	30.38
开通更多线上政务服务	13.4
给予用工补贴	55.28
降低能源成本	29.81
降低物流费用	22.64
阶段性降低或延期支付企业社保费用	62.08
对受影响严重行业或企业加大减税降费力度	71.51
酌情对疫情防控期间企业贷款利息进行补贴	55.28

图 18-4　中小企业的主要政策诉求情况分析

第三节　疫情影响下中小企业生存的"六难三无"困境

后疫情时期,即使疫情基本得到控制,但经济整体回暖尚需时日。与大企业相比,中小企业疫后恢复需要更长周期。其中,四大类中小企业,一是人工、房租等固定成本挤占生存空间的中小企业,包括制造、教育培训、商业租赁和贸易、外贸等行业中小企业;二是依托散户现金流水存续,顾客聚集型业态,包括旅游、餐饮、娱乐、文创等行业中小企业;三是已订立合同,面临合同履约压力的劳动密集型中小企业,包括建筑、物流等行业中小企业;四是同时受到上述三种制约因素影响的服务、消费和制造行业中小企业,在后疫情时期3—12个月,仍将深陷经济严冬,面临"六难三无"的生存险境。

一 "六难"险境

"六难"是上述中小企业后疫情时期即将面临的突出难题,具体来说就是付薪难、付费难、应税难、借贷难、复工难、物流难。

一是付薪难,指人力成本支出困难,包括:员工工资、"五险一金"等社保福利。调研显示,62.1%的企业支付员工社保费用困难,55%的企业面临付薪压力,55.3%的企业存在阶段性用工补贴需求,44.5%的企业面临人力成本急剧攀升,32%的企业计划裁减用工人数,24%的企业计划降薪。

二是付费难,指支付房租等各类隐性成本费用困难,包括办公室场地租金、水、电、网络、通信、广告、物料等费用。调研显示,81.1%的企业由于停工停产造成亏损,26.1%的企业停工一天产生10万元以上产值或营收损失,付费压力陡增。分别有29.8%和22.6%的企业面临能源成本和物流费用压力,另有14%的企业为降成本计划关停生产线。

三是应税难,指各种税费使中小企业现金流存在比较大压力。调研显示,71.5%的企业存在税费减免需求,45%的企业面临税费资金压力,其中,制造业、信息服务等行业税费压力突出。

四是借贷难,指刚性债务兑付困难,包括贷款和续贷。调研显示,47%的企业面临资金周转和融资困境,57.9%的企业资金缺口在10%以上,急需融资。55.3%的企业存在贷款利息补贴诉求,32.1%的企业存在中长期贷款需求,30.4%的企业存在短期纾困资金扶持需求。

五是复工难,指员工返岗难,企业复工复产困难。调研显示,59%的企业认为员工复工率低是当前主要困难,46%的企业面临雇员减少的困境,45%的企业虽有订单但无法正常经营,59%的企业年度销售计划难以落实。

六是物流难,指受疫情影响,短期内交通、物流停滞,影响企业恢复生产经营。29%的企业复工面临交通物流受限。14%的企业面临物流成本攀升的压力。

二 "三无"难关

"三无"是指后疫情时期,多数中小企业仍无法开工,面临"无订单、无储备、无流水"的生存险境。

一是无订单，受到世卫组织对疫情 PHEIC 认定及国际防疫应急性防范措施影响，导致制造、贸易、运输、物流等中小企业订单骤降，而且影响甚至可能持续较长一段时间。调研显示，59%的企业市场需求受到抑制，23%的企业面临出口订单违约。

二是无储备，制造业中小企业，受到上游供应链断裂、复工复产防疫要求等影响，面临物资储备短缺的生产经营困境。34%的企业存在原材料上游供应链断裂窘境，70.8%的企业应对疫情防护和生产经营所需物品的储备不足或没有储备。

三是无流水，餐饮、旅游、娱乐、交通、教育培训等众多行业中小企业冲击巨大，疫情结束后受广大社会人群恐慌情绪迟滞影响，疫后3—6个月仍将处于停业和半停业状态，没有任何营业收入，甚至发生现金断流现象。92%的企业预计存在营业收入下降，其中，54%的企业营业收入较2019年同期下降30%以上。

综上所述，后疫情时期中小企业面临的"六难三无"险境对其构成"危害叠加效应"，从而可能造成中小企业大面积猝死现象。

第四节 后疫情时期中小企业抢救式扶持的政策建议

结合疫情发展对中小企业的影响，为了将疫情对经济的伤害降到最小，地方政府应针对"短期、中期、长期"采取组合拳式中小企业扶持政策[1]，助推中小企业渡过后疫情时期生存和发展困境。

一 实施输血型的金融供给政策

第一时间为保障就业、有发展前景的中小企业提供"输血型"的金融支持，确保不出现大面积死亡现象。实施"中小企业金融紧急救援计划"，发挥政策性银行保障性金融支撑作用，并动员大型商业银行参与面向中小企业的低息贷款和有上限的无息贷款计划。重点救助受疫情影响严重的餐饮、旅游、娱乐等行业中小企业，以及拥有武汉、温

---

[1] 池仁勇、许必芳：《中小企业政策演变特征与前沿研究》，《外国经济与管理》2006年第11期。

州、安徽、河南等疫区雇员的中小企业，用于支付雇员工薪，保留就业岗位。对受疫情影响严重的中小企业提供优惠贷款、贷款延期和过渡性贷款等信贷扶持。

二 实施保育式的组合扶持政策

建议疫情后3—12个月实施"中小企业应急保育计划"，实施"创后补救"和"预病施治"并举的中小企业治理策略，注重对受疫情冲击的中小企业实施"联护联助"措施。一是设立中小企业振兴基金，以龙头企业为核心，政府信用背书，整合行业金融资源，扶助企业恢复经营。二是通过组合式的财政货币政策，包括：财税减免（出台全年财税减免政策）、信贷对接（无还本续贷政策性担保、应急转贷等）、鼓励创新（创新券补助）、补助补贴（专项补贴）等多个方面立体、复合举措全方位扶持中小企业生存和发展。三是通过政府采购等市场手段让中小企业进入自救机制，临时性（3—12个月）加大政府对于特定行业中小企业政府采购力度。

三 实施输液式的精准服务政策

建议后疫情时期全过程实施"大数据+人工智能精准帮扶计划"。运用数字工具，对受损较大，又有发展潜力，面临突出困境的中小企业给予点对点"输液式"的精准对接扶持。基于政府公共服务平台整合财税、国土、经信、市场监管等部门相关的各类中小企业大数据，联合数字经济龙头企业阿里巴巴、蚂蚁金服等企业，充分利用中小企业征信和商业运营海量数据，结合数字挖掘技术对中小企业实际经营状态、发展潜力、征信、现金流情况进行"一查一比一判"深度探查，"一查"即通过数字看企业现金流、水表、电表、海关报表等动态信息，查企业实际经营能力，"一比"即比对企业历史交易数据，"一判"即利用沉淀数据预估企业3—12个月收入，锁定一批受损严重、面临困境的中小企业，给予征信、减税、降费、减租、续贷等针对性扶持，缩短服务流程，提升服务效率。

四 实施强心针式的应急激励政策

对积极参与防疫抗疫和复工复产的中小企业，给予强有力的政策激励。一是对生产疫情防控物资的中小企业，给予"减税免费惠贷补贴"多管齐下的激励政策，用实实在在的政策性红利激励为缓解疫情做出贡献的中小企业。给予在岗员工"五险一金"适当补助，以及水、电、网络等费用部分减免的激励措施。向直接参与防疫的重点医用物品和重点生活物资的生产、运输和销售的企业提供优惠利率信贷支持、信贷延期或展期。二是对积极复工复产的中小企业，给予"复工服务＋降低成本＋抵税减费延贷补助"组合式的激励政策。实施开展"一对一复工复产联动服务计划"，加强企业复工复产防控指导，建立员工返岗全过程处置机制，为企业免费提供防控物资，建立绿色通道，保障复工企业物资运输畅通。

五　实施外科手术式的清障政策

第一时间采取"外科手术式"措施，对不适合的"税费"政策进行暂时性清理，降低生态内中小企业的生存压力。尽可能减少中小企业损失，不加重疫后中小企业负担，减少中小企业生产成本助其渡过难关。建议对四类中小企业减免疫情后3—6个月的水、电、网络费、通信费。建议对承租国有资产经营，以及小微企业园、特色小镇、科技企业孵化器、创新创业园区的中小企业疫情后3—6个月房租等费用实施适当减免。

六　实施团体辅导式的转化政策

鼓励中小企业长期开展疫后自助自救。一是依托行业协会，鼓励并扶持中小企业"疫后自救""抱团取暖"，实施"中小企业分享计划"，通过专精特新中小企业经验线上分享，行业数字资源共享，中小企业联产联销线上平台联合互助等方式推动中小企业自助自救。二是实施"中小企业学习计划"。组织开展中小企业上云培训、线上辅导，积极推动中小企业上云。给中小企业发放"培训券""学习券"。引导中小企业运用"数字经济手段"转变发展方式，转危为机，借势取力，主动融入"行业生态""智造生态""数字经济生态"。三是实施"中小企业抢鲜试用计划"，由政府补助推动中小企业短期试用SaaS服务、在线任务管理、项目管理、工作流管理服务、云服务、数据资源挖掘等前沿数字服务和数字技术，加快中小数字化成长，增强中小企业数字能力、竞争力和生存韧性。

第五篇

应对高模糊性的中小企业人力资源创新战略研究

中小企业是实体经济的重要基础，也是促进经济发展、缓解就业压力、增进城乡市场繁荣的重要力量。快速发展的数字化、网络化、智能化等当代信息科技技术孕育了"数字时代"这一特定的社会建构及社会文化形态，也对中小企业的人力资源创新战略提出了全新的挑战。本篇系统分析了应对高模糊性的中小企业人力资源创新战略，系统构建了中小企业应对高模糊性的人力资源创新战略，提出构建中小企业创新的人才政策扶持体系，加强人才支撑推动中小企业创新发展。本篇深刻剖析了新技术、新产业、新业态和新模式下企业中领导特质对员工服务创新的影响机制，剖析了柔性人力资源对中小企业创新的影响和作用机制研究，并提出加强职业教育助推中小企业创新发展的对策建议。

第十九章

引燃服务之火：新业态行业领导幽默对员工服务创新的影响

领导者幽默，是指领导者为了取悦下属而创造的一种社会交际方式。这种领导行为受到了管理实践者的高度重视和广泛运用。例如，谷歌的联合创始人谢尔盖·布林（Sergey Brin）就以在领导角色中运用幽默而闻名。正如施米特（Schmidt）和罗森堡（Rosenberg）[1]提道："他连续的、即兴的俏皮话带来了很多笑声——不是为了应付创始人所产生的笑声，而是真正的笑声。"Zappos 的 CEO 托尼·谢（Tony Hsieh）坚信幽默的力量，并努力将其融入 Zappos 的企业文化中。他说："我们在日常工作中寻找乐趣和幽默。"[2] 近年来，领导幽默受到了学术界的广泛关注。作为组织中一种强大的互动形式，领导者幽默已被证明与员工的工作成果显著相关，包括促进工作投入、情感承诺、工作满意度、角色内工作表现、组织公民行为、建言、创新行为的增加和降低员工的情绪衰竭和离职倾向。

虽然这些研究已经阐明了领导者幽默在管理领域中的重要作用，但我们对领导幽默在新业态行业中可能产生的重要影响的认识还不够全面。鉴于领导幽默可能对新业态行业员工服务创新产生的重要作用，这一缺陷无疑是非常不幸的。事实上，为了提高顾客满意度，一线服务员

---

[1] Schmidt, E. and Rosenberg, J., *Google: How Google Works*, Grand Central, New York, NY: Hachette Audio, 2014.

[2] Hsieh, T., "Delivering Happiness: A Path to Profits, Passion, and Purpose", *Business Plus Hachette Book Group*, Vol. 56, No. 6, 2011, p. 16.

工经常被要求始终以积极的情绪（如礼貌、热情和微笑）面对顾客，即使这些情绪与他们的真实感受相冲突。因此，酒店一线员工往往会经受高强度的工作压力（如情绪衰竭和心理困扰），这不仅降低了员工的幸福感，而且最终将导致服务质量的下降。鉴于一线员工的服务质量是服务型企业成功的关键，领导者需要尽可能地为这些员工提供支持。领导幽默是一种旨在逗乐员工的行为，它给员工带来快乐，有助于缓解员工的负面情绪。因此，在幽默型领导者带领下，一线服务员工可能会更愿意并且更有能力去服务顾客，进而产生高质量的服务绩效。鉴于此，本章首先关注了领导者幽默对一线服务员工的服务绩效和顾客服务主动性行为（PCSP）的影响。服务绩效是一种角色内的顾客服务产出，而顾客服务主动性行为则是一种角色外的顾客服务行为，它是指一系列主动的、长期导向的和持久的服务行为。[1] 以上两种类型的服务行为对于顾客的服务质量感知和服务型企业的成功都至关重要。

其次，基于自我决定理论，本书进一步探讨了领导幽默的"何故"和"何时"问题。关于"何故"问题，以往的研究侧重领导者与下属之间的互动关系，并检验领导—成员交换在幽默领导与员工行为之间所起到的中介作用。[2] 尽管这种方法阐明了领导幽默和员工工作产出之间的潜在机制，但它在很大程度上忽略了员工动机过程的重要性。自我决定理论指出，动机是外部因素转化为个体行为的重要机制之一。[3] 当某个活动能够满足个体的关联需求和自主权需求时，个体将对这一活动产生浓厚兴趣，并且表现出与该兴趣相契合的行为。[4] 和谐式工作激情反映了个体内在动机的质量。根据自我决定理论，本书认为员工的和谐式

---

[1] Rank, J., Carsten, J. M., Unger, J. M. and Spector, P. E., "Proactive Customer Service Performance: Relationships With Individual, Task, and Leadership Variables", *Human Performance*, Vol. 20, No. 4, 2007.

[2] Liu, F., Chow, I. H., Gong, Y. and Huang, M., "Affiliative and Aggressive Humor in Leadership and Their Effects on Employee Voice: A Serial Mediation Model", *Review of Managerial Science*, 2019, pp. 1–19.

[3] Deci, E. L. and Ryan, R. M., "The 'What' and 'Why' of Goal Pursuits: Human Needs and the Self-Determination of Behavior", *Psychological Inquiry*, Vol. 11, No. 4, 2000, pp. 227–268.

[4] Deci, E. L. and Ryan, R. M., "Self-Determination Theory: An Organismic Dialectical Perspective", *Handbook of Self-Determination Research*, 2002, pp. 3–33.

第十九章 | 引燃服务之火：新业态行业领导幽默对员工服务创新的影响

工作激情可能在领导幽默和员工服务成果之间起着重要的中介作用。领导幽默包括领导者有意识地与员工分享有趣的事情。这种领导行为有利于引导员工产生积极的情绪，并向员工发出信号：他们受到了领导的欣赏和关心，这将极大地提振员工的和谐式工作激情。当一线服务员工对工作产生和谐式工作激情时，他们将重视顾客服务工作，更愿意并且更加精力充沛地参与到角色内的客户服务和顾客服务主动性行为中。因此，本章研究的第二个目标是探讨和谐式工作激情在领导幽默和一线服务员工之服务产出的关系中所起到的中介作用。

最后，本章探讨了领导幽默的"何时"问题。自我决定理论认为，心理需求满足的相关支持能够在多大程度上诱发动机对于不同的个体而言是存在一定的差异的。基于自我决定理论，笔者认为员工的神经质能够同时强化领导幽默对员工和谐式工作激情的影响以及员工和谐式工作激情在领导幽默和员工服务产出关系中所起到的中介作用。神经质是指个体的情绪调节能力或者情绪稳定性。相关研究表明，高度神经质的员工经常更容易感知到那些可能会减轻工作控制感、威胁自主性需求的负面情绪。[1] 此外，高度神经质的员工往往需要更多的社会支持才能够缓解负面情绪，他们也因此有更强烈的关联需求。由此可见，高度神经质的一线服务员工更有可能重视领导者的幽默，因为它不仅会引发积极的情绪，增加他们对工作的控制，而且意味着领导对他们的关怀和欣赏，这能够满足他们对关联性的强烈需求。因此，本章研究的第三个目的是探讨神经质对领导幽默影响过程的调节作用。

第一节 理论基础与研究假设

一 领导幽默

关于领导幽默的文献可分为两大流派。一派的研究持特质导向，认

---

[1] Lanaj, K., Johnson, R. E. and Lee, S. M., "Benefits of Transformational Behaviors for Leaders: A Daily Investigation of Leader Behavior and Need Fulfillment", *Journal of Applied Psychology*, Vol. 101, No. 2, 2016, pp. 237–251.

为领导者的幽默感是一种性格特质。[1] 例如，桑尔森（Thorson）和鲍威尔将领导幽默定义为"一种看待世界的方式；它是一种个人风格，也是一种自我保护和与人相处的方式"。另一派的研究则持行为导向，将领导幽默描述为领导者为了取悦员工而有意创造的社会行为。[2] 相对于特质取向，行为取向得到更广泛的认可和采用，这主要是因为只有领导行为才能够被学习、适应和改进，对于领导的培训和发展具有重大的实践意义。基于此，本章采取行为导向的定义方式。

二 领导幽默与员工的服务绩效和顾客服务主动性行为

服务型组织是依赖于客户服务生存的。服务型组织能够在多大程度上实施卓越的顾客服务直接影响了整体的组织绩效。劳布（Raub）和廖（Liao）研究指出，为了保证高质量的服务，一线服务人员不仅需要在正式的工作岗位上表现良好，还需要积极地参与到角色外的主动服务行为中，以满足客户多样和易变的需求。[3] 同样地，相关实证研究表明，一线服务员工的角色内服务绩效和顾客服务主动性行为对于提升客户满意度和组织的成功都是至关重要的。[4]

基于领导幽默的定义和特征，本书认为领导幽默能够同时促进一线服务员工的服务绩效和顾客服务主动性行为。一方面，幽默的领导者为下属起到了重要的榜样作用，他们满足了员工的社会和尊重需求。在此情形下，员工可能会认为这样的领导者是值得信任的、温暖的和乐助的。通过观察和模仿幽默型领导者的行为，一线服务员工将更加尊重客户，并在服务顾客的过程中展示出较高的热情和支持性的服务行为（如立即响应客户的要求或主动解决客户的问题）。另一方面，领导者的幽默代表了一种情感资源，这对员工的工作情绪和精力具有重要影

---

[1] Thorson, J. A. and Powell, F. C., "Development and Validation of a Multidimensional Sense of Humor Scale", *Journal of Clinical Psychology*, Vol. 49, No. 1, 1993, pp. 13-23.

[2] Liu, F., Chow, I. H., Gong, Y. and Huang, M., "Affiliative and Aggressive Humor in Leadership and Their Effects on Employee Voice: A Serial Mediation Model", *Review of Managerial Science*, 2019, pp. 1-19.

[3] Raub, S. and Liao, H., "Doing the Right Thing Without Being Told: Joint Effects of Initiative Climate and General Self-Efficacy on Employee Proactive Customer Service Performance", *Journal of Applied Psychology*, Vol. 97, No. 3, 2012, pp. 651-667.

[4] Chuang, L. A., "A Multilevel Investigation of Factors Influencing Employee Service Performance and Customer Outcomes", *Academy of Management Journal*, Vol. 47, No. 1, 2004, pp. 41-58.

响。通过与员工分享有趣的故事或笑话，幽默的领导者可以给员工带来快乐。这种积极的情绪状态是缓解员工工作压力的"最佳良药"。一项元分析研究表明，领导者的幽默可以有效地降低员工的工作倦怠，促进员工的健康。[1] 由此可见，在幽默型领导者的带领下，一线服务员工将在服务顾客的过程中展现出更多的活力，从而产生高水平的服务绩效和顾客服务主动性行为。因此，本章假设：

假设19-1：领导幽默对一线服务员工的（a）服务绩效和（b）顾客服务主动性行为具有显著的促进作用。

三 和谐式工作激情的中介作用

和谐式工作激情是指员工对自己喜欢和重视的工作产生的强烈倾向。当员工主动承认工作的重要性而不附加任何条件时，和谐式工作激情就出现了。换言之，富有和谐式工作激情的员工能够自由地决定是否以及如何参与到工作中。

自我决定理论为揭示领导幽默、和谐式工作激情和一线服务员工之服务绩效与顾客服务主动性行为之间的关系提供了重要的理论基础。[2] 自我决定理论指出，为了发展和保护自我意识，个体倾向于整合自己心理的各个方面并与他人建立联系。在这种内在倾向的驱动下，个体将对所处的社会环境进行审视和评估，并据此形成出相应的动机。当社会环境满足了个体的基本需求（如对亲密关系和自主权的需求）时，个体往往会产生强烈的和谐式工作激情。然而，当个体的基本需求无法得到满足时，个体的和谐式工作激情将会减少。

基于该理论，本书推测领导幽默能够通过满足员工的自主权需求和关联需求，促进一线服务员工和谐式工作激情的提高。自主权需求是指个体对于主动权的渴望。当个体的自主权需求得到满足时，他们往往能够表现出强大的意志力，并且拥有选择的权力。通过有意地分享有趣的东西或笑话，领导者的幽默创造了一种轻松的氛围，这使员工感知到自

---

[1] Mesmer-Magnus, J., Glew, D. J. and Viswesvaran, C., "A Meta-analysis of Positive Humor in the Workplace", *Journal of Managerial Psychology*, Vol. 27, No. 2, 2012, pp. 155-190.

[2] Deci, E. L. and Ryan, R. M., "Self-Determination Theory: A Macrotheory of Human Motivation, Development, and Health", *Canadian Psychology*, Vol. 49, No. 3, 2008, pp. 182-185.

己在工作中是自由的,并更愿意去执行一些需要意志力的工作行为。由于一线服务员工在工作中经常承受高强度的情绪压力。这使员工感知到自己在工作中是自由的,并更愿意去执行一些需要意志力的工作行为。由于一线服务员工在工作中经常承受高强度的情绪压力,因此这对于该群体员工而言尤为关键。幽默的领导者倾向于弱化领导者和员工之间的等级差异,这向员工表明领导赞赏并重视他们在组织中的价值,进而提高了员工的归属感。不仅如此,由于领导幽默并非工作强制要求,因而当领导者展现幽默时,也就意味着领导者自愿与员工分享个人信息。这种自我表露减少了领导者和员工之间的心理距离,进一步增强了员工的归属感。整体而言,领导幽默满足了员工对自主权和关联性的需求。在此情形下,一线服务员工倾向于主动地重视工作,并将其融入个人的身份中,最终促进和谐式工作激情的增强。因此,本章假设:

假设19-2:领导幽默对一线服务员工的和谐式工作激情具有显著的促进作用。

自我决定理论指出,由于个体经常根据自我意识来展现相应的行为,因此个体的动机对其行为具有显著影响。[1] 基于该理论,本书认为一线服务员工的和谐式工作激情能够预测其服务绩效和顾客服务主动性行为。

瓦勒朗(Vallerand)等学者[2]指出,当个体对某一活动产生强烈的和谐式工作激情时,该活动就会在个体的认知中占据重要的地位。此时,具备和谐式工作激情的个体将深深地沉浸在该活动中。类似地,相关研究表明和谐式激情程度高的员工将对工作保持较高的专注度。[3] 具体而言,这些员工倾向于设定更高的工作目标,并投入更多的时间和精力加以实现[4],这有助于员工取得卓越的工作绩效。在服务业中,富有

---

[1] Deci E. L. and Ryan R. M., "Self-Determination Theory: An Organismic Dialectical Perspective", *Handbook of Self-Determination Research*, 2002, pp. 3-33.

[2] Vallerand R. J., Blanchard C., Mageau G. A., et al., "Les Passions De L'ame: On Obsessive and Harmonious Passion", *Journal of Personality and Social Psychology*, Vol. 85, No. 4, 2003, pp. 756.

[3] Ho V. T., Wong S. S. and Lee C. H., "A Tale of Passion: Linking Job Passion and Cognitive Engagement to Employee Work Performance", *Journal of Management Studies*, Vol. 48, No. 1, 2011, p. 26-47.

[4] Vallerand R. J., Salvy S. E., Mageau G. A., et al., "On the Role of Passion in Performance", *Journal of Personality*, Vol. 75, 2010.

和谐式工作激情的一线服务员工可以全身心地投入到顾客服务中,进而取得高质量的角色内服务绩效。

和谐式工作激情还可能进一步促进一线服务员工的顾客服务主动性行为。顾客服务主动性行为是一种角色外的顾客服务,它要求员工超越工作标准的要求,投入额外的情绪资源。相关研究表明,服务员工在处于次优情绪状态时,他们不太可能实施主动性行为。[1] 如前所述,富有和谐式工作激情的一线服务员工主动将顾客服务工作融入其身份认同中,并倾向于在服务顾客的过程中体验丰富的正面情绪。因此,他们极有可能会主动扩展客户服务的工作范围,并主动提供额外的服务。这一观点与帕克(Parker)等[2]开发的主动性动机模型相一致,该模型将"精力"(如正面情绪)概括为提高员工主动性的重要途径之一。同样地,已有服务情境中实证研究表明,和谐式工作激情对一线服务员工的顾客服务主动性行为具有重要的促进作用。

基于以上论述,本书预测,领导幽默有助于促进一线服务员工的和谐式工作激情,进而提高他们的服务绩效和顾客服务主动性行为。因此,本章假设:

假设19-3:和谐式工作激情在领导幽默与一线服务员工的(a)服务绩效和(b)顾客服务主动性行为的关系中起中介作用。

四 神经质的调节作用

领导力替代的观点指出,领导者行为的有效性取决于一定的条件,其中一个条件就是下属的特征。[3] 下属的特征影响他们对不同类型领导行为的偏好和反应。本章关注员工的神经质并检验该特征是否会对领导幽默、和谐式工作激情和一线服务员工的服务绩效和顾客服务主动性行为之间的关系起到调节作用。

神经质是一种情感特征,其特征是情绪持续不稳定。高度神经质的

---

[1] Chen, M., Lyu, Y., Li, Y., et al., "The Impact of High – Commitment HR Practices on Hotel Employees Proactive Customer Service Performance", *Cornell Hospitality Quarterly*, 2017, pp. 94 – 107.

[2] Parker, S. K., Bindl, U. K. and Strauss, K., "Making Things Happen: A Model of Proactive Motivation", *Journal of Management*, Vol. 36, No. 4, 2010, pp. 827 – 856.

[3] Kerr, S., Jermier, J. M., "Substitutes for Leadership: Their Meaning and Measurement", *Organizational Behavior and Human Performance*, Vol. 22, No. 3, 1978, pp. 375 – 403.

个体无法控制自己的情绪,尤其是负面情绪。因此,他们往往经历更多的消极情绪(如焦虑、不安全、冲动和情绪化),感知到更沉重的压力以及应用更低效的对策。相反地,神经质水平较低的人更有能力管理自己的负面情绪,因此心理更为平衡,也更少体验到负面情绪。

基于此,本书推测,当一线服务员工的神经质水平更高时,领导幽默对员工和谐式工作激情的促进作用就会越强。如前所述,神经质水平较高的员工往往无法很好地管理自己的情绪。这一特点对于一线服务员工而言是极为不利的,这主要是由于该类员工必须对顾客充满热情并保持旺盛的精力来处理顾客服务中所涉及的突发情况。此时,高度神经质的员工更有可能重视领导幽默并受之影响。如前所述,幽默的领导者可以促使员工积极情绪的产生。这种情感资源能够帮助具有神经质的员工从精力损耗中恢复过来,并重新获得满足顾客需求所需的情感资源,从而增强员工对工作的控制感,最终提振员工的和谐式工作激情。

然而,由于神经质程度较低的一线服务员工擅长管理自己的情绪并且在服务顾客的过程中表现出较高的热情,因此领导幽默对该类员工之和谐式工作激情的促进作用将有所减弱。这类员工应该对工作有很强的控制力,对工作有强烈的意愿。因此,领导者的幽默对于这类一线服务员工而言就显得不是那么重要。此时,领导幽默对一线服务员工的和谐式工作激情的正向作用将有所减弱。基于此,本章提出以下假设:

假设19-4:神经质对领导幽默和一线服务员工的和谐式工作激情的关系起调节作用,员工的神经质水平越高,领导幽默对和谐式工作激情的促进作用就越强烈。

本章构建了一个整体框架。在该框架中,和谐式工作激情在领导幽默与一线服务员工的服务绩效、顾客服务主动性行为的关系间起中介作用,神经质则对领导幽默与员工和谐式工作激情的关系起到调节作用。基于以上的论述可知,员工的神经质程度越高,领导幽默对和谐式工作激情的作用就越强,而和谐式工作激情对一线服务员工的服务绩效和顾客服务主动性行为具有显著的正向影响。因此,笔者可以推测,当员工的神经质程度越高时,领导幽默通过和谐式工作激情的中介作用对服务绩效和顾客服务主动性行为所发挥的积极作用也将越强。由此,本章假设:

假设19-5：神经质调节了领导幽默对（a）服务绩效和（b）顾客服务主动性行为的间接作用。神经质程度越高时，领导幽默对（a）服务绩效和（b）顾客服务主动性行为的间接作用就越强。

本章的理论模型如图19-1所示。

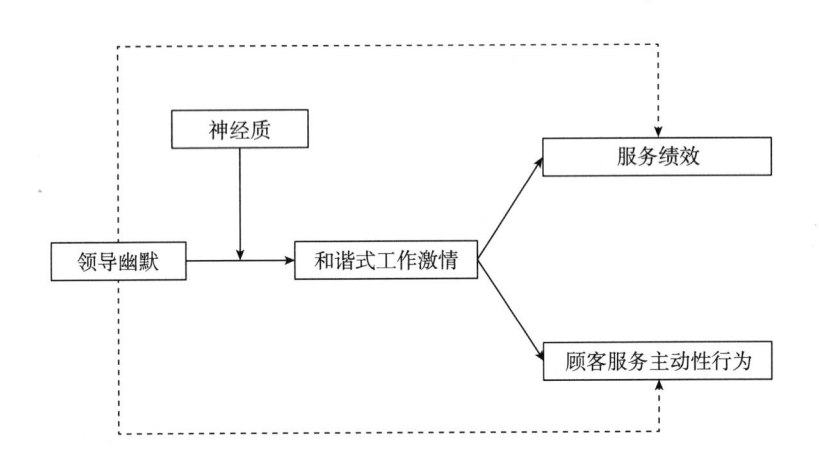

图19-1 本章的理论模型

第二节 研究方法

一 数据收集流程

本章采用问卷调研的方法进行数据收集。调研企业为来自浙江省的5家酒店，调研对象为服业行业中的一线服务员工及其直属领导。被调研企业的规模介于87—483人，平均总人数约为298人。在这5家被调研酒店中，2家是三星级酒店，1家是四星级酒店，2家是五星级酒店。本章之所以选择三星及以上的酒店进行调研，主要是由于这些企业更加注重顾客服务质量，这有利于更好地研究一线服务员工的服务质量和顾客服务主动性行为。为了尽可能地减少共同方法偏差[①]，笔者在三个时点进行

[①] Podsakoff, P. M., Mackenzie, S. B., Lee, J. Y. and Podsakoff, N. P., "Common Methodology Biases in Behavioral Research: A Critical Review of the Literature and Recommended Remedies", *Journal of Applied Psychology*, Vol. 88, No. 5, 2003, pp. 879-903.

数据收集，每两个时点之间间隔3个月。在第一次调研中，一线服务员工汇报他们对领导者幽默的感知、神经质和人口统计信息。在第二次调研中，一线服务员工汇报自身的和谐式工作激情。在第三次调研中，直属领导对一线服务员工的服务绩效和顾客服务主动性行为进行评估。

本章的被试对象包括392名一线服务员工和105名直属领导者（每个领导者与2—5名员工进行匹配）。为了对员工和领导的数据进行匹配，笔者首先对所有的被试对象和问卷进行编码。在具体的调研过程中，本章研究的一名合作者亲自到每个酒店，现场发放、填写和收集问卷。在调研之初，笔者告知所有被试对象，本章调研是匿名、自愿参加的。为了提高被试对象的配合度，笔者在每次调查结束后向他们提供30元人民币作为回馈。

第一次调研获得310份完整的员工问卷。第二次调研获得258份完整的员工问卷。第三次调研收到232份来自领导者的完整问卷。问卷的有效回收率分别为79.08%、83.23%和89.92%。因此，本章的最终样本包括232份匹配的问卷（来自232名员工和90名领导者）。在232名员工的样本中，女性员工占55.17%，年龄为30岁以下的员工占59.48%，学历为高中学历及以上的员工占50.43%。同时，这些员工在当前企业的平均工作年限3.17年。

二 测量

笔者遵循布里斯林（Brislin）[1] 建议的双向翻译程序将所有英文量表翻译为中文，并采用李克特五点量表进行测量。领导幽默采用库珀（Cooper）等[2]开发的三个题项进行测量。神经质采用黄（Wong）等[3]开发的六个题项进行测量。和谐式工作激情的测量工具为刘（Liu）等

---

[1] Brislin, R. W., "Expanding the Role of the Interpreter to Include Multiple Facets of Intercultural Communication", *International Journal of Intercultural Relations*, Vol. 4, No. 2, 1980, pp. 137 – 148.

[2] Cecily, C., "Elucidating the Bonds of Workplace Humor: A Relational Process Model", *Human Relations*, Vol. 61, No. 8, 2008, pp. 1087 – 1115.

[3] Wong, C. S., Mao, Y., Peng, K. Z., et al., "Differences between Odd Number and Even Number Response Formats: Evidence from Mainland Chinese Respondents", *Asia Pacific Journal of Management*, Vol. 28, No. 2, 2011, pp. 379 – 399.

第十九章 | 引燃服务之火:新业态行业领导幽默对员工服务创新的影响

学者[1]开发的七个题项。以上三个量表均由一线服务员工进行填写。员工的服务绩效采用廖和庄[2]开发的七个题项进行测量。顾客服务主动性行为采用一个七题项量表进行测量。该量表由兰克(Rank)等[3]开发,随后劳布和廖[4]对其进行修正使其适用于服务业情境。服务绩效和顾客服务主动行为的量表由直属领导进行填写。以上测量量表的Cronbach's α 信度系数分别为0.83、0.91、0.94、0.92和0.91。此外,为减少领导者在评估员工时可能产生的主观偏差,笔者在领导的调研问卷中增加了一个介绍性的陈述,说明领导者应该根据员工在工作场所的表现来评估员工的服务绩效和顾客服务主动性行为。

在控制变量方面,本章控制了员工的性别、年龄、教育程度和工作年限,这些变量已经被证明对员工的服务结果具有显著的影响。此外,由于本章的样本来自5家不同的酒店,因此本章还创建了4个虚拟变量来表示5家酒店,并将其纳入实证分析中。本章研究所采用的所有量表题项如表19-1所示。

表19-1　　　　　　　量表题项及信度

概念	题项	因子载荷
领导者幽默 (Cronbach's α=0.83)	1. 我的主管经常在工作时向我展示他/她的幽默感	0.80
	2. 在和我交流的过程中,我的主管经常将他/她的幽默融入各种类型的工作情境中	0.86
	3. 我的主管经常和我开玩笑	0.71

---

[1] Liu, D., Chen, X. P., Yao, X., "From Autonomy to Creativity: A Multilevel Investigation of the Mediating Role of Harmonious Passion", *Journal of Applied Psychology*, Vol. 96, No. 2, 2011, pp. 294-309.

[2] Chuang, L. A., "A Multilevel Investigation of Factors Influencing Employee Service Performance and Customer Outcomes", *Academy of Management Journal*, Vol. 47, No. 1, 2004, pp. 41-58.

[3] Rank, J., Carsten, J. M., Unger J. M. and Spector P. E., "Proactive Customer Service Performance: Relationships With Individual, Task, and Leadership Variables", *Human Performance*, Vol. 20, No. 4, 2007.

[4] Raub, S. and Liao, H., "Doing the Right Thing Without Being Told: Joint Effects of Initiative Climate and General Self-Efficacy on Employee Proactive Customer Service Performance", *Journal of Applied Psychology*, Vol. 97, No. 3, 2012, pp. 651-667.

续表

概念	题项	因子载荷
神经质 (Cronbach's α = 0.91)	1. 我很少对事情感到忧虑	0.79
	2. 我大部分时间都轻松自在	0.75
	3. 我的情绪比较稳定	0.85
	4. 我很有安全感	0.84
	5. 我是比较客观的	0.83
	6. 我一般都很有耐心	0.73
和谐式工作激情 (Cronbach's α = 0.94)	1. 我的工作使我获得丰富的经历	0.87
	2. 我在工作中发现的新事物会使我久久回味	0.85
	3. 我的工作让我有一些很难忘的体验	0.85
	4. 我的工作使我更加热爱我自己	0.83
	5. 我的工作与我日常生活中的其他活动是相协调的	0.78
	6. 我对于我能够掌控工作这件事充满了激情	0.82
	7. 我已经完全融入工作中	0.80
服务绩效 (Cronbach's α = 0.92)	1. 该员工对顾客很友善	0.74
	2. 该员工能快速反应顾客的要求	0.80
	3. 该员工能通过灵巧询问和倾听的方式了解顾客的需求	0.79
	4. 该员工能在需要的时候帮助顾客	0.81
	5. 该员工能将服务与顾客的需求联系起来	0.83
	6. 该员工会考虑顾客可能会喜爱但未想到的服务	0.73
	7. 该员工想方设法（如解释某项服务的好处）来消除顾客的不满	0.79
PCSP (Cronbach's α = 0.91)	1. 该员工主动预测顾客的需求，并积极开发应对措施	0.77
	2. 主动与顾客分享信息来满足顾客的财务需求	0.69
	3. 运用自我的判断和对风险的理解来决定何时采取例外或临时性措施	0.79
	4. 在与顾客的互动中有主人翁意识，积极跟进整个服务过程，并确保顾客服务能周到地过渡到其他服务员工那里	0.79
	5. 主动与其他服务员工一起精诚合作来更好地服务顾客	0.81
	6. 主动将顾客的要求传达给相关部门/员工，并一起合作采取相关措施	0.79
	7. 积极地寻求顾客的反馈，以确保顾客的期望已得到满足	0.83

注：N = 232。

第十九章 | 引燃服务之火：新业态行业领导幽默对员工服务创新的影响

第三节 研究结果与分析

一 验证性因子分析

为了评估本章五个关键变量之间的区分效度，笔者使用 Mplus 7.0 进行了验证性因子分析。[①] 分析结果如表 19-2 所示。由分析结果可见，基础模型（五因子模型）能较好地与数据进行拟合［χ^2（395）= 769.93，TLI = 0.92，CFI = 0.92，RMSEA = 0.06］，且拟合系数明显优于其他替代模型，这说明五个关键变量之间具有良好的区分效度。同时，如表 19-1 所示，本章所有构念的因子负荷都显著地大于 0.65。此外，领导幽默、神经质、和谐式工作激情、服务绩效和顾客服务主动性行为的平均方差提取值（Average Variance Extracted，AVE）分别为 0.63、0.64、0.69、0.61 和 0.61。以上这些证据表明本章五个关键变量也具有良好的收敛效度。

表 19-2 所研究变量测度的验证性因素分析结果

模型	χ^2	df	CFI	TLI	RMSEA (90% CI)
基础模型（五因子模型）	769.93	395	0.92	0.92	0.06 (0.057—0.071)
四因子模型 1：合并领导幽默与和谐式工作激情	999.70	399	0.88	0.87	0.08 (0.074—0.087)
四因子模型 2：合并领导幽默和神经质	1057.96	399	0.86	0.85	0.084 (0.078—0.091)
四因子模型 3：合并和谐式工作激情与服务绩效	1702.90	399	0.73	0.71	0.12 (0.113—0.125)
四因子模型 4：合并和谐式工作激情与顾客服务主动性行为	1687.13	399	0.73	0.71	0.12 (0.112—0.124)

[①] Muthén, L. K. and Muthén, B. O., *Mplus – Statistical Analysis with Latent Variables*: *User's Guide*, Los Angeles, CA, Muthén and Muthén, 2012.

续表

模型	χ^2	df	CFI	TLI	RMSEA（90% CI）
三因子模型：合并和谐式工作激情、服务绩效和顾客服务主动性行为	2374.06	402	0.59	0.56	0.15（0.140—0.151）
二因子模型：合并领导幽默、和谐式工作激情、服务绩效和顾客服务主动性行为	2608.38	404	0.55	0.51	0.15（0.148—0.159）
单因子模型：将所有变量合并为一个因子	3339.49	405	0.39	0.35	0.18（0.171—0.182）

注：N=232。

二 描述性统计

描述性统计的分析结果如表19-3所示。由结果可见，领导幽默与和谐式工作激情、服务绩效和顾客服务主动性行为都呈正相关（r=0.34、0.22、0.22，p<0.01）。和谐式工作激情与服务绩效和顾客服务主动性行为也具有显著的正向相关关系（r=0.29、0.30，p<0.01）。此外，每个变量的AVE值都高于其与其他变量相关关系的平方值，这进一步证明了五个关键构念的区分效度。

表19-3　　　　本章所有变量的均值、标准差和相关性

变量	1	2	3	4	5
1. 领导者幽默	(0.79)				
2. 神经质	-0.11	(0.80)			
3. 和谐式工作激情	0.34**	-0.38**	(0.83)		
4. 服务绩效	0.22**	-0.20**	0.29**	(0.78)	
5. 顾客服务主动性行为	0.22**	-0.25**	0.30**	0.54**	(0.78)
均值	3.49	2.44	3.84	3.99	3.68
标准差	0.70	0.81	0.78	0.66	0.70

注：N=232；**p<0.01（双尾），*p<0.05（双尾）；对角线上括号内的值是每个量表平均方差提取值的平方根；性别："1"—男，"2"—女；教育程度："1"—高中及以下学历，"2"—大专学历，"3"—本科学历，"4"—研究生及以上学历。

三 假设检验

在本章的最终样本中，大部分领导者需要对多名员工的服务绩效和顾客服务主动性行为进行评估，因此，笔者控制了潜在的嵌套效应并使用 Mplus 7.0 进行假设检验。[①] 表 19-4 的结果表明，领导幽默对员工的服务绩效和顾客服务主动性行为具有显著的正向影响（$\beta = 0.17$、0.15，$p < 0.05$，M_6 和 M_{10}），这为假设 19-1a 和假设 19-1b 提供了证据。

同时，研究结果显示，领导幽默对员工的和谐式工作激情具有显著的积极作用（$\beta = 0.36$，$p < 0.01$，M_2），这为假设 19-2 提供了支持。和谐式工作激情对服务绩效、顾客服务主动性行为也具有积极的影响（$\beta = 0.29$、0.31，$p < 0.01$，M_7 和 M_{11}）。不仅如此，当笔者在 M_8 中加入和谐式工作激情时，和谐式工作激情对服务绩效具有显著的正向影响（$\beta = 0.27$，$p < 0.01$），而领导幽默对员工服务绩效的积极影响则变得不显著（$\beta = 0.07$，n.s.）。笔者进一步对和谐式工作激情在领导幽默和员工服务绩效关系中所起到的中介效果进行分析。分析结果表明，领导幽默对员工服务绩效具有显著的、正向的间接作用（estimate = 0.06，97.5% CI = [0.016, 0.111]）。因此，假设 19-3a 得到了支持。此外，在模型 M_{12} 中，和谐式工作激情对顾客服务主动性行为具有正向影响（$\beta = 0.29$，$p < 0.01$），而领导幽默对员工的顾客服务主动性行为的正向影响则不显著（$\beta = 0.05$，n.s.）。不仅如此，分析结果进一步表明领导幽默通过和谐式工作激情对顾客服务主动性行为所产生的间接影响也显著（estimate = 0.06，97.5% CI = [0.010, 0.134]）。因此，假设 19-3b 也得到了支持。

为了检验假设 19-4，笔者首先对领导幽默和员工神经质进行标准化，再利用标准化之后的值创造交互项。分析结果表明，领导者幽默×神经质对和谐式工作激情具有显著的正向影响（$\beta = 0.18$，$p < 0.05$，M_4）。本书根据艾肯（Aiken）和韦斯特（West）[②] 的建议进一步绘制

[①] Muthén, L. K. and Muthén, B. O., *Mplus – Statistical Analysis with Latent Variables*: User's Guide, Los Angeles, CA, Muthén and Muthén, 2012.

[②] Aiken, L. S. and West, S. G., *Multiple Regression*: Testing and Interpreting Interactions, Sage, 1991.

表 19－4　假设检验的结果

	和谐式工作激情					服务绩效				顾客服务主动性行为			
	M_1	M_2	M_3	M_4	M_5	M_6	M_7	M_8	M_9	M_{10}	M_{11}	M_{12}
截距	4.41**	2.77**	4.06**	4.26**	5.12**	4.34**	3.83**	3.60**	4.56**	3.85**	3.20**	3.05**
控制变量												
性别	0.06	0.02	0.00	−0.01	0.08	0.06	0.06	0.05	0.05	0.03	0.03	0.02
年龄	0.18	0.19*	0.13	0.12	0.14	0.14	0.09	0.09	0.05	0.06	0.00	0.00
教育程度	0.06	0.05	0.04	0.02	0.20**	0.20**	0.19**	0.19**	0.13	0.13	0.12	0.12
本企业工龄	−0.07	−0.12	−0.11	−0.09	−0.07	−0.10	−0.05	−0.06	0.19**	0.17**	0.21**	0.20**
酒店1	−0.06	−0.06	−0.03	−0.03	−0.12	−0.12	−0.10	−0.10	−0.01	−0.27**	0.01	0.01
酒店2	−0.07	−0.03	0.02	0.05	−0.26**	−0.24**	−0.24**	−0.23**	−0.28**	−0.27**	−0.26**	−0.26**
酒店3	−0.10	−0.10	−0.07	−0.08	0.14	0.14	0.17*	0.17*	0.00	−0.00	0.03	0.03
酒店4	−0.16*	−0.15*	−0.06	−0.07	0.12	0.12	0.16*	0.16*	0.17**	0.17**	0.21**	0.21**
自变量												
领导者幽默		0.36**	0.32**	0.29**		0.17*		0.07		0.15*		0.05
调节变量												
神经质			−0.33**	−0.31**			0.29**	0.27**			0.31**	0.29**
交乘项												
领导者幽默×神经质				0.18*								

注：N=232；**$p<0.01$（双尾），*$p<0.05$（双尾）。

了以上的调节效应。从图 19-2 可以看出,当员工的神经质程度较高时,领导者幽默对和谐式工作激情的正向影响显著（β=0.35, p<0.01）,但当员工神经质程度较低时,领导者幽默对和谐式工作激情的正向影响则变得不显著（β=0.11, n.s.）。这些结果为假设 19-4 提供了支持。

为了检验假设 19-5a 和假设 19-5b,笔者分别以高于和低于员工神经质均值一个标准差为基准,分析了不同神经质水平下和谐式工作激情所起到的不同中介作用。分析结果表明,当员工神经质程度较高时,领导幽默通过和谐式工作激情对员工服务绩效的间接影响较强（estimate = 0.07, 97.5% CI = [0.021, 0.139]）；当员工神经质程度较低时,这一间接作用则较弱（estimate = 0.04, 97.5% CI = [0.011, 0.097]）。同时,以上两个间接作用的差异是显著的（estimate = 0.03, 97.5% CI = [0.003, 0.067]）。因此,假设 19-5a 得到了支持。同样地,当员工神经质程度较高时,领导幽默通过和谐式工作激情对员工顾客服务主动性行为所产生的间接影响较强（estimate = 0.08, 97.5% CI = [0.016, 0.157]）；当员工神经质程度较低时,这一间接作用则较弱（estimate = 0.05, 97.5% CI = [0.009, 0.123]）。不仅如此,以上两个间接作用同样具有显著的差异（estimate = 0.03, 95% CI = [0.006, 0.074]）。因此,假设 19-5b 也得到了支持。

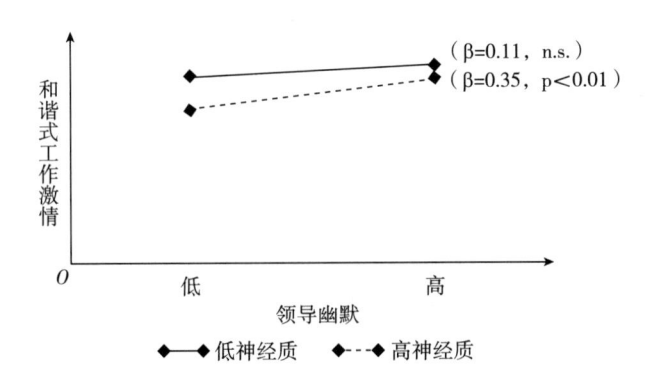

图 19-2 领导幽默和神经质对员工和谐式工作激情的交互作用

第四节 研究结论与讨论

一 结论

尽管领导幽默已经获得了管理领域研究者们的大量关注,但其在服务业情境中可能发挥的重要作用还没有得到充分的研究。领导者的幽默可能是缓解一线服务员工与工作相关的压力并激发正面情绪的"良药",这对顾客服务质量而言至关重要。基于此,本章通过探索领导幽默对一线服务员工之服务结果的影响,弥补了这一研究缺陷。笔者设计了一个多时点多来源的问卷调研方案,利用实证分析证明领导幽默能够提高一线服务员工的服务绩效和顾客服务主动性行为。不仅如此,基于自我决定理论,笔者发现员工的和谐式工作激情在领导幽默—员工服务绩效以及领导幽默—员工顾客服务主动性行为的关系中起到完全中介的作用。这意味着,领导幽默激发了一线服务员工的和谐式工作激情,并进一步促进员工的服务绩效和顾客服务主动性行为的提高。此外,员工神经质强化了领导幽默对员工和谐式工作激情的直接影响,以及领导幽默对员工服务绩效和顾客服务主动性行为的间接影响。另外,本章的研究结果还表明,当员工的神经质程度较低时,领导幽默对和谐式工作激情的正向影响并不显著。这可能是由于低神经质的员工本身便善于产生服务顾客所需要的正面情绪。对这类员工而言,诸如领导幽默等情绪资源便显得不是特别关键。

二 理论意义

首先,本章拓展了领导幽默的研究。尽管领导者的幽默已经被证明对员工的工作态度和工作行为具有重要的影响,但现有研究忽略了领导幽默对酒店行业的重要影响。由于一线服务员工经常需要呈现正面情绪以满足顾客的需求,因而他们通常会承受着较强的情绪压力和心理压力。[1] 所以,这类员工可能迫切需要领导者展现更多的幽默。通过研究

---

[1] Pienaar, J. and Willemse, S. A., "Burnout, Engagement, Coping and General Health of Service Employees in the Hospitality Industry", *Tourism Management*, Vol. 29, No. 6, 2008, pp. 1053 – 1063.

第十九章 | 引燃服务之火：新业态行业领导幽默对员工服务创新的影响

领导幽默对一线服务员工之服务绩效和顾客服务主动性行为的影响，本章不仅回应了研究人员对于加强关注领导幽默的呼吁[1]，同时将领导幽默的影响研究拓展到一线服务员工的角色内服务绩效和角色外的顾客服务主动性行为。

其次，本章基于自我决定理论，深入探索了领导幽默对员工服务产出的影响机制。据此，本章解决了领导幽默的"何故"和"何时"的问题。在"何故"的问题方面，本章探索了领导幽默对员工服务产出产生影响的一种新中介机制。具体而言，本章结合自我决定理论，发现员工的和谐式工作激情在领导幽默发挥影响的过程中起到重要的中介作用。领导者的幽默满足了一线服务员工对于自主权和人际关联的需求，从而激发了员工的和谐式工作激情。和谐式工作激情的提高进一步促使一线服务员工表现出更高的角色内服务绩效和顾客服务主动性行为。本章对于和谐式工作激情中介作用的探索超越了该领域现有的研究框架，为理解领导幽默的影响提供了一个理论视角。

最后，本章对神经质调节作用的关注有助于揭示领导者幽默的"何时"问题。本章的研究结果表明，领导幽默对高度神经质的一线服务员工尤其有效。这些员工通常经历更多的负面情绪，并且更容易失去对工作的控制感。该类员工往往更重视领导者的幽默，并且更感激领导者对他们的自主权需求和关联需求的支持。因此，在面对领导幽默的时候，该类员工能够产生更多的和谐式工作激情，并进一步展示出更高质量的服务绩效和顾客服务主动性行为。本章的这些发现不仅凭借探索领导幽默的一个重要边界条件丰富了领导幽默研究，而且通过提供额外的证据来证明对一个人的心理需求的支持能在多大程度上引发个体动机发生变化，实现对自我决定理论的扩展。

三 实践意义

本章识别了一种有利于促进一线服务员工服务产出（包括角色内的服务绩效和顾客服务主动性行为）的全新前因变量，因此对服务型

---

[1] Cooper, C. D., Kong, D. T. and Crossley, C. D., "Leader Humor as an Interpersonal Resource: Integrating Three Theoretical Perspectives", *Academy of Management Journal*, Vol. 61, No. 2, 2018, pp. 769-796.

组织的管理实践具有重要的启示意义。具体而言，本章揭示了领导幽默可以通过激发一线服务员工的和谐式工作激情，进一步促进员工实施高质量的服务绩效和顾客服务主动性行为。因此，本章为服务型组织提供了能够提升一线服务员工服务质量的三条途径。第一，考虑到领导者幽默的重要性，服务型组织可以招聘更多幽默的领导者或提拔幽默感强的候选人作为领导者。与此同时，对领导者（尤其是一线服务员工的直接主管）的幽默训练也是一个有用的方法。通过这些培训，组织可以鼓励管理者调整管理风格，学会在从事领导工作过程中使用更多的幽默。

第二，本章的研究结果表明，和谐式工作激情在领导幽默和员工服务产出的关系中起到重要的中介作用，因此服务型组织可以通过培养一线服务员工的和谐式工作激情来提高他们的角色内服务绩效和顾客服务主动性行为。鉴于领导者的幽默必须通过和谐式工作激情才能够转化为员工的服务绩效和顾客服务主动性行为，因此这一个路径显得尤其关键。为了促进员工的和谐式工作激情，组织可以为一线服务员工提供更多的支持性条件，增加他们对工作的兴趣。[①] 例如，组织可以提供一个支持性的环境，使员工可以自由地表达他们的需求。组织也可以提供有用的反馈，让员工觉得他们的贡献对于组织而言是非常重要的。

第三，本章的研究结果表明，当一线服务员工具有较高的神经质水平时，领导幽默的积极影响更强。这说明领导幽默可以缓解一线服务员工因神经质而产生的消极情绪。因此，在管理实践中，领导者应该注意一线服务员工的情绪稳定性，并适当运用幽默型领导行为。当一线员工的神经质水平较高时，领导者应该使用更多的幽默行为来帮助这些员工重拾正面情绪。此时，高神经质的一线服务员工将更愿意并能够产生强烈的和谐式工作激情，从而提供高质量的服务绩效和顾客服务主动性行为。

四 局限性及未来研究

第一个局限是由于本章中有部分变量是由相同的被试对象在同一个

---

① Trépanier, S. G., Fernet, C., Austin, S., et al., "Linking Job Demands and Resources to Burnout and Work Engagement: Does Passion Underlie These Differential Relationships?", *Motivation and Emotion*, Vol. 38, No. 3, 2014, pp. 353 – 366.

第十九章 | 引燃服务之火：新业态行业领导幽默对员工服务创新的影响

时点中进行汇报的，因此本章研究可能存在共同方法偏差。为此，笔者对可能存在的共同方法偏差进行了两次评估。一是笔者进行了一系列的验证性因子分析，发现本章的五个核心构念的测量具有足够的区分效度。二是本章研究的因子分析结果显示共同方法偏差并不显著。因此，我们有理由相信共同方法偏差问题并不会对本章的结果造成显著的影响。

第二个潜在的局限与员工服务结果的其他前因变量有关。现有的研究已经证实，存在多种变量能够对一线服务员工的服务绩效和顾客服务主动性行为产生显著的影响，例如公仆型领导[1]和授权型领导。[2] 倘若把这些因素都纳入研究框架中，领导幽默是否还会产生同样显著的影响呢？因此，未来的研究可以通过控制这些因素来验证领导者幽默的独特效果。

第三个局限存在于领导者幽默与员工和谐式工作激情之间的具体内在机制中。虽然本章从理论上揭示了领导幽默通过满足员工的自主性和关联性需求来培养员工的和谐式工作激情，但是由于本章主要关注如何培养和谐式工作激情，并没有将这两种基本需求纳入理论框架中。然而，如果能够测量这两种基本需求，并实证证实它们在领导幽默与和谐式工作激情关系中的作用，就将有助于更深入地了解领导者幽默的影响。因此，笔者呼吁未来的研究加以扩展，进一步探索自主权需要和关联性需要在领导幽默与和谐式工作激情之间的重要作用。

除以上局限性之外，未来的研究还应该关注不同的领导幽默行为。首先，根据以往的研究，幽默可以分为不同的类型，其中几种类型的领导幽默所产生的消极作用强于积极作用（如侵略型幽默）。[3] 因此，未

---

[1] Ye, Y., Lyu, Y. and He, Y., "Servant Leadership and Proactive Customer Service Performance", *International Journal of Contemporary Hospitality Management*, Vol. 31, No. 3, 2019, pp. 1330–1347.

[2] Wu, C. M. and Chen, T. J., "Psychological Contract Fulfillment in the Hotel Workplace: Empowering Leadership, Knowledge Exchange, and Service Performance", *International Journal of Hospitality Management*, Vol. 48, 2015, pp. 27–38.

[3] Chen, H. and Ayoun, B., "Is Negative Workplace Humor Really all That 'Negative'? Workplace Humor and Hospitality Employees' Job Embeddedness", *International Journal of Hospitality Management*, Vol. 79, 2019, pp. 41–49.

来研究可以集中关注领导的负面幽默并探索它们对一线服务员工服务结果的负面影响。这项研究将有利于扩展我们对领导幽默在服务业中可能发挥的作用效果的认识。此外，未来研究还可以将领导者幽默的影响后果扩展到更多的服务结果中。未来研究可以探索个体层面的其他服务结果，如顾客导向的建言行为、服务创新和顾客导向的组织公民行为。此外，未来研究还可以关注领导者幽默对团队层面产出的影响。这些研究将有助于我们更好地了解领导者幽默在新业态行业的影响。

其次，尽管本章研究的结果表明和谐式工作激情在领导幽默和员工服务结果的关系间起到完全的中介作用，但可能还存在其他的理论框架能够解释领导幽默在服务业中的影响。例如，未来研究可以基于资源保存理论探讨工作投入的中介作用。资源保存理论指出个体通常致力于获取有价值的资源。[1] 当个体可以从一项活动中获得丰富的资源时，他们倾向于在该活动中投入更多的资源以获得更多的收益。领导幽默为一线服务员工提供了一种积极的情感资源，这些资源是该类员工在服务顾客过程中所必不可少的。此时，一线服务员工可能会更多地参与到顾客服务中，进而产生高质量的服务绩效和顾客服务主动性行为。

最后，未来研究可以探索领导幽默的其他边界条件。具体而言，未来研究可以探索其他可能强化或削弱领导幽默的作用效果的调节变量。例如，未来研究可以探索员工良好人际敏感性的调节作用。人际敏感性是指个体在工作场所对良好人际关系的敏感程度。[2] 当领导者在与员工的互动中表现出较多的幽默行为时，高度敏感的员工往往会做出更积极的反应，这可能会显著地增强领导者幽默的作用效果。

---

[1] Hobfoll, E. S., "Conservation of Resources: A New Attempt at Conceptualizing Stress", *American Psychologist*, Vol. 44, No. 3, 1989, pp. 513–524.

[2] Bunk, J. A. and Magley, V. J., "Sensitivity to Interpersonal Treatment in the Workplace: Scale Development and Initial Validation", *Journal of Occupational and Organizational Psychology*, Vol. 84, No. 2, 2011, pp. 395–402.

第二十章

破解技术创新驱动力的学习障碍：基于人力资源创新视角的组织学习机制研究

改革开放以来，我国依靠高新技术产业低端化和传统产业低技术化模式获得了几十年的高速发展。但随着时代的发展，我国企业正面临着数字经济转型的压力以及冲击经济市场全球化、消费者需求多样化和资源约束等国内外环境的"双向挤压"，原有的双低发展模式已经难以为继。在此态势下，我国企业唯有依靠技术创新完成转型升级，才能够建立和巩固可持续的竞争优势。在一份波士顿咨询公司全球最具创新力的50强企业中，华为、腾讯和联想荣登榜单。但是，国内绝大多数企业在技术创新上不尽如人意。根据《中国企业创新能力百千万排行榜（2017）》，以专利为例，绝大多数专利集中在少数优秀企业，更多企业的创新能力和创新意愿都偏薄弱，且国内企业技术创新的整体状况与发达国家之间存在较大的差距。综观国内这些创新能力强的企业，除了高额研发经费的投入，企业针对技术创新的管理制度均颠覆了传统的模式，致力于灵活地深度开发员工的潜能，以实现更为市场化的创新成效。毫无疑问，优秀企业技术创新的实现路径亟须在国内得到传播，提升企业的技术创新能力已经成为业界所共同关注的核心课题。

管理实践表明，企业的技术创新离不开员工的创新活动，而员工创新能力的发挥则高度依赖于企业的人力资源管理系统。① 基于此，大量研究讨论了传统战略人力资源管理与企业技术创新的关系，认为可以通过垂直匹配（人力资源管理与企业创新战略部署之间的匹配）和水平匹配（企业内各种人力资源管理实践之间的匹配）来促进企业技术创新。②③ 尽管这些研究成果斐然，却并未阐释在实现以上两种匹配之后，应如何实现人力资源管理对外部环境的动态适应。这种相对静态的人力资源管理体制对企业技术创新的推动作用是短暂的、不可持续的，甚至可能禁锢了"创新基因"的孵化。因此，迫切需要将动态的"柔性"模式纳入战略人力资源管理框架，实现人力资源管理系统的转型升级及其对企业技术创新的持续驱动作用。

从现有文献来看，整合"柔性"模式与人力资源管理的方式主要包括两种：其一，从内容导向视角出发，提出人力资源柔性这一概念并将其划分为员工技能柔性、员工行为柔性和人力资源实践柔性三个维度。④ 尽管这受到了部分学者的认可，但该类研究倾向于讨论柔性化人力资源的特征，而没有指出企业应如何设计人力资源系统来提升员工的技能柔性和行为柔性。类似的研究从属性导向视角出发，将人力资源柔性划分为数量柔性和功能柔性，遗憾的是该类研究忽略了人力资源柔性中极为关键的协调性功能。其二，常（Chang）等学者基于系统性的管理角度，提出了柔性人力资源管理（Flexibility - oriented Human Resource Management）的概念，将其定义为企业为了获取和发展员工的多样化知识与技能，以及更快速、有效地调配人力资本而实行的一系列人

---

① Hu, J., Jiang, K., Baer, J. C. and Lepak, D. P., "How Does Human Resource Management Influence Organizational Outcomes? A Meta - Analytic Investigation of Mediating Mechanisms", *Academy of Management Journal*, Vol. 55, No. 6, 2012, pp. 1264 - 1294.

② 刘善仕等：《人力资源管理系统、创新能力与组织绩效关系——以高新技术企业为例》，《科学学研究》2007 年第 4 期。

③ 王颖、李树茁：《以资源为基础的观点在战略人力资源管理领域的应用》，《南开管理评论》2002 年第 3 期。

④ Wright, P. M. and Scott, A. S., "Toward a Unifying Framework for Exploring Fit and Flexibility in Strategic Human Resource Management", *Academy of Management Review*, Vol. 23, No. 4, 1998, pp. 756 - 772.

力资源管理实践活动。① 这一概念在梳理了人力资源管理柔性特征的同时,着重探索了如何设计人力资源管理体系来提升其对外部环境的适应能力。由此可见,柔性人力资源管理不仅继承了前人研究的核心观点,而且较好地将动态的"柔性"模式纳入人力资源管理框架,是能够持续驱动企业进行技术创新的潜在因素。

目前,柔性人力资源管理与企业技术创新关系的研究还处于起步阶段。截至目前,仅有常等[1]学者对此进行初步的探索。该研究表明,柔性人力资源管理可以通过改善企业的吸收能力和市场响应能力,促进企业创新。在此基础上,国内学者郑雅琴等[2]检验了其对员工心理契约满足的影响。尽管常等学者[1]初步考察了柔性人力资源管理与企业创新的关系,但遗憾的是,该研究并没有细分企业创新的类型并对企业技术创新加以关注。企业创新是一个较为宽泛的构念,它涵盖了技术创新、管理创新等诸多创新类型,而相同的人力资源管理体制可能对不同的创新类型产生差异化的作用。基于实践需求和理论研究现状,本章将深入探讨柔性人力资源管理对企业技术创新(包括产品/服务创新和工艺/服务流程创新)的影响。

更进一步地,除了常等学者[1]的研究,揭开柔性人力资源管理与企业技术创新中介机制的"黑箱"还有更大的探索空间。技术创新是指企业为了改进其产品、工艺和服务而发明或创造新的技术。企业的技术创新是以组织的知识资本存量为基础的,它大量涉及了对于既有知识的整合利用,以及对于新知识的吸收和消化。由此可见,企业技术创新的过程实际上也是企业进行组织学习的过程。其中,对既有知识的整合与再利用是企业的利用式学习,而对新知识的吸收和消化则是企业的探索式学习。因此,从组织学习的视角探索企业技术创新的提升过程,是最契合企业技术创新本质的研究范式之一。由于组织学习嵌于企业员工的个体学习之中,员工的知识存储、知识分享以及企业对知识的调配效率

---

[1] Chang, S., Gong, Y., Sean, A. W. and Jia, L., "Flexibility - Oriented HRM Systems, Absorptive Capacity, and Market Responsiveness and Firm Innovativeness", *Journal of Management*, Vol. 39, No. 7, 2013, pp. 1924 - 1951.

[2] 郑雅琴等:《灵活性人力资源管理系统与心理契约满足——员工个体学习目标导向和适应性的调节作用》,《经济管理》2014 年第 1 期。

等都对学习效果具有重要影响，而丰富知识资源、促进组织学习和高效调配知识载体正是柔性人力资源管理的核心管理过程。因此，本章拟从组织学习理论出发，深入探讨企业的探索式学习和利用式学习在柔性人力资源管理与企业技术创新关系间所起的中介作用，以探索"柔性化"力量如何破解固有的知识"私有化"困境并带来技术创新驱动力。本章框架如图 20-1 所示。

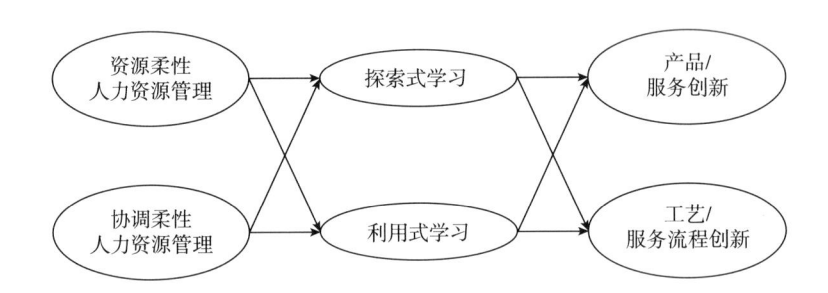

图 20-1 本章的研究框架

资料来源：笔者绘制。

第一节 理论分析与理论假设

一 柔性人力资源管理

常等学者将柔性人力资源管理划分为两个维度：①资源柔性人力资源管理（Resource - flexibility - oriented Human Resource Management），它是指企业中有利于获取和发展员工的多样化知识与技能的一系列人力资源管理实践活动。②协调柔性人力资源管理（Coordination - flexibility - oriented Human Resource Management），它是指企业中有利于快速、有效地调配和整合人力资本的一系列人力资源实践活动。[①] 其中，资源柔性人力资源管理注重提升员工知识与技能的多样化，而协调柔性人力资源

[①] Chang, S., Gong, Y., Sean, A. W. and Jia, L., "Flexibility - Oriented HRM Systems, Absorptive Capacity, and Market Responsiveness and Firm Innovativeness", *Journal of Management*, Vol. 39, No. 7, 2013, pp. 1924 - 1951.

管理则关注对于员工知识与技能的使用和调配，两者相辅相成，缺一不可。

该研究指出，资源柔性人力资源管理实践有三：一是招募异质性员工，从源头上为企业引进多样化的知识与技能。二是根据外部环境的需求，为员工提供超出当前岗位的、更为宽泛的培训内容。三是建立岗位轮换的机制或者拓展员工的工作内容，引导员工承担不同的工作角色和不同的工作任务。同时，协调柔性人力资源管理实践也有三个方面：①充分利用先进的信息系统，加强对人力资源的储存、定位与调配。②采用团队薪酬和团队绩效评估的方式，引导团队内部的分享与合作。③实行参与式管理等有机的人力资源管理方式，真正推动企业中的信息流动、知识分享和资源整合。

二 柔性人力资源管理与企业技术创新

技术创新是指企业通过发明和使用新技术来促进产品、工艺和服务的改进。庄（Chuang）进一步将技术创新划分为两个子创新系统：①产品/服务创新：它是指企业创造出新的工业产品或者新的服务产品。②工艺/服务流程创新：它是指企业创造出新的生产方式或者服务方式。[1] 已有大量研究表明，企业技术创新取决于员工的创新动机和创新能力，而员工创新动机的构建和创新能力的发挥则依赖于企业人力资源管理系统的有效性。[2][3] 蒋建武等学者指出，当企业拥有一套有利于丰富知识资本、推动组织学习和提升知识整合效率的人力资源管理体系时，将能够有力地推动组织技术创新的发展。[4] 基于柔性人力资源管理的概念，本书推测柔性人力资源管理将有利于促进企业的技术创新。

战略人力资源管理理论指出，技术创新是以企业资源为基础的，而

---

[1] Chuang, L. M., "An Empirical Study of the Construction of Measuring Model for Organizational Innovation in Taiwanese High-Tech Enterprises", *Journal of American Academy of Business*, Vol. 6, No. 1, 2005, pp. 299-304.

[2] Jeong, I. and Shin, S. J., "High-Performance Work Practices and Organizational Creativity During Organizational Change: A Collective Learning Perspective", *Journal of Management*, Vol. 45, No. 3, 2019, pp. 909-925.

[3] 宋典等：《战略人力资源管理、创新氛围与员工创新行为的跨层次研究》，《科学学与科学技术管理》2011年第1期。

[4] 蒋建武等：《战略人力资源管理对组织创新的作用机理研究》，《管理学报》2010年第12期。

员工所拥有的知识与技能是企业最有价值的资源。资源柔性人力资源管理有利于扩充企业的知识资本存量，为企业技术创新提供丰富的知识资源。其中，异质性员工的招募和跨职能的培训活动有利于丰富企业知识的多样性，为产品/服务创新、工艺/服务流程创新奠定坚实的资源基础。岗位轮换的管理活动则为员工提供了接触更多工作角色的机会，这不仅有利于拓展企业员工的知识面，而且有利于引导不同岗位、不同部门的员工之间的交流与合作。这种高异质性的工作团队有助于进一步增强企业对于外部环境的感知能力，孕育出更多产品/服务创新、工艺/服务流程创新的构思，提高企业进行产品/服务创新、工艺/服务流程创新的能力。因此，本章提出以下假设：

假设20-1a：资源柔性人力资源管理对产品/服务创新、工艺/服务流程创新具有显著的正向影响。

企业技术创新的关键环节在于知识共享与知识整合，而知识共享和知识整合往往是以企业员工为载体的。如何打破员工出于个人利益而将知识"私有化"的困境，是企业在进行人力资源管理的过程中所必须思考的一个问题。何会涛和彭纪生指出，有效的人力资源管理实践活动展示了企业对员工的期望，是激励与强化员工知识共享行为与知识整合行为的重要策略，对企业创新具有重要的促进作用。[1] 如前所述，协调柔性人力资源管理旨在通过一系列有效的调配活动来加强对员工知识的整合。这种管理活动不仅为员工提供了更多接触新任务或新同事的机会，为员工的知识分享和知识整合搭建了良好的平台；而且有利于提高员工对团队与其自身工作的认可，进而激发员工进行知识分享的意愿。在此情形下，企业的技术创新毫无疑问地将得以提升。

协调柔性人力资源管理对企业技术创新的促进作用具体体现在以下三个方面。首先，团队薪酬和团队绩效评估的管理方式可从制度上强化员工共享知识的意愿和动机，带动员工隐性知识的流通与融合，进而激发员工的创意。其次，参与式管理等有机的人力资源策略有利于构建企业与员工之间的信任关系，提高员工为企业产品/服务创新、工艺/服务

---

[1] 何会涛、彭纪生：《人力资源管理实践对创新绩效的作用机理研究——基于知识管理和组织学习视角的整合框架》，《外国经济与管理》2008年第8期。

流程创新建言献策的责任心与主动性。同时，合理授权有利于促进员工或团队自主进行创新"试错"，推动产品/服务、工艺/服务流程创意的实现。最后，先进信息系统的使用不仅有助于企业进行人力资本的存储、获取和调用，提高企业对内部知识的整合效率，同时还可以促进非正式网络的形成，驱动企业内部隐性知识的交流、共享和整合，进而推动产品/服务创新能力和工艺/服务流程创新能力的提升。综上，本章提出以下假设：

假设20-1b：协调柔性人力资源管理对产品/服务创新、工艺/服务流程创新具有显著的正向影响。

三 组织学习的中介作用

（一）柔性人力资源管理与组织学习

马奇（March）将组织学习划分为探索式学习和利用式学习。[1] 探索式学习是指企业通过全方位的搜索、实验与创新，获得与现有能力、技术、范例等不同的新知识；利用式学习是指企业对既有能力、技术与范例等的再开发。组织学习理论指出，推动组织学习的因素包括企业的外部因素和内部因素。[2] 尽管外部因素对组织学习的影响是不容忽略的，但该情境下的组织学习更多的是一种适应性行为。内部因素是指企业中有利于推动组织学习的条件与管理实践活动，它是企业的一种主动性行为，具有较强的可控性和可操作性。因此，对影响组织学习的内部推动因素进行探索往往具有更重要的意义。

陈国权指出，组织学习嵌入于成员的个体学习之中，人力资源管理实践活动可以通过改善企业成员的学习动机、学习能力和学习机会，进而提升组织学习的效果。[3] 因此，要想建立一整套有利于推动组织学习的管理方法，关键是要做好对人的管理。这引起了学者对人力资源管理

---

[1] March, J. G., "Exploration and Exploitation in Organizational Learning", *Organization Science*, Vol. 2, No. 1, 1991, pp. 71-87.

[2] 杨建锋等：《组织学习对组织绩效的影响机制研究》，《科学学与科学技术管理》2010年第7期。

[3] 陈国权：《学习型组织的学习能力系统、学习导向人力资源管理系统及其相互关系研究——自然科学基金项目（70272007）回顾和总结》，《管理学报》2007年第6期。

制度与组织学习关系的关注。[1] 随后学者们逐渐意识到,探索式学习和利用式学习是一对需要平衡的矛盾体,任何一种学习模式的滞后都将对企业造成损失,然而二者依赖于不同的信息资源,实现这种平衡对企业的人力资源管理是一种挑战。[2][3] 如前所述,柔性人力资源管理在探索如何动态地丰富人力资本池的同时,强调对人力资本的有效协调。因此,柔性人力资源管理极有可能共同促进企业的探索式学习和利用式学习,为两者的平衡提供一种新思路。

资源柔性人力资源管理有助于同时提高探索式学习和利用式学习。首先,组织学习理论指出,探索式学习和利用式学习是以知识为基础的。但两者所需要的知识类型有所不同。探索式学习的内容为企业外部的新知识,利用式学习的内容则为企业的既有知识。如何利用一套管理体系同时满足探索式学习和利用式学习对知识资源的要求,一直是理论界与实务界所面临的一个难题。如前所述,资源柔性人力资源管理主张根据外部环境的动态性来设计企业的培训体系,在深化员工专业知识水平的同时,利用跨职能培训活动来拓展员工的认知多样性。这不仅有利于深化企业的既有知识,而且有利于为企业输送新鲜的知识资源。首先,持续的培训活动有助于在企业中形成一种积极的学习氛围,提高员工对于组织学习的承诺,促进企业的探索式学习和利用式学习。其次,异质性员工的招募是企业引入新知识的重要手段,为探索式学习提供了强有力的支撑。最后,岗位轮换的管理活动不仅有利于引导员工将既有知识应用到不同工作领域中,促进利用式学习;而且有利于引导不同岗位、不同部门的员工主动地分享新知识,推动探索式学习。综上,本章提出以下假设:

假设20-2a:资源柔性人力资源管理对探索式学习和利用式学习具有显著的正向影响。

---

[1] 安智宇、程金林:《人力资源管理对企业绩效影响的实证研究——组织学习视角的分析》,《管理工程学报》2009年第3期。

[2] 邱伟年等:《社会资本与企业绩效:探索式与利用式学习的中介作用》,《经济管理》2011年第1期。

[3] Simsek, Z., Heavey, C., Veiga, J. F., and Souder, D. A., "A Typology for Aligning Organizational Ambidexterity's Conceptualizations, Antecedents, and Outcomes", *Journal of Management Studies*, Vol. 46, No. 5, 2009, pp. 864–894.

第二十章 破解技术创新驱动力的学习障碍：基于人力资源创新视角的组织学习机制研究

根据组织学习理论，组织学习是建立在企业成员个人学习的基础上，但它绝不是个人学习的简单叠加。企业成员通过个人学习将环境中的信息处理成个人的认知、技能和价值观等，形成个人层面的知识体系。但由于企业成员不断地流动与更迭，只有将个体知识在企业中进行分享、解释和记忆，才能使成员的知识形成企业知识。因此，知识分享既是个人学习升华为组织学习的关键环节，也是人力资源管理实践对组织学习的核心管理过程。

协调柔性人力资源管理重点关注了对人力资本的调用与协调，这有利于促进企业内部的知识分享，进而推动企业的探索式学习和利用式学习：①参与式管理等有机的管理方式驱使员工以"主人翁"的心态积极分享个人的信息、技能和策略。这不仅能加强企业对既有知识的利用，而且有利于强化员工的心理安全感和对企业的情感承诺，提高员工探索新知识的意愿。②团队导向的人力资源管理方式能够激发团队成员之间的合作动机。这有助于引导团队成员互相交流既有知识，驱使团队成员将搜索到的独特知识进行共享，为企业的利用式学习和探索式学习提供充裕的知识来源。③信息系统的使用帮助企业更好地掌握员工的专长分布，以便更有弹性地组合与开发既有的人力资本。同时，信息系统有利于企业缩减信息检索的时间，提高企业成员之间分享与交流的效率，为探索式学习创造便利的条件。综上，本章提出以下假设：

假设 20 – 2b：协调柔性人力资源管理对探索式学习和利用式学习具有显著的正向影响。

(二) 组织学习与企业技术创新

随着组织学习的进行，企业不断地加强对既有知识的整合与利用，并持续地积累新的知识与洞察力，这对于企业的产品开发、技术引进和流程改进等具有重要意义。因此，组织学习经常被视为是企业创新最为关键的基础与前提。赫尔特（Hult）等学者研究发现，组织学习不仅有利于促进企业创新的构思阶段，而且有利于推进其执行阶段。[①] 此外，

[①] Hult, G. T. M., Robert, F. H. and Gary, A. K., "Innovativeness: Its Antecedents and Impact on Business Performance", *Industrial Marketing Management*, Vol. 33, No. 5, 2004, pp. 429 – 438.

谢洪明等学者基于中国企业情境的研究发现，组织学习对企业的技术创新具有重要的促进作用。① 基于此，本书的研究推测探索式学习和利用式学习有可能促进企业的产品/服务创新和工艺/服务流程创新，但由于探索式学习与利用式学习所侧重的学习内容和学习方式有所不同，因而其对技术创新的影响机制也存在一定的差异。

如前所述，探索式学习是企业对新知识的搜索、获取与实验。探索式学习有利于企业从外部环境中吸收差异化、多样性和稀缺性的知识，更新企业既有的知识库。这种学习方式在企业技术创新的前期阶段是极其关键的。它有利于企业突破既有知识的"禁锢"，快速识别、创建和发展有价值的知识，利用先发优势，寻找或创造有利于产品/服务创新和工艺/服务流程创新的机会。同时，马奇指出，探索式学习具有搜索、实验、创新等突出的特征，本质上就包含了大量的创新工作。② 由于企业在探索式学习中所面临的问题往往是前所未有的，既没有可以演绎的知识基础，更没有标准答案可言。因此，在处理探索式学习出现的问题过程中，企业会不断迭代出新的解决方法和技术。基于此，企业在探索式学习的过程中极有可能孕育出大量的产品/服务创新和工艺/服务流程创新。综上，本章提出以下假设：

假设20-3a：探索式学习对产品/服务创新、工艺/服务流程创新具有显著的正向影响。

利用式学习则着重强调企业参照既有流程，通过对知识的整合和再开发以提高工作效率。利用式学习不仅包括了对既有知识的重组，而且包括对探索式学习所获取的新知识与既有知识的整合、吸收与利用。因此，利用式学习能够在企业技术创新的中后期发挥巨大的作用。一方面，通过对既有技术、能力和惯例的重组与整合，企业能够实现对既有产品/服务和工艺/服务流程的优化，实现渐进式创新。另一方面，利用式学习能够提高企业对新知识的利用效率，加快技术创新的进展。通过利用式学习，企业能够将所获取的新知识融入既有的知识体系中。这有

---

① 谢洪明等：《市场导向与组织绩效的关系：组织学习与创新的影响——珠三角地区企业的实证研究》，《管理世界》2006年第2期。

② March, J. G., "Exploration and Exploitation in Organizational Learning", *Organization Science*, Vol. 2, No. 1, 1991, pp. 71–87.

第二十章 | 破解技术创新驱动力的学习障碍：基于人力资源创新视角的组织学习机制研究

利于加快企业对新知识的消化和吸收，以更全面的视角探索最有利于推动产品/服务创新和工艺/服务流程创新实现的途径。从这一角度来讲，利用式学习是对探索式学习中所获得的知识的内部化和应用，是促进新知识转化为产品/服务创新和工艺/服务流程创新的重要途径。综上，本章提出以下假设：

假设20-3b：利用式学习对产品/服务创新、工艺/服务流程创新具有显著的正向影响。

探索式学习和利用式学习是组织学习的两种模式，同时也是组织学习理论中的核心概念。① 根据前文对柔性人力资源管理、组织学习以及技术创新的理论推演可知，柔性人力资源管理是探索式学习与利用式学习的重要推动因素，而探索式学习与利用式学习则进一步对企业的技术创新具有关键的促进作用。因此，以组织学习理论为基础，基于假设20-1—假设20-3的分析，本书进一步推论：企业的探索式学习和利用式学习极有可能在柔性人力资源管理与企业技术创新的关系间起到重要的链接作用。综上，本章提出以下假设：

假设20-4a：探索式学习在资源柔性人力资源管理和产品/服务创新、资源柔性人力资源管理和工艺/服务流程创新的关系中起着中介作用。

假设20-4b：利用式学习在资源柔性人力资源管理和产品/服务创新、资源柔性人力资源管理和工艺/服务流程创新的关系中起着中介作用。

假设20-5a：探索式学习在协调柔性人力资源管理和产品/服务创新、协调柔性人力资源管理和工艺/服务流程创新的关系中都起着中介作用。

假设20-5b：利用式学习在协调柔性人力资源管理和产品/服务创新、协调柔性人力资源管理和工艺/服务流程创新的关系中起着中介作用。

---

① Delery, J. E. and Doty, D. H., "Modes of Theorizing in Strategic Human Resource Management: Tests of Universalistic, Contingency, and Configurational Performance Predictions", *Academy of Management Journal*, Vol. 39, No. 4, 1996, pp. 802-835.

第二节 研究方法

一 样本与数据收集

本章的样本数据来自问卷调研。样本企业来源于福建省、贵州省、湖北省和江苏省四个省份，集中于制造业行业和部分服务行业。由于问卷中涉及了企业人力资源管理、组织学习和技术创新状况，因此调研对象为较了解企业整体情况的高层管理人员。具体而言，笔者参照前人的研究方法[1]，在每个公司中随机选取一名高层管理人员作为调研对象。本章调研问卷的发放综合了现场调研、信函和电子邮件这三种形式。为了提高调研的有效性，本章的研究在发放问卷之前首先对样本企业的负责人进行详细解释，以获得对方的支持。在问卷发出之后，笔者及时解答填写人员存在的疑惑，并确保每份问卷都能在发出两周之后回收。

本章的调研共发放了650份调研问卷，实际回收了475份。经过质量筛选，共得到357份有效问卷（75.16%的回收率）。最终样本企业以民营企业为主，占样本的59.66%。企业行业主要集中于制造业中，占样本的70.87%。企业成立年数以10—20年和20年以上居多，分别占样本的35.29%和35.01%。企业总人数以101—500人和1001人及以上居多，分别占样本的35.01%和33.05%。样本企业的分布如表20-1所示。同时，本章采用Harman单因子检验方法检测可能存在的共同方法偏差（Common Method Bias）问题。探索性因子分析结果表明，未旋转的第一因子的解释方差低于50%。这说明本章的调研不存在严重的共同方法偏差问题。

二 变量测量

柔性人力资源管理：采用常等学者[2]的量表，包括协调柔性人力资源管理和资源柔性人力资源管理。协调柔性人力资源管理为6个题项，

---

[1] 简兆权等：《基于知识管理的新产品开发影响因素实证研究》，《科研管理》2010年第6期。

[2] Chang, S., Gong, Y., Sean, A. W. and Jia, L., "Flexibility – Oriented HRM Systems, Absorptive Capacity, and Market Responsiveness and Firm Innovativeness", *Journal of Management*, Vol. 39, No. 7, 2013, pp. 1924 – 1951.

示例问题如"公司采用团队为基础的薪酬体系以实现员工之间快速而有效的协调"。资源柔性人力资源管理为 5 个题项，示例问题如"本公司提供多种培训课程来使员工获得多种工作技能"。Cronbach's α 系数分别为 0.87 和 0.85。柔性人力资源管理的二因子模型拟合情况较好 $[\chi^2(df=43)=101.52，TLI=0.96，CFI=0.97，RMSEA=0.06]$。

表 20-1　　　　　　　　　　样本分布

样本性质		数量（个）	百分比（%）	样本性质		数量（个）	百分比（%）
企业成立年数	0—10 年（包括 10 年）	106	29.69	企业总人数	100 人及以下	65	18.21
	10—20 年（包括 20 年）	126	35.29		101—500 人	125	35.01
	20 年以上	125	35.01		501—1000 人	49	13.73
企业性质	国有企业	104	29.13		1001 人及以上	118	33.05
	民营企业	213	59.66	企业所在行业	制造业	253	70.87
	外资企业	40	11.20		服务业	104	29.13

注：N=357。
资料来源：笔者整理。

探索式学习和利用式学习：采用周（Zhou）和吴（Wu）[1] 的量表，包括探索式学习和利用式学习。探索式学习为 5 个题项，示例问题如"公司注重学习与开发在陌生领域（没有现成经验）的创新技能"。利用式学习为 5 个题项，示例问题如"公司会及时更新与成熟产品相关的现有知识"。Cronbach's α 系数分别为 0.84 和 0.86。探索式学习和利用式学习的二因子模型拟合情况较好 $[\chi^2(df=34)=79.57，TLI=0.97，CFI=0.97，RMSEA=0.06]$。

技术创新。采用谢洪明等学者[2]的量表，包括产品/服务创新和工

---

[1] Zhou, K. Z. and Wu, F., "Technological Capability, Strategic Flexibility, and Product Innovation", *Strategic Management Journal*, Vol. 31, No. 5, 2010, pp. 547–561.
[2] 谢洪明等：《学习、知识整合与创新的关系研究》，《南开管理评论》2007 年第 2 期。

艺/服务流程创新。产品/服务创新为 5 个题项，示例问题如"本公司推出的新产品/服务总是领导产业发展的方向"；工艺/服务流程创新为 3 个题项，示例问题如"本公司经常引进一些可以改善产品工艺/服务流程的新技术"。Cronbach's α 系数分别为 0.86 和 0.83。技术创新的二因子模型拟合情况较好 [χ^2（$df=19$）= 55.59，TLI = 0.96，CFI = 0.98，RMSEA = 0.07]。

控制变量。本章将企业行业、企业性质、企业成立年数和企业规模作为控制变量。企业行业为虚拟变量，0 表示制造业，1 表示服务业。企业性质包括国有企业、民营企业和外资企业三种类别，并处理成虚拟变量。企业成立年数使用企业实际的成立时间。企业规模则为以 10 为底的企业总人数，即企业规模 = ln（企业总人数）。

第三节 研究结果与分析

一 效度分析

（一）潜在变量的效度分析

本章利用 AMOS 21.0 检验六个潜变量的收敛效度，分析结果如表 20-2 所示。由表 20-2 可知，六个潜变量中每个题项的标准化载荷均处于 0.50—0.95 的可接受范围内；组合信度（CR）均大于 0.70 的临界水平；平均萃取方差值（AVE）也均大于 0.50 的临界水平。这表明六个潜变量都具有较好的收敛效度。

表 20-2　　　　　　　　效度检验

变量	题项	标准化的载荷	CR	AVE
资源柔性人力资源管理	题项	10.68	0.88	0.60
	题项	20.67		
	题项	30.74		
	题项	40.78		
	题项	50.78		

续表

变量	题项	标准化的载荷	CR	AVE
协调柔性人力资源管理	题项1	0.76	0.90	0.60
	题项2	0.61		
	题项3	0.70		
	题项4	0.76		
	题项5	0.74		
	题项6	0.74		
探索式学习	题项1	0.72	0.89	0.62
	题项2	0.78		
	题项3	0.77		
	题项4	0.68		
	题项5	0.65		
利用式学习	题项1	0.73	0.91	0.66
	题项2	0.72		
	题项3	0.77		
	题项4	0.77		
	题项5	0.71		
产品/服务创新	题项1	0.73	0.88	0.60
	题项2	0.76		
	题项3	0.71		
	题项4	0.76		
	题项5	0.76		
工艺/服务流程创新	题项1	0.75	0.87	0.69
	题项2	0.81		
	题项3	0.80		

注：N=357。
资料来源：笔者整理。

（二）区分效度分析

由表20-3可知，六因子模型的拟合度 [χ^2（362）=675.16，TLI=0.94，CFI=0.95，RMSEA=0.05] 明显优于其他因子模型。同时由表20-4可知，每个潜变量AVE的平方根都大于其与其他潜变量的相关系数。这表明六个潜变量具有良好的区分效度。

表 20-3　　　　　　　　　区分效度分析

模型	χ^2	df	TLI	CFI	RMSEA
零模型[a]	6161.36	406	0.00	0.00	0.20
六因子模型	675.16	362	0.94	0.95	0.05
五因子模型[b]	775.01	367	0.92	0.93	0.06
五因子模型[c]	706.99	367	0.94	0.94	0.05
五因子模型[d]	727.56	367	0.93	0.94	0.05
五因子模型[e]	977.02	367	0.88	0.89	0.07
五因子模型[f]	935.95	367	0.89	0.90	0.07
五因子模型[g]	961.74	367	0.88	0.89	0.07
五因子模型[h]	931.55	367	0.89	0.90	0.07
五因子模型[i]	960.97	367	0.87	0.90	0.07
五因子模型[j]	840.96	367	0.91	0.92	0.06
五因子模型[k]	996.55	367	0.88	0.89	0.07
五因子模型[l]	840.96	367	0.91	0.92	0.06
三因子模型[m]	855.71	374	0.91	0.92	0.06
单因子模型[n]	1670.33	377	0.76	0.78	0.10

注：N=357；a 所有测量项目之间没有关系；b 协调柔性人力资源管理与资源柔性人力资源管理合并为一个因子；c 探索式学习和利用式学习合并为一个因子；d 产品/服务创新和工艺/服务流程创新合并为一个因子；e 协调柔性人力资源管理与探索式学习合并为一个因子；f 协调柔性人力资源管理与利用式学习合并为一个因子；g 资源柔性人力资源管理与探索式学习合并为一个因子；h 资源柔性人力资源管理与利用式学习合并为一个因子；i 探索式学习和产品/服务创新合并为一个因子；j 探索式学习和工艺/服务流程创新合并为一个因子；k 利用式学习和产品/服务创新合并为一个因子；l 利用式学习和工艺/服务流程创新合并为一个因子；m 协调柔性人力资源管理和资源柔性人力资源管理，探索式学习和利用式学习，产品/服务创新和工艺/服务流程创新合并为一个因子；n 所有变量合并为一个变量。

资料来源：笔者整理。

二　相关性分析

由表 20-4 可知，资源柔性人力资源管理与产品/服务创新（$r=0.55$，$p<0.01$）和工艺/服务流程创新（$r=0.59$，$p<0.01$）显著相关；协调柔性人力资源管理与产品/服务创新（$r=0.47$，$p<0.01$）和工艺/服务流程创新（$r=0.54$，$p<0.01$）有显著的相关关系。资源柔

第二十章 | 破解技术创新驱动力的学习障碍：基于人力资源创新视角的组织学习机制研究

表20-4　描述性统计和相关系数

变量	1	2	3	4	5	6	7	8	9	10	11
1. 行业	—										
2. 国有	0.16**	—									
3. 民营	-0.08	-0.78**	—								
4. 企业规模	-0.17**	0.33**	-0.42**	—							
5. 企业成立年数	-0.21**	0.48**	-0.46**	0.48**	—						
6. 协调柔性人力资源管理	-0.15**	-0.18**	0.14**	-0.02	-0.07	(0.77)					
7. 资源柔性人力资源管理	-0.19**	-0.15**	0.09	0.06	0.04	0.73**	(0.77)				
8. 探索式学习	-0.22**	-0.20**	0.15**	0.06	-0.01	0.59**	0.58**	(0.79)			
9. 利用式学习	-0.19**	-0.25**	0.16**	-0.03	-0.12*	0.65**	0.59**	0.78**	(0.81)		
10. 产品服务创新	-0.33**	-0.30**	0.17**	0.06	-0.09	0.47**	0.55**	0.60**	0.58**	(0.77)	
11. 工艺服务流程创新	-0.30**	-0.26**	0.18**	0.06	-0.05	0.54**	0.59**	0.64**	0.65**	0.75**	(0.83)
均值	0.29	0.29	0.60	2.76	21.06	3.73	3.68	3.75	3.84	3.59	3.63
标准差	0.46	0.46	0.49	0.84	16.55	0.66	0.69	0.64	0.62	0.74	0.74

注：N=357，**表示 $p<0.01$，*表示 $p<0.05$；括号内为潜变量 AVE 的平方根。
资料来源：笔者整理。

405

性人力资源管理与探索式学习（r=0.58，p<0.01）和利用式学习（r=0.59，p<0.01）显著相关；协调柔性人力资源管理与探索式学习（r=0.59，p<0.01）和利用式学习（r=0.65，p<0.01）有显著的相关关系。同时，探索式学习与产品/服务创新（r=0.60，p<0.01）和工艺/服务流程创新（r=0.64，p<0.01）显著相关；利用式学习与产品/服务创新（r=0.58，p<0.01）和工艺/服务流程创新（r=0.65，p<0.01）显著相关。这为本章的研究提供了初步的证据。

三 路径分析与假设检验

（一）主效应检验

主效应的检验结果如表20-5所示。为了检验假设20-1a，本章构建了资源柔性人力资源管理和产品/服务创新（M_{1a1}）、资源柔性人力资源管理和工艺/服务流程创新（M_{1a2}）两个结构方程模型。结果显示，模型M_{1a1} [χ^2（74）=118.09，TLI=0.97，CFI=0.98，RMSEA=0.04]和模型M_{1a2} [χ^2（49）=50.01，TLI=0.97，CFI=0.98，RMSEA=0.04]都具有较好的拟合程度，并且资源柔性人力资源管理对产品/服务创新（β=0.58，p<0.01）和工艺/服务流程创新（β=0.65，p<0.01）有显著的正向影响。因此，假设20-1a得到数据支持。

表20-5　　　　　　　　　　主效应检验

模型		β（标准化）	χ^2	df	TLI	CFI	RMSEA
M_{1a1}	资源柔性人力资源管理（产品/服务创新）	0.58**	118.09	74	0.97	0.98	0.04
M_{1a2}	资源柔性人力资源管理（工艺/服务流程创新）	0.65**	50.01	49	0.97	0.98	0.04
M_{1b1}	协调柔性人力资源管理（产品/服务创新）	0.47**	142.41	88	0.97	0.98	0.04
M_{1b2}	协调柔性人力资源管理（工艺/服务流程创新）	0.57**	82.41	61	0.98	0.99	0.03
M_{2a1}	资源柔性人力资源管理（探索式学习）	0.65**	115.01	74	0.97	0.98	0.04
M_{2a2}	资源柔性人力资源管理（利用式学习）	0.68**	95.34	74	0.99	0.99	0.03

续表

模型		β（标准化）	χ^2	df	TLI	CFI	RMSEA
M_{2b1}	协调柔性人力资源管理（探索式学习）	0.65**	110.94	88	0.99	0.99	0.03
M_{2b2}	协调柔性人力资源管理（利用式学习）	0.72**	131.52	88	0.98	0.98	0.04
M_{3a1}	探索式学习（产品/服务创新）	0.61**	137.61	74	0.96	0.97	0.05
M_{3a2}	探索式学习（工艺/服务流程创新）	0.71**	67.55	49	0.98	0.99	0.03
M_{3b1}	利用式学习（产品/服务创新）	0.59**	118.12	74	0.97	0.98	0.04
M_{3b2}	利用式学习（工艺/服务流程创新）	0.71**	71.97	49	0.98	0.99	0.04

注：N=357，**表示 p<0.01，*表示 p<0.05。
资料来源：笔者整理。

为了检验假设 20-1b，本章构建了协调柔性人力资源管理和产品/服务创新（M_{1b1}）、协调柔性人力资源管理和工艺/服务流程创新（M_{1b2}）两个结构方程模型。结果显示，模型 M_{1b1} [χ^2（88）=142.41，TLI=0.97，CFI=0.98，RMSEA=0.04] 和模型 M_{1b2} [χ^2（61）=82.41，TLI=0.98，CFI=0.99，RMSEA=0.03] 有较好的拟合效果，同时协调柔性人力资源管理对产品/服务创新（β=0.47，p<0.01）和工艺/服务流程创新（β=0.57，p<0.01）有显著的正向影响。因此，假设 20-1b 得到数据支持。

为了检验假设 20-2a，本章构建了资源柔性人力资源管理和探索式学习（M_{2a1}）、资源柔性人力资源管理和利用式学习（M_{2a2}）两个结构方程模型。结果显示，模型 M_{2a1} [χ^2（74）=115.01，TLI=0.97，CFI=0.98，RMSEA=0.04] 和模型 M_{2a2} [χ^2（74）=95.34，TLI=0.99，CFI=0.99，RMSEA=0.03] 有较好的拟合效果，并且资源柔性人力资源管理对探索式学习（β=0.65，p<0.01）和利用式学习（β=0.68，p<0.01）有显著的正向影响。因此，假设 20-2a 得到数据

支持。

为了检验假设20-2b，本章构建了协调柔性人力资源管理和探索式学习（M_{2b1}）、协调柔性人力资源管理和利用式学习（M_{2b2}）两个结构方程模型。结果显示，模型M_{2b1} [χ^2（88）=110.94，TLI=0.99，CFI=0.99，RMSEA=0.03] 和模型M_{2b2} [χ^2（88）=131.52，TLI=0.98，CFI=0.98，RMSEA=0.04] 有较好的拟合效果，并且协调柔性人力资源管理对探索式学习（$\beta=0.65$，$p<0.01$）和利用式学习（$\beta=0.72$，$p<0.01$）有显著的正向影响。因此，假设20-2b得到数据支持。

为了检验假设20-3a，本章构建了探索式学习和产品/服务创新（M_{3a1}）、探索式学习和工艺/服务流程创新（M_{3a2}）两个结构方程模型。结果显示，模型M_{3a1} [χ^2（74）=137.16，TLI=0.96，CFI=0.97，RMSEA=0.05] 和模型M_{3a2} [χ^2（49）=67.55，TLI=0.98，CFI=0.99，RMSEA=0.03] 有较好的拟合效果，并且探索式学习对产品/服务创新（$\beta=0.61$，$p<0.01$）和工艺/服务流程创新（$\beta=0.71$，$p<0.01$）有显著的正向影响。因此，假设20-3a得到数据支持。

为了检验假设20-3b，本章构建了利用式学习和产品/服务创新（M_{3b1}）、利用式学习和工艺/服务流程创新（M_{3b2}）两个结构方程模型。结果显示，模型M_{3b1} [χ^2（74）=118.12，TLI=0.97，CFI=0.98，RMSEA=0.04] 和模型M_{3b2} [χ^2（49）=71.97，TLI=0.98，CFI=0.99，RMSEA=0.04] 有较好的拟合效果，并且利用式学习对产品/服务创新（$\beta=0.59$，$p<0.01$）和工艺/服务流程创新（$\beta=0.71$，$p<0.01$）有显著的正向影响。因此，假设20-3b得到数据支持。

（二）中介效应检验

本章采用巢模型检验中介效应。首先，研究结果显示，基本理论模型拟合程度较好 [M_1，χ^2（483）=1057.51，TLI=0.90，CFI=0.91，RMSEA=0.06]。其次，笔者对本章的部分中介模型和完全中介模型进行对比分析。由表20-6可知，当加入资源柔性人力资源管理对产品/服务创新的关系后，模型拟合度明显变好 [M_3，χ^2（482）=1053.16，TLI=0.90，CFI=0.91，RMSEA=0.06，$\Delta\chi^2=-4.53$，$p<0.05$]。因

此，笔者将模型 M_3 作为修正模型。最后，本书对修正模型的路径系数进行分析。由图 20-2 可知，在修正模型中：①资源柔性人力资源管理对探索式学习具有显著的正向影响（$\beta=0.42$，$p<0.01$）；探索式学习对产品/服务创新（$\beta=0.41$，$p<0.01$）与工艺/服务流程创新（$\beta=0.50$，$p<0.01$）有显著的正向影响；资源柔性人力资源管理对产品/服务创新（$\beta=0.18$，$p=0.06$）有弱显著的正向影响。这说明，探索式学习在资源柔性人力资源管理和工艺/服务流程创新间起完全中介作用，

表 20-6　　　　　　　　　　　　巢模型比较

	模型	χ^2	df	$\Delta\chi^2$	TLI	CFI	RMSEA
M_t	理论模型	1057.51	483	—	0.90	0.91	0.06
M_1	协调柔性人力资源管理（产品/服务创新）	1057.25	482	-0.26	0.90	0.91	0.06
M_2	协调柔性人力资源管理（工艺/服务流程创新）	1057.41	482	-0.10	0.90	0.91	0.06
M_3	资源柔性人力资源管理（产品/服务创新）	1053.16	482	-4.35*	0.90	0.91	0.06
M_4	资源柔性人力资源管理（工艺/服务流程创新）	1053.83	482	-3.68	0.9	0.91	0.06

注：理论模型 M_t 是指根据本章假设关系所构建的完全中介模型。卡方差异（$\Delta\chi^2$）的计算以理论模型（$\chi^2=1057.51$，$df=483$）为基准。* 表示 $P<0.05$ [$\chi^2(1)=3.84$]。

资料来源：笔者整理。

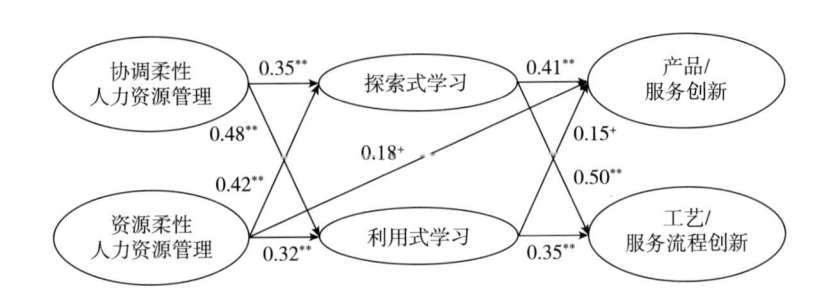

图 20-2　修正模型的路径分析

资料来源：笔者绘制。

而在资源柔性人力资源管理和产品/服务创新间起部分中介作用，假设20-4a得到部分支持。②资源柔性人力资源管理对利用式学习有显著的正向影响（$\beta=0.32$，$p<0.01$）；利用式学习对产品/服务创新（$\beta=0.15$，$p=0.06$）有弱显著的正向影响；利用式学习对工艺/服务流程创新（$\beta=0.35$，$p<0.01$）有显著的正向影响。同时，资源柔性人力资源管理对产品/服务创新（$\beta=0.18$，$p=0.06$）有弱显著的正向影响。这说明，利用式学习在资源柔性人力资源管理和工艺/服务流程创新间起完全中介作用，而在资源柔性人力资源管理和产品/服务创新间起部分中介作用，假设20-4b得到部分支持。③协调柔性人力资源管理对探索式学习有显著的正向影响（$\beta=0.35$，$p<0.01$）；探索式学习对产品/服务创新（$\beta=0.41$，$p<0.01$）与工艺/服务流程创新（$\beta=0.50$，$p<0.01$）有显著的正向影响。这说明，探索式学习在协调柔性人力资源管理和产品/服务创新、协调柔性人力资源管理和工艺/服务流程创新间起完全中介作用，假设20-5a得到数据支持。④协调柔性人力资源管理对利用式学习具有显著的正向影响（$\beta=0.48$，$p<0.01$）；利用式学习对产品/服务创新（$\beta=0.15$，$p=0.06$）有弱显著的正向影响；利用式学习对工艺/服务流程创新（$\beta=0.35$，$p<0.01$）有显著的正向影响。这说明，利用式学习在协调柔性人力资源管理和产品/服务创新、协调柔性人力资源管理和工艺/服务流程创新间起完全中介作用，假设20-5b得到数据支持。

第四节　研究结论与讨论

一　结论与理论意义

随着环境动态性的加剧，如何构筑柔性人力资源管理系统以提升技术创新水平已成为企业持续发展过程中所必须思考的关键问题之一。然而，目前针对柔性人力资源管理的理论研究仍处于起步阶段，这对于战略人力资源管理理论的完善和企业管理实践而言，无疑是一个较大的缺憾。因此，本章基于组织学习理论，以组织学习为中介变量，探索柔性人力资源管理对企业技术创新的作用机理。

第二十章 | 破解技术创新驱动力的学习障碍：基于人力资源创新视角的组织学习机制研究

首先，本章基于常等学者[①]的研究，详细探讨了柔性人力资源管理对企业技术创新的影响。进一步地，本章将柔性人力资源管理划分为资源柔性人力资源管理和协调柔性人力资源管理，同时将企业技术创新划分为产品/服务创新和工艺/服务流程创新。研究发现，资源柔性人力资源管理和协调柔性人力资源管理都有利于促进企业的产品/服务创新和工艺/服务流程创新。这一研究结论拓展了常等学者[①]的研究结论，完善了柔性人力资源管理的理论框架，同时深化了对柔性人力资源管理与企业技术创新关系的理解。

其次，本章以组织学习理论为基础，探索了组织学习中介机制。研究结果表明，探索式学习和利用式学习在柔性人力资源管理和企业技术创新的关系中起到中介作用，但作用的机制存在差异。具体而言，探索式学习在资源柔性人力资源管理和产品/服务创新的关系中起着部分中介的作用，而在资源柔性人力资源管理和工艺/服务流程创新的关系中起着完全中介的作用。利用式学习在资源柔性人力资源管理和产品/服务创新的关系中起着部分中介的作用，而在资源柔性人力资源管理和工艺/服务流程创新的关系中起着完全中介的作用。探索式学习在协调柔性人力资源管理和产品/服务创新、协调柔性人力资源管理和工艺/服务流程创新的关系中都起着完全中介的作用；利用式学习在协调柔性人力资源管理和产品/服务创新、协调柔性人力资源管理和工艺/服务流程创新的关系中都起着完全中介的作用。

这一研究结论表明，协调柔性人力资源管理对于产品/服务创新、工艺/服务流程创新的影响必须通过探索式学习和利用式学习的中介作用才能发生；资源柔性人力资源管理对于工艺/服务流程创新的影响必须通过探索式学习和利用式学习的中介作用才能发生。然而，资源柔性人力资源管理既可以通过探索式学习和利用式学习间接促进产品/服务创新的提升，也可以直接促进产品/服务创新的提升。这一结论不仅回应了常等学者[①]提出的应更加关注柔性人力资源管理中介机制的呼吁，

---

① Chang, S., Gong, Y., Sean, A. W. and Jia, L., "Flexibility-Oriented HRM Systems, Absorptive Capacity, and Market Responsiveness and Firm Innovativeness", *Journal of Management*, Vol. 39, No. 7, 2013, pp. 1924-1951.

同时丰富了柔性人力资源管理研究的理论视角，为打开柔性人力资源管理与企业技术创新之间的"黑箱"积累了实证依据。

二 实践启示

首先，企业应将"柔性"纳入人力资源管理系统中，充分培育柔性人力资源管理体系以促进企业技术创新的提升。由于资源柔性人力资源管理和协调柔性人力资源管理有利于同时促进技术创新，企业应同时加强对这两个子系统的建设，以最大化柔性人力资源管理的积极影响。一方面，企业可以从人力资源的招募、培训与工作设计等方面入手，拓展知识资源与技能资源的多样性。具体而言，企业应针对市场环境与顾客价值流的变化，招募异质性的员工，及时更新培训内容和培训方式，采取岗位轮换等方式来丰富人力资本池。另一方面，企业应充分利用先进的信息系统，加强对知识技能的存储、定位与调配；也可采用团队薪酬、团队绩效评估和员工参与管理等方式，全方位激发员工的合作意愿、主动性和创造性。

其次，本章的研究结果表明，组织学习是链接柔性人力资源管理与企业技术创新的重要枢纽。因此，企业应从多个方面促进组织学习，为柔性人力资源管理的效用发挥提供保障。一是企业应努力维护企业成员之间信任与合作的关系，培育积极的学习氛围。二是企业应构建正式的学习机制，为组织学习提供必要的条件与保障。具体而言，企业可以任用具有学习导向的领导者、提供系统的员工培训机制、采用团队薪酬和团队绩效评估等实践方式来推动企业的探索式学习和利用式学习。三是企业应提供畅通的沟通渠道，为知识共享和信息反馈提供保障。此外，企业应积极搜集反馈信息，对学习效果进行评估和反省，不断完善学习机制。同时，由于探索式学习和利用式学习在柔性人力资源管理和企业技术创新之间发挥了重要的中介作用，因此企业应平衡好探索式学习和利用式学习，共同推进两者的发展。

三 未来研究与展望

首先，本章的样本来自福建省、贵州省、湖北省和江苏省四个地区的企业，缺少其他地区的数据支撑。因此，后续研究可以在其他地区中进行大样本调查，提高本章所做研究的外部效度。其次，本章基于常等学者[1]的研究，重点关注了柔性人力资源管理对企业层次变量的作用效果。然而，目前尚未有研究对柔性人力资源管理的动力机制加以关注。实际上，该研究取向对于柔性人力资源管理的培育和发展是极其关键的。因此，后续研究可以从战略人力资源管理的视角和领导理论的视角出发，探索企业文化、CEO特质等因素对柔性人力资源管理的推动作用。最后，本章虽有利于丰富柔性人力资源管理与企业变量关系的研究，但对于全面了解柔性人力资源管理的作用机制是远远不够的。后续研究可从三个方面来进行探索：第一，考察柔性人力资源管理对企业绩效等其他企业层次变量的作用效果；也可基于郑雅琴等学者[2]的研究，探索柔性人力资源管理对员工的影响，以期揭开柔性人力资源管理从上至下、由宏观到微观的传导机制。第二，从多重的理论视角来阐释柔性人力资源管理与企业后果变量之间的作用机制。第三，未来研究可以继续探讨柔性人力资源管理的作用边界，完善柔性人力资源管理的相关研究。

---

[1] Chang, S., Gong, Y., Sean, A. W. and Jia, L., "Flexibility – Oriented HRM Systems, Absorptive Capacity, and Market Responsiveness and Firm Innovativeness", *Journal of Management*, Vol. 39, No. 7, 2013, pp. 1924 – 1951.

[2] 郑雅琴等：《灵活性人力资源管理系统与心理契约满足——员工个体学习目标导向和适应性的调节作用》，《经济管理》2014年第1期。

第二十一章

柔性人力资源管理对中小企业创新的影响及作用机制研究

随着经济全球化和中国经济转型的不断推进,市场环境的动态性日益增强。消费者需求多样化、产品生命周期缩短和技术不确定性的迅速提高,无一不对中小企业的生存与发展提出巨大的挑战。在此态势下,组织唯有不断向顾客提供差异化的产品和服务,或者采取具有竞争性的生产方式和服务流程,才能建立和巩固可持续的竞争优势。因此,如何增强中小企业的技术创新能力成为理论界与实务界所共同关注的一个核心议题。

丰富的学术研究和实践经验表明,中小企业的技术创新在很大程度上依赖于员工的创新动机和能力,而员工创新动机和能力的发展则受到组织人力资源管理系统的重要影响。[1][2] 基于此,部分学者试图从战略人力资源管理的视角出发,探讨中小企业技术创新能力的提升机制。[3] 传统的战略人力资源管理理论是以战略一致性为核心的,着重强调利用纵向和横向匹配来推动中小企业的技术创新。纵向匹配,是指人力资源

---

[1] 蒋建武等:《战略人力资源管理对组织创新的作用机理研究》,《管理学报》2010年第12期。

[2] Keld, L. and Nicolai, J. F., "New Human Resource Management Practices, Complementarities and the Impact on Innovation Performance", Cambridge Journal of Economics, Vol. 27, No. 2, 2003.

[3] Huang, J. and Chen, C., "Strategic Human Resource Practices and Innovation Performance – The Mediating Role of Knowledge Management Capacity", Journal of Business Research, Vol. 62, No. 1, 2009, pp. 104 – 114.

管理与组织创新战略的匹配,横向匹配则是指组织中人力资源实践活动之间的匹配。这些研究成果极大地丰富了人们对于战略人力资源管理与组织技术创新之间密切联系的认识,但也存在一个重要的不足:传统的战略人力资源管理研究并未阐明在"人力资源与组织技术创新战略匹配"之后,如何保证组织的人力资源管理系统能够始终适应动态变化着的外部环境。因此,该类人力资源管理体系常常仅能暂时对组织技术创新产生积极的影响,甚至有可能随着外部环境动态性的加剧而演变为组织技术创新的阻碍因素。这在一定程度上削弱了该类研究对当前组织技术创新实践的参考价值。因此,姜(Jiang)等认为,有必要将"柔性"纳入战略人力资源管理框架,在静态"匹配"的基础上辅以动态的"柔性",从而推动组织人力资源管理体系的转型升级和组织技术创新的持续发展。[1]

柔性人力资源管理(Flexibility – Oriented Human Resource Management)是指组织一系列、内部和谐一致的人力资源管理实践,这些实践有助于组织提高员工知识与技能的多样化,并实现对这些知识与技能的快速、有效的调配。柔性人力资源管理不仅继承了传统战略人力资源管理理论"模式匹配"的核心观点,而且着重探索了组织应如何设计人力资源管理体系来提升对外部环境的匹配。具体而言,柔性人力资源管理主张通过异质性员工的招募、更宽泛的培训活动以及岗位轮换等活动来丰富组织的人力资本池,进而提高组织对于外部环境的反应能力。不仅如此,柔性人力资源管理还提倡采用信息系统、参与式管理和群体绩效等活动来提高对于员工知识与技能的调配效率,进而提高组织对于外部环境的反应速度。因此,对柔性人力资源管理进行研究不仅有利于促进战略人力资源管理理论的发展,而且对当前动态环境下的组织技术创新实践具有重要的意义。

当前,柔性人力资源管理这一领域的学术研究还处于起步阶段,国内外仅有两篇文献对此议题进行初步的探索。常等首次探讨了柔性人力

---

[1] Jiang, K., Lepak, D. P., Hu, J. and Baer, J. C., "How Does Human Resource Management Influence Organizational Outcomes? A Meta – Analytic Investigation of Mediating Mechanisms", *Academy of Management Journal*, Vol. 55, No. 6, 2012, pp. 1264 – 1294.

资源管理的概念及其对组织层次后果的影响，并证明了这种人力资源管理体系会对组织的吸收能力、市场响应能力以及组织创新产生显著的正向影响。在个体层次的后果方面，郑雅琴等探讨了柔性人力资源管理对员工心理契约满足的作用效果。他们的研究表明，员工的学习目标导向抑制了柔性人力资源管理对员工心理契约满足的正向作用，员工的适应性则强化了这一正向作用。[1] 虽然常等的研究为柔性人力资源管理与组织创新的关系提供了关键性的证据，但遗憾的是他们并没有深入探讨柔性人力资源管理对具体创新类型的影响。事实上，组织的创新类型是多种多样的，既可能是技术创新，也可能是管理创新。相同的人力资源管理实践活动对于不同的组织创新的影响是存在差异的。因此，为了响应实践需求，本章研究的第一个目的即是细分组织创新的类型，深入探讨柔性人力资源管理对组织技术创新的影响。

简单地将柔性人力资源管理与组织技术创新相联系是粗糙的，还应当考察两者之间的中介作用机制。常等检验了组织吸收能力在柔性人力资源管理和组织创新关系之间的中介作用，但这对于揭开这一关系的具体作用"黑箱"是远远不够的。动态能力理论是战略管理研究中的一个核心议题，重点关注了组织如何在动态环境下获取持续的竞争优势，是理解组织活动与组织产出的关系及作用机理的重要理论基础。根据动态能力理论，动态能力的培育是以组织的基础资源与常规能力为基础的，并需要组织持续地进行学习以修正组织与外部环境之间的偏差。[2] 丰富组织知识和推动组织学习恰恰为柔性人力资源管理的两个关键管理过程。同时，蒂斯的研究指出，动态能力在整合、重构、更新基础资源和常规能力的过程中，必然会不断地创造出新的产品、服务或流程。[3] 换言之，动态能力的发展过程实际上也是一个组织技术创新的过程。由此可见，柔性人力资源管理之所以会促进组织技术创新，极有可能是因为提升了

---

[1] 郑雅琴等:《灵活性人力资源管理系统与心理契约满足——员工个体学习目标导向和适应性的调节作用》,《经济管理》2014 年第 1 期。

[2] Charles, A. O. R. and Michael, L. T., "Ambidexterity as a Dynamic Capability: Resolving the Innovator's Dilemma", *Research in Organizational Behavior*, Vol. 28, 2008.

[3] David, J. T., "Explicating Dynamic Capabilities: The Nature and Microfoundations of Sustainable Enterprise Performance", *Strategic Management Journal*, Vol. 28, No. 13, 2007, pp. 1319 – 1350.

组织的动态能力。因此，本章拟从动态能力理论出发，进一步探讨动态能力在柔性人力资源管理—组织技术创新关系中所起的中介作用。

最后，动态能力理论指出，动态能力作为中小企业应对环境变动的一个重要工具，其作用效果必然与外部环境的动荡程度密切相关。高度动荡的外部环境对组织的动态能力提出了更高要求，因而强化了动态能力对组织竞争优势的促进作用。更进一步地，蒂斯指出，在考察动态能力对于产品创新、服务创新或者流程创新的作用过程中，需要着重关注外部市场的技术变动情况对于该影响机制的权变影响。[1] 因此，本章在探讨柔性人力资源管理、动态能力与中小企业技术创新的关系时，拟进一步分析市场技术变动性对动态能力与组织技术创新关系的权变影响，这对于更好地明确动态能力的作用边界以及柔性人力资源管理的作用机制具有重要的意义。

第一节 理论基础与研究假设

一 柔性人力资源管理

柔性人力资源管理是在战略柔性（Strategic Flexibility）和人力资源柔性（Human Resource Flexibility）等相关概念的基础上逐步发展起来的。常等首次提出了柔性人力资源管理的概念，并将其划分为两个子维度：①资源柔性人力资源管理（Resource – Flexibility – Oriented Human Resource Management），它是指组织为了获取和发展员工的多样化知识与技能而实行的一系列人力资源管理实践活动。②协调柔性人力资源管理（Coordination – Flexibility – Oriented Human Resource Management），它是指组织为了更迅速有效地调配员工而实行的一系列人力资源实践活动。

柔性人力资源管理不同于人力资源柔性和人力资源柔性管理。首先，人力资源柔性是指组织员工拥有多样化的知识水平和快速调整的行

---

[1] David, J. T., "Explicating Dynamic Capabilities: The Nature and Microfoundations of Sustainable Enterprise Performance", *Strategic Management Journal*, Vol. 28, No. 13, 2007, pp. 1319 – 1350.

为能力。它描述的是员工现有的一种能力状态，但并没有阐明组织应如何设计人力资源实践来提升员工的这种能力。柔性人力资源管理则从组织人力资源制度出发，强调通过工作设计、培训、参与式管理等人力资源实践活动提高员工的资源柔性和协调柔性，它是提升人力资源柔性的一个重要途径。其次，柔性人力资源管理也区别于人力资源柔性管理。人力资源柔性管理是相对于人力资源刚性管理而言的，它旨在以人性化管理方式来激发员工的主观能动性，强调管理实践活动的内在驱动性和激励的有效性。柔性人力资源管理则重点关注核心知识型员工与环境的动态匹配，主张通过开发员工的多样化技能，提高对员工的调配效率，最终提高员工对于外部环境的反应能力。

二 柔性人力资源管理与组织技术创新

组织技术创新是组织创新的重要内容，它是指组织通过对现有技术进行整合、改进和更新，最终创造出新的产品、服务、工艺和流程，实现商业价值。有效的人力资源管理体系是提升组织技术创新的重要动力。蒋建武等认为，当人力资源管理体系能够促进组织知识的增长、培育组织学习和强化知识整合效果时，组织的技术创新水平将得到极大的提升。[①]

资源柔性人力资源管理是组织技术创新的重要前因要素。首先，组织的技术创新是以组织的知识资本存量为基础的，而人力资本所拥有的知识与技能是组织最重要、最有价值的知识资源。有效的培训开发活动强化了员工的专业技能，工作轮换和提供有挑战性的工作则拓展了员工的知识面。因此，资源柔性人力资源管理能够有效地拓展组织的知识资本存量，这为组织进行技术创新积累了丰富的资源。其次，组织的技术创新的过程实际上就是组织学习的过程，组织学习的效果取决于员工的学习机会与学习能力。持续的培训与开发活动为员工提供了大量的自我学习以及相互学习的机会，它有助于将员工的个人学习转化为组织的共同学习，从而推动组织的技术创新。最后，组织的技术创新往往需要整合不同领域的技术知识。组织知识整合能力的高低将在很大程度上决定

[①] 蒋建武等：《战略人力资源管理对组织创新的作用机理研究》，《管理学报》2010年第12期。

组织的技术创新水平。大量的培训开发、工作轮换和提供有挑战性的工作等人力资源实践活动能够强化员工对于不同领域技术知识的理解和整合，进而促进组织技术创新水平的提升。综上所述，本章提出以下假设：

假设21-1a：资源柔性人力资源管理对技术创新具有显著的正向影响。

协调柔性人力资源管理也是提升组织技术创新的重要动力。首先，有效的人员调配活动增强了员工的人—岗适配度，这将有助于提升员工的知识利用效率，使他们能更好地将自己的核心专长和知识运用在组织技术创新的过程中，从而提升组织的技术创新水平。其次，丰富的人力资源调换活动为员工提供了更多接触新任务或新同事的机会，这不仅拓展了他们的视野，而且为他们创造了丰富的学习与创新的机会。最后，高效的人员调配活动能够推动组织内非正式网络的形成，促进员工对隐性知识的交流、共享和转化，这将有助于提升组织知识整合的效率，从而推动组织的技术创新。结合以上的论述，本章提出：

假设21-1b：协调柔性人力资源管理对组织技术创新具有显著的正向影响。

三 动态能力的中介作用

蒂斯等基于资源基础观，首次提出动态能力的概念，并将其定义为组织为了有效地应对市场环境的变化，对内外部资源和能力进行整合、重构和更新的一种高阶能力。[1] 动态能力包括两个关键因素：第一，"动态"，它是指组织对于动态性环境的适应与匹配，这也是动态能力研究的关键目标。第二，"能力"，它是指组织中的高阶能力，这种高阶能力是相对于常规能力而言的。[2] 组织的常规能力是指组织实现产出目标的一般能力，也是组织对基础资源的运作能力。而动态能力则是指组织对于常规能力的整合能力、重构能力和更新能力等。随着市场环境动荡性的与日俱增，越来越多的学者将动态能力视为当代企业持续竞争优势的关键来源，并对其概念结构、动力机制和作用机理进行深入的

---

[1] David, J. T., Gary, P. and Amy, S., "Dynamic Capabilities and Strategic Management", *Strategic Management Journal*, Vol. 18, No. 7, 1997.

[2] Constance, E. H. and Margaret, A. P., "The Dynamic Resource - Based View: Capability Lifecycles", *Strategic Management Journal*, Vol. 24, No. 10, 2003.

探索。

动态能力理论指出，动态能力是一系列嵌入于组织流程与管理之中的、复杂的过程，它的形成与发展是需要组织长期、持续的投资的。[1] 首先，从动态能力的阶层模型可以看出，组织的基础资源是组织基本生存能力的来源，而组织的基本生存能力则是组织动态能力的操作对象。因此，组织的基础资源是形成动态能力最重要的前提。这种基础资源既包括财务、技术等有形资源，也包括组织声誉、人力资本、社会资本等无形资源。其次，动态能力的组织学习模型指出，动态能力旨在提高组织对外部环境的适应程度与匹配程度，在此过程中，组织必须依赖学习过程来不断修正组织行为与环境之间的偏差。[2] 因此，组织学习是组织动态能力培育过程中不可忽略的重要环节。

柔性人力资源管理是战略人力资源管理理论的重要内容，旨在加强人力资源管理实践的柔性以应对外部环境的变化。赖特（Wright）等从战略人力资源管理的视角构建了组织的能力模型。该研究指出，人力资源管理实践是组织开发、利用和保留人力资源的主要工具，它嵌入于组织并通过"组织能力"的中介效应，间接地促进组织竞争优势的提升。[3] 换言之，组织的能力是联系人力资源管理实践与组织竞争优势的中介要素。结合动态能力理论，笔者认为，柔性人力资源管理极有可能是动态能力的重要前因变量。

资源柔性人力资源管理有利于促进组织动态能力的提升。一方面，人力资源作为组织难以复制的稀缺性资源，为动态能力的构建提供了关键性的资源基础。如前所述，异质性员工的招募有利于为组织引入多样化的知识资源和技能资源，跨职能的培训开发、丰富的工作设计和岗位轮换活动则为员工提供了接触更多工作角色的机会，是拓展现有员工知识层面的重要途径。这些人力资源活动都有利于提高组织的人力资本存

---

[1] Constance, E. H. and Margaret, A. P., "The Dynamic Resource – Based View: Capability Lifecycles", *Strategic Management Journal*, Vol. 24, No. 10, 2003.

[2] 祝志明等：《动态能力理论：源起、评述与研究展望》，《科学学与科学技术管理》2008年第9期。

[3] Wright, P. M. and Scott, A. S., "Toward a Unifying Framework for Exploring Fit and Flexibility in Strategic Human Resource Management", *Academy of Management Review*, Vol. 23, No. 4, 1998, pp. 756 – 772.

量，为动态能力的培育奠定了坚实的资源基础。另一方面，毛里齐奥（Maurizio）等指出，有计划的学习机制对于组织的胜任力重构、流程再造和资源整合的演进具有关键性的作用。[1] 持续的培训开发活动和有针对性的岗位轮换系统地规划了员工的学习内容和学习路径，这有利于同时提升员工和组织的学习水平，从而促进组织动态能力的提高。结合以上的论述，本章提出：

假设21-2a：资源柔性人力资源管理对动态能力具有显著的正向影响。

协调柔性人力资源管理也有利于促进组织动态能力的提升。首先，根据动态能力理论，动态能力培育过程中的一个关键环节是对基础资源与常规能力进行选择和协调，这种选择效率与协调能力直接影响到了动态能力的构建成效。[2] 更进一步地，动态能力的组织学习模型指出，通过成文的方式将组织零散的知识进行编码，有利于降低组织的认知负荷，提高组织处理信息的效率，从而推动组织动态能力的提升。[3] 信息系统的运用有利于组织更有效地存储、检索和调用现有的人力资本，它提升了组织人力资本的利用效率，进而加快了组织动态能力的形成。其次，参与式的管理实践活动为员工提供了丰富的机会参与到组织的决策当中，这极大地激发了员工分享个人资源（如知识和技术）的动机。团队导向的人力资源管理活动则有利于增强团队成员互相合作的动机。这两种人力资源实践方式不仅有利于强化组织对于既有知识资源与技能资源的利用，而且有利于在组织内部形成积极的学习氛围，进而推动组织动态能力的发展。最后，常等指出，有效的岗位调换为员工带来了更多的岗位知识，并有助于不同领域间的知识碰撞。[4] 这无疑也促进了组

---

[1] Maurizio, Z., and Sidney, G. W., "Deliberate Learning and the Evolution of Dynamic Capabilities", *Organization Science*, Vol. 13, No. 3, 2002.

[2] Zahra, S. A., Sapienza, H. J. and Davidsson, P., "Entrepreneurship and Dynamic Capabilities: A Review, Model and Research Agenda", *Journal of Management Studies*, Vol. 43, No. 4, 2006, pp. 917-955.

[3] 孟晓斌等：《企业动态能力理论模型研究综述》，《外国经济与管理》2007年第10期。

[4] Chang, S., Gong, Y., Sean, A. W. and Jia, L., "Flexibility-Oriented HRM Systems, Absorptive Capacity, and Market Responsiveness and Firm Innovativeness", *Journal of Management*, Vol. 39, No. 7, 2013, pp. 1924-1951.

织的技术创新。因此，本章提出：

假设21-2b：协调柔性人力资源管理对动态能力具有显著的正向影响。

动态能力理论旨在探索组织在变动的环境中建立独特竞争优势的途径。[①] 该理论指出，动态能力是一种开拓性的高阶能力，其培育过程实际上也是一个价值创造与组织创新的过程。[②] 动态能力通过对资源与常规能力的整合、重构和再造，不断地创造出新的产品、服务和流程，进而为组织的竞争优势提供长期的基础。因此，动态能力理论着重关注了动态能力对组织技术创新的推进作用。

蒂斯将动态能力过程分解为三个阶段：①感知机会与威胁。②把握机会。③威胁管理与重构。[③] 这一战略分析框架成为众多学者探索动态能力与组织技术创新的重要依据。具体而言，动态能力对组织技术创新的促进作用体现在以下三个方面：首先，对机会和威胁的感知是动态能力作用过程的第一步。在此过程中，组织必须不断地对技术环境和市场环境进行扫描、搜索和挖掘，这有利于组织及时地捕捉市场信息，在第一时间把握顾客需求的变化，从而为组织的技术创新打下基础。其次，动态能力代表了组织的响应能力，组织可以提前优化市场价值的捕捉机制、定位符合顾客需求的技术体系和产品体系、培育员工的忠诚和情感承诺等，这有助于组织占据先机，实现技术上的领先。最后，在威胁管理与重构过程中，组织必须始终保持对于组织内外部资源的有效地配置、整合与重组。这将有助于提升组织的运作效能，更快地将潜在的技术创新构想和机会转化为现实的创新。综上所述，本章提出以下假设：

假设21-3：动态能力对组织技术创新具有显著的正向影响。

---

① David, J. T., "Explicating Dynamic Capabilities: The Nature and Microfoundations of Sustainable Enterprise Performance", *Strategic Management Journal*, Vol. 28, No. 13, 2007, pp. 1319-1350.

② Zahra, S. A., Sapienza, H. J. and Davidsson, P., "Entrepreneurship and Dynamic Capabilities: A Review, Model and Research Agenda", *Journal of Management Studies*, Vol. 43, No. 4, 2006, pp. 917-955.

③ David, J. T., "Explicating Dynamic Capabilities: The Nature and Microfoundations of Sustainable Enterprise Performance", *Strategic Management Journal*, Vol. 28, No. 13, 2007, pp. 1319-1350.

第二十一章 | 柔性人力资源管理对中小企业创新的影响及作用机制研究

动态能力理论为我们更好地理解动态能力在组织投入与组织绩效产出关系中所起到的重要枢纽作用提供了有力的理论基础。根据动态能力理论，基础资源的投入（如人力资本等）与组织学习过程是组织培育动态能力的两种重要途径，而组织动态能力的培育过程实际上正是组织价值创造的过程，对组织技术创新具有重要的推进作用。[1] 结合柔性人力资源管理的概念特征，笔者推断，动态能力极有可能在资源柔性人力资源管理与组织技术创新之间、协调柔性人力资源管理与组织技术创新之间起到重要的中介作用。

（1）资源柔性人力资源管理有利于从两个方面来提高组织的动态能力。其一，资源柔性人力资源管理实践活动拓展了组织的人力资本存量，为动态能力的形成奠定了坚实的资源基础。其二，资源柔性人力资源管理实践活动丰富了组织的学习内容与学习路径，推动了组织动态能力的培育过程。因此，在资源柔性人力资源管理的作用下，组织的动态能力将极有可能得到重要的提升。同时，根据动态能力理论，动态能力的提升将有利于组织更好地感知市场中的技术创新机会、把握技术创新机会、管理技术创新过程中可能存在的威胁并将技术创新构思转化为现实。[2] 由此可见，资源柔性人力资源管理对组织技术创新的影响很可能是通过动态能力的中介作用来实现的。综上所述，本章提出以下假设：

假设21-4a：动态能力在资源柔性人力资源管理与组织技术创新之间起中介作用。

（2）动态能力是组织中的一种高阶能力，它是指组织对于基础资源和常规能力的整合能力、重构能力和更新能力等。因此，组织动态能力的水平在很大程度上取决于组织对于基础资源和常规能力的选择效率与协调能力。协调柔性人力资源管理有利于提高组织对员工知识技能这一关键性资源的运用效率，并营造合作、交流与分享的学习氛围，大大

---

[1] David, J. T., "Explicating Dynamic Capabilities: The Nature and Microfoundations of Sustainable Enterprise Performance", *Strategic Management Journal*, Vol. 28, No. 13, 2007, pp. 1319 – 1350.

[2] David, J. T., "Explicating Dynamic Capabilities: The Nature and Microfoundations of Sustainable Enterprise Performance", *Strategic Management Journal*, Vol. 28, No. 13, 2007, pp. 1319 – 1350.

地促进组织动态能力的提升。同时，根据蒂斯的研究，动态能力所蕴含的感知、获取和重构三个微观阶段，依次为组织的技术创新赢得了良好的创新机遇、创新平台和创新效率[1]，促使组织不断地创造出新的产品、服务和流程，推动组织技术创新的实现。结合以上的分析可以得出，协调柔性人力资源管理对组织技术创新的影响也很可能是通过动态能力的中介作用来实现的。综上所述，本章提出如下假设：

假设21-4b：动态能力在协调柔性人力资源管理与组织技术创新之间起中介作用。

四 技术变动性的调节作用

动态能力理论在考察组织动态能力的动力机制与作用路径的同时，着重关注了组织动态能力与外部环境的匹配性。蒂斯等指出，动态能力本质上是与市场环境机制密切相关的概念，它致力于探索组织应如何调整或整合基础资源与常规能力，进而做出与外部环境最为匹配的应对行为，这也是动态能力的两大关键要素之一。[2] 因此，动态能力的潜在价值和功效发挥必然会受到市场环境的权变影响。在动荡的市场环境中，顾客需求、技术变更、产品与服务等都存在较大的复杂性、不确定性和不可预测性。[3] 为了适应环境的发展，组织必须充分调动动态能力，快速地获取有效的市场信息，把握发展机会并有效地进行威胁管理与重构。此时，组织的动态能力显得尤有价值。相反地，在相对稳定的市场环境中，组织仅仅利用一般的资源与能力便能够应对经营过程中遇到的问题，实现组织目标，因而对动态能力提出了更低的要求。[4] 由此可见，动态能力对组织的积极作用在高度复杂、不确定性的环境中尤为突出。

基于动态能力理论，为了更好地考察动态能力对组织技术创新的影

---

[1] David, J. T., Gary, P. and Amy, S., "Dynamic Capabilities and Strategic Management", *Strategic Management Journal*, Vol. 18, No. 7, 1997.

[2] David, J. T., "Explicating Dynamic Capabilities: The Nature and Microfoundations of Sustainable Enterprise Performance", *Strategic Management Journal*, Vol. 28, No. 13, 2007, pp. 1319 – 1350.

[3] Zahra, S. A., Sapienza, H. J. and Davidsson, P., "Entrepreneurship and Dynamic Capabilities: A Review, Model and Research Agenda", *Journal of Management Studies*, Vol. 43, No. 4, 2006, pp. 917 – 955.

[4] 简兆权等：《战略导向、动态能力与技术创新：环境不确定性的调节作用》，《研究与发展管理》2015年第2期。

第二十一章 | 柔性人力资源管理对中小企业创新的影响及作用机制研究

响机制,笔者将进一步探索技术变动性对于动态能力与组织技术创新关系的权变影响。技术变动性是组织环境动态性的一个重要指标,它是指组织所处的产业环境中技术变化和技术更新的速度。较强的技术变动性意味着组织所在产业环境中的生产技术具有更快的变化速度和更新速度;反之,较弱的技术变动性则意味着组织所在产业环境中的生产技术的变化速度和更新速度较为平缓。

在高度变动的技术环境中,产品生命周期的缩短、行业技术的突飞猛进使得组织中的常规资源和技术能力的异质性、价值性和不可模仿性受到极大的挑战,组织唯有快速响应市场并进行持续的技术创新才能维持竞争优势。在此过程中,组织动态能力的作用尤为关键。首先,高度变动的技术环境不仅意味着产业技术的更新速度较快,而且意味着产业技术的发展方向具有较强的不可预估性。这迫使组织必须充分调动动态能力,积极搜索技术市场环境的信息,才能精准地定位顾客需求和生产技术的变动前沿,选择组织技术创新的正确方向。其次,高度变动的技术环境下所产生的机会往往是稍纵即逝的。此时,动态能力有助于组织提高对于市场的响应能力,及时根据技术环境的变动做出有效的调整,快速打开技术创新的机会窗口。最后,为了在剧烈变动的技术环境中赢得持续的竞争优势,组织必须充分发挥动态能力的功效,整合内外部资源,高效地创新构思转化为真正的技术创新。相反,在相对稳定的技术环境中,产品、服务和产业技术都较为稳定,组织更多地面临着结构化的问题。在此环境中,组织仅需调用相对较弱的动态能力便足以预测顾客需求和生产技术的发展方向,实现有利于获取竞争优势的组织技术创新。[1] 此时,动态能力对于组织技术创新的影响将不甚明显。综上所述,本章提出如下假设:

假设21-5:技术变动性对动态能力与组织技术创新的关系起着调节作用。技术变动程度越高,动态能力对组织技术创新的正向影响作用就越强。

综合以上分析,本章构建了柔性人力资源管理(资源柔性人力资

---

[1] Christoph, Z. "Dynamic Capabilities and the Emergence of Intraindustry Differential Firm Performance: Insights from a Simulation Study", *Strategic Management Journal*, Vol. 24, No. 2, 2003.

源管理和协调柔性人力资源管理）对组织技术创新的影响机制，认为柔性人力资源管理是通过动态能力的中介作用来影响组织的技术创新水平。同时，笔者推测动态能力对组织技术创新的作用效果在技术变动程度不同的外部环境中存在一定的差异。本章理论模型如图21-1所示。

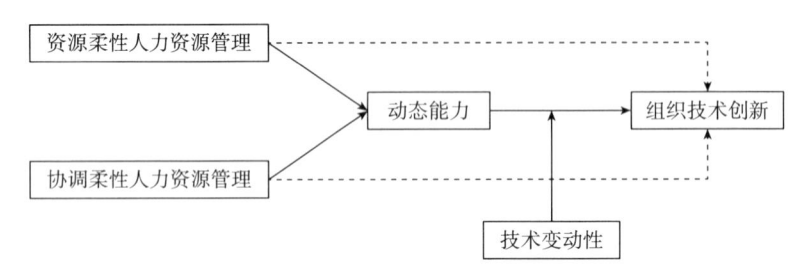

图21-1 本章理论模型

第二节 研究方法

一 研究样本

本章的样本数据来源于问卷调研。为了提高样本代表性，笔者在调研中选择具有不同性质（包括国有、民营和外资）、来自不同地点（包括福建省、贵州省、湖北省和江苏省）以及不同行业（包括通信制造和钢铁制造等）的企业作为被试企业。由于高层管理人员往往对企业的人力资源管理策略、经营情况和所面临的市场环境具有较深层次的理解。因此，笔者选取企业的高层管理人员（非CEO）作为问卷填写者，调查每个企业的协调柔性人力资源管理、资源柔性人力资源管理、动态能力、技术变动性和组织技术创新的实际情况。问卷发放和数据收集方式包括：直接上门调研、信函和电子邮件的调研方式。

本章一共选取了650家企业进行调研，最终获得了357份有效问卷，有效回收率为54.92%。在获得样本数据之后，笔者对样本企业的成立年数、总人数、性质和所在行业进行详细的分析。分析结果表明，大部分样本企业成立了10年以上（占70.30%）；35.01%的样本企业的总人数在101人至500人；大部分样本企业为民营企业（占59.66%）；70.87%的样本企业为制造型企业，如表21-1所示。

表 21-1　　　　　　　　　　样本分布

企业特征		数量（个）	百分比（%）
成立年数	0—10 年（包括 10 年）	106	29.69
	10—20 年（包括 20 年）	126	35.29
	20 年以上	125	35.01
总人数	100 人及以下	65	18.21
	101—500 人	125	35.01
	501—1000 人	49	13.73
	1001 人及以上	118	33.05
性质	国有企业	104	29.13
	民营企业	213	59.66
	外资企业	40	11.20
所属行业	制造业	253	70.87
	服务业	104	29.13

注：N = 357。

二　研究工具

为了尽可能地保证信度与效度，本章选用国内外权威的成熟量表作为测量工具。同时，在大规模调研之前，笔者首先对福建省地区的部分企业进行预调研，并结合被试者和该领域资深教授的意见对问卷进行适当的修订，据此获得最终的调研问卷。所有的题项均利用李克特五级量表进行测量，1 表示非常不同意，5 表示非常同意。

（一）柔性人力资源管理

选择常等[1]所开发的量表，该量表包括 11 个题项：①协调柔性人力资源管理：包含 6 个题项，如"公司鼓励核心知识型员工进行反馈和建议，并按之行动，以快速而有效地调配这些员工"。②资源柔性人力资源管理：包含 5 个题项，如"本公司根据技能和经验的多样化来

---

[1] Chang, S., Gong, Y., Sean, A. W. and Jia, L., "Flexibility - Oriented HRM Systems, Absorptive Capacity, and Market Responsiveness and Firm Innovativeness", *Journal of Management*, Vol. 39, No. 7, 2013, pp. 1924 - 1951.

雇佣核心知识型员工，以便使员工能够胜任其他任务"。该变量的两因子结构具有良好的拟合效果：$\chi^2(df=43) = 101.52$，TLI = 0.96，CFI = 0.97，IFI = 0.97，RMR = 0.03，RMSEA = 0.06。同时，资源柔性人力资源管理的 Cronbach's α 系数为 0.85，协调柔性人力资源管理的 Cronbach's α 系数则为 0.87，因此该量表具有良好的测量信度。

（二）动态能力

采用陈志军等[①]的 8 题项量表，该量表是在霍（Ho）等[②]的基础上发展而来的，示例问题如"本公司能够从外部环境的变化中识别出发展机会"。该量表在本章研究中的信度系数 Cronbach's α 为 0.87，具有良好的测量信度。

（三）技术变动性

选取彭说龙等[③]的 3 题项量表，示例问题如"在本公司所处的产业环境中，关键技术更新很快"。技术变动性这一量表的 Cronbach's α 系数为 0.87，测量信度较好。

（四）组织技术创新

采用谢洪明等[④]的 8 题项量表，该量表包含两个维度：①产品与服务创新：包括 5 个题项，如"本公司的新产品/服务曾经多次获得创新方面的奖项"。②工艺与服务流程创新：包括 3 个题项，如"本公司经常构想出许多改善产品工艺/服务流程的新方法"。该变量的两因子模型能够较好地与样本数据进行拟合：$\chi^2(df=19) = 55.59$，TLI = 0.96，CFI = 0.98，IFI = 0.98，RMR = 0.02，RMSEA = 0.07。同时，该量表的 Cronbach's α 系数为 0.90，测量信度较好。

（五）控制变量

在具体的实证分析中，本章将样本企业的成立年数、规模、性质和

---

① 陈志军等：《企业动态能力的形成机制与影响研究——基于环境动态性的调节作用》，《软科学》2015 年第 5 期。

② Ho, Y. and Tsai, T., "The Impact of Dynamic Capabilties with Market Orientation and Resource-Based Approaches on NPD Project Performance", *The Journal of American Academy of Business*, Vol. 8, No. 1, 2006, pp. 215–229.

③ 彭说龙等：《环境变动、组织学习与组织绩效的关系研究》，《科学学与科学技术管理》2005 年第 11 期。

④ 谢洪明等：《学习、知识整合与创新的关系研究》，《南开管理评论》2007 年第 2 期。

行业这四个重要的信息处理为控制变量。成立年数的单位为年；企业的规模用 ln（企业总人数）来表示；企业所属的行业划分为制造业和服务业这两种类别。企业性质分为三类：国有企业、民营企业和外资企业。同时，本章将企业性质处理成 3 个虚拟变量，以此进行下一步的实证分析。

第三节 研究结果与分析

一 共同方法偏差检验

由于本章中所有核心变量都是由被试者在相同的时间点进行汇报的，因此所获取的样本数据有可能存在共同方法偏差。为了确保样本数据的科学性和有效性，笔者利用 Harman 单因子方差分析法对此问题进行检验。检验结果显示，本章研究中未旋转的最大因子仅仅能够解释总方差的 38.51%（小于 50%）。这一分析结果说明样本数据中潜在的共同方法偏差处于可接受的范围内，可以进行深入的实证分析。

二 效度检验

本章采用验证性因子分析检验协调柔性人力资源管理、资源柔性人力资源管理、动态能力、技术变动性和组织技术创新这五个变量的区分效度。如表 21-2 所示，五因子模型的拟合效果达到了良好的水平 [χ^2 (158) = 268.37，RMSEA = 0.04，CFI = 0.97，TLI = 0.97，IFI = 0.97，RMR = 0.02]，并且明显优于其他因子模型的拟合结果，这意味着以上五个关键变量之间具有较好的区分效度。这一验证性因子分析结果也再次说明了本章研究不存在显著的共同方法偏差问题。同时，在五因子模型中，所有题项的标准化因子载荷均大于 0.70，这为本章五个关键变量的收敛效度提供了进一步的支持。

为了更深入地进行区分效度检验，本章根据福内尔等[①]的研究，进一步分析了五个关键变量的平均方差提取值。平均方差提取值的分析结果如表 21-3 所示。在本章研究中，协调柔性人力资源管理的平均方差

---

① Claes, F. and David, F. L., "Evaluating Structural Equation Models with Unobservable Variables and Measurement Error", *Journal of Marketing Research*, Vol. 18, No. 1, 1981, pp. 39-50.

表 21-2　　　　　　　　变量间的区分效度分析[a]

模型	χ^2	df	TLI	CFI	IFI	RMR	RMSEA
零模型[b]	4389.66	190	0.00	0.00	0.00	0.28	0.25
五因子模型	268.37	158	0.97	0.97	0.97	0.02	0.04
四因子模型[c]	450.34	162	0.92	0.93	0.93	0.03	0.07
四因子模型[d]	513.98	162	0.90	0.92	0.92	0.03	0.08
四因子模型[e]	439.72	162	0.92	0.93	0.93	0.04	0.07
四因子模型[f]	418.44	162	0.93	0.94	0.94	0.03	0.07
单因子模型[g]	948.81	168	0.79	0.81	0.82	0.06	0.11

注：N=357；a 在进行因子分析前，本章首先根据马蒂厄（Mathieu）等①的方法，将题项大于7的单维度变量（资源柔性人力资源管理、协调柔性人力资源管理和动态能力）都简化为三个题项；b 零模型中，所有变量之间没有关系；c 将协调柔性人力资源管理与动态能力合并为一个因子；d 将资源柔性人力资源管理与动态能力合并为一个因子；e 将动态能力与组织技术创新合并为一个因子；f 将技术变动性与组织技术创新合并为一个因子；g 将所有变量合并为一个因子。

提取值为0.61，资源柔性人力资源管理的平均方差提取值为0.65，动态能力的平均方差提取值为0.70，技术变动性的平均方差提取值为0.61，组织技术创新的平均方差提取值为0.58，所有变量的平均方差提取值都大于0.50，这进一步说明了本章五个关键变量均具有良好的收敛效度。同时，如表21-3所示，五个关键变量的平均方差提取值的算术平方根都大于这一变量与其他变量的相关系数，这再一次验证了本章核心构念之间的区分效度较好。

三　相关分析

所有核心构念的相关系数和描述性统计结果如表21-3所示。由表21-3可知，协调柔性人力资源管理与动态能力（r=0.66，p<0.01）、资源柔性人力资源管理和动态能力（r=0.57，p<0.01）、协调柔性人力资源管理和组织技术创新（r=0.53，p<0.01）、资源柔性人力资源管理和组织技术创新（r=0.60，p<0.01）、动态能力和组织技术创新（r=0.65，p<0.01）存在显著的正向相关关系。

---

① Mathieu, J. E. and Farr, J. L., "Further Evidence for the Discriminant Validity of Measures of Organizational Commitment, Job Involvement, and Job Satisfaction", *Journal of Applied Psychology*, Vol.76, No.1, 1991, pp.127-133.

四 假设检验分析

本章采用层级回归分析的方法进行假设检验。首先,本章对所有检验模型的方差膨胀因子(VIF)进行检测,检测结果显示所有的 VIF 均在 0—10,排除了多重共线性的干扰。其次,本章以被解释变量为横坐标,对所有回归模型的残差项进行散点图分析,分析结果显示不存在严重的异方差问题。最后,本章所有回归模型的 DW 值都接近 2,表明本章的各个回归模型都不存在严重的序列相关问题。

（一）主效应和中介效应

主效应和中介效应的分析结果如表 21-4 所示。由表 21-4 可知,协调柔性人力资源管理（M_4,$\beta=0.16$,$p<0.01$）和资源柔性人力资源管理（M_4,$\beta=0.42$,$p<0.01$）同时对组织技术创新有显著的正向影响,假设 21-1a 和假设 21-1b 得到了验证。协调柔性人力资源管理（M_2,$\beta=0.50$,$p<0.01$）和资源柔性人力资源管理（M_2,$\beta=0.20$,$p<0.01$）对动态能力都具有显著的正向影响,假设 21-2a 和假设 21-2b 得到了验证。动态能力对组织技术创新（M_5,$\beta=0.59$,$p<0.01$）具有显著的正向影响,假设 21-3 得到了验证。在加入动态能力这一中介变量之后,动态能力能够正向地预测组织技术创新（M_6,$\beta=0.44$,$p<0.01$）,且协调柔性人力资源管理与组织技术创新（M_5,$\beta=-0.06$,n.s.）的关系不再显著,而资源柔性人力资源管理对组织技术创新（M_5,$\beta=0.33$,$p<0.01$）的正向影响则有所减弱。因此,动态能力在协调柔性人力资源管理和组织技术创新的关系中起着完全中介的作用,在资源柔性人力资源管理与组织技术创新之间则仅仅发挥了部分中介的作用,假设 21-4a 部分成立,假设 21-4b 则完全成立。

同时,本章利用 PRODCLIN 程序进一步检验动态能力的中介作用。分析结果显示:①动态能力在资源柔性人力资源管理与组织技术创新关系的中介作用中,99.5% CI 为 [0.14,0.33],不包括 0,因此动态能力在这一关系之间的中介效应得到了验证。②动态能力在协调柔性人力资源管理与组织技术创新关系的中介作用中,99.5% CI 为 [0.20,0.47],不包括 0,因此动态能力在这一关系之间的中介效应得到了验证。

表 21-3　均值、标准差和变量间相关系数

变量	1	2	3	4	5	6	7	8	9	10	11
1. 企业成立年数											
2. 企业规模	0.48**										
3. 国有企业	0.48**	0.33**									
4. 民营企业	-0.46**	-0.42**	-0.78**								
5. 外资企业	0.01	0.16**	-0.23**	-0.43**							
6. 所属行业	-0.21**	-0.17**	0.16**	-0.08	-0.11**						
7. 协调柔性人力资源管理	-0.07	-0.02	-0.18**	0.14**	0.05	-0.15**	(0.78)				
8. 资源柔性人力资源管理	0.04	0.06	-0.15**	0.09	0.08	-0.19**	0.73**	(0.81)			
9. 动态能力	-0.11*	-0.03	-0.24**	0.18**	0.06	-0.13**	0.66**	0.57**	(0.84)		
10. 技术变动性	0.04	0.00	-0.22**	0.16**	0.07	-0.24**	0.38**	0.42**	0.47**	(0.78)	
11. 组织技术创新	-0.08	0.06	-0.30**	0.18**	0.15**	-0.34**	0.53**	0.60**	0.65**	0.60**	(0.76)
均值	21.06	2.76	0.29	0.60	0.11	1.29	3.73	3.68	3.85	3.76	3.60
标准差	16.55	0.84	0.46	0.49	0.32	0.46	0.66	0.69	0.57	0.76	0.70

注：N=357；** 表示 $p<0.01$，* 表示 $p<0.05$；斜对角括号中的数值为该变量平均方差提取值的算术平方根。

第二十一章 | 柔性人力资源管理对中小企业创新的影响及作用机制研究

表 21-4　层级回归分析结果

	动态能力				组织技术创新			
	M₁	M₂	M₃	M₄	M₅	M₆	M₇	M₈
控制变量								
企业成立年数	-0.04	-0.04	-0.08	-0.10*	-0.06	-0.09	-0.12*	-0.11**
企业规模	0.05	0.02	0.13*	0.10*	0.10*	0.09*	0.10*	0.10*
国有企业	-0.21*	-0.10	-0.32**	-0.21**	-0.19*	-0.17*	-0.12*	-0.13*
民营企业	0.01	0.01	-0.07	-0.06	-0.08	-0.07	-0.07	-0.07
所属行业	-0.09	0.00	-0.29**	-0.21**	-0.23**	-0.21**	-0.17**	-0.16**
自变量								
资源柔性人力资源管理		0.20**		0.42**		0.33**	0.28**	0.26**
协调柔性人力资源管理		0.50**		0.16**		-0.06	-0.05	-0.04
中介变量								
动态能力					0.59**	0.44**	0.35**	0.37**
调节变量								
技术变动性							0.28**	0.30**
交互项								
动态能力×技术变动性								0.12**
R²	0.07	0.47	0.20	0.47	0.52	0.58	0.63	0.65
F 值	5.15**	44.03**	17.06**	44.88**	62.36**	59.24**	66.60	63.51**
R² 值变化	0.07	0.40	0.20	0.28	0.32	0.10	0.06	0.01
F 值变化	5.15**	131.62**	17.06**	92.25**	232.58**	84.56**	53.69**	13.72**

注：N = 357；** 表示 P < 0.01，* 表示 P < 0.05。

(二) 调节效应

为了消除可能存在的共线性，本章采用标准化之后的动态能力和技术变动性来创造调节效应的交互项。调节效应的分析结果如表21-4所示。由表21-4可以看出，在控制了控制变量以及资源柔性人力资源管理和协调柔性人力资源管理之后，动态能力与技术变动性的交互能够正向地预测组织技术创新（M_8，$\beta=0.12$，$p<0.01$），这意味着技术变动程度越高，动态能力对组织技术创新的影响就越强烈。为了进一步明确技术变动性的调节效果，本章基于艾肯等[①]的研究结果，分别以大于和小于均值一个标准差为基准，分析了不同的技术变动性下动态能力对组织技术创新影响程度的差异。分析结果如图21-2所示。从图21-2可以看出，技术变动性强化了动态能力对组织技术创新的影响。当技术变动性水平较高时，动态能力对组织技术创新的正向作用较为强烈（$\beta=0.33$，$p<0.01$）；而当技术变动性水平较低时，动态能力对组织技术创新的正向作用则较为平缓（$\beta=0.19$，$p<0.01$）。因此，假设21-5得到了验证。

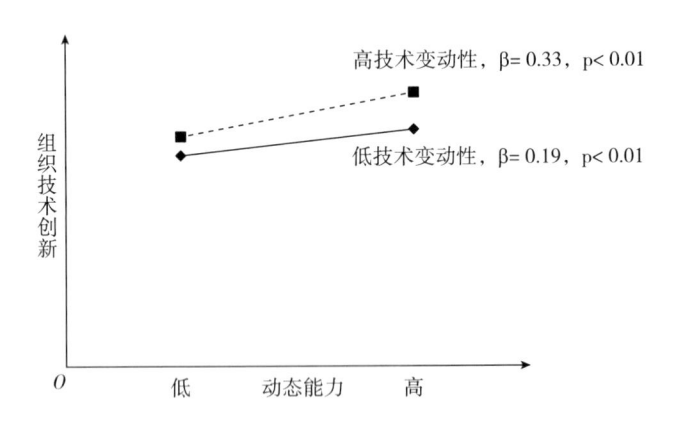

图21-2 调节交互效应

[①] Aiken, L. S. and West, S. G. "Multiple Regression: Testing and Interpreting Interactions", *Sage*, 1991.

第四节 研究结论与讨论

一 研究结论

本章基于动态能力理论,实证检验了柔性人力资源管理对组织技术创新的作用效果与作用机制。本章获得了三个重要的结论:①资源柔性人力资源管理和协调柔性人力资源管理都能够显著地促进组织的技术创新。②动态能力在资源柔性人力资源管理与组织技术创新、协调柔性人力资源管理与组织技术创新之间都发挥了重要的中介效应,但详细的中介机制有所不同。动态能力在资源柔性人力资源管理和组织技术创新之间仅仅产生了部分中介的效果,这表明资源柔性人力资源管理既能够直接促进组织技术创新的发展,也能够通过动态能力的中介作用来间接地推动组织的技术创新。动态能力则完全中介了协调柔性人力资源管理对组织技术创新的影响,这表明协调柔性人力资源管理必须通过动态能力的衔接作用才能够推动组织进行更多的技术创新。③市场的技术变动性调节了动态能力与组织技术创新的关系,市场的技术变动性越剧烈,动态能力对组织技术创新的推动效果就越强。

动态能力中介作用的差异是由资源柔性人力资源管理管理和协调柔性人力资源管理内容的不同所引起的。如前所述,组织技术创新,包括创意构思和创意推行两个阶段,其最终能否实现取决于组织对创新性知识的吸收和对组织既有资源的运用。资源柔性人力资源管理重点关注了组织应如何利用异质性员工的招募、培训和工作设计等管理实践来帮助员工获取丰富的、多样化的知识与技能。资源柔性人力资源管理对组织技术创新的影响表现为两个方面:①异质性员工的招募和宽泛的工作设计有利于从根源上为组织引入创新性的资源基础,直接地推动组织的技术创新。②宽泛的培训、工作设计和岗位轮换等管理实践活动有利于提高组织对内部资源的整合、重构、更新和转移能力,进而间接地推动组织的技术创新。[①] 由此可见，资源柔性人力资源管理能够同时对组织技术创新产生直接与间接的影响。协调柔性人力资源管理则重点关注了组织应如何利用信息系统、参与式管理和团队薪酬等管理活动来提高对组织资源的调配效率，它具有两个重要的特征：①协调柔性人力资源管理旨在提高组织对既有知识技能的整合、重构、更新和转移的能力。②协调柔性人力资源管理并不能直接产生创新性的知识或技能。[②] 因此，协调柔性人力资源管理仅能对组织技术创新产生间接的影响，而且这种间接的影响必须是以组织的动态能力为媒介的。

二 理论意义

随着市场动态性的逐步增强，柔性人力资源管理对于组织的重要性与日俱增。然而，目前对于柔性人力资源管理的研究却还处于起步阶段。[③] 本章基于中国的组织情境，探讨了柔性人力资源管理对组织技术创新的作用效果和具体的机制，这对柔性人力资源管理领域的学术研究产生了重要的理论意义。

第一，本章在常等[④]的基础上对企业创新类型进行更细致的探索，检验柔性人力资源管理对组织技术创新的影响，这在一定程度上拓展了常等的研究结论。同时，在战略人力资源管理领域中，现有研究集中探索了人力资源管理系统对组织绩效的影响，仅有相当少数的研究者对人力资源管理系统与组织技术创新之间的关系及作用机制进行关注。[⑤] 这不利于我们全面地理解组织人力资源管理系统对组织可持续竞争优势的影响。因此，本章在一定程度上丰富了战略人力资源管理领域的研究，

[①] Chang, S., Gong, Y., Sean, A. W. and Jia, L., "Flexibility-Oriented HRM Systems, Absorptive Capacity, and Market Responsiveness and Firm Innovativeness", *Journal of Management*, Vol. 39, No. 7, 2013, pp. 1924–1951.

[②] Chang, S., Gong, Y., Sean, A. W. and Jia, L., "Flexibility-Oriented HRM Systems, Absorptive Capacity, and Market Responsiveness and Firm Innovativeness", *Journal of Management*, Vol. 39, No. 7, 2013, pp. 1924–1951.

[③] 郑雅琴等：《灵活性人力资源管理系统与心理契约满足——员工个体学习目标导向和适应性的调节作用》，《经济管理》2014年第1期。

[④] 郑雅琴等：《灵活性人力资源管理系统与心理契约满足——员工个体学习目标导向和适应性的调节作用》，《经济管理》2014年第1期。

[⑤] Schuler, R. S. and Jackson, S. E., "A Quarter-Century Review of Human Resource Management in the U. S.: The Growth in Importance of the International Perspective", *Management Revue*, Vol. 16, No. 1, 2005, pp. 11–35.

拓展了战略人力资源管理系统的理论框架。

第二，本章以动态能力理论为依据，验证了动态能力在柔性人力资源管理与组织技术创新之间所发挥的中介效应。这一研究成果直接回应了常等[①]提出的未来研究建议，也为柔性人力资源管理作用机制的研究提供了全新的理论视角。更进一步地，本章对动态能力在两种柔性人力资源管理与组织技术创新关系中所发挥的不同中介机制进行了详细的探索与分析，这有助于该领域的研究者更深入地认识柔性人力资源管理与组织技术创新之间的理论"黑箱"，同时也对学者们更全面地了解柔性人力资源管理的作用机制具有重要的意义。此外，这一研究结论也契合了动态能力理论的观点——组织的柔性人力资源管理会对组织的动态能力产生影响，而这种整合、重构和更新的能力又进一步带动了组织技术创新的提升。

第三，本章发现外部环境的技术变动性扩大了动态能力对组织技术创新的积极作用，技术变动性程度越强，动态能力对组织技术创新的正向影响就越强烈。尽管部分研究已经验证了环境动态性对动态能力与组织技术创新关系的权变影响[②]，但较少有研究从技术变动性的角度对此加以探索。实际上，组织动态能力的构建及其对组织技术创新的作用功效是与市场的技术变动性息息相关的。[③] 市场技术变动性越强，组织越需要构建动态能力来感知市场中所存在的技术创新机会，并整合组织资源来推动组织技术创新的实现。因此，本章结论既是对国内外的研究成果的响应，也是对当前研究的拓展与深入。

三 管理启示

在现代社会中，科学技术的迅猛发展和消费者需求的多样化对组织的技术创新所造成的压力是不容忽视的。如何保持对市场的敏锐感知，抓住机遇实现组织技术创新，是每一个企业管理者都必须慎重思考的问

[①] 郑雅琴等：《灵活性人力资源管理系统与心理契约满足——员工个体学习目标导向和适应性的调节作用》，《经济管理》2014年第1期。

[②] 简兆权等：《战略导向、动态能力与技术创新：环境不确定性的调节作用》，《研究与发展管理》2015年第2期。

[③] 彭说龙等：《环境变动、组织学习与组织绩效的关系研究》，《科学学与科学技术管理》2005年第11期。

题。本章的研究发现对实务界的管理实践产生了重要的启示意义。

首先，管理者应加强构建柔性人力资源管理系统，以此提升组织的技术创新水平。组织的柔性人力资源管理系统包括资源柔性人力资源管理和协调柔性人力资源管理两个子系统，不同子系统的构建需要采用不同的实践体系。一方面，为了构建资源柔性人力资源管理的子系统，组织应着重关注核心员工的招募、培训与开发，并采用更灵活的方式来设计核心员工的工作，拓展组织知识资源与技能资源的多样性。具体地，组织应当注重招募异质性的员工，从源头上为组织引进多样化的知识与技能。针对市场环境的需求与顾客价值流的更新，及时调整培训体系，开设丰富而多样化的培训活动；恰当地实施一定程度的岗位轮换，为员工创造学习不同工作技能的机会。另一方面，为了构建协调柔性人力资源管理的子系统，组织应从人力资源的绩效管理、薪酬管理、员工授权与监管等方面入手，提高对员工的动态管理与调配效率。具体而言，组织应构建有效的信息管理系统，提高储存、检索和利用知识资源的能力；利用团队薪酬等团队管理方式，不断强化员工的合作意愿；适当授权，激发员工的主动性和创造性。需要特别指出的是，本章结果表明，资源柔性人力资源管理和协调柔性人力资源管理都能够促进组织的技术创新。因此，管理者应重视和平衡这两个子系统的推进，这有助于充分发挥柔性人力资源管理的作用。

其次，本章研究还发现动态能力不仅有利于促进组织的技术创新，而且是柔性人力资源管理对组织技术创新产生作用的关键中介。因此，从多个方面来共同促进动态能力的发展对组织而言具有十分重要的意义。结合以往研究，笔者建议组织从以下四个方面入手来建立动态能力的培育机制。一是在人力资源管理方面，除了采用本章中的柔性人力资源管理方式，组织还可以通过任用变革型领导与授权型领导来推动组织动态能力的提升。二是组织应该不断吸收和引进具有一定竞争优势的资源，提升组织的资源位势，以此提升组织的动态能力。三是组织应定期质疑现有的价值体系，整合和重构组织活动以实现组织内部资源与外部环境的匹配。四是组织应注重建立内部合作机制，并加强组织与供应商、消费者、科研机构等的外部协作，提高组织对外部环境的响应能力。

最后，组织应正视市场的技术变动性对动态能力效用发挥的权变影响。动态能力理论提出虽然动态能力对于组织的竞争优势具有重要的促进作用，但动态能力的构建与使用是需要耗费相应的成本的，盲目地推崇高水平的动态能力极有可能导致组织得不偿失。本章结果表明，当市场技术变动性较强时，组织的动态能力对组织技术创新的促进作用更为明显。反之，当市场技术变动性较弱时，动态能力对于组织技术创新的促进作用则有所下降。这就要求组织必须密切关注所在产业环境中技术变动与技术更新的进展，提高动态能力与技术变动性的匹配程度，以寻求提升组织技术创新的最佳路径。当市场的技术变动性水平较高时，组织应当加快对企业内部资源、各职能模块以及各种业务活动之间的整合，同时加快对企业外部的竞合关系、供应链和战略联盟等的协调，尽可能地调用多方位的资源来推动组织的技术创新。而当技术变动性水平较低时，市场对于组织动态能力提出了更低的要求。此时，组织可以适当降低对内外部资源的整合力度和重构力度，以尽可能低的成本实现对于市场环境的有效应对，避免出现动态能力的过剩，造成大量的资源浪费。

四 研究不足与展望

首先，本章的调研企业分布在不同的省份，这虽然有利于控制地域因素以提升内部效度，但是也在一定程度上弱化了外部效度。未来研究可以从不同的地域进行样本搜集，进一步验证和拓展本章的结论。

其次，本章选取组织的高层管理人员（非 CEO）作为调研对象，此举虽具有一定的科学依据，但仍然存在可改进空间。未来研究可以综合每个变量的特征和组织实践的具体情况，针对不同的变量选择不同的调研对象，如选取组织的财务总监进行组织绩效的调研等。同时，为了更为科学地探索各个变量之间的作用关系，未来可采取纵向研究，根据各个变量之间的因果关系在不同的阶段收集数据。

再次，本章着重探讨了柔性人力资源管理的作用效果，并未对其前因变量加以讨论。实际上，探索柔性人力资源管理的前因要素将能够帮助组织为柔性人力资源管理的构建创造有利的条件，也有利于推动柔性人力资源管理的科学实施和运用。目前，尚没有研究对此议题加以关注和探索。因此，未来的研究可以基于领导力的相关理论，检验 CEO 的特质或者具体的领导行为在组织构建柔性人力资源管理系统过程中所可能产生的重要作用。

最后，在柔性人力资源管理的影响效应上，本章基于动态能力理论，从组织层面上探索了柔性人力资源管理对于组织技术创新的影响及其作用机制。未来的研究可以尝试从多重的理论视角来阐释柔性人力资源管理的具体影响过程。不仅如此，未来研究还可进一步挖掘柔性人力资源管理的多样化的结果变量。一方面，柔性人力资源管理对于组织层面变量的影响不仅仅局限于组织技术创新，也可能是企业绩效或者组织创新的其他维度等。另一方面，柔性人力资源管理也可能对员工层面的变量产生影响。未来研究可以结合郑雅琴等[1]的研究，探索柔性人力资源管理对于员工知识分享、组织承诺、创新行为、主动性行为等变量的作用。

---

[1] 郑雅琴等:《灵活性人力资源管理系统与心理契约满足——员工个体学习目标导向和适应性的调节作用》,《经济管理》2014年第1期。

第二十二章

加强职业技术教育助推中小企业创新的对策研究

职业技术教育是关乎经济发展、国计民生的重要领域，既是提升劳动生产率，增加劳动生产要素供给的重要途径之一，也是财政投入和支持的重点领域。以浙江省为例，现阶段面临着传统发展模式"路径锁定"与国际经济格局调整"双向挤压"的内外压力，存在劳动要素供给效率下降、技术创新能力不足等特征。大力发展职业教育能够有效增加劳动要素供给，促进科技创新和成果转化。然而，现代职业技术教育的改革和发展需要政府财政的支持和引导。因此，应改革完善职业教育财政支持制度，加强政策间衔接机制，建立职业教育市场竞争主体培养机制，大力支持终身职业教育发展，不断加快推进现代职业教育体系建设，实现浙江省经济健康稳定发展。

第一节 发达国家开展职业技术教育的主要经验

一 美国：面向产业工人的"保障性策略"

美国通过系统培训和职业教育，加强对制造产业技术性、实践型、创新型的产业技术工人的培养，尤其在培养先进制造业领域产业工人方面具有先进经验。2014年，美国为深入实施《先进制造业伙伴计划》和《美国制造业复兴计划》，推出"学徒计划"，专门为制造业培训技工。浙江省可以建立"五合一平台"，充分发挥高校、科研院所、职业院校、企业和其他产业培训机构的平台作用，加大机械、自动化、信息计划等复合型产业技术人才的培养。为高端数控装备、机器人等智能装备制造业的运营、维护、管理、服务产业提供合格的产业工人。

二 德国：发达的职业教育和高素质技术工人培训

德国高度重视职业教育，其"双轨制"的教育模式为小微企业培养了大量的技术工人和工程师。德国通过学校和企业分工协作，合作进行人才培养和职业教育。这种职业教育机制为德国的中小企业创业创新培养了大量专业的工程师和技工，是德国造就众多中小企业"隐形冠军"的坚实基础。德国文化的"严谨"精神来自日耳曼精神中"对完美的不懈追求"，这体现在德国人工作中往往严谨、敬业、专注，这也表现在德国企业文化中始终追求产品设计和生产过程的高技术、高质量的不断提升，生产者的高度职业精神，对工业设计孜孜不倦的追求，科技产品杰出的制造水准，因此成就了一大批中小企业创业创新的"隐形冠军"。

三 韩国对中小企业提供政策性的人才资源培育和保障政策

韩国政府高度重视中小微企业的培育，注重小微企业技术创新能力和信息技术的应用。而韩国中小微企业人力资源结构中，青年人和具备尖端专业技术能力的高技术人才普遍比较缺乏。韩国政府为扶持科技型中小微企业的发展，采取了系统性、针对性强的科技型中小微企业人力资源培育和保障政策。这些政策措施一是对于科技型中小微企业吸引、聘用人才给予保障性的优惠政策，如1997年金融危机以后，为中小微企业用工提供政策性的"失业保障基金"。设立面向中小微企业的"专业人员就业中心"，为中小微企业人才招聘提供政策性的人力资源中介服务。二是重点为专业技术人才服务科技型中小微企业提供政策便利。如2003年，韩国先后实施了《中小企业人力支援特别法》以及增派留学生和科研人员出国深造和创业创新的政策措施。一方面大力鼓励国外优秀科研人员服务于韩国科技型中小微企业，另一方面积极鼓励高等院校科研人员创办企业，或者到企业开展技术创新和研究开发活动。三是为科技型中小微企业提供人力资源培训。2011年开始，韩国政府授权中小企业厅投入近900亿韩元，与数百家具有职业教育、专业培育以及专业学科优势的高等职业技术学院合作，为科技型中小微企业提供人力资源培训和继续教育。韩国还实施了大型企业退休技术人员为科技型中小微企业提供技术顾问、组织管理支持等方面的人力资源共享制度，弥补了科技型中小微企业技术人员不足的问题。

第二节 加强职业技术教育的制度机制

一 完善预算制度促进政策间衔接

一是完善职业技术教育财政中期规划管理制度。根据现阶段人才市场需求变动和现有政策实施情况，从长远视角制定政府财政支持职业技术教育的战略及财政收支规划，并通过每年滚动预测更新和修订政策实施和财政收支情况，以保证财政支持战略与市场需求、产业结构相适应。加强职业教育经费拨款与中期财政规划管理的有机结合，提高财政资金使用的规划性和前瞻性，促进政策制定实施的连续性。

二是加强职业技术教育项目库建设管理。结合浙江省发展情况，建立职业教育专项支出项目库，形成"实训基地建设项目""双师型职业教师素质提高项目""示范职业院校建设项目""职业院校专业教学资源库建设项目"等多类支出项目标准，提升专项资金使用效率。进一步加强职业教育专项支持项目库管理，加快制定项目库管理办法，强化备选项目库管理，严格监控项目实施情况。

二 培养职业技术教育市场竞争主体

一是营造公办、民办职业技术院校的公平的竞争环境，在竞争中提高职业技术教育整体的办学质量。可以设计指标定期检测和评价民办职业院校生均投入情况，结合当地居民收入、物价等因素水平，形成规范的生均经费拨款形成机制。统筹协调公办高职院校与本地区公办普通本科高校、中等职业学校生均拨款水平以及民办职业学校举办者生均投入水平。

二是探索建立股份制、混合所有制职业教育办学方式，通过"校董制"职业办学综合发挥公办、民办职业院校优势，突出职业院校办学优势。规范股份制、混合所有制职业院校股权投入机制和收益划分，逐步开放以股权、知识、技术、管理等要素投入办学。规范股份制、混合所有制职业院校公司治理结构。职业院校中具有一定职称、资格水平，或工作年限达到一定标准，对学校做出重大贡献的教师，可以考虑实行教师持股激励机制。

三是探索完善并推广BOT（"建设—运营—移交"）、JV（联合体）、TOT（"移交—经营—移交"）等多种PPP模式，缓解财政支出压力，吸引社会资本参与现代职业教育建设。以BOT模式实施职业教育实训基地专项建设为例，通过"建设—运营—移交"的模式，由社会资本参与专项建设竞标，并按照竞标内容和标准，出资建设职业教育实训基地。职业教育实训基地竣工验收后，社会资本获得该实训基地一定期限的特许经营权，由社会资本向各职业院校提供实操培训服务，并收取相应费用。特许经营期间，教学设备运营、维护、更新费用由社会资本负担，政府财政可给予一定的补贴支持。特许经营期满后，实训基地按照一定价格或无偿移交给政府。

三 明晰校企合作权责利益分配机制

一是明晰校企合作中校企双方职责划分。学校和企业共同参与人才培养，制订人才培养计划，学校应作为主导推动所有规划进行，企业主要行使过程监督和结果验收职能，中间穿插企业人员参与教学授课、学校教师进企业定岗实训等内容，让企业真正参加并融入合作中来，将职业学校学生当作未来公司的员工看待。

二是明晰学校和企业间成本收益归属。校企合作中学校的成本主要包括寻找企业的信息费用、谈判费用和监督费用；企业成本主要是实习生管理费用、生产风险成本、支付工资、食宿费用等。

三是明晰学校和企业双方设备、技术等方面成本分担比例，以及研究成果、收益权属和分配机制。在权属明晰的条件下不断深化"产教研"相融合。

第三节　加强职业技术教育的对策建议

一 支持终身职业技术教育

一是借鉴先进国家的终身教育政策支持实践经验，形成终身职业教育财税扶持政策机制，促进浙江省终身职业教育构建和发展。进入21世纪以来，美国将"职业教育"表述更名为"职业生涯与技术教育"，更加注重劳动者整个职业生涯的职业技术培训，重点关注学生个体发展，注重学校与企业间的合作；德国"双元制"职业培训面向社会各个年龄阶段，具有较低的入学门槛；日本也通过《终身学习振兴法》，采取一系列措施保障国民接受终身教育相关权益。而我国终身职业技术教育尚在试点过程中，相关体系尚未形成，需要在立法、财税政策、思想观念等各个方面给予政策扶持。

二是设立产业基金支持终身职业技术教育。加快制定各行业职业技术资格等级体系和认定标准，建设示范性职业继续培训机构。设立产业基金，支持职业教育继续培训机构建设。各个行业协会在制定行业资格等级标准体系的同时，向产业基金提出申请，投资设立相关终身教育示范培训机构，并聘请专业管理团队负责各项运营工作，开展终身教育培训。当终身教育产业发展到一定规模时，产业基金通过资本运作实现培训机构股权上市交易或新三板转让，保证产业基金合理收益及有效退出。

二 支持现代学徒制度建设发展

一是推广"引企入校""办校进厂""企业办校""校办企业"等多种校企合作模式，以及"订单式""顶岗实习""半工半读"等多种人才培养模式的同时，加大对这些模式的运行环节与特征研究，适时利用财政补贴或税收政策支持现代学徒制度建设发展。比如，"引企入校"合作模式中，地方财政可以按照学生实训人数，给予企业一定的财政补贴等。

二是设立产业基金，鼓励校企合作深化产学融合，推动科研成果转化生产力。设立产业基金，企业或学校如有科学研究、技术突破、产品研发等方面项目，可以立项申请产业基金贷款或股权投资，由产业基金提供资金，支持校企合作进行科学研究、技术突破或产品研发，鼓励深化校企之间产学融合，促进校企之间资源共享。

参考文献

安智宇、程金林：《人力资源管理对企业绩效影响的实证研究——组织学习视角的分析》，《管理工程学报》2009 年第 3 期。

蔡莉等：《创业生态系统研究回顾与展望》，《吉林大学社会科学学报》2016 年第 1 期。

陈爱辉、陈耀斌：《SNS 用户活跃行为研究：集成承诺、社会支持、沉没成本和社会影响理论的观点》，《南开管理评论》2014 年第 3 期。

陈春花、廖建文：《打造数字战略的认知框架》，《销售与管理》2018 年第 10 期。

陈恩才：《转型经济国家中小企业发展的外部环境分析》，《外国经济与管理》2003 年第 10 期。

陈国权：《学习型组织的学习能力系统、学习导向人力资源管理系统及其相互关系研究——自然科学基金项目（70272007）回顾和总结》，《管理学报》2007 年第 6 期。

陈剑等：《从赋能到使能——数字化环境下的企业运营管理》，《管理世界》2020 年第 2 期。

陈志军等：《企业动态能力的形成机制与影响研究——基于环境动态性的调节作用》，《软科学》2015 年第 5 期。

程聪、贾良定：《我国企业跨国并购驱动机制研究——基于清晰集的定性比较分析》，《南开管理评论》2016 年第 6 期。

程聪、谢洪明：《市场导向与组织绩效：一项元分析的检验》，《南开管理评论》2013 年第 6 期。

程聪等：《理性还是情感：动态竞争中企业"攻击—回应"竞争行

为的身份域效应——基于 AMC 模型的视角》,《管理世界》2015 年第 8 期。

池仁勇:《美日创业环境比较研究》,《外国经济与管理》2002 年第 9 期。

池仁勇、许必芳:《中小企业政策演变特征与前沿研究》,《外国经济与管理》2006 年第 11 期。

杜运周、尤树洋:《制度逻辑与制度多元性研究前沿探析与未来研究展望》,《外国经济与管理》2013 年第 12 期。

段伟文:《人工智能时代的价值审度与伦理调适》,《中国人民大学学报》2017 年第 6 期。

方世建、孙薇:《制度创业:经典模型回顾、理论综合与研究展望》,《外国经济与管理》2012 年第 8 期。

猴倩雯、蔡宁:《制度复杂性与企业环境战略选择:基于制度逻辑视角的解读》,《经济社会体制比较》2015 年第 1 期。

郝金磊、尹萌:《分享经济:赋能、价值共创与商业模式创新——基于猪八戒网的案例研究》,《商业研究》2018 年第 5 期。

何会涛、彭纪生:《人力资源管理实践对创新绩效的作用机理研究——基于知识管理和组织学习视角的整合框架》,《外国经济与管理》2008 年第 8 期。

胡鞍钢等:《人口老龄化、人口增长与经济增长——来自中国省际面板数据的实证证据》,《人口研究》2012 年第 3 期。

胡岗岚等:《电子商务生态系统及其演化路径》,《经济管理》2009 年第 6 期。

简兆权等:《价值共创研究的演进与展望——从"顾客体验"到"服务生态系统"视角》,《外国经济与管理》2016 年第 9 期。

简兆权等:《战略导向、动态能力与技术创新:环境不确定性的调节作用》,《研究与发展管理》2015 年第 2 期。

简兆权等:《基于知识管理的新产品开发影响因素实证研究》,《科研管理》2010 年第 6 期。

姜付秀等:《管理者背景特征与企业过度投资行为》,《管理世界》2009 年第 1 期。

蒋建武等:《战略人力资源管理对组织创新的作用机理研究》,《管理学报》2010年第12期。

[美]雷·库兹韦尔:《奇点临近》,李庆诚等译,机械工业出版社2011年版。

李兵等:《城市规模、人口结构与不可贸易品多样性——基于"大众点评网"的大数据分析》,《经济研究》2019年第1期。

李伦:《"楚门效应":数据巨机器的"意识形态"——数据主义与基于权利的数据伦理》,《探索与争鸣》2018年第5期。

李善民、刘永新:《并购整合对并购公司绩效的影响——基于中国液化气行业的研究》,《南开管理评论》2010年第4期。

李晓燕、毛基业:《动态能力构建——基于离岸软件外包供应商的多案例研究》,《管理科学学报》2010年第11期。

李元旭、刘矚:《制度距离与我国企业跨国并购交易成败研究》,《财经问题研究》2016年第3期。

梁琦等:《户籍改革、劳动力流动与城市层级体系优化》,《中国社会科学》2013年第12期。

刘洪伟、冯淳:《基于知识基础观的技术并购模式与创新绩效关系实证研究》,《科技进步与对策》2015年第16期。

刘家树等:《创新链集成的科技成果转化模式探析》,《科学管理研究》2012年第5期。

刘娟:《跨国企业制度学习研究述评与展望》,《外国经济与管理》2015年第2期。

刘善仕等:《人力资源管理系统、创新能力与组织绩效关系——以高新技术企业为例》,《科学学研究》2007年第4期。

刘伟、赵路:《对人工智能若干伦理问题的思考》,《科学与社会》2018年第1期。

刘志阳等:《数字社会创业:理论框架与研究展望》,《外国经济与管理》2020年第4期。

刘志迎等:《Yin、Eisenhardt和Pan的案例研究方法比较研究——基于方法论视角》,《管理案例研究与评论》2018年第1期。

路紫等:《中国现实地理空间与虚拟网络空间的比较》,《地理科学》2008 年第 5 期。

罗瑾琏：《企业绩效的人力资源整合》，同济大学出版社 2000 年版。

罗珉、李亮宇：《互联网时代的商业模式创新：价值创造视角》，《中国工业经济》2015 年第 1 期。

罗琦等：《融资约束抑或过度投资——中国上市企业投资—现金流敏感度的经验证据》，《中国工业经济》2007 年第 9 期。

吕力：《归纳逻辑在管理案例研究中的应用：以 AMJ 年度最佳论文为例》，《南开管理评论》2014 年第 1 期。

马宁、官建成：《影响我国工业企业技术创新绩效的关键因素》，《科学学与科学技术管理》2000 年第 3 期。

毛湛文：《定性比较分析（QCA）与新闻传播学研究》，《国际新闻界》2016 年第 4 期。

孟晓斌等：《企业动态能力理论模型研究综述》，《外国经济与管理》2007 年第 10 期。

庞长伟等：《整合能力与企业绩效：商业模式创新的中介作用》，《管理科学》2015 年第 5 期。

彭娟：《基于构型理论的人力资源系统与组织绩效的关系研究》，博士学位论文，华南理工大学，2013 年。

彭说龙等：《环境变动、组织学习与组织绩效的关系研究》，《科学学与科学技术管理》2005 年第 11 期。

邱伟年等：《社会资本与企业绩效：探索式与利用式学习的中介作用》，《经济管理》2011 年第 1 期。

邵传林：《制度环境、财政补贴与企业创新绩效——基于中国工业企业微观数据的实证研究》，《软科学》2015 年第 9 期。

宋典等：《战略人力资源管理、创新氛围与员工创新行为的跨层次研究》，《科学学与科学技术管理》2011 年第 1 期。

孙新波等：《数据赋能研究现状及未来展望》，《研究与发展管理》2020 年第 2 期。

唐靖等：《不同创业环境下的机会认知和创业决策研究》，《科学学研究》2007 年第 2 期。

田志龙等：《企业市场行为、非市场行为与竞争互动——基于中国家电行业的案例研究》，《管理世界》2007年第8期。

屠建飞、冯志敏：《基于创新链的模具产业集群技术创新平台》，《中国软科学》2009年第5期。

王菁等：《政府补贴体现了"竞争中立"吗——基于模糊集的定性比较分析》，《当代经济科学》2016年第2期。

王砚羽等：《商业模式采纳与融合："人工智能+"赋能下的零售企业多案例研究》，《管理评论》2019年第7期。

王颖、李树茁：《以资源为基础的观点在战略人力资源管理领域的应用》，《南开管理评论》2002年第3期。

吴先明：《我国企业知识寻求型海外并购与创新绩效》，《管理工程学报》2016年第3期。

吴先明：《我国企业跨国并购中的逆向知识转移》，《经济管理》2013年第1期。

吴先明、苏志文：《将跨国并购作为技术追赶的杠杆：动态能力视角》，《管理世界》2014年第4期。

吴晓波：《腾讯传（1998—2016）》，《中国战略新兴产业》2017年第2期。

吴晓波、吴东：《论创新链的系统演化及其政策含义》，《自然辩证法研究》2008年第12期。

武文珍、陈启杰：《价值共创理论形成路径探析与未来研究展望》，《外国经济与管理》2012年第6期。

谢洪明等：《市场导向与组织绩效的关系：组织学习与创新的影响——珠三角地区企业的实证研究》，《管理世界》2006年第2期。

谢洪明等：《学习、知识整合与创新的关系研究》，《南开管理评论》2007年第2期。

谢洪明等：《跨国并购的效应：研究述评及展望》，《外国经济与管理》2016年第8期。

谢卫红等：《高管支持、大数据能力与商业模式创新》，《研究与发展管理》2018年第4期。

解学梅、王宏伟：《开放式创新生态系统价值共创模式与机制研究》,《科学学研究》2020 年第 5 期。

许晖等:《基于组织免疫视角的科技型中小企业风险应对机理研究》,《管理世界》2011 年第 2 期。

许强、应翔君:《核心企业主导下传统产业集群和高技术产业集群协同创新网络比较——基于多案例研究》,《软科学》2012 年第 6 期。

阎大颖:《制度距离、国际经验与中国企业海外并购的成败问题研究》,《南开经济研究》2011 年第 5 期。

杨华军、胡奕明:《制度环境与自由现金流的过度投资》,《管理世界》2007 年第 9 期。

杨建锋等:《组织学习对组织绩效的影响机制研究》,《科学学与科学技术管理》2010 年第 7 期。

杨学成、涂科:《出行共享中的用户价值共创机理——基于优步的案例研究》,《管理世界》2017 年第 8 期。

于雪、王前:《"机器伦理"思想的价值与局限性》,《伦理学研究》2016 年第 4 期。

张驰等:《定性比较分析法在管理学构型研究中的应用:述评与展望》,《外国经济与管理》2017 年第 4 期。

张纯、吕伟:《信息披露、信息中介与企业过度投资》,《会计研究》2009 年第 1 期。

张功富、宋献中:《我国上市公司投资:过度还是不足?——基于沪深工业类上市公司非效率投资的实证度量》,《会计研究》2009 年第 5 期。

张丽玮等:《科技型中小企业在技术创新中的作用和对策研究》,《科技管理研究》2008 年第 11 期。

张玉宏等:《人数据算法的歧视本质》,《自然辩证法研究》2017 年第 5 期。

张玉明、段升森:《中小企业成长能力评价体系研究》,《科研管理》2012 年第 7 期。

张峥、聂思:《中国制造业上市公司并购创新绩效研究》,《科研管理》2016 年第 4 期。

郑雅琴等:《灵活性人力资源管理系统与心理契约满足——员工个

体学习目标导向和适应性的调节作用》,《经济管理》2014 年第 1 期。

钟耕深、崔祯珍:《商业生态系统理论及其发展方向》,《东岳论丛》2009 年第 6 期。

周伟贤:《投资过度还是投资不足——基于 A 股上市公司的经验证据》,《中国工业经济》2010 年第 9 期。

周雪光、艾云:《多重逻辑下的制度变迁:一个分析框架》,《中国社会科学》2010 年第 4 期。

朱宝宪、王怡凯:《1998 年中国上市公司并购实践的效应分析》,《经济研究》2002 年第 11 期。

朱勤等:《平台赋能、价值共创与企业绩效的关系研究》,《科学学研究》2019 年第 11 期。

朱秀梅等:《数字创业生态系统动态演进机理——基于杭州云栖小镇的案例研究》,《管理学报》2020 年第 4 期。

朱治理等:《海外并购、文化距离与技术创新》,《当代经济科学》2016 年第 2 期。

祝志明等:《动态能力理论:源起、评述与研究展望》,《科学学与科学技术管理》2008 年第 9 期。

Raymond,V. W. 等:《组织间和组织内知识转移:对其前因后果的元分析及评估》,《管理世界》2012 年第 4 期。

Sergio,F.,Victor,D. N.:《人工智能伦理与法律风险的探析》,《科技与法律》1980 年第 1 期。

Abraham, K. S., "The Digital Entrepreneurial Ecosystem—A Critique and Reconfiguration", *Small Business Economics*, Vol. 53, No. 3, 2019.

Acar, O. A. and Puntoni, S., "Customer Empowerment in the Digital Age", *Journal of Advertising Research*, Vol. 56, No. 1, 2016, pp. 4 – 8.

Aguinis, H. and Glavas, A., "What We Know and Don't Know about Corporate Social Responsibility a Review and Research Agenda", *Journal of Management*, Vol. 38, No. 4, 2012, pp. 932 – 968.

Aiken, L. S. and West, S. G., "Multiple Regression: Testing and Interpreting Interactions", *Sage*, 1991.

Alper, S., Tjosvold, D., Law, K. S., "Interdependence and Controversy in Group Decision Making: Antecedents to Effective Self – Managing Teams", *Organizational Behavior and Human Decision Processes*, Vol. 74, No. 1, 1998, pp. 33 – 52.

Alzou, S., Alshibly, H. and Altah, A. M., "Artificial Intelligence in Law Enforcement: A Review", *International Journal of Advanced Information Technology*, Vol. 4, No. 4, 2014, pp. 1 – 9.

Ampofo, A., Mujtaba, B., Cavico, F. and Tindall, L., "The Relationship between Organizational Ethical Culture and the Ethical Behavior of Employees: A Study of Accounting and Finance Professionals in the Insurance Industry of United States", *Journal of Business and Economics Research*, Vol. 2, No. 9, 2011.

Anderson, M., Anderson, S. L. and Armen, C. *Towards Machine Ethics*, Palo Alto, CA: AAAI Press, 2004.

Anderson, S. L. and Anderson, M., "Machine Ethics: Creating an Ethical Intelligent Agent", *AI Magazine: Artificial Intelligence*, Vol. 28, No. 4, 2007, pp. 15 – 25.

Andrew, D., Ajai, S. G. and Shige, M., "The Timing of International Expansion: Information, Rivalry and Imitation Among Japanese Firms, 1980 – 2002", *Journal of Management Studies*, Vol. 45, No. 1, 2008, pp. 169 – 195.

Anil, K. G. and Vijay, G., "Knowledge Flows and the Structure of Control within Multinational Corporations", *Academy of Management Review*, Vol. 16, No. 16, 1991, pp. 768 – 792.

Anil, M. and Kevin, D., "Effect of Quality of Institutions on Outward Foreign Direct Investment", *Journal of International Trade and Economic Development*, Vol. 16, No. 2, 2007, pp. 231 – 244.

Anna, P., Thomas, K. and Steve, S., "An Exploratory Study of Information Systems in Support of Employee Empowerment", *Journal of Information Technology*, Vol. 15, No. 3, 2000.

Arrfelt, M., Robert, M. W. and Hult, T. M. G., "Looking Backward Instead of Forward: Aspiration – Driven Influences on the Efficiency of the

Capital Allocation Process", *Academy of Management Journal*, Vol. 56, No. 4, 2013, pp. 1081 – 1103.

Aryee, S., Wyatt, T. and Stone, R., "Early Career Outcomes of Graduate Employees: The Effect of Mentoring and Ingratiation", *Journal of Management Studies*, Vol. 33, No. 1, 1996, pp. 95 – 118.

Axel, M. and Adrian, D., "Crisp – Set Qualitative Comparative Analysiscs QCA, Contradictions and Consistency Benchmarks for Model Specification", *Methodological Innovations*, Vol. 6, No. 2, 2011, pp. 97 – 142.

Bamford, C. E., Dean, T. J. and McDougall, P. P., "An Examination of the Impact of Initial Founding Conditions and Decisions upon the Performance of New Bank Start – ups", *Journal of Business Venturing*, Vol. 15, No. 3, 2000.

Bandura, A., *Social Learning Theory*, Englewood Cliffs, NJ: Prentice – Hall, 1977.

Baron, R. M. and Kenny, D. A., "The Moderator – mediator Variable Distinction in Social Psychological Research: Conceptual, Strategic, and Statistical Considerations", *Journal of Personality and Social Psychology*, Vol. 51, No. 6, 1986, pp. 1173 – 1182.

Bartik, T., *Jobs for the Poor: Can Labor Demand Policies Help*, New York: Russell Sage Foundation, 2001.

Bell, R. G., Filatotchev, I. and Aguilera, R. V., "Corporate Governance and Investors' Perceptions of Foreign IPO Value: An Institutional Perspective", *Academy of Management Journal*, Vol. 57, No. 1, 2013, pp. 301 – 320.

Berson, Y. and Dvir, O. T., "CEO Values, Organizational Culture and Firm Outcomes", *Journal of Organizational Behavior*, Vol. 29, No. 5, 2010, pp. 615 – 633.

Bertram, F. M., "Integrating Robot Ethics and Machine Morality: The Study and Design of Moral Competence in Robots", *Ethics and Information Technology*, Vol. 18, No. 4, 2016.

Bhat, S. A. and Darzi, M. A., "Customer Relationship Management:

An Approach to Competitive Advantage in the Banking Sector by Exploring the Mediational Role of Loyalty", *International Journal of Bank Marketing*, Vol. 34, No. 3, 2016, pp. 388 – 410.

Bhaumik, S. K., Driffield, N. and Zhou, Y., "Country Specific Advantage, Firm Specific Advantage and Multinationality – Sources of Competitive Advantage in Emerging Markets: Evidence from the Electronics Industry in China", *International Business Review*, Vol. 25, No. 1, 2015, pp. 165 – 176.

Björkman, I. and Vaara, E., "Impact of Cultural Differences and Capability Transfer in Cross – border Acquisitions: The Mediating Roles of Capability Complementarity, Absorptive Capacity, and Social Integration", *Journal of International Business Studies*, Vol. 38, No. 4, 2007, pp. 658 – 672.

Blau, P. M., *Exchange and Power in Social Life*, New York, NY: Wiley, 1964.

Blickle, G., Schneider Paula, B., Liu, Y. and Ferris, Gerald R., "A Predictive Investigation of Reputation as Mediator of the Political – Skill/Career – Success Relationship", *Journal of Applied Social Psychology*, Vol. 41, 2011, pp. 3026 – 3048.

Botsman, R., *What's Mine is Yours: The Rise of Collaborative Consumption*, New York: Harper Business, 2011.

Bradley, M, Desai, A. and Kim, E. H., "Synergistic Gains from Corporate Acquisitions and Their Divisionbetween the Stockholders of Target and Acquiring Firms", *Journal of Financial Economics*, Vol. 21, No. 1, 1988, pp. 3 – 40.

Braun, S., Aydin, N., Frey, D. and Peus, C., "Leader Narcissism Predicts Malicious Envy and Supervisor – Targeted Counterproductive Work Behavior: Evidence from Field and Experimental Research", *Journal of Business Ethics*, Vol. 151, No. 3, 2018, pp. 725 – 741.

Brichni, M., Dupuy – Chessa, S., Gzara, L., Mandran, N. and Jeannet, C., "A Continuous Evaluation System for Business Intelligence Systems", *Expert Systems with Applications*, Vol. 76, 2017, pp. 97 – 112.

Brislin, R. W., "Translation and Content Analysis of Oral and Written

Material", in Triandis H. C. and Berry, J. W. eds. , *Handbook of Cross-cultural Psychology*, Vol. 2, 1980, pp. 349 – 444.

Brislin, R. W. , "Expanding the Role of the Interpreter to Include Multiple Facets of Intercultural Communication", *International Journal of Intercultural Relations*, Vol. 4, No. 2, 1980, pp. 137 – 148.

Brown, M. E. , Trevino, L. K. and Harrison, D. A. , "Ethical Leadership: A Social Learning Theory Perspective for Construct Development", *Organizational Behavior and Human Decision Processes*, Vol. 97, No. 2, 2005, pp. 117 – 134.

Bruce, K. , Harbir, S. , "The Effect of National Culture on the Choice of Entry Mode", *Journal of International Business Studies*, Vol. 19, No. 3, 1988, pp. 411 – 432.

Bruno, C. , Massimo, G. C. , Paola, G. and Reinhilde, V. , "The Impact of M&A on the R&D Process", *Research Policy*, Vol. 34, No. 2, 2005, pp. 195 – 220.

Bunk, J. A. and Magley, V. J. , "Sensitivity to Interpersonal Treatment in the Workplace: Scale Development and Initial Validation", *Journal of Occupational and Organizational Psychology*, Vol. 84, No. 2, 2011, pp. 395 – 402.

Campbell, J. T. , Sirmon, D. G. and Schijven, M. , "Fuzzy Logic and the Market: A Configurational Approach to Investor Perceptions of Acquisition Announcements", *Academy of Management Journal*, Vol. 59, No. 1, 2016, pp. 163 – 187.

Catherine, A. M. , "Capital Investment as Investing in Organizational Capabilities: An Empirically Grounded Process Model", *Academy of Management Journal*, Vol. 44, No. 3, 2001, pp. 513 – 531.

Cecily, C. , "Elucidating the Bonds of Workplace Humor: A Relational Process Model", *Human Relations*, Vol. 61, No. 8, 2008, pp. 1087 – 1115.

Chan, C. M. , Makino, S. and Isobe, T. , "Interdependent Behavior in Foreign Direct Investment: The Multi – Level Effects of Prior Entry and Prior Exit on Foreign Market Entry", *Journal of International Business Stud-*

ies, Vol. 37, No. 5, 2006, pp. 642 – 665.

Chang, S. J. and Rosenzweig, P. M., "Industry and Regional Patterns in Sequential Foreign Market Entry", *Journal of Management Studies*, Vol. 35, No. 6, 1998, pp. 797 – 821.

Chang, S., Gong, Y., Sean, A. W. and Jia, L., "Flexibility – Oriented HRM Systems, Absorptive Capacity, and Market Responsiveness and Firm Innovativeness", *Journal of Management*, Vol. 39, No. 7, 2013, pp. 1924 – 1951.

Charles, A. O. R. and Michael, L. T., "Ambidexterity as a Dynamic Capability: Resolving the Innovator's Dilemma", *Research in Organizational Behavior*, Vol. 28, 2008.

Chen, H. and Ayoun, B., "Is Negative Workplace Humor Reallyall That 'Negative'? Workplace Humor and Hospitality Employees' Job Embeddedness", *International Journal of Hospitality Management*, Vol. 79, 2019, pp. 41 – 49.

Chen, H., Chiang, R. H. L. and Storey, V. C., "Business Intelligence and Analytics: From Big Data to Big Impact", *MIS Quarterly*, Vol. 36, No. 4, 2012, pp. 1165 – 1188.

Chen, M., Lyu, Y., Li, Y., et al., "The Impact of High – Commitment HR Practices on Hotel Employees Proactive Customer Service Performance", *Cornell Hospitality Quarterly*, 2017, pp. 94 – 107.

Chen, W. R. and Miller, K. D., "Situational and Institutional Determinants of Firms' R&D Search Intensity", *Strategic Management Journal*, Vol. 28, No. 4, 2007, pp. 369 – 381.

Chen, W., "Determinants of Firms' Backward – and Forward – Looking R&D Search Behavior", *Organization Science*, Vol. 19, No. 4, 2008, pp. 609 – 622.

Chen, Y., Yi, W., Saggi, N., Jose, B. and Gang, K., "IT Capabilities and Product Innovation Performance: The Roles of Corporate Entrepreneurship and Competitive Intensity", *Information & Management*, Vol. 52, No. 6, 2015, pp. 643 – 657.

Chen, Y. F. and Tjosvold, D. , "Cross – cultural Leadership: Goal Interdependence and Leader – member Relations in Foreign Ventures in China", *Journal of International Management*, Vol. 11, No. 3, 2005, pp. 417 – 439.

Chen, Y. F. and Tjosvold, D. , "Shared Rewards and Goal Interdependence for Psychological Safety among Departments in China", *Asia Pacific Journal of Management*, Vol. 29, No. 2, 2012, pp. 433 – 452.

Cheng, M. , "Sharing Economy: A Review and Agenda for Future Research", *International Journal of Hospitality Management*, Vol. 57, 2016, pp. 60 – 70.

Christopher, M. , Mary, A. G. and Gerald, F. D. , "Community Isomorphism and Corporate Social Action", *Academy of Management Review*, Vol. 32, No. 3, 2007, pp. 925 – 945.

Chuang, L. M. , "An Empirical Study of the Construction of Measuring Model for Organizational Innovation in Taiwanese High – Tech Enterprises", *Journal of American Academy of Business*, Vol. 6, No. 1, 2005, pp. 299 – 304.

Chuang, L. A. , "A Multilevel Investigation of Factors Influencing Employee Service Performance and Customer Outcomes", *Academy of Management Journal*, Vol. 47, No. 1, 2004, pp. 41 – 58.

Cialdini, R. B. , *Influence: Science and Practice*, New York: Harper Collins, 1984.

Claes, F. and David, F. L. , "Evaluating Structural Equation Models with Unobservable Variables and Measurement Error", *Journal of Marketing Research*, Vol. 18, No. 1, 1981, pp. 39 – 50.

Clarkson, M. E. , "A Stakeholder Framework for Analyzing and Evaluating Corporate Social Performance", *Academy of Management Review*, Vol. 20, 1995, pp. 92 – 117.

Claussen, J. , Essling, C. and Peukert, C. , "Demand Variation, Strategic Flexibility and Market Entry: Evidence from the U. S. Airline Industry", *Social Science Electronic Publishing*, Vol. 39, No. 11, 2018, pp. 2877 – 2898.

Cohen, W. M. and Levinthal, D. A., "Absorptive Capacity: A New Perspective on Learning and Innovation", *Administrative Science Quarterly*, Vol. 35, No. 1, 1990, pp. 128 – 152.

Cohen, J., *Applied Multiple Regression/Correlation Analysis for the Behavioral Sciences*, 3rd edition, Mahwah, NJ: Lawrence Erlbaum Associates, 2003.

Constance, E. H. and Margaret, A. P., "The Dynamic Resource – Based View: Capability Lifecycles", *Strategic Management Journal*, Vol. 24, No. 10, 2003.

Cook, T. D. and Campbell, D. T., *Quasi Experimentation: Design and Analytical Issues for Field Settings*, Chicago, IL: Rand McNally, 1979.

Cooper, C. D., Kong, D. T. and Crossley, C. D., "Leader Humor asan Interpersonal Resource: Integrating Three Theoretical Perspectives", *Academy of Management Journal*, Vol. 61, No. 2, 2018, pp. 769 – 796.

Crilly, D., Zollo, M. and Hansen, M. T., "Faking It or Muddling Through? Understanding Decoupling in Response to Stakeholder Pressures", *Academy of Management Journal*, Vol. 55, No. 6, 2012, pp. 1429 – 1448.

Crocker, J. and Wolfe, C. T., "Contingencies of Self – worth", *Psychological Review*, Vol. 108, No. 3, 2001, pp. 593 – 623.

Crocker, J., Luhtanen, R. K., Cooper, M. L. and Bouvrette, A., "Contingencies of Self – worth in College Students: Theory and Measurement.", *Journal of Personality and Social Psychology*, Vol. 85, No. 5, 2003, pp. 894 – 908.

Cropanzano, R. and Mitchell, M. S., "Social Exchange Theory: An Interdisciplinary Review", *Journal of Management*, Vol. 31, No. 6, 2005, pp. 874 – 900.

Crossland, C. and Hambrick, D. C., "Differences in Managerial Discretion across Countries: How Nation – Level Institutions Affect the Degree to Which CEOs Matter", *Strategic Management Journal*, Vol. 32, No. 8, 2011, pp. 797 – 819.

Cyert, R. M. and March, J. G., "A Behavioral Theory of the Firm",

Journal of Marketing Research, Vol. 1, No. 1, 1963.

Datta, D. K. and Puia, G., "Cross – Border Acquisitions: An Examination of the Influence of Relatedness and Cultural Fit on Shareholder Value Creation in US Acquiring Firms", *Management International Review*, No. 4, 1995, pp. 337 – 359.

Davenport, T. H., Barth, P. and Bean, R., "How 'Big Data' is Different", *MIT Sloan Management Review*, Vol. 54, No. 1, 2012, pp. 43 – 46.

Davenport, T. H. and Kudyba, S., "Designing and Developing Analytics – Based Data Products", *MIT Sloan Management Review*, Vol. 58, No. 1, 2016, pp. 83 – 89.

David, J. T., "Explicating Dynamic Capabilities: The Nature and Microfoundations of Sustainable Enterprise Performance", *Strategic Management Journal*, Vol. 28, No. 13, 2007, pp. 1319 – 1350.

David, J. T., Gary, P. and Amy, S., "Dynamic Capabilities and Strategic Management", *Strategic Management Journal*, Vol. 18, No. 7, 1997.

Deci, E. L. and Ryan, R. M., "The 'What' and 'Why' of Goal Pursuits: Human Needs and the Self – Determination of Behavior", *Psychological Inquiry*, Vol. 11, No. 4, 2000, pp. 227 – 268.

Deci, E. L. and Ryan, R. M., "Self – Determination Theory: An Organismic Dialectical Perspective", *Handbook of Self – Determination Research*, 2002, pp. 3 – 33.

Deci, E. L. and Ryan, R. M., "Self – Determination Theory: A Macrotheory of Human Motivation, Development, and Health", *Canadian Psychology*, Vol. 49, No. 3, 2008, pp. 182 – 185.

Delbridge, R. and Edwards. T., "Challenging Conventions: Roles and Processes during, Non – isomorphic Institutional Change", *Human Relations*, Vol. 61, No. 3, 2008, pp. 299 – 325.

Delery, J. E. and Doty, D. H., "Modes of Theorizing in Strategic Human Resource Management: Tests of Universalistic, Contingency, and Configurational Performance Predictions", *Academy of Management Journal*,

Vol. 39, No. 4, 1996, pp. 802 – 835.

Deng, P., "What Determines Performance of Cross – border M&As by Chinese Companies? An Absorptive Capacity Perspective", *Thunderbird International Business Review*, Vol. 52, No. 6, 2010, pp. 509 – 524.

DePaulo, B. M., Stone, J. I., Lassiter, G. D., "Telling Ingratiating Lies: Effects of Target Sex and Target Attractiveness on Verbal and, Nonverbal Deceptive Success", *Journal of Personality and Social Psychology*, Vol. 48, No. 5, 1985, pp. 1191 – 1203.

Deutsch, M., "A Theory of Cooperation and Competition", *Human Relations*, Vol. 2, No. 2, 1949, pp. 129 – 152.

Diakopoulos, N., "Algorithmic Accountability", *Digital Journalism*, Vol. 3, No. 3, 2015, pp. 398 – 415.

Dorfman, P. W. and Howell, J. P., "Dimension of National Culture and Effective Leadership Patterns: Hofstede Revisited", *Advances in International Comparative Management*, 1988, pp. 127 – 150.

Douglas, J. S. and Richard, G. S., "Earnings Surprises, Growth Expectations, and Stock Returns or Don't Let an Earnings Torpedo Sink Your Portfolio", *Review of Accounting Studies*, Vol. 7, No. 2 – 3, 2002, pp. 289 – 312.

Dreyfus, H. J., "Complexities of the Mind at Work. Book Reviews: What Computers Can't Do. A Critique of Artificial Reason", *Science*, Vol. 176, No. 1, 1972, pp. 630 – 631.

Du, W. D., Shan, L. P., Ning, Z. and Taohua, O., "From a Marketplace of Electronics to a Digital Entrepreneurial Ecosystem (DEE): The Emergence of a Meta – organization in Zhongguancun, China", *Information Systems Journal*, Vol. 28, No. 6, 2018.

Duffy, M. K., Scott, K. L., Tepper, B. J., Shaw, J. D. and Aquino, K., "A Social Context Model of Envy and Social Undermining", *Academy of Management Journal*, Vol. 55, No. 3, 2012, pp. 643 – 666.

Edelman, B. G. and Luca, M., "Digital Discrimination: The Case of Airbnb. com", *Harvard Business School Working Papers*, 2014.

Edwards, J. R. and Lambert, L. S., "Methods for Integrating Moderation and Mediation: A General Analytical Framework Using Moderated Path Analysis", *Psychological Methods*, Vol. 12, No. 1, 2007, pp. 1 – 22.

Eeckhout, J., "Gibrat's Law for All Cities", *American Economic Review*, Vol. 94, No. 5, 2009, pp. 1429 – 1451.

Eli, B., Dan, G. and Carla, H., "The Rewards to Meeting or Beating Earnings Expectations", *Journal of Accounting and Economics*, Vol. 33, No. 2, 2002, pp. 173 – 204.

Erkko, A., Satish, N., Llewellyn, D. W. T. and Mike, W., "Digital Affordances, Spatial Affordances, and the Genesis of Entrepreneurial Ecosystems", *Strategic Entrepreneurship Journal*, Vol. 12, No. 1, 2018, pp. 72 – 95.

Eshleman, A., "Moral Responsibility", *Stanford Encyclopedia of Philosophy*, 2001.

Estrin, S., Baghdasaryan, D., Meyer, K. E., "The Impact of Institutional and Human Resource Distance on International Entry Strategies", *Journal of Management Studies*, 2009, 46(7): 1171 – 1196.

Etzion, H. and Kuruzovich, J., "Online Auctions and Multichannel Retailing", *Management Science*, Vol. 64, No. 6, 2018, pp. 2734 – 2753.

Farani, A. Y., Motaghed, M. and Karimi, S., "The Role of Entrepreneurial Knowledge and Skills in Developing Digital Entrepreneurial Intentions in Public Universities in Hamedan Province", *Iranian Journal of Information Processing Management*, Vol. 31, No. 3, 2016, pp. 785 – 802.

Ferris, G. R., Blass, F. R., Douglas, C., Kolodinsky, R. W. and Treadway D. C., "Personal Reputation in Organizations", in Greenberg, J. ed., *Organizational Behavior: The State of Science*, Mahwah, NJ: Lawrence Erlbaum, 2003, pp. 211 – 246.

Fiss, P. C., "Building Better Causal Theories: A Fuzzy Set Approach to Typologies in Organization Research", *Academy of Management Journal*, Vol. 54, No. 2, 2011, pp. 393 – 420.

Fried, D. and Givoly, D., "Financial Analysts' Forecasts of Earnings: A Better Surrogate for Market Expectations", *Journal of Accounting and Economics*, Vol. 4, No. 2, 1982, pp. 85 – 107.

Friedman, B. and Kahn, P. H., "Human Agency and Responsible Computing: Implications for Computer System Design", *Journal of Systems and Software*, Vol. 17, No. 1, 1992, pp. 7 – 14.

Ganegoda, D. B. and Bordia, P., "I Canbe Happy for You, But not all the Time: A Contingency Model of Envy and Positive Empathy in the Workplace", *Journal of Applied Psychology*, Vol. 104, No. 6, 2019, pp. 776 – 795.

Gang, X., "Legal Shareholder Protection and Corporate R&D Investment", *Journal of Corporate Finance*, Vol. 23, 2013, pp. 240 – 266.

Garud, R., Hardy, C. and Maguire, S., "Institutional Entrepreneurship as Embedded Agency: An Introduction to the Special Issue", *Organization Studies*, Vol. 28, No. 7, 2016, pp. 957 – 969.

Gautam, A. and Riitta, K., "Technological Acquisitions and the Innovation Performance of Acquiring Firms: A Longitudinal Study", *Strategic Management Journal*, Vol. 22, No. 3, 2001, pp. 197 – 220.

Gentry, R. J. and Shen, W., "The Impacts of Performance Relative to Analyst Forecasts and Analyst Coverage on Firm R&D Intensity", *Strategic Management Journal*, Vol. 34, No. 1, 2013, pp. 121 – 130.

George, G., Haas, M. R. and Pentland, A., "From the Editors Big Data and Management", *Academy of Management Journal*, Vol. 57, No. 2, 2014, pp. 321 – 326.

Gerald, R. F., Darren, C. T., Pamela, L. P., Robyn, L. B., Ceasar, D. and Sean, L., "Political Skill in Organizations", *Journal of Management*, Vol. 33, No. 3, 2007, pp. 290 – 320.

Gerald, R. F., Darren, C. T., Robert, W. K., Wayne, A. H., Charles, J. K., Ceasar, D. and Dwight, D. F., "Development and Validation of the Political Skill Inventory", *Journal of Management*, Vol. 31, No. 1, 2005, pp. 126 – 152.

Gianluca, E., Alessandro, M. and Giuseppina, P., "Digital Entrepreneurship Ecosystem: How Digital Technologies and Collective Intelligence are Reshaping the Entrepreneurial Process", *Technological Forecasting and Social Change*, Vol. 150, 2020.

Gimeno, J., Robert, E. H., Brent, D. B. and William, P. W., "Explaining the Clustering of International Expansion Moves: A Critical Test in the U. S. Telecommunications Industry", *Academy of Management Journal*, Vol. 48, No. 2, 2005, pp. 297 – 319.

Glaeser, E. L., Jed, K. and Albert, S., "Consumer City", *Harvard Institute of Economic Research Working Papers*, No. 1, 2001, pp. 27 – 50.

Gottlieb, Benjamin H. and Bergen, Anne E., "Social Support Concepts and Measures", *Journal of Psychosomatic Research*, Vol. 69, No. 5, 2010.

Graen, G. B. and Uhlbien, M., "Relationship – Based Approach to Leadership: Development of Leadermember Exchange LMX Theory of Leadership over 25 Years: Applying a Multi – level Multi – domain Perspective", *Leadership Quarterly*, Vol. 6, 1995, pp. 219 – 247.

Greenberg, J., "Looking Fair Versus Being Fair: Managing Impressions of Organizational Justice", *Research in Organizational Behavior*, Vol. 12, 1990, pp. 111 – 157.

Greve, A. H. R., "Less Likely to Fail: Low Performance, Firm Size, and Factory Expansion in the Shipbuilding Industry", *Management Science*, Vol. 52, No. 1, 2006, pp. 83 – 94.

Greve, H. R., "A Behavioral Theory of R&D Expenditures and Innovations: Evidence From Shipbuilding", *Academy of Management Journal*, Vol. 46, No. 6, 2003, pp. 685 – 702.

Grojean, M. W., Resick, C. J., Dickson, M. W. and Smith, D. B., "Leaders, Values, and Organizational Climate: Examining Leadership Strategies for Establishing an Organizational Climate Regarding Ethics", *Journal of Business Ethics*, Vol. 55, No. 3, 2004, pp. 223 – 241.

Gupta, S., Qian, X., Bhushan, B. and Luo, Z., "Role of Cloud ERP and Big Data on Firm Performance: A Dynamic Capability View Theory Perspective", *Management Decision*, Vol. 57, No. 8, 2019, pp. 1857 –

1882.

James, H. M. , "The Nature, Importance, and Difficulty of Machine Ethics", *IEEE Intelligent Systems*, Vol. 21, No. 4, 2006, pp. 18 – 21.

Hair, J. F. , Tatham, R. L. , Anderson, R. E. and Black, W. , "Multivariate Data Analysis", *Technometrics*, Vol. 30, No. 1, 1998, pp. 130 – 131.

Hajli, N, Sims, J. , "Social Commerce: The Transfer of Power from Sellers to Buyers", *Technological Forecasting and Social Change*, Vol. 94, 2015, pp. 350 – 358.

Haleblian, J. J. , McNamara, G. , Kolev, K. and Dykes, B. J. , "Exploring Firm Characteristics that Differentiate Leaders from Followers in Industry Merger Waves: A Competitive Dynamics Perspective", *Strategic Management Journal*, Vol. 33, No. 9, 2012, pp. 1037 – 1052.

Hambrick, D. C. and Finkelstein, S. , "Managerial Discretion: A Bridgebetween Polar Views of Organizational Outcomes", *Research in Organizational Behavior*, Vol. 9, No. 4, 1987, pp. 369 – 406.

Hambrick, D. C. and Mason, P. A. , "Upper Echelons: The Organization as a Reflection of Its Top Managers", *Academy of Management Review*, Vol. 9, No. 2, 1984, pp. 193 – 206.

Hannan, M. and Freeman, J. , "The Population Ecology of Organizations", *American Journal of Sociology*, Vol. 82, No. 5, 1977, pp. 929 – 964.

Harris, K. J. , Kacmar, K. M. , Zivnuska, S. and Shaw, J. D. , "The Impact of Political Skill on Impression Management Effectiveness", *Journal of Applied Psychology*, Vol. 92, No. 1, 2007, pp. 278 – 285.

Heersmink, J. , "Ghost in the Machine: A Philosophical Analysis of the Relationship between Brain – computer Interface Applications and Their Users", *Neuroethics*, Vol. 10, No. 246, 2009, pp. 487 – 499.

Heider, F. , *The Psychology of Interpersonal Relations*, New York, NY: Wiley, 1958.

Hildrun, K. , "Coauthorship Networks of Invisible Colleges and Institutionalized Communities", *Scientometrics*, Vol. 30, No. 1, 1994.

Ho, V. T., Wong, S. S. and Lee, C. H., "A Tale of Passion: Linking Job Passion and Cognitive Engagement to Employee Work Performance", *Journal of Management Studies*, Vol. 48, No. 1, 2011, pp. 26–47.

Ho, Y. and Tsai, T., "The Impact of Dynamic Capabilties with Market Orientation and Resource-Based Approaches on NPD Project Performance", *The Journal of American Academy of Business*, Vol. 8, No. 1, 2006, pp. 215–229.

Hobfoll, E. S., "Conservation of Resources. A New Attempt at Conceptualizing Stress", *American Psychologist*, Vol. 44, No. 3, 1989, pp. 513–524.

Hochwarter, W. A., Ferris, G. R., Zinko, R., Arnell, B. and James, M., "Reputation as a Moderator of Political Behavior-work Outcomes Relationships: A Two-study Investigation with Convergent Results", *Journal of Applied Psychology*, Vol. 92, No. 2, 2007, pp. 567–576.

Hsieh, T., "Delivering Happiness: A Path to Profits, Passion, and Purpose", *Business Plus Hachette Book Group*, Vol. 56, No. 6, 2011, pp. 16.

Hu, L. T. and Bentler, P. M., "Cutoff Criteria for Fit Indexes in Covariance Structure Analysis: Conventional Criteria Versus New Alternatives", *Structural Equation Modeling*, Vol. 6, No. 1, 1999, pp. 1–55.

Huang, J. and Chen, C., "Strategic Human Resource Practices and Innovation Performance-The Mediating Role of Knowledge Management Capacity", *Journal of Business Research*, Vol. 62, No. 1, 2009, pp. 104–114.

Hui, C., Law, K. S. and Chen, Z. X., "A Structural Equation Model of the Effects of Negative Affectivity, Leader-Member Exchange, and Perceived Job Mobility on In-role and Extra-role Performance: A Chinese Case", *Organizational Behavior and Human Decision Processes*, Vol. 77, No. 1, 1999, pp. 3–21.

Hult, G. T. M., Robert, F. H. and Gary, A. K., "Innovativeness: Its Antecedents and Impact on Business Performance", *Industrial Marketing*

Management, Vol. 33, No. 5, 2004, pp. 429 – 438.

Iansiti, M. and Levien, R., "The Keystone Advantage: What the New Dynamics of Business Ecosystems Mean for Strategy, Innovation, and Sustainability", *Future Survey*, Vol. 20, No. 2, 2004, pp. 88 – 90.

Ingram, P. and Joel, A. C. B., "Opportunity and Constrain: Organizations' Learning from the Operating and Competitive Experience of Industries", *Strategic Management Journal*, Vol. 18, No. S1, 1997, pp. 75 – 98.

James, F. M., "The Rise of a New Corporate Form", *The Washington Quarterly*, Vol. 21, No. 1, 1998.

Jensen, M. C. and Meckling, W. H., "Theory of the Firm: Managerial Behavior, Agency Costs and Ownership Structure", *Journal of Financial Economics*, Vol. 3, No. 4, 1976, pp. 305 – 360.

Jeong, I. and Shin, S. J., "High – Performance Work Practices and Organizational Creativity During Organizational Change: A Collective Learning Perspective", *Journal of Management*, Vol. 45, No. 3, 2019, pp. 909 – 925.

Jerayr, H. and Sydney, F., "The Influence of Organizational Acquisition Experience on Acquisition Performance: A Behavioral Learning Perspective", *Administrative Science Quarterly*, Vol. 44, No. 1, 1999, pp. 29 – 56.

Jerayr, J. H., Ji – Yub, J. K. and Nandini, R., "The Influence of Acquisition Experience and Performance on Acquisition Behavior: Evidence from the U. S. Commercial Banking Industry", *Academy of Management Journal*, Vol. 49, No. 2, 2006, pp. 357 – 370.

Jian, C. G., Chiu, K. M., Richard, C. M. Y., K., S. C. and Kit K. S. Chin, F. P., "Technology Transfer and Innovation Performance: Evidence from Chinese Firms", *Technological Forecasting and Social Change*, Vol. 73, No. 6, 2006, pp. 666 – 678.

Jiang, K., Lepak, D. P., Hu, J. and Baer, J. C., "How Does Human Resource Management Influence Organizational Outcomes? A Meta – Analytic Investigation of Mediating Mechanisms", *Academy of Management Journal*, Vol. 55, No. 6, 2012, pp. 1264 – 1294.

Jill, M. P. and Barbara, G., "Conflicting Logics, Mechanisms of Diffusion, and Multilevel Dynamics in Emerging Institutional Fields", *Academy of Management Journal*, Vol. 52, No. 2, 2009, pp. 355 – 380.

Jodi, S. G. and Terry, C. B., "Assessing the, Non – Random Sampling Effects of Subject Attrition in Longitudinal Research", *Journal of Management*, Vol. 22, No. 4, 1996, pp. 627 – 652.

John, V. and Erica, S., "Crisis Strategic Planning for SMEs: Finding the Silver Lining", *International Journal of Production Research*, Vol. 49, No. 18, 2011, pp. 5619 – 5635.

Jones, E. E., *Interpersonal Perception*, New York: Freeman, 1991.

Judge, T. A. and Bretz, R. D. J., "Political Influence Behavior and Career Success", *Journal of Management*, Vol. 20, No. 1, 1994, pp. 43 – 65.

Juliane, B., Maryam, F. and Laura, V., "Big Data in Finance and the Growth of Large Firms", *Journal of Monetary Economics*, No. 97, 2018, pp. 71 – 87.

Julie, B., Bernard, L. and Eva, B., "How Actors Change Institutions: Towards a Theory of Institutional Entrepreneurship", *Academy of Management Annals*, Vol. 3, 2009, pp. 65 – 107.

Kathleen, M. E. and Claudia, B. S., "Resource – based View of Strategic Alliance Formation: Strategic and Social Effects in Entrepreneurial Firms", *Organization Science*, Vol. 7, No. 2, 1996.

Keld, L. and Nicolai, J. F., "New Human Resource Management Practices, Complementarities and the Impact on Innovation Performance", *Cambridge Journal of Economics*, Vol. 27, No. 2, 2003.

Kerr, S., Jermier, J. M., "Substitutes for Leadership: Their Meaning and Measurement", *Organizational Behavior and Human Performance*, Vol. 22, No. 3, 1978, pp. 375 – 403.

Key, S., "Organizational Ethical Culture: Real or Imagined?", *Journal of Business Ethics*, Vol. 20, 1999, pp. 217 – 225.

Kim, E. and Glomb, T. M., "Victimization of High Performers: The

Roles of Envy and Work Group Identification", *Journal of Applied Psychology*, Vol. 99, No. 4, 2014.

Kim, S., O'Neill, J. W. and Cho, H., "When Does an Employee not Help Coworkers? The Effect of Leader – member Exchange on Employee Envy and Organizational Citizenship Behavior", *International Journal of Hospitality Management*, Vol. 29, No. 3, 2010, pp. 530 –537.

Kiron, D. and Shockley, R., "Creating Business Value with Analytics", *Mit Sloan Management Review*, Vol. 53, No. 1, 2015, pp. 28 –31.

Kohtamäki, M., Parida, V., Patel, P. C. and Gebauer, H., "The Relationship between Digitalization and Servitization: The Role of Servitization in Capturing the Financial Potential of Digitalization", *Technological Forecasting and Social Change*, Vol. 151, 2020.

Labrecque, L. I., Jonas, V. D. E., Mathwick, C., Thomas, P. N. and Charles, F. H., "Consumer Power: Evolution in the Digital Age", *Journal of Interactive Marketing*, Vol. 27, No. 4, 2013, pp. 257 – 269.

Lanaj, K., Johnson, R. E. and Lee, S. M., "Benefits of Transformational Behaviors for Leaders: A Daily Investigation of Leader Behavior and Need Fulfillment", *Journal of Applied Psychology*, Vol. 101, No. 2, 2016, pp. 237 –251.

Lang, J. R. and Lockhart, D. E., "Increased Environmental Uncertainty and Changes in Board Linkage Patterns", *Academy of Management Journal*, Vol. 33, No. 1, 1990.

Larry, J. W. and Stella, E. A., "Job Satisfaction and Organizational Commitment as Predictors of Organizational Citizenship and In – Role Behaviors", *Journal of Management*, Vol. 17, No. 3, 1991, pp. 601 –617.

LaValle, S., Lesser, E., Shockley, R., Hopkins, M. S. and Kruschwitz, N., "Big Data, Analytics and the Path From Insights to Value", *MIT Sloan Management Review*, Vol. 52, No. 2, 2011, pp. 21 –22.

Lawrence, T. B. and Phillips, H. N., "Institutional Effects of Interorganizational Collaboration: The Emergence of Proto – Institutions", *Academy of Management Journal*, Vol. 45, No. 1, 2002, pp. 281 – 290.

Lee, K., Duffy, M. K., Scott, K. L. and Schippers, M. C., "The Experience of Being Envied at Work: How Being Envied Shapes Employee Feelings and Motivation", *Personnel Psychology*, Vol. 71, No. 2, 2018, pp. 181 – 200.

Lee, O. D., Sambamurthy, V., Lim, K. H. and Wei, K. K., "How Does IT Ambidexterity Impact Organizational Agility?", *Information Systems Research*, Vol. 26, No. 2, 2015, pp. 398 – 417.

Lenka, S., Parida, V. and Wincent, J., "Digitalization Capabilities as Enablers of Value Co – creation in Servitizing Firms", *Psychology and Marketing*, Vol. 34, No. 1, 2017, pp. 92 – 100.

Leonard, L. B., Ruth, N. B., Cheryl, H. B., Jeffrey, M. and Kathleen, S., "Opportunities for Innovation in the Delivery of Interactive Retail Services", *Journal of Interactive Marketing*, Vol. 24, No. 2, 2010.

Leong, C. M. L., Pan, S. L., Ractham, P. and Kaewkitipong, L., "ICT – Enabled Community Empowerment in Crisis Response: Social Media in Thailand Flooding 2011", *Journal of the Association for Information Systems*, Vol. 16, No. 3, 2015.

Leong, C., Newell, S., Pan, S. L. and Cui, L., "The Emergence of Self – organizing E – commerce Ecosystems in Remote Villages of China: A Tale of Digital Empowerment for Rural Development", *MIS Quarterly*, Vol. 40, No. 2, 2016, pp. 475 – 484.

Levin, J., "Functionalism", In E. N. Zalta ed., *The Stanford Encyclopedia of Philosophy*, 2013.

Levitt, B. and March, J. G., "Organizational Learning", *Annual Review of Sociology*, 1988, pp. 319 – 340.

Lewin, R., "Complexity: Life at the Edge of Chaos", *American Journal of Physics*, Vol. 61, No. 8, 1993, pp. 627 – 633.

Li, J. and Tang, R., "CEO Hubris and Firm Risk Taking in China: The Moderating Role of Managerial Discretion", *Academy of Management Journal*, Vol. 53, No. 1, 2010, pp. 45 – 68.

Li, L., Su, F., Zhang, W. and Mao, J. Y., "Digital Transformation by SME Entrepreneurs: A Capability Perspective", *Information Systems Journal*, Vol. 28, No. 6, 2018, pp. 1129 – 1157.

Li, W., Du, W. and Yin, J., "Digital Entrepreneurship Ecosystem as a New Form of Organizing: The Case of Zhongguancun",《中国工商管理研究前沿》(英文版), Vol. 11, No. 1, 2017, pp. 69 – 100.

Lian, H., Ferris, D. L. and Brown, D. J., "Does Power Distance Exacerbate or Mitigate the Effects of Abusive Supervision? It Depends on the Outcome", *Journal of Applied Psychology*, Vol. 97, No. 1, 2012, pp. 107 – 123.

Liu, D., Chen, X. P., Yao, X., "From Autonomy to Creativity: A Multilevel Investigation of the Mediating Role of Harmonious Passion", *Journal of Applied Psychology*, Vol. 96, No. 2, 2011, pp. 294 – 309.

Liu, F., Chow, I. H., Gong, Y. and Huang, M., "Affiliative and Aggressive Humor in Leadership and Their Effects on Employee Voice: A Serial Mediation Model", *Review of Managerial Science*, 2019, pp. 1 – 19.

Liu, Y., Ferris, G. R., Zinko, R., Perrewe, P. L., Weitz, B. and Xu, J., "Dispositional Antecedents and Outcomes of Political Skill in Organizations: A Four – study Investigation with Convergence", *Journal of Vocational Behavior*, Vol. 71, No. 1, 2007, pp. 146 – 165.

Liu, Y., Liu, J. and Wu, L., "Are You Willing and Able? Roles of Motivation, Power, and Politics in Career Growth", *Journal of Management*, Vol. 36, No. 6, 2010, pp. 1432 – 1460.

Lok, J., "Institutional Logics as Identity Projects", *Academy of Management Journal*, Vol. 53, No. 6, 2010, pp. 1305 – 1335.

Lu, J. W., "Intra – and Inter – organizational Imitative Behavior: Institutional Influences on Japanese Firms' Entry Mode Choice", *Journal of International Business Studies*, Vol. 33, No. 1, 2002, pp. 19 – 36.

Luo, Y. and Rosalie, L. T., "International Expansion of Emerging Market Enterprises: A Springboard Perspective", *Journal of International Business Studies*, Vol. 38, No. 4, 2007, pp. 481 – 498.

Ma, E. and Qu, H., "Social Exchanges as Motivators of Hotel Employees' Organizational Citizenship Behavior: The Proposition and Application of a New Three-dimensional Framework", *International Journal of Hospitality Management*, Vol. 30, No. 3, 2011, pp. 680–688.

MacEachren, A. M., Gahegan, M., Pike, W., Brewer, I., Cai, G., Lengerich, E. and Hardistry, F., "Geovisualization for Knowledge Construction and Decision Support", *IEEE Computer Graphics and Applications*, Vol. 24, No. 1, 2004, pp. 13–17.

MacKinnon, D. P., Fairchild, A. J. and Fritz, M. S., "Mediation Analysis", *Annual Review of Psychology*, Vol. 58, No. 58, 2007, pp. 593–614.

Macpherson, A., Holt, R., "Knowledge, Learning and Small Firm Growth: A Systematic Review of the Evidence", *Research Policy*, Vol. 36, No. 2, 2006.

Mara, F., John, J. M. and David, S., "Returns to Acquirers of Listed and Unlisted Targets", *Journal of Financial and Quantitative Analysis*, Vol. 41, No. 1, 2006, pp. 197–220.

March, J. G., "Exploration and Exploitation in Organizational Learning", *Organization Science*, Vol. 2, No. 1, 1991, pp. 71–87.

Mari, H., "Email Marketing in the Era of the Empowered Consumer", *Journal of Research in Interactive Marketing*, Vol. 10, No. 3, 2016, pp. 212–230.

Marvin, B. L. and Shigeru, A., "Why Do Firms Imitate Each Other?", *Academy of Management Review*, Vol. 31, No. 2, 2006, pp. 366–385.

Mary, B. D. and Candace, J., "Institutional Logics and Institutional Pluralism: The Contestation of Care and Science Logics in Medical Education, 1967–2005", *Administrative Science Quarterly*, Vol. 55, No. 1, 2010, pp. 114–149.

Mathieu, J. E. and Farr, J. L., "Further Evidence for the Discriminant Validity of Measures of Organizational Commitment, Job Involvement, and Job Satisfaction", *Journal of Applied Psychology*, Vol. 76, No. 1, 1991, pp. 127 –133.

Mauerhoefer, T. , Strese, S. and Brettel, M. , "The Impact of Information Technology on New Product Development Performance", *Journal of Product Innovation Management*, Vol. 34, No. 6, 2017, pp. 719 –738.

Maurizio, Z. and Sidney, G. W. , "Deliberate Learning and the Evolution of Dynamic Capabilities", *Organization Science*, Vol. 13, No. 3, 2002.

Mayer, D. M. , Kuenzi, M. , Greenbaum, R. , Bardes, M. and Salvador, R. , "How Low Does Ethical Leadership Flow? Test of a Trickle – down Model", *Organizational Behavior and Human Decision Processes*, Vol. 108, No. 1, 2009, pp. 1 –13.

McGrath, R. G. and Nerkar, A. , "Real Options Reasoning and a New Look at the R&D Investment Strategies of Pharmaceutical Firms", *Strategic Management Journal*, Vol. 25, No. 1, 2004, pp. 1 –21.

Menon, K. R. I. and Wuest, "Industrial Internet Platform Provider and End – user Perceptions of Platform Openness Impacts", *Industry and Innovation*, Vol. 27, No. 4, 2020.

Mesmer – Magnus, J. , Glew, D. J. and Viswesvaran, C. , "A Meta – analysis of Positive Humor in the Workplace", *Journal of Managerial Psychology*, Vol. 27, No. 2, 2012, pp. 155 –190.

Meyer, J. W. and Rowan, B. , "Institutionalized Organizations: Formal Structure as Myth and Ceremony", *American Journal of Sociology*, Vol. 83, No. 2, 1977, pp. 340 –363.

Michael, G. J. , Carmelo, C. and Annabelle, G. , "Towards a Theory of Ecosystems", *Strategic Management Journal*, Vol. 39, No. 8, 2018.

Michael, L. , "Mergers and the Performance of the Acquiring Firm", *Academy of Management Review*, Vol. 8, No. 2, 1983, pp. 218 –225.

Michael, L. , "New Practice Creation: An Institutional Perspective on Innovation", *Organization Studies*, Vol. 28, No. 7, 2007, pp. 993 –1012.

Mitchell, W. , Shaver, J. M. and Yeung, B. , "Foreign Entrant Survival and Foreign Market Share: Canadian Companies' Experience in United States Medical Sector Markets", *Strategic Management Journal*, Vol. 15,

No. 7, 1994, pp. 555 – 567.

Misangyi, V. F., Weaver, G. R and Elms, H., "Ending Corruption: The Interplay among Institutional Logics, Resources, and Institutional Entrepreneurs", *Academy of Management Review*, Vol. 33, No. 3, 2008, pp. 750 – 770.

Mishina, Y., Dykes, B. J., Block, E. S. and Pollock, T. G., "Why 'Good' Firms Do Bad Things: The Effects of High Aspirations, High Expectations and Prominence on the Incidence of Corporate Illegality", *Academy of Management Journal*, Vol. 53, No. 4, 2010, pp. 701 – 722.

Moeen and Mahka, "Entry into Nascent Industries: Disentangling a Firm's Capability Portfolio at the Time of Investment Versus Market Entry", *Strategic Management Journal*, Vol. 38, No. 10, 2017, pp. 1986 – 2004.

Moore, J. F., "Predators and Prey: A New Ecology of Competition.", *Harvard Business Review*, Vol. 71, No. 3, 1993, pp. 75 – 83.

Mueller, D. C. and Yun, S. L., "Managerial Discretion and Managerial Compensation", *International Journal of Industrial Organization*, Vol. 15, 1997.

Mujde, Y., Milne, G. R. and Miller, E. G., "Social Media as Complementary Consumption: The Relationship between Consumer Empowerment and Social Interactions in Experiential and Informative Contexts", *Journal of Consumer Marketing*, Vol. 33, No. 2, 2016, pp. 111 – 123.

Muthén, L. K. and Muthén, B. O., *Mplus – Statistical Analysis with Latent Variables: User's Guide*, Los Angeles, CA, Muthén and Muthén, 2012.

Nakano, M., Akikawa, T. and Shimazu, M., "Process Integration Mechanisms in Internal Supply Chains: Case Studies from a Dynamic Resource – based View", *International Journal of Logistics Research and Applications*, Vol. 16, No. 4, 2013.

Ng, T. W. H., Eby, L. T., Sorensen, K. L. and Feldman, D. C., "Predictors of Objective and Subjective Career Success: A Meta – analysis", *Personnel Psychology*, Vol. 58, No. 2, 2005, pp. 367 – 408.

Nicholson, R. R. and Salaber, J., "The Motives and Performance of

Cross – border Acquirers from Emerging Economies: Comparison between Chinese and Indian Firms", *International Business Review*, Vol. 22, No. 6, 2013, pp. 963 – 980.

Bostrom, N., *Super Intelligence*, New York: Oxford University Press, 2014.

Nilsson, E. and Ballantyne, D., "Reexamining the Place of Servicescape in Marketing: A Service – dominant Logic Perspective", *Journal of Services Marketing*, Vol. 28, No. 5, 2014, pp. 374 – 379.

North, D. C., *Institutions, Institutional Change and Economic Performance*, New York: Cambridge University Press, 1990.

O'Brien, P. C., "Analysts' Forecasts as Earnings Expectations", *Journal of Accounting and Economics*, Vol. 10, No. 1, 1988, pp. 53 – 83.

Organ, D. W., *Organizational Citizenship Behavior. The Good Soldier Syndrome*, Lexington, MA: Lexington Books, 1988.

Paik, Y., Kang, S. and Seamans, R., "Entrepreneurship, Innovation, and Political Competition: How the Public Sector Helps the Sharing Economy Create Value", *Strategic Management Journal*, Vol. 40, No. 4, 2019, pp. 503 – 532.

Pankaj, C. P., Maria, J. O. G. and John, A. P., "The Role of Service Operations Management in New Retail Venture Survival", *Journal of Retailing*, 2017.

Papadopoulos, T., Mishra, D., Gunasekaran, A. and Childe, S. J., "Big Data and Supply Chain Management: A Review and Bibliometric Analysis", *Big Data and Supply Chain Management: Annals of Operations Research*, Vol. 270, No. 1/2, 2016, pp. 313 – 336.

Parker, S. K., Bindl, U. K. and Strauss, K., "Making Things Happen: A Model of Proactive Motivation", *Journal of Management*, Vol. 36, No. 4, 2010, pp. 827 – 856.

Patricia, H. T., "The Rise of the Corporation in a Craft Industry: Conflict and Conformity in Institutional Logics", *Academy of Management Journal*, Vol. 45, No. 1, 2002, pp. 81 – 101.

Paul, J. D. and Powell, W. W., "The Iron Cage Revisited: Institutional Isomorphism and Collective Rationality in Organizational Fields", *American Sociological Review*, Vol. 48, No. 2, 1983, pp. 147 – 160.

Peng, M. W., "The Global Strategy of Emerging Multinationals from China", *Global Strategy Journal*, Vol. 2, No. 2, 2012, pp. 97 – 107.

Penrose, E. T., *The Theory of the Growth of the Firm*, New York: Oxford University Press, 1995.

Peter, J. L., Jane, E. S. and Marjorie, A. L., "Absorptive Capacity, Learning, and Performance in International Joint Ventures", *Strategic Management Journal*, Vol. 22, No. 12, 2001, pp. 1139 – 1161.

Peter, J. L. and Michael, L., "Relative Absorptive Capacity and Interorganizational Learning", *Strategic Management Journal*, Vol. 19, No. 5, 1998, pp. 461 – 477.

Peterson, S. J., Walumbwa, F. O., Byron, K. and Myrowitz, J., "CEO Positive Psychological Traits, Transformational Leadership, and Firm Performance in High – Technology Start – up and Established Firms", *Journal of Management*, Vol. 35, No. 2, 2015, pp. 348 – 368.

Pfeffer, J. and Salancik, G. R., *The External Control of Organizations: A Resource Dependence Perspective*, New York: Harper and Row Press, 1978.

Pienaar, J. and Willemse, S. A., "Burnout, Engagement, Coping and General Health of Service Employees in the Hospitality Industry", *Tourism Management*, Vol. 29, No. 6, 2008, pp. 1053 – 1063.

Podsakoff, P. M., Mackenzie, S. B., Lee, J. Y. and Podsakoff, N. P., "Common Method Biases in Behavioral Research: A Critical Review of the Literature and Recommended Remedies", *Journal of Applied Psychology*, Vol. 88, No. 5, 2003, pp. 879 – 903.

Prahalad, C. K. and Ramaswamy, V., "Co – creation Experiences: The Next Practice in Value Creation", *Journal of Interactive Marketing*, Vol. 18, No. 3, 2004, pp. 5 – 14.

Price, *Little Science, Big science*, Manhattan, New York, NY: Columbia University Press, 1986.

Ragin, C. C., *Redesigning Social Inquiry: Fuzzy Sets and Beyond*, Hoboken, New Jersey: Wiley Online Library, 2008.

Rank, J., Carsten, J. M., Unger, J. M. and Spector, P. E., "Proactive Customer Service Performance: Relationships With Individual, Task, and Leadership Variables", *Human Performance*, Vol. 20, No. 4, 2007.

Raub, S. and Liao, H., "Doing the Right Thing Without Being Told: Joint Effects of Initiative Climate and General Self-Efficacy on Employee Proactive Customer Service Performance", *Journal of Applied Psychology*, Vol. 97, No. 3, 2012, pp. 651-667.

Ravindranath, M., Balaji, R. K. and John, E. P., "Networks in Transition: How Industry Events Reshape Interfirm Relationships", *Strategic Management Journal*, Vol. 19, No. 5, 1998.

Reay, T. and Hinings, C. R., "Managing the Rivalry of Competing Institutional Logics", *Organization Studies*, Vol. 30, No. 6, 2009, pp. 629-652.

René, M. S., "The Limits of Financial Globalization", *Journal of Finance*, Vol. 60, No. 4, 2005, pp. 1595-1638.

Resick, C., Martin, G., Keating, M., Dickson, M., Kwan, H. and Peng, C., "What Ethical Leadership Means to Me: Asian, American, and European Perspectives", *Journal of Business Ethics*, Vol. 101, No. 3, 2011, pp. 435-457.

Reuber, A. R. and Fischer, E. A., "International Entrepreneurship in Internet-enabled Markets", *Journal of Business Venturing*, Vol. 26, No. 6, 2011, pp. 660-679.

Ritter, M., Schanz, H., "The Sharing Economy: A Comprehensive Business Model Framework", *Journal of Cleaner Production*, Vol. 213, No. 10, 2019, pp. 320-331.

Sanghamitra, D., Mark, J. R. and James, R. T., "Market Entry Costs, Producer Heterogeneity, and Export Dynamics", *Econometrica*, Vol. 75, No. 3, 2007, pp. 837-873.

Satalkina, L. and Steiner, G. , "Digital Entrepreneurship and Its Role in Innovation Systems: A Systematic Literature Review as a Basis for Future Research Avenues for Sustainable Transitions", *Sustainability*, Vol. 12, No. 7, 2020.

Satish, N. , "Digital Entrepreneurship: Toward a Digital Technology Perspective of Entrepreneurship", *Entrepreneurship Theory and Practice*, Vol. 41, No. 6, 2017.

Satish, N. , Mike, W. and Maryann, F. , "The Digital Transformation of Innovation and Entrepreneurship: Progress, Challenges and Key Themes", *Research Policy*, Vol. 48, No. 8, 2019.

Schaubroeck, J. M. , Hannah, S. T. , Avolio, B. J. , Kozlowski, S. W. , Lord, R. G. , Trevino, L. K. , Dimotakis, N. and Peng, A. C. , "Embedding Ethical Leadership within and across Organization Levels", *Academy of Management Journal*, 2012.

Schermerhorn, J. R. and Bond, M. H. , "Upward and Downward Influence Tactics in Managerial Networks: A Comparative Study of Hong Kong Chinese and Americans", *Asia Pacific Journal of Management*, Vol. 8, No. 2, 1990, pp. 147–158.

Schmidt, E. and Rosenberg, J. , *Google: How Google Works*, Grand Central, New York, NY: Hachette Audio, 2014.

Schriesheim, C. A. and Hinkin, T. R. , "Influence Tactics Used by Subordinates: A Theoretical and Empirical Analysis and Refinement of the Kipnis, Schmidt, and Wilkinson Subscales", *Journal of Applied Psychology*, Vol. 75, No. 3, 1990, pp. 246–257.

Schuler, R. S. and Jackson, S. E. , "A Quarter–Century Review of Human Resource Management in the U. S. : The Growth in Importance of the International Perspective", *Management Revue*, Vol. 16, No. 1, 2005, pp. 11–35.

Schwenk, C. R. , "Cognitive Simplification Processes in Strategic Decision–making", *Strategic Management Journal*, Vol. 5, No. 2, 1984, pp. 111–128.

Searle, John R., "Minds, Brains, and Programs", *Behavioral and Brain Sciences*, Vol. 3, No. 03, pp. 417.

Sherony, K. M., Green, S. G., "Coworker Exchange: Relationships between Coworkers, Leader - member Exchange, and Work Attitudes.", *Journal of Applied Psychology*, Vol. 87, No. 3, 2002, pp. 542 - 548.

Shiffrin, R. M. and Boerner, K., "Mapping Knowledge Domains", *Proceedings of the National Academy of Sciences of the United States of America.*, Vol. 101, No. 1, 2004, pp. 5183 - 5185.

Shimizu, K., Hitt, M. A., Vaidyanath, D. and Pisano, V., "Theoretical Foundations of Cross - border Mergers and Acquisitions: A Review of Current Research and Recommendations for the Future", *Journal of International Management*, Vol. 10, No. 3, 2004, pp. 307 - 353.

Shollo, A. and Galliers, R. D., "Towards an Understanding of the Role of Business Intelligence Systems in Organisational Knowing", *Information Systems Journal*, Vol. 26, No. 4, 2016, pp. 339 - 367.

Sikchi, S. and Ali, M. S., "Artificial Intelligence in Medical Diagnosis", *International Journal of Applied Engineering Research*, Vol. 7, No. 11, 2012, pp. 1539 - 1543.

Silvia, D., "Institutional Entrepreneurship, Partaking, and Convening", *Organization Studies*, Vol. 26, No. 3, 2005, pp. 385 - 414.

Simona, G., Francesca, B., Eleonora, B. and Pietro, P., "Using Social Media to Identify Tourism Attractiveness in Six Italian Cities", *Tourism Management*, Vol. 72, No. 2, 2019, pp. 306 - 312.

Simsek, Z., Heavey, C., Veiga, J. F., and Souder, D., "A Typology for Aligning Organizational Ambidexterity's Conceptualizations, Antecedents, and Outcomes", *Journal of Management Studies*, Vol. 46, No. 5, 2009, pp. 864 - 894.

Sobel, M., "Asymptotic Confidence Intervals for Indirect Effects in Structural Equation Models", *Sociological Methodology*, Vol. 13, 1982, pp. 290 - 312.

Song, L. J., Tsui, A. S. and Law, K. S., "Unpacking Employee Responses to Organizational Exchange Mechanisms: The Role of Social and Economic Exchange Perceptions", *Journal of Management*, Vol. 35, No. 1, 2009, pp. 56 – 93.

Stephen, L. V. and Lusch, R. F., "Service – dominant Logic: Continuing the Evolution", *Journal of the Academy of Marketing Science*, Vol. 36, No. 1, 2008, pp. 1 – 10.

Steve, M., Cynthia, H. and Thomas, B. L., "Institutional Entrepreneurship in Emerging Fields: HIV/AIDS Treatment Advocacy in Canada", *Academy of Management Journal*, Vol. 47, No. 5, 2004, pp. 657 – 679.

Stoyan, T., Giacomo, L. and Andrius, K., "A Business Intelligence Approach Using Web Search Tools and Online Data Reduction Techniques to Examine the Value of Product – enabled Services", *Expert Systems with Applications*, Vol. 42, No. 21, 2015, pp. 7582 – 7600.

Sussan, F. and Acs, Z. J., "The Digital Entrepreneurial Ecosystem", *Small Business Economics*, Vol. 49, No. 1, 2017, pp. 55 – 73.

Tai, K., Narayanan, J. and McAllister, D. J., "Envy as Pain: Rethinking the Nature of Envy and Its Implications for Employees and Organizations", *Academy of Management Review*, Vol. 37, No. 1, 2012, pp. 107 – 129.

Thornton, P. H., *Markets from Culture: Institutional Logics and Organizational Decisions in Higher Education Publishing*, Palo Alto: Stanford University Press, 2004.

Thorson, J. A. and Powell, F. C., "Development and Validation of a Multidimensional Sense of Humor Scale", *Journal of Clinical Psychology*, Vol. 49, No. 1, 1993, pp. 13 – 23.

Treadway, D. C., Adams, G. L., Ranft, A. L. and Ferris, G. R., "A Meso – level Conceptualization of CEO Celebrity Effectiveness", *Leadership Quarterly*, Vol. 20, No. 4, 2009, pp. 554 – 570.

Treadway, D. C., Ferris, G. R., Duke, A. B., Adams, G. L. and Thatcher, J. B., "The Moderating Role of Subordinate Political Skill on Supervisors' Impressions of Subordinate Ingratiation and Ratings of Subordinate

Interpersonal Facilitation", *Journal of Applied Psychology*, Vol. 92, No. 3, 2007, pp. 848 – 855.

Trépanier, S. G., Fernet, C., Austin, S., et al., "Linking Job Demands and Resources to Burnout and Work Engagement: Does Passion Underlie These Differential Relationships?", *Motivation and Emotion*, Vol. 38, No. 3, 2014, pp. 353 – 366.

Trevino, L. K., Brown, M. and Hartman, L. P., "A Qualitative Investigation of Perceived Executive Ethical Leadership: Perceptions from Inside and Outside the Executive Suite", *Human Relations*, Vol. 56, No. 1, 2003, pp. 5 – 37.

Trish, R. and Bob, H. C. R., "The Recomposition of an Organizational Field: Health Care in Alberta", *Organization Studies*, Vol. 26, No. 3, 2005, pp. 351 – 384.

Turker, D., "Measuring Corporate Social Responsibility: A Scale Development Study", *Journal of Business Ethics*, Vol. 85, No. 4, 2009, pp. 411 – 427.

Vallerand, R. J., Salvy, S. E., Mageau, G. A., et al., "Les Passions De L' ame: On Obsessive and Harmonious Passion", *Journal of Personality and Social Psychology*, Vol. 85, No. 4, 2003, p. 756.

Vallerand, R. J., Salvy, S. E., Mageau, G. A., et al., "On the Role of Passion in Performance", *Journal of Personality*, Vol. 75, 2010.

Vecchio, R., "Explorations in Employee Envy: Feeling Envious and Feeling Envied", *Cognition and Emotion*, Vol. 19, No. 1, 2005, pp. 69 – 81.

Waldman, D. A., Ramirez, G. G. and House, R. J., "Does Leadership Matter? CEO Leadership Attributes and Profitability Under Conditions of Perceived Environmental Uncertainty", *Academy of Management Journal*, Vol. 44, No. 1, 2001, pp. 134 – 143.

Waldman, D., Siegel, D. S. and Javidan, M., "Components of CEO Transformational Leadership and Corporate Social Responsibility", *Journal of Management Studies*, Vol. 43, No. 8, 2010, pp. 1703 – 1725.

Wang, K., Xia, W. and Zhang, A., "Should China Further Expand Its High-speed Rail Network? Consider the Low-cost Carrier Factor", *Transportation Research Part A: Policy and Practice*, Vol. 100, No. 6, 2017, pp. 105-120.

Wayne, S. J., Liden, R. C., Graf, I. K. and Ferris, G. R., "The Role of Upward Influence Tactics in Human Resource Decisions", *Personnel Psychology*, Vol. 50, No. 4, 2010, pp. 979-1006.

Wayne, S. J., Shore, L. M. and Liden, R. C., "Perceived Organizational Support and Leader-Member Exchange: A Social Exchange Perspective", *Academy of Management Journal*, Vol. 40, No. 1, 1997, pp. 82-111.

Wendell, W. and Colin, A., *Moral Machines*, New York: Oxford University Press, 2009.

Werner, S., "Recent Developments in International Management Research: A Review of 20 Top Management Journals", *Journal of Management*, Vol. 28, No. 3, 2002, pp. 277-305.

Wiersema, M. F. and Zhang, Y., "CEO Dismissa: The Role of Investment Analysts", *Strategic Management Journal*, Vol. 32, No. 11, 2011, pp. 1161-1182.

Wilkie, D. C. H., Johnson, L. W. and White, L., "Overcoming Late Entry: The Importance of Entry Position, Inferences and Market Leadership", *Journal of Marketing Management*, Vol. 31, No. 3-4, 2015, pp. 409-429.

Wong, A., Tjosvold, D. and Yu, Z., "Organizational Partnerships in China: Self-interest, Goal Interdependence, and Opportunism", *Journal of Applied Psychology*, Vol. 90, No. 4, 2005, pp. 782-791.

Wong, C. S., Mao, Y., Peng, K. Z., et al., "Differences between Odd Number and Even Number Response Formats: Evidence from Mainland Chinese Respondents", *Asia Pacific Journal of Management*, Vol. 28, No. 2, 2011, pp. 379-399.

Wright, P. M. and Scott, A. S., "Toward a Unifying Framework for Exploring Fit and Flexibility in Strategic Human Resource Management", *A-

cademy of Management Review, Vol. 23, No. 4, 1998, pp. 756 – 772.

Wu, C. M. and Chen, T. J., "Psychological Contract Fulfillment in the Hotel Workplace: Empowering Leadership, Knowledge Exchange, and Service Performance", *International Journal of Hospitality Management*, Vol. 48, 2015, pp. 27 – 38.

Wu, L. Z., Yim, H. K., Kwan, H. K. and Zhang, X., "Coping with Workplace Ostracism: The Roles of Ingratiation and Political Skill in Employee Psychological Distress", *Journal of Management Studies*, Vol. 49, No. 1, 2012, pp. 178 – 199.

Wu, X., Liu, X. and Huang, Q., "Impact of the Institutional Environment on the Choice of Entry Mode: Evidence from Chinese Enterprises", *China: An International Journal*, Vol. 10, No. 1, 2012, pp. 28 – 50.

Wu, X., Lupton, N. C. and Du, Y., "Innovation Outcomes of Knowledge – seeking Chinese Foreign Direct Investment", *Chinese Management Studies*, Vol. 9, No. 1, 2015, pp. 73 – 96.

Yang, K. S., "Chinese Social Orientation: An Integrative Analysis", *Chinese Societies and Mental Health: The Chinese Experience*, 1995, pp. 19 – 39.

Ye, Y., Lyu, Y. and He, Y., "Servant Leadership and Proactive Customer Service Performance", *International Journal of Contemporary Hospitality Management*, Vol. 31, No. 3, 2019, pp. 1330 – 1347.

Yeh, R. S., "Downward Influence Styles in Cultural Diversity Settings", *International Journal of Human Resource Management*, Vol. 6, No. 3, 1995, pp. 626 – 641.

Yin, J. and Zhang, Y., "Institutional Dynamics and Corporate Social Responsibility CSR in an Emerging Country Context: Evidence from China", *Journal of Business Ethics*, Vol. 111, No. 2, 2012, pp. 301 – 316.

Yin, R. K., "Case Study Research: Design and Methods. Thousands Oaks", *International Educational and Professional Publisher*, 1994.

Yin, R. K., *Case Study Research: Design and Methods*, London: Sage Publications, 2009.

Yoo, Y., Richard, J. B., Kalle, L. and Ann, M., "Call for Papers—Special Issue: Organizing for Innovation in the Digitized World Deadline: June 1, 2009", *Organization Science*, Vol. 20, No. 1, 2009.

Yu, C. J. and Ito, K., "Oligopolistic Reaction and Foreign Direct Investment: The Case of the U. S. Tire and Textiles Industries", *Journal of International Business Studies*, Vol. 19, No. 3, 1988, pp. 449 – 460.

Zahra, S. A. and George, G., "Absorptive Capacity: A Review, Reconceptualization, and Extension", *Academy of Management Review*, Vol. 27, No. 2, 2002, pp. 185 – 203.

Zahra, S. A., Sapienza, H. J. and Davidsson, P., "Entrepreneurship and Dynamic Capabilities: A Review, Model and Research Agenda", *Journal of Management Studies*, Vol. 43, No. 4, 2006, pp. 917 – 955.

Zhang, Y. and Gimeno, J., "Earnings Pressure and Competitive Behavior: Evidence from the U. S. Electricity Industry", *Academy of Management Journal*, Vol. 53, No. 4, 2010, pp. 743 – 768.

Zhou, K. Z. and Wu, F., "Technological Capability, Strategic Flexibility, and Product Innovation", *Strategic Management Journal*, Vol. 31, No. 5, 2010, pp. 547 – 561.

Zhu, D. H. and Chen, G., "CEO Narcissism and the Impact of Prior Board Experience on Corporate Strategy", *Administrative Science Quarterly*, Vol. 60, No. 1, 2015, pp. 31 – 65.

Zinko, R., Ferris, G., Blass, F. and Laird, M., "Toward a Theory of Reputation in Organizations", *Research in Personnel and Human Resources Management*, Vol. 26, 2007, pp. 163 – 204.

Zinko, R., Ferris, G. R., Humphrey, S. E., Meyer, C. J. and Aime, F., "Personal Reputation in Organizations: Two – study Constructive Replication and Extension of Antecedents and Consequences", *Journal of Occupational and Organizational Psychology*, Vol. 85, No. 1, 2012, pp. 156 – 180.

Zukin, S. and Dimaggio, P., *Structures of Capital: The Social Organization of the Economy*, New York: Cambridge University Press, 1990.